国家技能型紧缺人才培养培训工程
职业教育汽车运用与维修专业“十二五”规划教材

汽车发动机构造与维修

第 2 版

主　编　屈殿银　刁维芹
副主编　于汇泉　张淑珍　刘海雄
参　编　黄　斌　王磊刚　魏红梅　杨开锁
主　审　尹维贵

机 械 工 业 出 版 社

本书是根据教育部、中国汽车维修行业协会颁布的“中等职业学校汽车运用与维修专业领域技能型紧缺人才培养培训指导方案”，并参照相关行业岗位技能鉴定规范编写的。

本书内容包括发动机总体构造和工作原理、汽车维修基本知识、曲柄连杆机构的构造与维修、配气机构的构造与维修、汽油机燃油供给系统的构造与维修、柴油机燃油供给系统的构造与维修、冷却系统的构造与维修、润滑系统的构造与维修和发动机的装配与调试。

本书可作为职业学校汽车运用与维修专业教材，也可作为汽车行业从业人员岗位培训用书。

为方便教学，本书配有免费电子课件，凡选用本书作为授课教材的教师，均可登录 www.cmpedu.com 以教师身份注册下载。

图书在版编目（CIP）数据

汽车发动机构造与维修/屈殿银，刁维芹主编. —2版. —北京：机械工业出版社，2012.6（2019.3重印）

国家技能型紧缺人才培养培训工程 职业教育汽车运用与维修专业“十二五”规划教材

ISBN 978-7-111-38387-1

Ⅰ.①汽… Ⅱ.①屈…②刁… Ⅲ.①汽车—发动机—构造—中等专业学校—教材②汽车—发动机—车辆修理—中等专业学校—教材 Ⅳ.①U472.43

中国版本图书馆CIP数据核字（2012）第099127号

机械工业出版社（北京市百万庄大街22号 邮政编码100037）

策划编辑：曹新宇 责任编辑：曹新宇 王莉娜

责任校对：张 薇 封面设计：路恩中

责任印制：李 昂

三河市宏达印刷有限公司印刷

2019年3月第2版第9次印刷

184mm×260mm · 17.5印张 · 411千字

20001—21900册

标准书号：ISBN 978-7-111-38387-1

定价：44.00元

第 2 版前言

本书自 2008 年 1 月第 1 版出版发行以来，深受广大师生的欢迎，并已多次重印，在此对长期使用本书的院校师生表示感谢。为适应职业院校汽车类专业课程建设和教学改革的需要，使教材的内容紧跟汽车技术发展的步伐，根据机械工业出版社和广大用书单位的要求，对此书进行修订再版。修订的主要内容如下：

1. 单元 1 发动机的工作原理中增加了二冲程发动机工作原理的内容，使发动机的工作原理更加完善。

2. 单元 4 配气机构的构造与维修中增加了顶置气门上置凸轮轴式配气机构拆装的相关内容。

3. 单元 5 汽油机燃油供给系统的构造与维修，完全删掉了化油器式的燃油供给系统，按电控燃油喷射系统进行了重新编写，并增加了新内容。

4. 单元 6 柴油机燃油供给系统的构造与维修中增加了转子分配泵和柴油机电控技术方面的内容。

5. 增加了单元 9 发动机的装配与调试。

本书在修订过程中保留了第 1 版的整体结构体系，全书共分九个单元，主要内容包括发动机总体构造和工作原理、汽车维修基本知识、曲柄连杆机构的构造与维修、配气机构的构造与维修、汽油机燃油供给系统的构造与维修、柴油机燃油供给系统的构造与维修、冷却系统的构造与维修、润滑系统的构造与维修及发动机的装配与调试。

本书难易适度，图文并茂，深入浅出，通俗易懂。每一单元都是完整独立的教学模块，各学校在教学时，可根据学校实际情况和用人单位需求，合理、灵活地安排教学内容和进程。

本书由屈殿银、刁维芹担任主编，于汇泉、张淑珍、刘海雄担任副主编，其他参加编写的还有黄斌、王磊刚、魏红梅、杨开锁。

本书由长春一汽技工学校的尹维贵担任主审，他对本书的编写、修改提出了许多宝贵的意见和建议，在此表示衷心的感谢。

由于编者水平和经验有限，书中难免有错误和不妥之处，敬请广大读者批评指正。

编　者

第1版前言

本书是根据教育部、中国汽车维修行业协会最新颁布的“中等职业学校汽车运用与维修专业领域技能型紧缺人才培养培训指导方案”，并参照相关行业岗位技能鉴定规范编写的，是“十一五”全国中等职业教育汽车运用与维修专业规划教材之一。

本教材从实际出发，较为系统地介绍了汽车发动机的结构与工作原理、常见缺陷、维护修理及故障排除等知识。在内容上突出了基础理论知识的应用和实践能力的培养，强化实践教学。通过学习，使学生掌握发动机各系统、各总成的功用、结构和工作原理，具备发动机拆卸和装配的知识和技能；能正确使用工具和量具对发动机各总成、部件进行维修。

本书难易适度，图文并茂，深入浅出，通俗易懂。每一单元都是完整独立的教学模块，各学校在教学时，可根据学校实际情况和用人单位需求，合理、灵活地安排教学内容和进程。本书教学时数为160~180学时。

本书由屈殿银、刁维芹担任主编，张淑珍、于汇泉、刘海雄担任副主编。其他参与编写的还有黄斌、王磊刚、魏红梅、杨开锁。

本书由长春一汽集团公司高级技工学校的尹维贵担任主审，他对本书的编写、修改提出了许多宝贵的意见和建议，在此表示衷心的感谢。

由于编者水平和经验有限，书中难免有错误和不妥之处，敬请广大读者批评指正。

编　者

目　录

绪　论

1886 年德国人卡尔·本茨获得了第一个内燃机汽车制造专利，从此人类进入了现代汽车时代。

汽车是重要的交通和运输工具，是现代科学技术发展水平的标志。汽车工业是资金密集、技术密集、人才密集、综合性强的产业。世界各个工业发达国家都把汽车工业作为国民经济的支柱产业之一。随着汽车产量的高速增长，汽车新技术得到了普及和推广。这些新技术的发展，极大地提高了汽车的动力性、经济性、安全性和舒适性。

一、汽车的类型

汽车是由动力装置驱动，具有 4 个或 4 个以上车轮的非轨道无架线车辆。按不同的分类方法，可将汽车分为不同的类型。

1. 按用途分类

汽车按用途可分为 7 类：

（1）轿车　主要用来运载人员和少量的行李。按发动机排量不同，轿车又可分为：

1）微型轿车：排量 <1.0L；

2）普通级轿车：排量 1.0 ~ 1.6L；

3）中级轿车：排量 1.6 ~ 2.5L；

4）中高级轿车：排量 2.5 ~ 4.0L；

5）高级轿车：排量 >4.0L。

（2）货车　主要作用是运载货物。按总质量的不同，货车又可以分为以下四种：

1）微型车：总质量 <1800kg；

2）轻型车：总质量 1800 ~ 6000kg；

3）中型车：总质量 6000 ~ 14 000kg；

4）重型车：总质量 >14 000kg。

（3）客车　主要用来运送人员及行李物资。按长度不同，客车又分为微型、轻型、中型、大型和特大型客车。

（4）越野车　主要行驶在路况较差或无路地区的汽车，通常采用全轮驱动，并配用越野轮胎。越野汽车按总质量不同可分为轻型越野汽车、中型越野汽车和重型越野汽车。

（5）牵引汽车　专门或主要用来牵引挂车或其他车辆的汽车。

（6）自卸汽车　可以利用自身的液压装置将货箱倾斜的汽车。

（7）专用汽车　为完成特定的运输任务或作业而设计的汽车。

依据 GB/T 3730.1—2001《汽车和挂车类型的术语和定义》，将汽车分为：

（1）乘用车　主要用来运载乘客及其随身行李物品的汽车，又分为普通乘用车、活顶乘用车、高级乘用车、小型乘用车、敞篷车、舱背乘用车、旅行车、多用途乘用车和专用乘用车。标准允许将普通乘用车、活顶乘用车、高级乘用车、小型乘用车、敞篷车和舱背乘用车仍俗称为轿车。

（2）商用车　主要用来运送人员和货物的汽车，又分为客车、货车和半挂牵引车。

2. 按所用的燃料不同分类

汽车按所用的燃料不同可分为汽油车、柴油车、液化石油气汽车和天然气汽车等。

二、国产汽车的型号编号规则

为了表示不同的汽车生产企业的厂牌、汽车的用途及汽车的主要特征，国家颁布了《汽车产品型号编号规则》。

1. 汽车产品型号的组成

企业产品型号由企业名称代号、车辆类别代号、主参数代号、产品序号、专用汽车分类代号和企业自定代号组成，其形式如下：

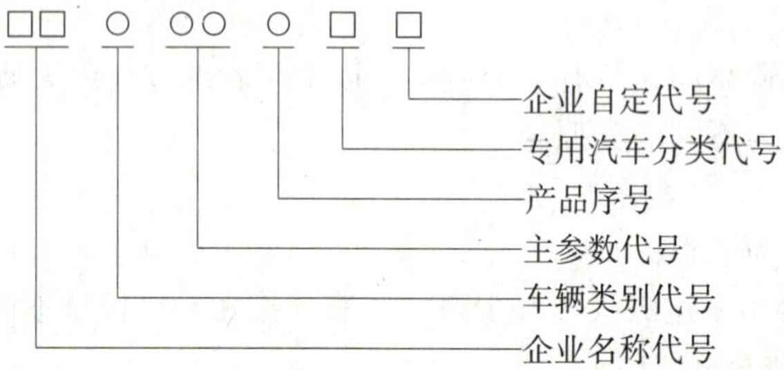

1）企业名称代号位于产品型号的第一部分，由 2 ~ 3 个汉语拼音字母组成，是识别企业名称的代号。如：CA 代表“一汽”、EQ 代表“二汽”、BJ 代表北京等。

2）车辆类别代号位于产品型号的第二部分，用一位阿拉伯数字表示，见表 0-1。

表 0-1　车辆类别代号及主参数代号的含义

车辆类别代号的含义		主参数代号的含义
1	载货汽车	表示汽车总质量(t)数值①
2	越野汽车	
3	自卸汽车	
4	牵引汽车	
5	专用汽车	
6	客车	表示汽车总长度(×0.1m)数值②
7	轿车	表示发动机工作容积(×0.1L)数值
8	（暂缺）	
9	半挂车和专用挂车	表示汽车总质量(t)数值

① 汽车总质量大于 100t 时，允许用 3 位数字。

② 汽车总长度大于 10m 时，数字 ×1m。

3）主参数代号位于产品型号的第三部分，由两位阿拉伯数字组成，表示汽车的主要特征。不同类别的车辆对应不同的主参数，见表 0-1。

4）产品序号位于产品型号的第四部分，用一位阿拉伯数字表示汽车的产品生产改进顺序号。如："0" 表示第一代产品，"1" 表示在其基础上改进的第二代产品。

5）专用汽车分类代号位于产品型号的第五部分，反映汽车结构和用途特征。如："X" 表示厢式汽车，"G" 表示罐车。非专用汽车可无此代号。

6）企业自定代号位于产品型号的最后部分，用汉语拼音字母或阿拉伯数字表示。基本型无此代号，其变形车（如采用不同的发动机、加长轴距、双排座驾驶室等）为了与基本型区别，常用 A、B、C 等自定代号表示。

2. 型号实例

（1）CA1091　表示一汽集团生产的总质量为 9t 的第二代载货汽车。

（2）TJ6481　表示天津汽车制造厂生产的第二代轻型客车，车辆长度为 4.8m。

（3）CA7220AE　表示一汽集团生产的中级轿车，发动机的排量为 2.2L，第一代产品。

三、汽车的总体构造

现代汽车虽然种类繁多，结构千差万别，但它们的基本组成是一致的，都是由发动机、底盘、车身和电气设备四大部分组成。常见轿车的结构如图 0-1 所示。

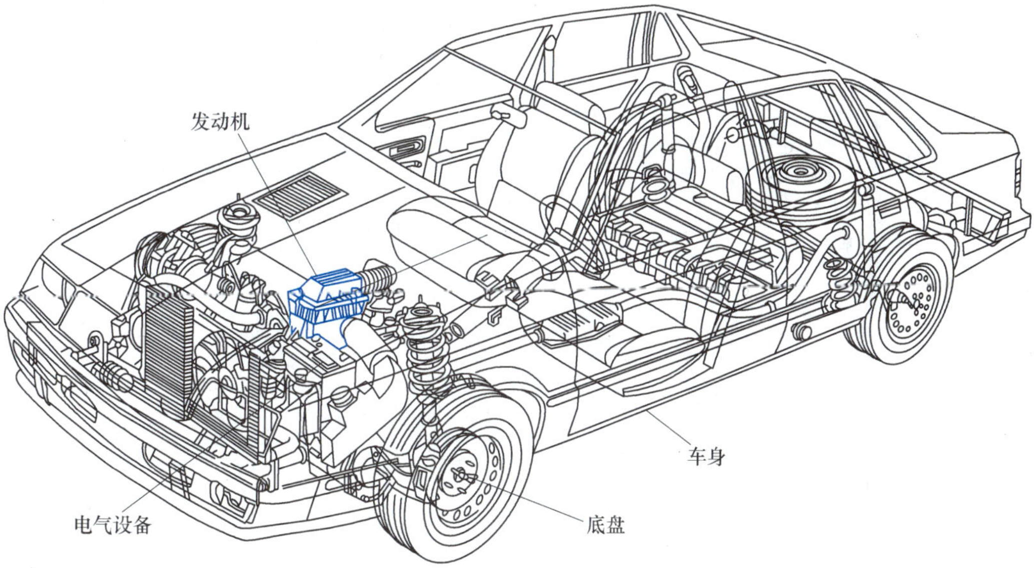

图 0-1　常见轿车的总体结构

1. 发动机

发动机是汽车的动力装置，其作用是将燃料燃烧产生的热能转变为机械能，通过底盘驱动汽车行驶。一般汽车都采用往复活塞式发动机，所用的燃料以汽油和柴油为主。

2. 底盘

底盘是汽车装配和行驶的基体，它接受发动机的动力，按照驾驶员的意志行驶。

底盘由传动系统、行驶系统、转向系统和制动系统四部分组成。

3. 车身

车身是驾驶人工作和装载货物、乘客的场所。对于不同的车型，车身的结构形式和作用也不同。货车的车身由驾驶室和货厢组成，轿车和部分货车车身兼有车架的作用，有承载式和非承载式车身之分。

4. 电气设备

电气设备包括电源、发动机起动系统和点火系统、汽车照明和信号装置等。在汽车上日益增加的电子设备、电子控制等装置也属于电气设备的范围。

单元1 发动机总体构造和工作原理

应知应会:

1. 掌握发动机的总体构造和工作原理。
2. 熟悉发动机的类型。
3. 了解发动机的性能指标。

课题1 发动机的类型和总体构造

1.1.1 发动机的分类

汽车的动力来源于发动机。发动机就是将某种能量转化为机械能的机器。将热能转变为机械能的发动机，称为热力发动机(简称热机)。热力发动机分为内燃机和外燃机。外燃机的特点是燃料在机器的外部燃烧，再通过其他介质将热能转变为机械能。内燃机的特点是燃料在内部燃烧，燃烧产生的热能直接转变为机械能。

内燃机与外燃机相比，具有热效率高、体积小、便于移动、起动性好等优点，因而被广泛应用。现代汽车发动机一般都属内燃机。

发动机种类繁多，可以按以下不同特征分类。

1. 按使用燃料分类

按使用燃料不同，汽车用发动机可分为汽油机、柴油机和其他代用燃料发动机。以汽油为燃料的发动机称为汽油机；以柴油为燃料的发动机称为柴油机。

另外，还有以单一燃气(如液化石油气或天然气)为燃料的单燃料发动机和具有两套相互独立的燃料系统、可分别使用两种不同燃料的两用燃料发动机。同时使用两种燃料的混合燃料发动机，为降低排放和节省能源研制了混合动力装置，即混合燃料发动机采用传统的内燃机和电动机作为动力源，通过混合使用热能和电能两套系统开动汽车。混合动力系统的最大特点是油、电发动机的互补工作模式，即在车辆起步或低速行驶时，仅依靠电力驱动，此时汽油发动机关闭，车辆的燃油消耗量为零；当车辆行驶速度升高(一般达40km/h以上)或者需要紧急加速时，汽油发动机和电动机同时起动并开始输出动力；在车辆制动时，混合动力系统将动能转化为电能，并储存在蓄电池中以备下次低速行驶时使用。

2. 按点火方式分类

按点火方式不同，汽车用发动机可分为点燃式和压燃式两种。点燃式是利用高压电火花点燃气缸内的可燃混合气来完成做功的，如汽油机；压燃式是利用高温、高压使气缸内的可燃混合气自行着火燃烧来完成做功的，如柴油机。

3. 按活塞运动方式分类

按活塞运动方式不同，汽车用发动机可分为往复活塞式发动机和旋转活塞式发动机。现代汽车发动机多采用往复活塞式发动机。

往复活塞式发动机按完成一个工作循环所需活塞的行程数不同，又可分为四冲程发动机和二冲程发动机。

4. 按冷却方式分类

按冷却方式不同，发动机可分为水冷式发动机和风冷式发动机。现代汽车发动机绝大多数采用水冷式。

5. 按气缸数目分类

按气缸数目不同，发动机可分为单缸发动机和多缸发动机。

6. 按气缸布置方式分类

按气缸布置方式不同，汽车用发动机可分为直列式发动机、对置式发动机和V形发动机。

7. 按进气方式分类

按进气方式不同，汽车用发动机可分为增压式发动机和非增压式发动机。增压式发动机上装有增压器，空气经过增压后进入气缸；非增压式发动机上不装增压器，利用活塞的往复运动将空气吸入气缸。

1.1.2 发动机的总体构造

发动机是汽车的心脏，是由许多机构和系统组成的复杂机器。现代汽车发动机的结构形式很多，具体构造也是千差万别。但不论是哪种形式的发动机，其基本结构都是相似的。汽油机通常由“两大机构、五大系统”组成，如图1-1所示；柴油机通常由“两大

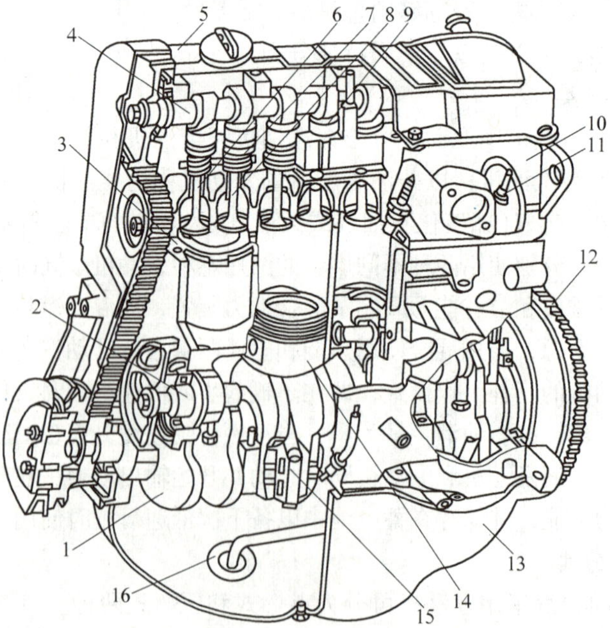

图1-1 汽油机解剖图

1—曲轴 2—中间轴 3—气缸体 4—凸轮轴 5—凸轮轴罩盖 6—排气门 7—气门弹簧 8—进气门 9—气门挺柱 10—气缸 11—火花塞 12—飞轮 13—油底壳 14—活塞 15—连杆总成 16—集滤器

机构、四大系统”组成。

1. 曲柄连杆机构

曲柄连杆机构是发动机实现热能与机械能相互转换的核心机构，其功用是将燃料燃烧所产生的热能转变成机械能。曲柄连杆机构主要由气缸体、气缸盖、活塞、连杆、曲轴和飞轮等组成。

2. 配气机构

配气机构的功用是根据发动机的工作需要，适时打开和关闭气门，使新鲜气体适时进入气缸并及时从气缸中排除废气。配气机构主要由进气门、排气门、摇臂、挺柱、凸轮轴和凸轮轴正时齿轮等组成。

3. 燃料供给系统

汽油机必须按需要向气缸内供给已配好的可燃混合气；柴油机则要向气缸内供给纯空气并在规定的时刻向气缸内喷入燃油。另外，两者都应将燃烧后的废气排出发动机。

燃料供给系统有化油器式和电控燃油喷射式两种类型。化油器式燃料供给系统一般由汽油箱、汽油泵、汽油滤清器、化油器、空气滤清器和进排气装置等组成；电控燃油喷射式燃料供给系统由空气供给系统、燃油供给系统和电子控制系统组成。柴油机燃料供给系统主要由燃油箱、输油泵、喷油泵、喷油器、柴油滤清器、空气滤清器、进排气歧管和排气消声器等组成。

4. 润滑系统

润滑系统的功用是向做相对运动的零件表面输送清洁的润滑油，以减少摩擦和磨损，并对摩擦表面进行清洗和冷却。润滑系统主要由机油泵、集滤器、限压阀、油道和机油滤清器等组成。

5. 冷却系统

冷却系统的功用是将机件多余的热量散发到大气中，以保持发动机正常的工作温度。冷却系统有水冷式和风冷式两种。水冷式冷却系统主要由散热器、风扇、水泵和水套等组成；风冷式冷却系统主要由风扇和散热片等组成。

6. 点火系统（仅汽油机有）

点火系统的功用是根据发动机的工作需要，及时地点燃气缸内的混合气。它主要由电源、点火线圈、分电器和火花塞等组成。

7. 起动系统

起动系统的功用是使发动机由静止进入到正常工作状态。它主要包括起动机和其他附属装置。

课题2　发动机的工作原理

1.2.1　基本术语

发动机每一次将热能转变为机械能，都必须经过进气、压缩、做功及排气四个连续的过程，每进行一次这样的过程就叫一个工作循环。

凡是曲轴旋转两周，活塞往复四个行程即完成一个工作循环的，称为四冲程发动机；曲轴旋转一周，活塞往复两个行程完成一个工作循环的，称为二冲程发动机。

为了说明发动机的工作原理，图 1-2 给出了发动机能量转换机构的最基本组成及其运动关系和一些基本术语。

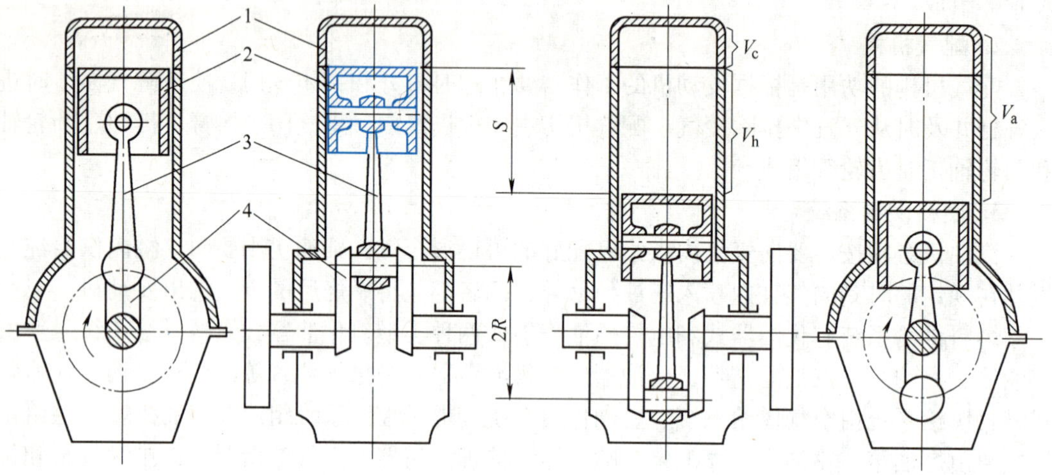

图 1-2 发动机基本术语示意图

1—气缸 2—活塞 3—连杆 4—曲轴

1. 上止点

活塞离曲轴回转中心最远处，通常为活塞的最高位置，称为上止点。

2. 下止点

活塞离曲轴回转中心最近处，通常为活塞的最低位置，称为下止点。

3. 活塞行程

上、下止点间的距离称为活塞行程，一般用 S 表示。

4. 曲柄半径

曲轴与连杆下端的连接中心至曲轴回转中心的距离 R 称为曲柄半径。显然，$S=2R$。

5. 气缸工作容积

活塞从上止点运动到下止点所扫过的容积称为气缸工作容积或气缸排量，用 V_h 表示，单位为 L。

6. 燃烧室容积

活塞在上止点时，活塞顶上方的容积称为燃烧室容积，用 V_c 表示，单位为 L。

7. 气缸总容积

活塞在下止点时，活塞顶上方的容积称为气缸总容积，一般用 V_a 表示，单位为 L。

$$V_a = V_c + V_h$$

8. 发动机排量

多缸发动机各气缸工作容积的总和称为发动机排量，一般用 V_L 表示。若发动机的气缸数为 i，则

$$V_L = V_h i$$

9. 压缩比

气缸总容积与燃烧室容积的比值，称为压缩比，一般用 ε 表示。

$$\varepsilon = \frac{V_a}{V_c} = \frac{V_c + V_h}{V_c} = 1 + \frac{V_h}{V_c}$$

压缩比表示活塞由下止点运动到上止点时，气缸内气体被压缩的程度。压缩比越大，压缩终了时气缸内气体的压力和温度越高。

10. 工作循环

发动机工作时，各气缸内每进行一次能量转换，均要经过进气、压缩、做功和排气过程，这称为发动机的一个工作循环。

1.2.2 四冲程发动机的基本工作原理

1. 四冲程汽油机的工作原理

四冲程汽油机的工作循环由进气、压缩、做功和排气四个行程组成，图1-3为单缸四冲程汽油机工作循环示意图。

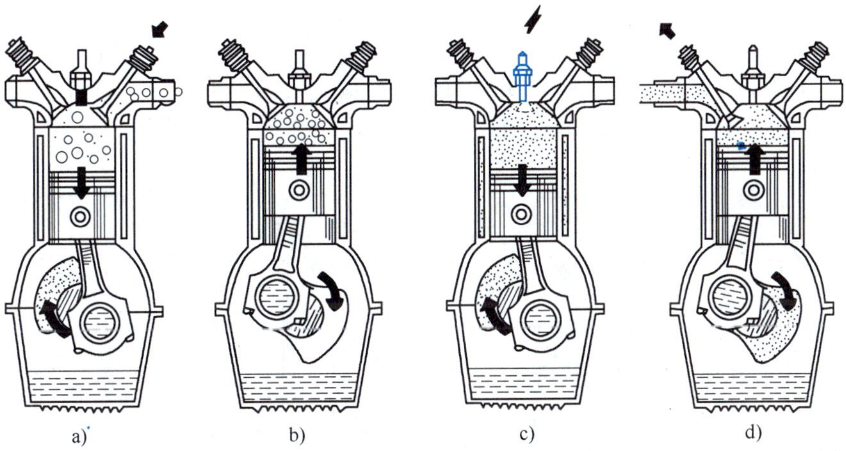

图1-3 单缸四冲程汽油机工作循环示意图

a）进气行程 b）压缩行程 c）做功行程 d）排气行程

(1) 进气行程 活塞由曲轴带动从上止点向下止点运行，此时，进气门打开，排气门关闭。由于活塞从上止点向下止点移动的过程中，气缸容积逐渐增大，形成一定的真空度，于是混合气经进气门被吸入气缸。

由于进气系统有阻力，进气终了时气缸内气体的压力约为0.075～0.09MPa。由于气缸壁、活塞等高温件以及前一个循环留下的高温残余废气的加热，气体温度升高到370～440K。

(2) 压缩行程 进气行程结束后，活塞由曲轴带动从下止点向上止点运动，气缸内容积减小，由于此时进、排气门均关闭，进入气缸的可燃混合气被压缩，至活塞到达上止点时，压缩结束。

压缩行程中，气体温度、压力同时上升，并使混合气进一步均匀混合。压缩终了时，气缸内的压力约为0.6～1.2MPa，温度可达600～700K。

（3）做功行程　当活塞运动到压缩行程上止点时，火花塞跳火点燃气缸内的混合气，此时进气门和排气门均处于关闭状态，气体的温度、压力迅速升高而膨胀，从而推动活塞从上止点向下止点运动，通过连杆使曲轴旋转并输出机械能。

在做功行程中，开始阶段气缸内气体压力、温度急剧上升，瞬间压力可达3～5MPa，温度可达2200～2800K。随着活塞的下移，温度、压力下降，做功终了时压力约为0.3～0.5MPa，温度约为1300～1600K。

（4）排气行程　在做功行程终了时，排气门打开，进气门关闭，曲轴通过连杆推动活塞从下止点向上止点运动，废气在自身剩余压力和活塞的推动下，被排出气缸，至活塞到达上止点时，排气门关闭，排气结束。

排气行程终了时，由于燃烧室容积的存在，不可能将废气排尽，留下的这一部分废气称为残余废气。排气终了时，气缸内的压力约为0.105～0.115MPa，温度为900～1200K。

综上所述，四冲程汽油机经过进气、压缩、做功、排气四个行程，完成一个工作循环。这期间活塞在上下止点间往复运动四个行程，相应地曲轴旋转了两周。

2. 四冲程柴油机的工作原理

四冲程柴油机和汽油机一样，每个工作循环也包括进气、压缩、做功、排气四个行程。但由于柴油和汽油的性质不同，使柴油机可燃混合气的形成方式、着火方式与汽油机有很大的区别。如图1-4所示为单缸四冲程柴油机的工作循环示意图。

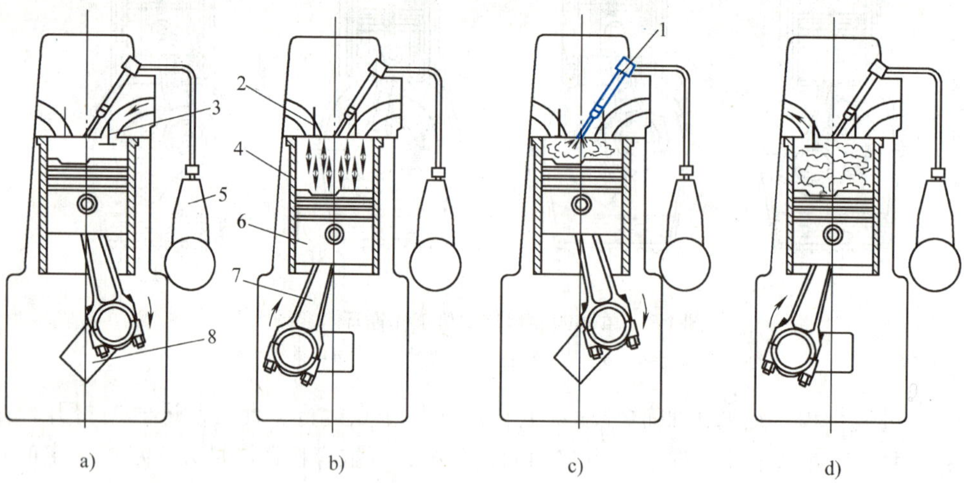

图1-4　单缸四冲程柴油机工作循环示意图

a）进气行程　b）压缩行程　c）做功行程　d）排气行程

1—喷油器　2—排气门　3—进气门　4—气缸　5—喷油泵　6—活塞　7—连杆　8—曲轴

（1）进气行程　不同于汽油机的是进入气缸的不是混合气，而是纯空气。

（2）压缩行程　此行程不同于汽油机的是压缩的是纯空气，且由于柴油机的压缩比高，压缩终了的温度和压力都比汽油机高，压力可达3～5MPa，温度可达800～1000K。

（3）做功行程　此行程与汽油机有很大的不同。在柴油机的压缩行程接近终了时，喷油泵将高压柴油经喷油器呈雾状喷入气缸内的高温空气中，迅速汽化并与空气形成混合气。由于此时气缸内的温度远高于柴油的自燃温度，柴油便自行着火燃烧，在此后的一段时间内边喷油边燃烧，气缸内的压力和温度急剧升高，推动活塞下行做功。此行程中，瞬间压力可达5～10MPa，温度可达1800～2200K。

（4）排气行程　此行程与汽油机基本相同。

由上述两种发动机的工作原理可知：四冲程发动机在一个工作循环的四个行程中，只有一个行程是做功的，其他三个行程是做功的准备行程。因此，在单缸发动机内，曲轴每转两周中只有半周是由于膨胀气体的作用使曲轴旋转，其余则依靠飞轮惯性维持转动。显然，做功行程时，曲轴的转速比其他行程要高，所以曲轴的转速是不均匀的，因而发动机的运转就不均匀。为了解决这个问题，飞轮必须具有较大的转动惯量，才能使发动机运转平稳，而这样做将使发动机的质量和尺寸增加。因此，现代发动机基本不用单缸发动机，而用多缸四冲程发动机。

在多缸四冲程发动机的每一个气缸内，所有的工作过程都是相同的，但各个气缸的做功行程并不同时发生，而是按照一定的工作顺序进行。气缸数越多，发动机工作越平稳，但结构复杂，尺寸和质量增加。

1.2.3　二冲程发动机的工作原理

二冲程发动机是指曲轴转一周（360°），活塞往复运动两次，完成一个工作循环的发动机，其工作循环也包括进气、压缩、做功和排气四个过程。下面以二冲程汽油机为例简单介绍其工作原理。

1. 二冲程汽油机的工作原理

二冲程汽油机在结构上与四冲程汽油机的不同之处在于没有了进、排气门，取而代之的是进气孔、排气孔和换气孔。如图1-5所示为单缸二冲程汽油机的工作循环示意图，其工作原理如下：

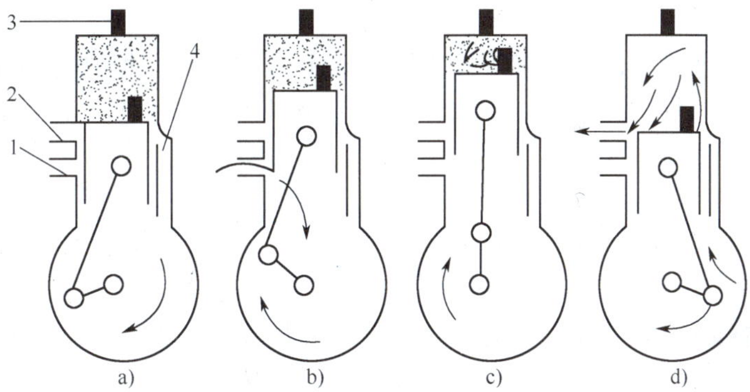

图1-5　单缸二冲程汽油机工作循环示意图

a）压缩　b）进气　c）燃烧　d）换气

1—进气孔　2—排气孔　3—火花塞　4—换气孔

（1）第一行程　活塞由曲轴带动从下止点向上止点移动，当活塞上行至关闭换气孔和排气孔时，已进入气缸的新鲜混合气被压缩，直至上止点时压缩结束；与此同时，随着活塞上行，其下方曲轴箱内形成一定真空度，当活塞上行到进气孔开启时，新鲜混合气被吸入曲轴箱。

（2）第二行程　活塞接近上止点时，火花塞产生电火花，点燃被压缩的可燃混合气，燃烧形成的高温、高压气体推动活塞下行做功，当活塞下行到关闭进气孔后，曲轴箱内的混合气被预压缩，活塞继续下行至排气孔开启时，燃烧后的废气靠自身压力经排气孔排出；紧接着，换气孔开启，曲轴箱内经预压的混合气进入气缸，并排除气缸内残余废气，这一过程称为换气过程，它将一直延续到下一行程活塞再上行关闭换气孔和排气孔时为止。

由上述工作原理可知，第一行程时，活塞上方进行换气、压缩，活塞下方进行进气；第二行程时，活塞上方进行做功、换气，活塞下方预压缩混合气，换气过程跨越两个行程。

2. 二冲程发动机的特点

1）由于进排气过程几乎是完全重叠进行的，所以在换气过程中有混合气损失和废气难以排净的缺点，经济性较差。

2）完成一个工作循环，曲轴只转一周，当与四冲程发动机转速相等时，其做功次数比四冲程多一倍。因此二冲程发动机运转平稳，与同排量四冲程发动机比较，在理论上发出功率应是四冲程发动机的两倍，但由于换气时的混合气损失，实际上只有1.5～1.6倍。

3）由于没有气门机构，发动机结构较为简单。

二冲程汽油机在摩托车上应用较多。

课题3　发动机的性能指标和型号编制规则

1.3.1　发动机的主要性能指标

为了评价发动机性能的优劣和维修质量的好坏，必须建立发动机性能的评价指标。其主要性能指标有动力性指标（如有效转矩、有效功率和升功率）和经济性指标（如有效燃油消耗率）等。

1. 有效转矩

发动机曲轴对外输出的平均转矩称为有效转矩，一般用 M_e 表示，单位为 N·m。

2. 有效功率

发动机曲轴对外输出的净功率为有效功率，用 P_e 表示，单位为 W 或 kW。

$$P_e = M_e \frac{2\pi n}{60} \times 10^{-3} = \frac{M_e n}{9550}$$

式中　M_e——有效转矩（N·m）；

n——发动机转速（r/min）。

3. 有效燃油消耗率

单位有效功的耗油量称为有效燃油消耗率。燃油消耗率越小，经济性越好，一般用

g_e 表示，单位为 g/(kW·h)。

$$g_e = \frac{G_T}{P_e} \times 10^3$$

式中　G_T——每小时耗油量(kg/h)；

P_e——有效功率(kW)。

1.3.2　国产内燃机型号编制规则

GB/T 725—2008 规定：内燃机型号由第一部分、第二部分、第三部分和第四部分组成。内燃机型号的排列顺序及符号代表的意义规定如图 1-6 所示。

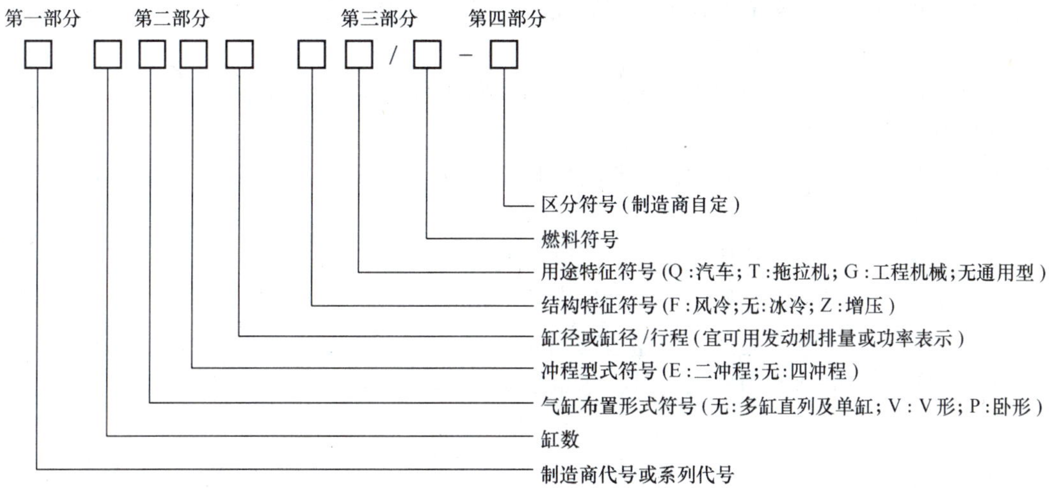

图 1-6　内燃机型号编制规则

发动机型号编制举例说明：

(1) 汽油机

495Q：表示四缸、四冲程、缸径 95mm、水冷、车用。

CA6102：表示一汽生产、六缸、直列、四冲程、缸径 102mm、通用型。

(2) 柴油机

6120：表示 6 缸、四冲程、缸径 120mm、水冷、通用型。

12V135Z：表示 12 缸、V 形、四冲程、缸径 135mm、水冷、增压。

能 力 训 练

训练　发动机总体结构认识和拆装

1. 目的及能力要求

1) 认识四冲程发动机主要组成部分的名称和结构形式。

2）掌握发动机的解体步骤和方法。

2. 准备

1）常用国产轿车一辆，发动机两台（汽油机和柴油机各一台）。

2）常用工具和专用工具。

3. 步骤

（1）发动机外观的认识　观察汽油机和柴油机的外观，找出各机构和系统的组成；认识相关的零件；找出汽油机和柴油机在外观结构上的区别。

（2）发动机的解体与装复

1）拆卸V带及外部附件。

2）放出油底壳的润滑油，拆下油底壳。

3）拆卸机油泵和机油滤清器。

4）拆卸气缸盖。拧松螺栓时应遵循从四周向中间的顺序，分次拧松。

5）观察内部结构。

6）装复。装复时应按照和拆卸相反的顺序进行，各部件应按规定的拧紧力矩拧紧。

4. 注意事项

1）在拆卸与拧紧缸盖螺栓时，应按规定的力矩和顺序进行。

2）拆卸同步带时，应使第1缸处于压缩上止点。

3）安装气缸垫时，应注意其卷边的朝向。

4）注意尽可能地使用专用工具，尽量少用活扳手。

5. 讨论

1）汽油机和柴油机在外观上有什么区别？

2）为什么拧紧缸盖螺栓时，应按规定的顺序和力矩进行？

复习思考题

一、判断题（正确的打“√”，错误的打“×”）

1. 发动机就是将某种能量转化为机械能的机器。（　）
2. 发动机排量是指所有气缸总容积的和。（　）
3. 柴油机的压缩比大于汽油机。（　）
4. 汽油机主要由“两大机构、五大系统”组成。（　）
5. 活塞运动到离曲轴回转中心最远处称为上止点。（　）
6. 在进气行程，柴油机进入气缸的是纯空气。（　）
7. 四冲程发动机一个工作循环曲轴转两周，活塞上下往复运动四次。（　）
8. 发动机曲轴对外输出的转矩称为有效转矩。（　）
9. 发动机燃油消耗率越小，经济性越好。（　）
10. 6120Q表示6缸、四冲程、缸径120mm，水冷、车用。（　）

二、选择题

1. 汽车一般由（　）大部分组成。

A. 三部分　　B. 四部分　　C. 五部分　　D. 七部分

2. 车辆类别代号中，1表示(　　)。

A. 载货汽车　　B. 越野车　　C. 牵引车　　D. 客车

3. 上止点是活塞距离曲轴回转中心最(　　)处。

A. 远　　B. 近　　C. 高　　D. 低

4. 压缩比是(　　)的比值。

A. 工作容积与燃烧室容积　　B. 燃烧室容积与工作容积

C. 总容积与燃烧室容积　　D. 燃烧室容积与总容积

5. 四冲程发动机在进气行程进气门(　　)，排气门(　　)。

A. 打开、关闭　　B. 关闭、打开　　C. 都关闭　　D. 都打开

6. 在发动机的做功行程，活塞由(　　)推动从上止点运动到下止点。

A. 曲轴　　B. 连杆　　C. 气体作用力　　D. 惯性力

7. 四冲程发动机在一个工作循环中活塞上下往复运动(　　)次。

A. 一　　B. 二　　C. 三　　D. 四

8. 如果发动机的转速为4000r/min，则活塞上下运动(　　)次。

A. 4000　　B. 2000　　C. 8000　　D. 16 000

9. 二冲程发动机完成一个工作循环曲轴转(　　)周。

A. 1　　B. 2　　C. 3　　D. 4

10. 二冲程发动机单位时间内的做功次数是四冲程发动机的(　　)倍。

A. 1　　B. 2　　C. 3　　D. 4

三、问答题

1. 汽车发动机常用的分类方法有哪些？如何分类？

2. 简述汽油机各主要组成部分的名称和作用。

3. 四冲程汽油机和柴油机在工作原理上有何区别？

4. 发动机的评价指标有哪些？

5. 上海桑塔纳2000GSi AJR型发动机有4个气缸，缸径是81mm，活塞行程是86.4mm，压缩比是9.5，试计算气缸的工作容积、燃烧室容积和发动机排量。

6. 排量为2520ml的六缸发动机，其燃烧室容积为60ml，求压缩比是多少？

单元2　汽车维修基本知识

应知应会：

1. 熟悉汽车维护基本内容。
2. 熟悉汽车修理的类型。
3. 了解汽车磨损、摩擦、润滑、疲劳损坏等知识。
4. 掌握常用工具、专用工具及量具的使用方法。

课题1　汽车维护概述

2.1.1　汽车维护基本知识

1. 汽车维护分类

汽车维护是对汽车采取的预防性技术措施，维护的内容和时间按预先规定的计划执行，目的是预防故障发生和维持汽车的工作能力。汽车维护通常分为例行维护和计划维护。

例行维护的时间和内容与汽车行驶里程无关，如日常维护、停车维护、换季维护和走合期维护。

计划维护的内容和时间与汽车行驶里程有关，如一级维护、二级维护等。在计划维护中，维护作业按计划强制执行的称为定期维护；维护作业按定期检查的结果按需执行的称为按需维护。

2. 汽车维护作业的基本内容

（1）清洁作业　清洁作业主要是清除汽车和挂车的泥污，打扫、清洗和擦拭载货汽车车厢、驾驶室、客车车身的内外表面和各类附件。

（2）检查与紧固作业　检查与紧固作业主要是检查汽车外露的各零件连接或安装情况，必要时紧固已松动的部位，并更换个别丢失或损坏的螺栓、螺母、螺钉、锁止销和喷油器等。

（3）检查与调整作业　检查与调整作业主要是检查汽车各机构、仪表和总成的技术情况，必要时按技术要求或使用条件进行调整。

（4）电器作业　电器作业主要是清洁、检查和调整电器仪表，润滑其运动机构，配换个别已损坏或不适用的零件及导线，检查和维护蓄电池。

（5）润滑作业　润滑作业主要是清洗发动机润滑系统，更换或加注润滑油，更换机油滤芯或滤清器，加注润滑脂，更换或加注制动液。

（6）轮胎作业　轮胎作业主要是检查轮胎气压并根据需要充气，检查外胎状况并清除轮胎花纹中的杂物，进行轮胎换位，根据需要修补或更换内外胎。

（7）加注作业　加注作业主要是检查燃油箱状况和存油量，按需加注燃料；检查散热器状况及冷却液数量，必要时加注冷却液。

2.1.2　汽车修理基本知识

1. 汽车修理分类

汽车修理按作业范围可分为汽车大修、总成大修、汽车小修和零件修理四类。

（1）汽车大修　汽车行驶一定里程后，经过检测诊断和技术鉴定，多数总成已达到使用极限时，对汽车进行的一次全面恢复性修理称为汽车大修。

对于载货汽车以发动机总成为主，结合车架总成或两个以上其他总成需要送修时进行大修；对于轿车以车身为主，结合发动机总成符合送修条件时可进行大修。

（2）总成大修　为恢复总成的技术状况，修理或更换总成任何零部件的修理作业称为总成大修。

（3）汽车小修　根据需要，修理或更换汽车个别零部件的修理作业称为汽车小修。

（4）零件修理　对因磨损、变形、损伤而不能继续使用的零件，利用适当的加工方法进行修理，以恢复其使用性能的作业称为零件修理。

2. 汽车技术状况变化规律

汽车技术状况恶化的主要原因，首先是组成零件间相互作用的结果，其次是汽车使用与保管的环境条件的影响，最后是零件隐伤和过载等为主的偶然因素的作用。零件间相互作用的结果，使零件产生磨损、塑性变形、疲劳破坏、热损坏及材料性能引起变化等。在影响汽车技术状况等的诸多因素中，零件磨损的影响是主要的，是具有代表性的。因此，往往以研究零件磨损规律为基础，进一步研究汽车技术状况的变化规律。

图 2-1a 所示为汽车零件磨损与行驶里程的关系。零件磨损随行驶里程的延长而增加，但其磨损率即磨损量与产生磨损行程或时间的比值却从运行初期的最大值逐渐降低，直至

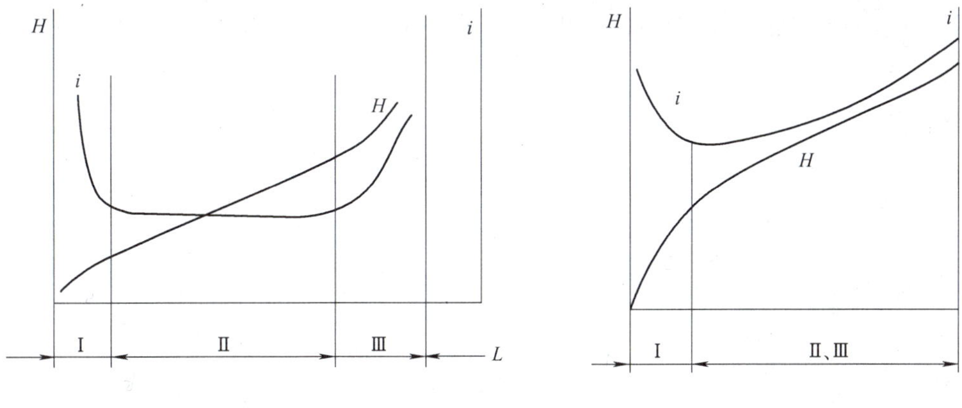

a)　　b)

图 2-1　汽车零件磨损与行驶里程的关系

a）正常磨损　b）非正常磨损

H—磨损量　*i*—磨损率　*L*—汽车行驶里程　Ⅰ—走合期　Ⅱ—正常工作期　Ⅲ—工作恶化期

报废。磨损率随行驶里程而变化，稳定在某一数值，进入正常工作期。当汽车运行累计行程达到一定里程后，磨损率又随行驶里程的延续而增大，进入工作恶化期。如图 2-1b 所示磨损曲线，表明磨损率始终不能随行驶里程的延长趋于一个稳定值，这种不正常磨损曲线是由于不能正确使用、设计制造不合理或维护质量过差而引起的。

研究和掌握汽车技术状况变化的规律，是控制汽车技术状况，提高汽车修理质量的重要手段。

3. 汽车技术状况变化的主要原因

（1）汽车零件的耗损　在汽车技术状况变化的过程中，尽管影响因素复杂，但决定性的原因仍然是汽车各机构的组成元件之间在工作过程中相互作用，使机构、总成、汽车技术状况发生恶化的结果。汽车零件的重要耗损形式有零件磨损、零件变形、零件的疲劳损坏、零件的热损坏和零件腐蚀损坏等。

（2）使用条件对汽车技术状况的影响　汽车行驶的道路条件、运行条件、运输条件、气候条件、使用水平和汽车外部条件都会直接或由驾驶人通过操纵和控制系统传送给汽车，使汽车产生“响应”而改变状况。

道路条件的影响。道路状况和其断面形状等决定了汽车及总成的工况，决定汽车零部件和机构的磨损过程，影响汽车的工作能力。汽车在不平道路上或等外级道路上行驶时，油耗将增加 5%，轮胎磨损将增大约两倍；在山区或丘陵地区的道路上行驶时，平均速度将降低 20% 以上，油耗将增加 15%。

运行条件的影响。这里主要指交通流量对汽车工况的影响。如：载货汽车在城市街道上的速度较郊区要降低 50% 以上，发动机曲轴转速反而升高 35% 左右，换挡次数增加 2 ~2.5 倍。显然，这种工况必然加速汽车技术状况的恶化。

运输条件的影响。城市公共汽车经常处于频繁起步、加速、减速、制动和停车等典型的非稳定工况下工作。如曲轴转速和润滑系统油压不能与载荷协调一致地变化，恶化了配合副的润滑条件，使零件的磨损较稳定工况大大加剧。

气候条件的影响，即环境温度的影响。如图 2-2 表明故障率有一个最低的环境温度；图 2-3 也表明有一个气缸最小磨损的冷却液温度。由此可知，环境的温度高，极易恶化汽车的

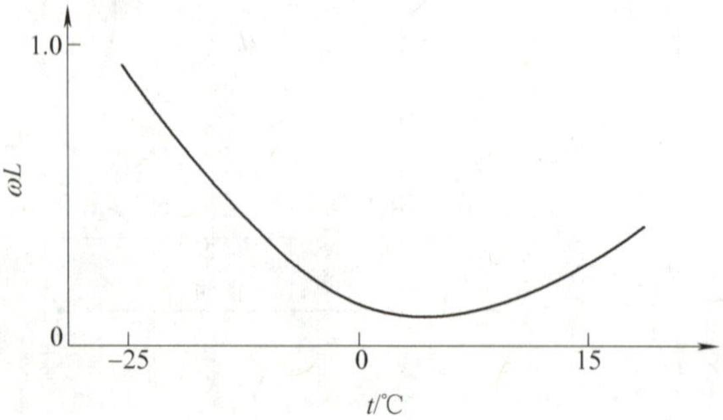

图 2-2　汽车故障率与环境温度

ωL—故障率　t—环境温度

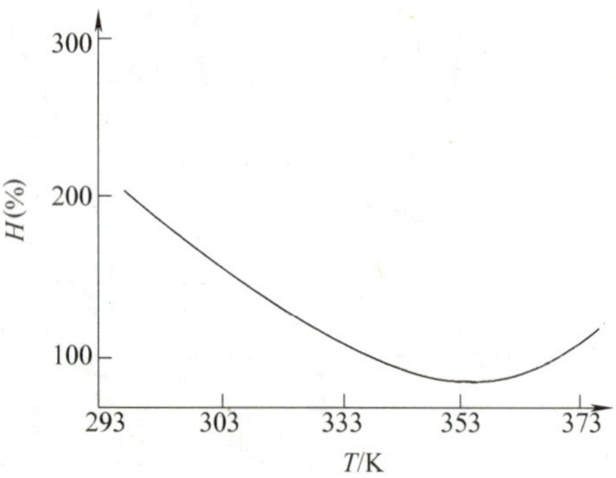

图 2-3　气缸磨损与冷却液温度

$H(\%)$—气缸磨损率　T—冷却液温度

运行条件，加速零件的腐蚀；温度低、气候干燥、道路灰尘多也会恶化汽车零件的工作环境，使磨损增加。

维修水平的影响。我国大修发动机耐久性普遍较差，而在其主要影响因素中，维修水平低、维修设备落后、维修质量差约占40%。维修技术陈旧、维修检测设备简陋，将不能适应汽车维修业的发展，而汽车维修企业的水平落后、从业人员技术素质低，都严重制约了维修质量的提高。

4. 摩擦与润滑

接触的两物体做相对运动便会产生摩擦。根据摩擦表面相对运动的特性，将摩擦分为滑动摩擦与滚动摩擦；根据摩擦表面的特性，又将摩擦分为干摩擦、边界摩擦、混合摩擦和液体摩擦等形式。

(1) 干摩擦　干摩擦是指摩擦表面无润滑剂和污物时的摩擦。在汽车的配合副中，只是在需要强化配合表面的摩擦时(如制动装置和离合器等)才采用干摩擦。

(2) 液体摩擦　液体摩擦是指两摩擦表面被连续的润滑油膜完全隔开时的摩擦。此时摩擦只发生在润滑油膜的内部，摩擦因数仅有0.001~0.01，因而其磨损率最小。

根据液体润滑油膜压力形成的方式不同，又可将液体润滑分为液体动压润滑和液体静压润滑。液体动压润滑如图2-4所示。在圆柱形的摩擦表面中，由于轴与轴承有直径差而存在楔形间隙，进入轴承的压力油因其油性而吸附在轴颈和轴承表面。当轴颈开始运动时，轴颈表面油膜的运动速度与轴颈线速度相等，而轴承表面上油膜的运动速度则几乎为零。这样润滑油将沿着楔形间隙流动，由于液体的不可压缩性，一部分润滑油沿着间隙流出，另一部分润滑油在吸附和阻力的作用下保留楔形，油楔内的液体动压力随间隙的减小和转速的升高而增大。当转速达到一定值时，楔形内的动压力就能克服轴的自重和作用在轴上的负荷，将轴托起，轴颈与轴承隔开，形成理想的液体动压润滑。

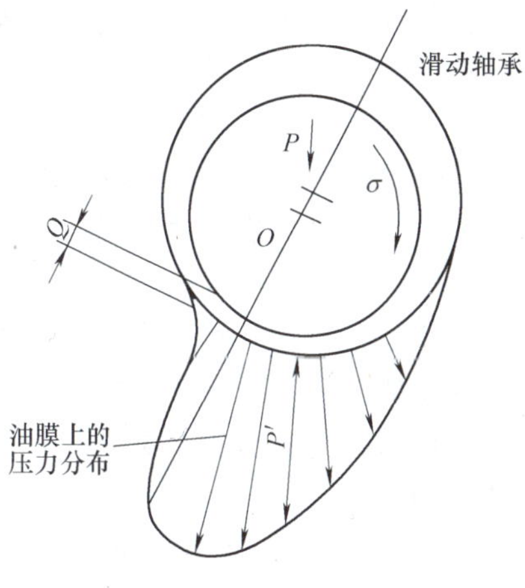

图2-4　滑动轴承的液体动压润滑原理
P—载荷　P'—油楔压力　Q—油膜厚度

液体摩擦可以转化为其他的摩擦形式。在其他因素确定之后，当载荷、运动速度一定时，为保持最小的油膜厚度，实现液体摩擦，必须合理选择润滑油的品种和规格。

(3) 边界摩擦　边界摩擦是指两摩擦表面被一层极薄的润滑油边界膜分开的摩擦。其油膜厚度趋近于零，一般小于0.1μm。

边界摩擦在汽车的各种配合中普遍存在，如气缸的配合副和凸轮与挺柱的摩擦。

5. 零件的磨损

磨损是指汽车零件工作表面的物质由于相对运动而不断损耗的现象。按摩擦表面相对运动的类型，磨损可分为滑动磨损、滚动磨损、冲击磨损、微动磨损和流体侵蚀磨损；按磨损的机理，磨损则分为黏着磨损、磨粒磨损、疲劳磨损和腐蚀磨损等。

(1) 黏着磨损　黏着磨损是指摩擦表面相互接触，在其接触点之间由于分子引力粘附或局部高温熔着，使摩擦表面的金属发生转移引起的磨损。在摩擦过程中，润滑油膜破裂，摩擦表面由于微观粗糙而形成接触点，产生分子吸附和原子吸附，甚至造成化学吸附，使接触点形成强黏着，摩擦产生大量热，促使原子扩散，这又强化了微观接触点的黏着作用，进而在摩擦表面相对滑动的过程中，黏着点产生塑性变形乃至被剪切撕脱，表面物质被转移。这样的黏着—撕脱—再黏着—再撕脱的循环，就形成了黏着磨损，其磨损表面的外观呈现鳞尾或麻点。

发动机拉缸和曲轴烧瓦的咬黏等都属于极限黏着磨损的例子。互熔性的金属或硬金属与软金属组成的配合副在润滑不良的条件下容易产生黏着磨损。保持良好的润滑条件，采用合理的磨合工艺都有利于防止黏着磨损。

（2）磨粒磨损　磨粒磨损是摩擦表面间由硬质固体颗粒而在相对运动的零件表面引起的磨损。磨粒磨损是摩擦表面的微观切削作用和擦伤作用或两摩擦表面受硬质颗粒如尘土、磨粒和炭粒等划伤工作表面的一种比较简单的耗损形式。磨粒磨损随运动速度和载荷增大而增强，随磨粒硬度的提高而加剧。当磨粒的尺寸增大到一定程度时，其磨损量将不再增加。

外来磨粒进入零件的摩擦表面引起磨粒磨损是汽车零件工作表面的主要磨损形式，是普遍存在的。其磨损表面外观呈擦伤、沟纹或条纹状。减少磨粒磨损的措施是要防止磨粒的进入和摩擦表面形成磨粒，对发动机而言，要加强对空气滤清器和机油滤清器的保养。

（3）疲劳磨损　疲劳磨损是指在纯滚动或同时带有滑动的滚动条件下，发生在材料表层的疲劳破坏现象。它与疲劳断裂的区别是在摩擦表面微观凸峰的周期性载荷作用下，使微观接触点产生塑性变形，造成残余应力，由于应力集中形成微观裂纹，微观裂纹随摩擦进程的延续进一步扩大交织在一起，最后围成面积而脱落。

（4）腐蚀磨损　腐蚀磨损是指摩擦材料与周围介质发生化学变化或电化学相互作用引起的磨损。因其介质的性质、介质作用在摩擦表面上的状态以及摩擦材料性质的不同，腐蚀磨损的状况也不同。根据腐蚀磨损的状态，它可分为氧化磨损、特殊介质腐蚀磨损和穴蚀三种形式。

1）氧化磨损。摩擦表面与大气中的氧气相互作用，在摩擦过程中，氧吸附在摩擦表面上，并向内层扩散，其作用过程与摩擦条件有关。在摩擦表面发生塑性变形的同时，表面形成化学吸附膜、氧的固溶体膜和金属氧化物。这些脆性的氧化物在切向力和正压力作用下与表面分离，使摩擦表面产生磨损。

一般来说，氧化磨损是在汽车零件中普遍存在的，其磨损率比其他磨损小，这是由于表面的氧化膜对零件的抗磨粒磨损具有一定的保护作用。影响氧化磨损的主要因素有滑动速度、接触载荷、介质、润滑条件和材料性质等。当载荷超过某一临界值时，磨损量随载荷的增大而急剧增加，并有可能由氧化磨损转化为黏着磨损。如汽车主减速器的准双曲面齿轮副接触应力较大，极易产生早期的黏着磨损。

2）穴蚀。也称气蚀，是指与液体接触的金属表面在相对运动的过程中产生的一种表面破坏现象，其磨损特征是麻点状或泡沫海绵状穴蚀。例如，柴油机湿式气缸套外壁穴蚀的形成主要是因为在柴油机运行中，活塞在侧向力的作用下撞击缸套，使缸套产生高频振动，引起冷却液压力的波动。当水压的波动超过冷却液静压时，因冷却液压力低于冷却液饱和蒸气压，即产生气泡；当水压的波动大于饱和蒸汽压时，气泡爆裂，会引起超过10Hz的极其剧烈的水压波动。气泡爆裂时产生的这种微小的射流和冲击波，使缸套外壁的侵蚀层逐渐脱落，呈现磨点或海绵状穴蚀。

6. 汽车零件的清洗

在汽车修理中，经常需要清洁零件表面的泥土、油污、积炭、水垢和锈蚀等物质。由于各种污物的性质不同，其清除方法也不一样。

（1）油污的清洗　清洗油污的方法很多，可分为有机溶剂清洗、碱溶液清洗和化学合成水基清洗剂清洗等。

1）有机溶剂清洗。有机溶剂具有较好的溶脂能力，常用的有汽油、煤油、柴油和酒精等。用有机溶剂清洗零件，无须特殊设备，不会损伤金属零件，因此在规模较小的汽车维修企业得到广泛应用。但是由于有机溶剂不仅成本高而且易燃，故在大中型汽车维修企业，一般只用它来清洗精密零件和有特殊要求的零件，如用汽油清洗离合器和制动蹄衬片，用酒精清洗橡胶件、仪表、化油器和燃油泵等。

2）碱溶液清洗。汽车零件的油污主要是不可皂化的矿物油。这种油污在碱溶液中不易被溶解，只能形成乳浊液。乳浊液是几种互不溶解液体的混合物，其中一种常以微小的气泡形状散布于另一种液体中。碱离子的活动能力较强，使油泡时而形成、时而破裂，对油污起着强烈的机械搓擦作用，从而降低了油层的表面张力。但是由于油与金属的附着力较大，想要使油与金属完全脱开，单靠一种碱是不够的，必须采用加入乳化剂，加热碱液，增加搅拌或以高压喷射等方法使油脂形成乳浊液而脱离零件表面。

清洗液的主要成分是碱性物质和乳化剂。常用的碱性物质有苛性钠、碳酸钠和硅酸钠等。由于苛性钠腐蚀性较大，清洗有色金属时，清洗液中一般不加苛性钠，而加入易水解的碳酸钠和硅酸钠等；碳酸钠不仅能维持溶液有一定的碱度，而且有软化水的作用；硅酸钠是活性物质，能很好地去除矿物油，且对金属无腐蚀作用，尤其对铝等有色金属有特殊的保护作用。

3）化学合成水基金属清洗剂清洗。水基金属清洗剂是以表面活性剂为主的合成洗涤剂，有时可加入碱性电解液，以提高表面活性剂的活性，同时还加入磷酸盐和硅酸盐等缓蚀剂。

（2）积炭的清除　清除积炭通常多用机械法和化学法。

1）机械法。用机械法清除积炭比较简单，清除时利用钢丝刷或用刮刀刮除。

2）化学法。化学法清除积炭是利用化学溶剂对积炭浸泡2～3h，靠物理或化学作用使积炭软化，然后用刷洗或擦洗法去除。

（3）水垢的清除　水垢是由于冷却液中的矿物盐因加热分解或过饱和析出在零件表面上沉积形成的。水垢导热性差并使水套容积减小，导致冷却系统散热能力的降低。

水垢一般采用酸洗法或碱洗法进行清除，即通过酸或碱的化学作用，使水垢由不溶于水的矿物盐转变成可溶于水的物质而被除去。

水垢的成分主要是碳酸盐、硫酸盐和硅酸盐等。碳酸盐类水垢可用苛性钠溶液或盐酸溶液清除；硫酸盐类水垢应先用碳酸钠溶液处理后，再用盐酸溶液清除；硅酸盐水垢可加入适量氟化钠或氟化氨的盐酸溶液进行循环酸洗，或用质量分数为2%～5%的磷酸三钠溶液清除。

由于碱溶液对铝合金零件及散热器的黄铜管具有强烈的腐蚀作用，而且碱洗比酸洗除垢能力差，目前多采用酸洗法清除水垢。

7. 汽车零件的拆卸原则

1）拆装前必须熟悉被拆总成的结构。必要时，可以查阅修理手册，熟悉汽车、各总成的结构以及拆卸工艺程序，防止拆卸中工艺程序倒置，造成不应有的损伤。

2）掌握合理的拆卸程度。掌握合理的拆卸程度，防止盲目的大拆大卸，是汽车维修工艺的一项重要原则。根据维修前检测的结论和维护（含附加作业）、修理作业的项目与深度，凡是不分解就能够确定和恢复零部件技术状况的就不分解。这不但可以防止工时浪费和维修成本的增加，也避免了拆卸破坏原有的磨合状态造成新装配误差而影响零部件的技术状态，影响其可靠性与耐久性。例如，铆接、过盈配合应尽量避免拆卸；机油泵先在实验台上检测，只要性能合格，就可以不分解。

3）采用合理的拆卸顺序。一般是先拆外部件，后拆内部件；先拆附件，后拆主体；先由整体拆成总成，再由总成分解成零部件。同时，在不影响拆卸质量和进度的前提下，可以采用上下、左右、前后的平行交叉作业，以提高拆卸的效率。

4）正确使用拆卸工具。正确使用拆卸工具是指使用的工具要相适应，规格要相符，尽量使用专用工具。在拆卸衬套、齿轮、带轮和轴承等紧配合件时，应尽量使用专用拉器或压力机。对于扳手的选用除规格适应外，呆扳手优于活扳手，梅花扳手和套筒扳手优于呆扳手。为了提高拆卸效率，最好采用机动扳手。

5）核对和做好装配记号。对于有特殊要求的拆卸对象，如离合器、飞轮、曲轴主轴承盖、连杆与下盖等，拆除时应先检查有无装配记号或平衡标记。对于没有记号的应先做好记号，以避免因装配方向、装配位置的变动而影响原有的配合和平衡特性。

拆卸带有调整垫片的零部件时，如转向器和主减速器的调整垫片等，也应注意做好记号并按部位将其拴在一起，以减少装配和调整的困难。

6）零件应分类存放。零件应按系统、大小、加工精度和不同的清洗方法分类存放，以便于分类清洗、施工，防止零件的丢失。如钢铁件、铝质件、橡胶件和皮质件等零件，应按材质的不同，分别置放于不同的容器中。

8. 汽车的拆卸工艺

（1）汽车的一般拆卸工艺

1）拆去车厢。

2）排放发动机、变速器、驱动桥的机油和冷却液。

3）拆下电气设备和各部导线。

4）拆下转向器总成后，吊下驾驶室及其附属构件。

5）拆下散热器和发动机罩。

6）拆下传动轴。

7）拆下变速器。

8）拆下发动机附离合器总成。

9）拆下前、后桥总成。

(2) 从车上拆下轿车发动机的工艺 以上海桑塔纳轿车 AFE 发动机为例，轿车发动机从车上拆下的工艺如下：

1）释放燃油系统压力。

2）放净油底壳中的机油，并加以收集。

3）在点火开关切断的情况下，拔下蓄电池搭铁线。

4）拆下发动机 ECU 与传感器及执行器之间的连接线路。

5）将暖风开关拨到“暖气位置”。

6）在发动机下放置一个收集盘，打开冷却液储液罐盖。

7）放出冷却液，并用容器收集好，以便以后使用。

8）从气缸盖出水口处(通往散热器)拔掉冷却液软管。

9）拆下热敏开关和电动冷却风扇上的连接电线。

10）放松并拆下散热器顶部左、右角上的固定支架，将散热器连同冷却风扇和护风罩整体一起取出。

11）拔掉交流发电机连接线插头和起动机上的电源，使其与导线脱开。

12）从汽油压力调节器上拆下真空管、回油管，拆下汽油滤清器到汽油分配器前的进油管。

13）从分电器盖上拆下中心高压线、分缸高压线及其他接线插头。

14）拆下空气滤清器。

15）拆下节气门操纵拉索和卡簧插片。

16）拆卸热敏开关、进气歧管电预热线、冷却液温度传感器和机油压力开关上的连接线。

17）拆下离合器操纵钢丝绳。

18）拆下发动机支架和空调压缩机 V 带，将压缩机与保持架一起拆下。

19）拆下起动机的接线和固定螺栓。

20）松开发动机与变速器的联接螺栓，拆下飞轮罩壳固定螺栓。

21）拆掉同步带上的防护罩，起吊发动机，使发动机脱离发动机支座。

22）拔出发动机与变速器的联接螺栓，使发动机脱离变速器，并小心地将发动机吊离发动机舱。

课题2 汽车维修常用工具及量具

2.2.1 手工工具

1. 螺钉旋具

螺钉旋具主要用于旋松或旋紧有槽螺钉。螺钉旋具(以下简称旋具)有较多的类型，其区别主要是头部形状，每种类型旋具都按长度不同分为若干规格。常用的旋具是一字和十字形，如图 2-5 所示。

在汽车维修中，选用的旋具应与槽口的形状、厚度和宽度相适应，以防损坏螺钉头。

图 2-5 常用旋具类型

a）一字槽螺钉旋具 b）十字槽螺钉旋具

旋具不可当撬棒使用，也不能承受过大的力矩，否则会损坏旋具。

2. 钳子

钳子有很多类型和规格，常用的类型如图 2-6 所示。钳子多用来弯曲或安装小零件、剪断导线或螺栓等。在汽车维修中，应根据作业内容选用适当类型和规格的钳子，不能用钳子拧紧或拧松螺纹联接件，以防损坏螺纹，也不可拿钳子当锤子使用，以免钳子损坏。

3. 扳手

扳手主要用来拧松或拧紧螺栓或螺母，常用的类型如图 2-7 所示。每一类型的扳手都有不同的规格，一般都成套购置。除活扳手的规格按尺寸大小划分外，其他扳手规格均按标准螺纹件的规格划分。

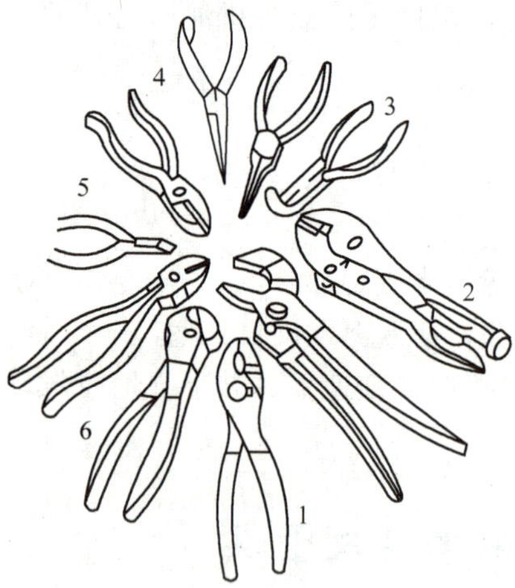

图 2-6 常用钳子类型

1—鲤鱼钳 2—夹紧钳 3—钩钳 4—尖嘴钳

5—组合钢丝钳 6—剪钳

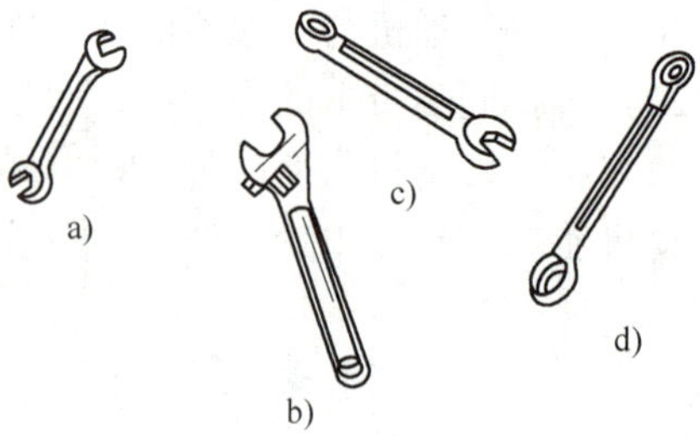

图 2-7 常用扳手类型

a）呆扳手 b）活扳手

c）两用扳手 d）梅花扳手

4. 套筒扳手

套筒扳手一般是由不同规格的套筒、加长杆和各种手柄等组成的成套工具，如图 2-8 所示。套筒的规格按标准螺纹件的规格划分。因为使用套筒工具拆装螺纹联接件具有快速、高效的优点，且对拆装位置隐蔽、空间狭小处的螺纹联接件更具优越性，所以在汽车维修中它是使用频率最高的工具。

5. 扭力扳手

扭力扳手用于拧紧对拧紧力矩有严格要求的螺纹件，通常需要与套筒扳手配合使用，使用时可直接显示出所施加的拧紧力矩。常用的扭力扳手如图2-9所示。

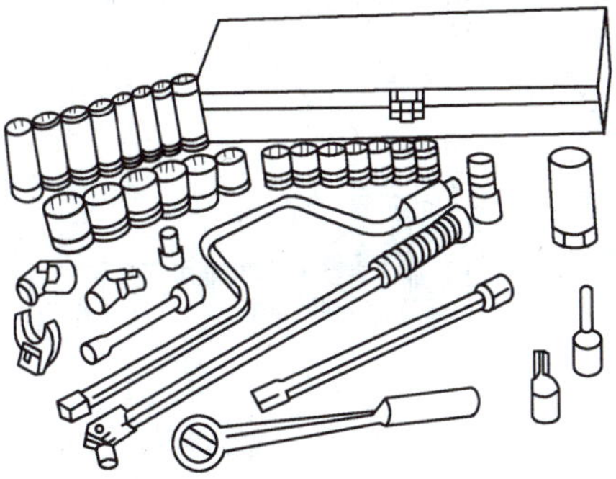

图2-8　套筒扳手

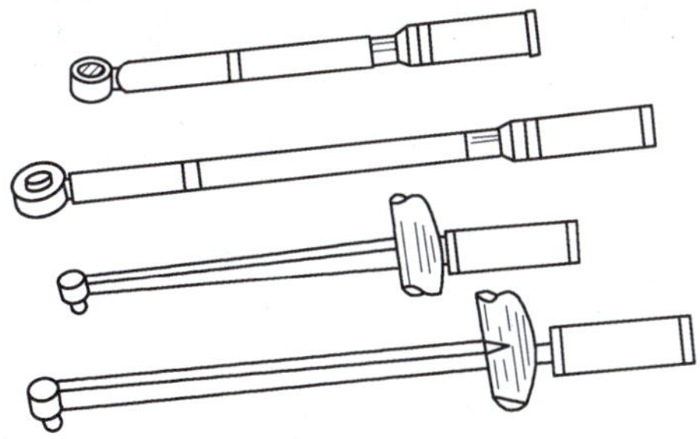

图2-9　常用扭力扳手

6. 锤子

汽车维修中常用的锤子有铁锤、木锤和橡胶锤。铁锤通常用工具钢制成，规格按锤头质量划分，使用时应使锤头安装牢靠，手握锤柄末端，用锤头正面击打物体。木锤和橡胶锤主要用于击打零件加工表面，以保护零件不被损坏。

2.2.2　专用工具

1. 火花塞套筒

火花塞套筒是用于拆装火花塞的专用工具，为内六筒式结构，筒身上加工有手柄穿入孔，如图2-10所示。火花塞套筒有两种规格，一种适用于14.8mm的火花塞螺套，一种适用于10mm的火花塞螺套。

2. 活塞环拆装钳

活塞环拆装钳是用于拆装活塞环的专用工具，如图2-11所示。使用时应将活塞环拆装钳上的环卡卡在活塞环的开口上，轻握手柄慢慢收缩使活塞环张开，以便拆装。

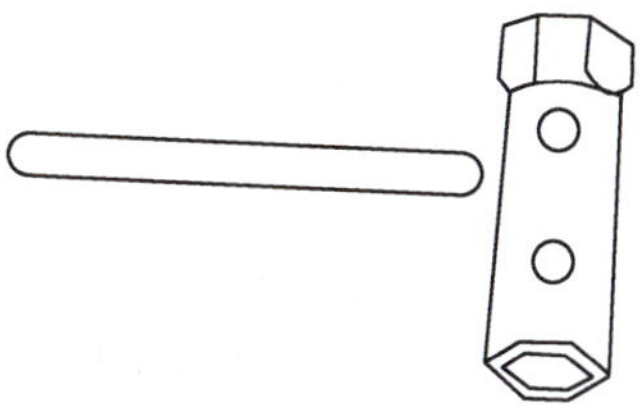

图2-10　火花塞套筒

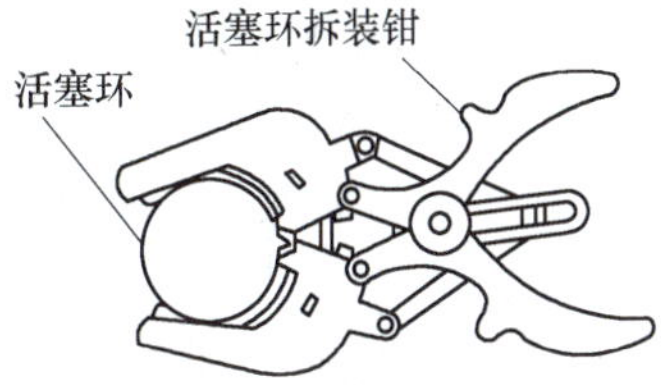

图2-11　活塞环拆装钳

3. 气门拆装钳

气门拆装钳是用于拆装气门的专用工具，如图2-12所示。在拆装气门时，将气门拆装钳托架抵住气门，压环对正气门弹簧座，压下手柄即可使气门弹簧压缩，然后取出气门弹簧锁止零件，再慢慢放松手柄，便能很容易地取下气门弹簧和气门等。

4. 拉器

拉器是用于拆卸过盈配合安装在轴上的齿轮或轴承等零件的专用工具。常用拉器为手动式，在一杆式弓形叉上装有压力螺杆和拉爪。使用时，在轴端与压力螺杆之间垫一垫板，用拉器的拉爪拉住齿轮或轴承，然后拧紧压力螺杆，即可从轴上拉下齿轮等过盈配合安装的零件，如图 2-13 所示。

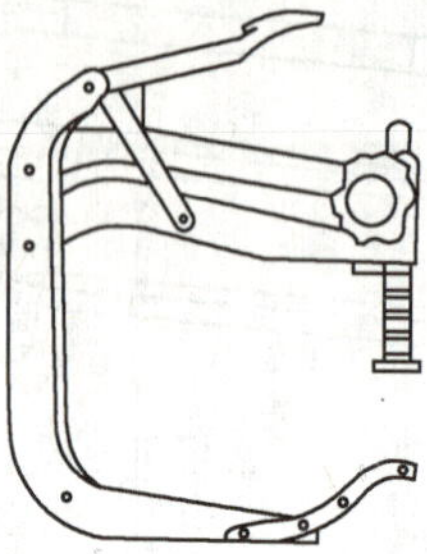

图 2-12　气门拆装钳

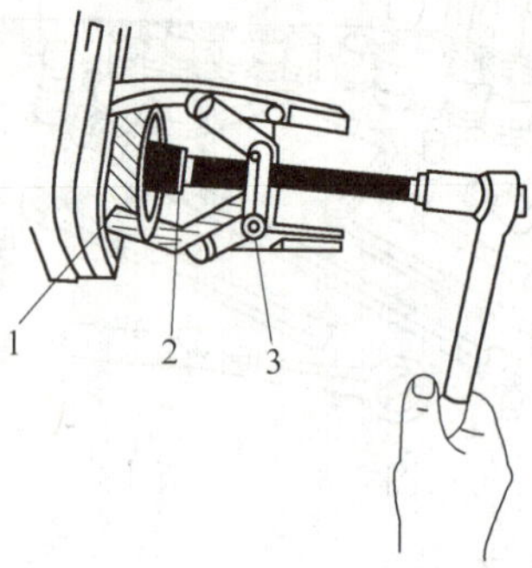

图 2-13　拉器

1—齿轮　2—垫板　3—拉器

2.2.3　常用量具

1. 游标卡尺

游标卡尺主要用来测量零件的内外直径和孔的深度等，其精度分为三种：0.10mm、0.05mm、0.02mm。测量时应根据测量精度的要求选择合适精度的游标卡尺，擦净卡脚和被测零件的表面；将卡脚张大，再慢慢地推动游标，使两卡脚与工件接触；禁止硬卡硬拉；使用后要把游标卡尺卡脚擦净并涂油后放入盒中。

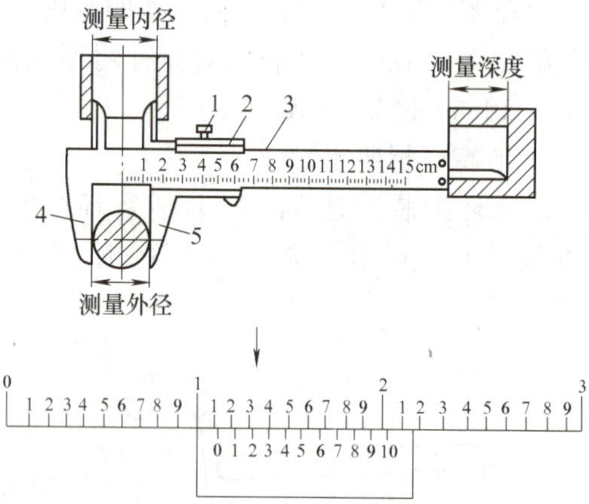

图 2-14　精度为 0.10mm 游标卡尺的结构图及其读数方法

1—固定螺钉　2—游标　3—尺身

4—固定卡脚　5—活动卡脚

游标卡尺由尺身、游标、活动卡脚和固定卡脚组成。精度为 0.10mm 的游标卡尺如图 2-14 所示，其尺身上每一刻度为 1mm，游标上每一刻度表示 0.10mm。读数时，先看游标上“0”刻度线对应的尺身刻度线读数，再找出游标上与尺身某一刻度线对得最齐的一条刻度线读数，测量的读数为尺身读数加上 0.1 倍的游标读数。如图 2-14 中下图所示，游标“0”刻度线对准的尺身位置为“11”多一点，而游标上的刻度线“3”与尺身上刻度线“4”对得最齐，因此读数应为“11mm + 0.1mm × 3 = 11.30mm。”

2. 外径千分尺

外径千分尺是比游标卡尺更精密的量具，其精度为0.01mm。外径千分尺的规格按量程划分，常用的有0～25mm、25～50mm、50～75mm、75～100mm、100～125mm等规格，使用时应按零件尺寸选择相应规格。外径千分尺的结构如图2-15所示。使用外径千分尺前，应检查其精度，检查方法是旋动棘轮，当两个砧座靠拢时，棘轮发出二三声“咔咔”的响声，此时，活动套管的前端应与固定套管的“0”刻度线对齐，同时活动套管的“0”刻度线还应与固定套管的基线对齐，否则需要进行调整。

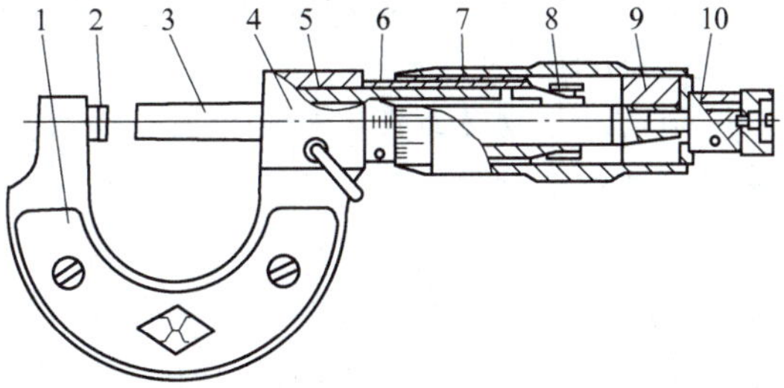

图2-15　外径千分尺

1—尺架　2—固定砧座　3—活动砧座　4—锁紧装置　5—螺纹轴套　6—固定套管　7—活动套管　8—螺母　9—接头　10—棘轮

注意：测量时应擦净两个砧座和工作表面，旋动砧座接触工件，直至棘轮发出二三声“咔咔”的响声时方可读数。

外径千分尺的读数方法如图2-16所示。外径千分尺固定套管上有两组刻线，两组刻线之间的横线为基线，基线以下为“毫米”刻线，基线以上为“半毫米”刻线；活动套管上沿圆周方向有50条刻线，每一条刻线表示0.01mm。读数时，固定套管上的读数与0.01倍的活动套管读数之和即为测量的尺寸。

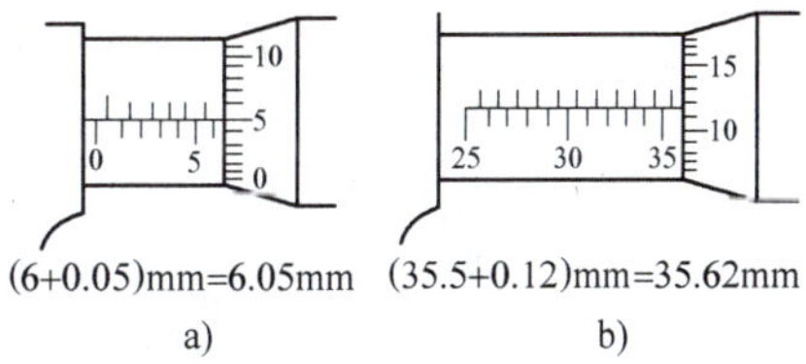

图2-16　外径千分尺的读数方法

a）读数方法Ⅰ　b）读数方法Ⅱ

3. 百分表

百分表主要用于测量零件的形状误差(如曲轴弯曲变形量、轴颈或孔的圆度误差等)或配合间隙(如曲轴轴向间隙等)，其精度为0.01mm，按量程分为0～3mm、0～5mm、0～10mm三种规格。百分表的刻度盘一般为100格，大指针转动一格表示0.01mm，转动一周表示1mm，小指针可指示大指针转动的圈数。

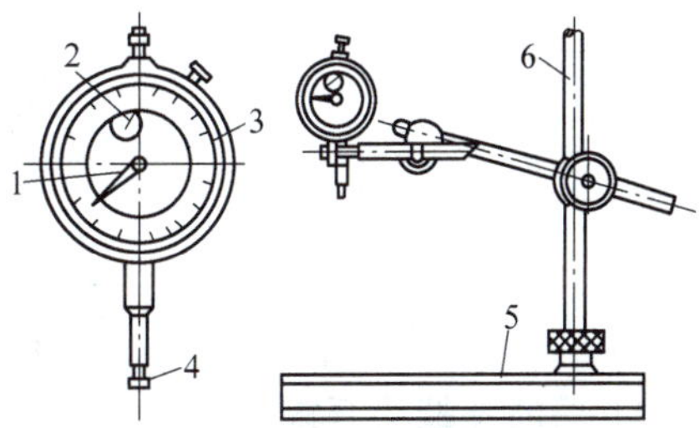

图2-17　百分表

1—大指针　2—小指针　3—刻度盘　4—测头　5—磁力表座　6—表架

在使用时，百分表一般要固定在表架上，如图2-17所示。用百分表进行测量时，必须首先调整表架，使测杆与零件表面保持垂直接触且有适当的预缩量，并转动表盘使指针对正表盘上的“0”刻度线，然后按一定方向缓慢移动或转动工件，测杆则会随零件表面的移动自动伸缩。测杆伸长时，表针顺时针转动，读数为正值；测杆缩短时，表针逆时针转动，读数为负值。

4. 量缸表

量缸表又称内径百分表，主要用来测量孔的内径，如气缸直径和轴承孔直径等。量缸表主要由百分表、表杆和一套不同长度的接杆等组成，如图2-18所示。

测量时首先根据气缸（或轴承孔）直径选择长度尺寸合适的接杆，并将接杆固定在量缸表下端的接杆座上，然后校正量缸表，将外径千分尺调到被测气缸（或轴承孔）的标准尺寸，再将量缸表校正到外径千分尺的尺寸，并使伸缩杆有2mm左右的压缩行程，旋转表盘使指针对准零位后即可进行测量。

注意：测量过程中，必须前后摆动量缸表以确定读数最小的直径位置，同时还应在一定角度内转动量缸表以确定读数最大时的直径位置。

5. 塞尺

塞尺由多片不同厚度的钢片组成，每片钢片的表面刻有表示其厚度的数字，如图2-19所示。在汽车维修中，塞尺常用来测量零件之间的配合间隙，如气门间隙和曲轴轴向间隙等。

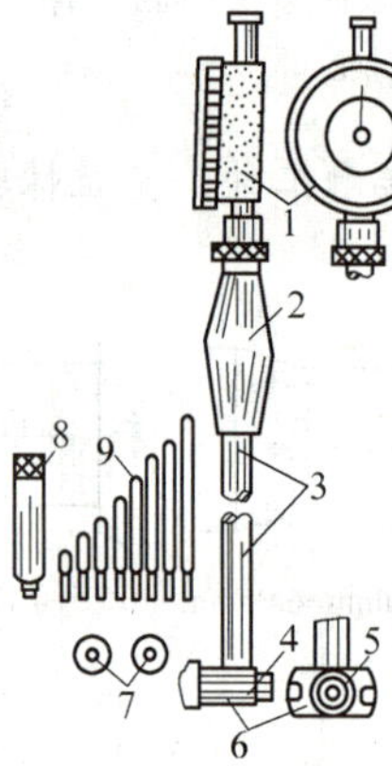

图2-18 量缸表

1—百分表 2—绝缘套 3—表杆 4—接杆座 5—活动测头 6—支撑架 7—固定螺母 8—加长接杆 9—接杆

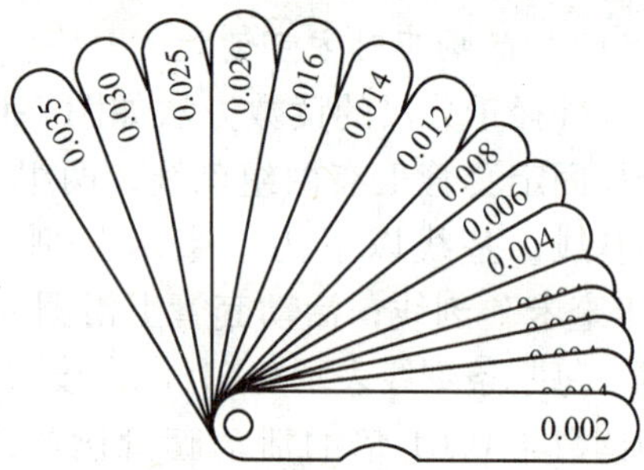

图2-19 塞尺

能力训练

训练1 观察汽车典型零件的耗损

1. 目的及能力要求

1）能对典型零件的耗损进行分类（磨损、变形、疲劳损坏）。

2）掌握典型零件的磨损特征。

3）熟悉典型零件耗损的原因。

4）熟悉提高零件耐磨性的途径。

5）熟悉黏着磨损产生的原因。

6）熟悉气缸套穴蚀产生的原因。

7）较熟练使用量具对典型磨损零件进行测量。

2. 准备

1）工作台一个。

2）磨损、断裂、黏着磨损的曲轴各一个。

3）磨损、黏着磨损、划伤的轴瓦各一套。

4）磨损、穴蚀的气缸各一个。

5）外径千分尺、内径百分表各一套。

3. 步骤

1）观察曲轴及轴瓦磨粒磨损的特征。

2）观察曲轴及轴瓦黏着磨损的特征。

3）观察气缸内表面磨粒磨损及外壁穴蚀的特征。

4）用外径千分尺测量曲轴轴径的磨损特征。

5）用内径百分表测量气缸的磨损特征。

4. 注意事项

1）观察耗损零件前应清洗零件。

2）使用量具前应清洁和校核量具。

5. 讨论

黏着磨损产生的原因及特征是什么？如何预防黏着磨损？

训练2　清除发动机水套、散热器中的水垢

1. 目的及能力要求

1）熟悉水垢的成因。

2）熟悉水垢的化学成分。

3）掌握水垢的清除方法。

4）掌握铸铁件、铝合金件清除水垢时的区别。

2. 准备

1）待清除水垢的发动机一台。

2）配制5%、10%的盐酸溶液，每升盐酸溶液加入3~4g乌托平缓蚀剂(可减轻金属的腐蚀)。

3）配制2%~5%的苛性钠溶液。

4）放净发动机冷却液，加满配制好的盐酸溶液。

3. 步骤

1）起动发动机，控制冷却液温度为50~60℃。

2）清洗时间持续50~70min。

3）放掉清洗溶液；再加入2%~3%的苛性钠溶液，冲洗10min。

4）放净苛性钠冲洗液，再加入清水连续冲洗两次。

4. 注意事项

1）上述清除水垢方法适用于钢铁零件。

2）清除水垢时，衣物、手不能直接接触清洗溶液，水垢清除后，一定用清水洗干净水套、散热器中的残留清洗液。

5. 讨论

清除水垢的方法有哪些？如何避免水垢的形成？

复习思考题

一、判断题（对的打"√"，错的打"×"）

1. 汽车维修是对汽车采取预防性的技术措施。（　）
2. 汽车大修指的是修理或更换总成任何零部件的修理。（　）
3. 汽车零件的主要耗损形式有零件磨损、变形、疲劳损坏、热损坏和腐蚀等。（　）
4. 汽车制动装置的摩擦是液体摩擦。（　）
5. 磨损是指汽车零件工作表面的物质由于相对运动不断损耗的现象。（　）
6. 黏着磨损指的是摩擦表面间相互接触，使摩擦表面的金属发生转移引起的磨损。（　）
7. 零件的穴蚀指的是与液体接触的金属表面在相对运动的过程中产生的一种表面破坏现象。（　）
8. 修理尺寸是指零件表面经过修理，形成符合技术文件规定的大于或小于原设计尺寸的新的公称尺寸。（　）
9. 水垢是冷却液中的矿物盐因变冷后沉积在零件表面形成的。（　）

二、选择题

1. 零件的疲劳磨损的特征是（　）。

A. 外观裂纹或蚀状　B. 零件断裂　C. 配合间隙过大　D. 零件表面光滑

2. 零件穴蚀的特征是（　）。

A. 无光泽　B. 蜂窝状　C. 麻点　D. 泡沫海绵状

3. 清除水垢的方法是（　）。

A. 酸洗法　B. 碱洗法　C. 汽油浸泡法　D. 肥皂水清洗

4. 油污的清洗方法是（　）。

A. 有机溶剂清洗　B. 碱溶液清洗　C. 油洗　D. 水洗

5. 汽车零件拆卸的原则是（　）。

A. 由内向外　B. 由表及里　C. 先拆总成　D. 先拆附件

6. 清除汽车零件积炭的方法是（　）。

A. 机械法　B. 化学法　C. 浸泡法　D. 敲击法

7. 确定修理尺寸时，加工余量一般取（　）。

A. 0.03~0.05mm　B. 0.10~0.20mm　C. 0~2mm　D. 0.5~0.6mm

8. 游标卡尺的精度分(　　)三种。

A. 0.10mm、0.05mm、0.02mm　　B. 0.10mm、0.20mm、0.30mm

C. 0.20mm、0.30mm、0.40mm　　D. 0.01mm、0.001mm、0.002mm

9. 量缸表主要用来测量(　　)。

A. 孔的内径　　B. 轴的外径　　C. 孔的圆度　　D. 孔的圆柱度

三、问答题

1. 汽车维修和汽车修理有何不同?
2. 汽车维护和汽车修理是如何分类的?
3. 汽车修理有哪些基本方法?
4. 汽车修理常用的专用工具有哪些?
5. 什么是汽车的技术状况? 如何分类? 如何变化?
6. 汽车零件耗损有几种方式?
7. 简述汽车解体的原则和一般工艺。
8. 如何清除发动机散热器、水套中的水垢?

单元3　曲柄连杆机构的构造与维修

应知应会：

1. 掌握曲柄连杆机构的功用和组成。
2. 掌握曲柄连杆机构各组成零件的结构和装配连接关系。
3. 掌握曲柄连杆机构的检测方法和维修方法。
4. 能够对曲柄连杆机构进行正确的拆装。

课题1　概　　述

3.1.1　曲柄连杆机构的功用和组成

1. 功用

曲柄连杆机构是发动机实现热能与机械能相互转换的核心机构。其主要功用是将气缸内燃气作用在活塞顶的压力转变为曲轴的转矩，使曲轴产生旋转运动而对外输出动力。

2. 组成

曲柄连杆机构由机体组、活塞连杆组、曲轴飞轮组三部分组成。

（1）机体组　主要包括气缸体、曲轴箱、气缸盖、气缸套和气缸垫等不动件。

（2）活塞连杆组　主要包括活塞、活塞环、活塞销、连杆等运动件。

（3）曲轴飞轮组　主要包括曲轴和飞轮等。

3.1.2　工作条件和受力分析

在发动机工作时，气缸内最高温度可达2500K以上，最高压力可达5～9MPa，现代汽车发动机最高转速可达4000～6000r/min，其线速度是很高的。此外，与可燃混合气和燃烧废气接触的机件（如气缸、气缸盖、活塞等）还将受到化学腐蚀。因此，曲柄连杆机构是在高温、高压、高速以及有化学腐蚀的条件下工作的。

曲柄连杆机构所受到的力主要有气体作用力、运动质量的惯性力、旋转运动件的离心力以及相对运动件的接触表面所产生的摩擦力等。

1. 气体作用力

在工作循环的四个行程中，气体压力始终存在，但由于进气、排气两个行程中气体压力较小，可忽略不计。故这里主要分析做功和压缩两个行程中的气体作用力。

在做功行程中，气体压力推动活塞向下运动（见图3-1a）。设活塞所受到的总压力为 F_P，其传到活塞销上可分解为 F_{P1} 和 F_{P2}。分力 F_{P1} 通过活塞销传给连杆，并沿连杆方向作用在连杆轴颈上。F_{P1}还可分解为两个分力 R 和 S。分力 R 沿曲柄方向使曲轴主轴颈和主轴承之间产生压紧力；与曲柄垂直的分力 S 除了使主轴颈与主轴承之间产生压紧力外，还对曲轴产生转矩 T，推动曲轴旋转。F_{P2}把活塞压向气缸壁，形成活塞与缸壁间的侧压力，有使机体翻倒的趋势。

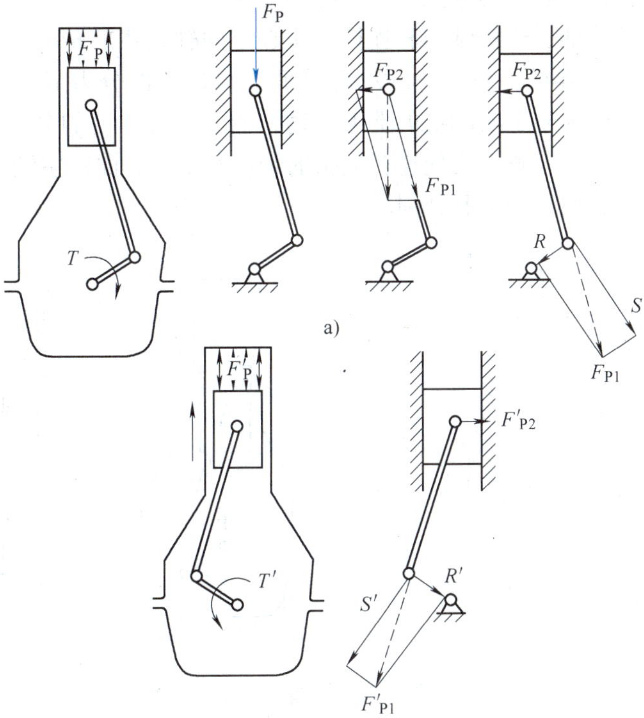

图 3-1 气体压力作用情况示意图

a）做功行程 b）压缩行程

在压缩行程中，气体压力阻碍活塞的上行。这时作用在活塞顶的气体总压力 F'_P 也可分解为两个分力 F'_{P1}和 F'_{P2}(见图 3-1b)，而 F'_{P1}又可分解为 R'和 S'。S'使曲轴形成一个旋转阻力矩 T'，企图阻止曲轴旋转。而 F'_{P2}则将活塞压向气缸的另一侧壁。

由上述分析可知，做功行程中气体压力越大，发动机动力也越大。但气体压力又是造成磨损和损坏的主要因素，如活塞与活塞销、活塞销与连杆衬套、连杆轴承与连杆轴颈、主轴承与主轴颈等在气体压力作用下互相压紧，在运动中产生磨损；另外，气体压力还会使活塞紧压在气缸壁上，从而加剧活塞、活塞环和气缸壁的磨损。

2. 往复惯性力和离心力

作往复运动的物体，当运动速度变化时，将产生往复惯性力。物体绕某一中心做旋转运动时，就产生离心力。曲柄连杆机构的运动中这两种力都存在。

当活塞从上止点向下止点运动时，其速度变化规律是：从零开始，逐渐增大，临近中间达最大值，然后又逐渐减少到零。也就是说，当活塞向下运动时，前半行程是加速运动，惯性力向上；后半行程是减速运动，惯性力向下。当活塞向上运动时，前半行程惯性力向下，后半行程惯性力向上。

由于往复惯性力与气体压力都可以认为作用于气缸中心，只是上下方向有时不同，因此惯性力分解后引起各传动机件的受力情况与气体压力大致相同。但惯性力不作用于气缸盖，它在单缸发动机内部是不平衡的，会引起发动机上下振动，多缸发动机的惯性力可能在各缸之间相互平衡，引起振动的倾向大为减小。

偏离曲轴轴线的曲柄、连杆轴颈和连杆大头在绕曲轴轴线旋转时，将产生离心力（见图3-2），其方向沿曲柄半径向外。离心力 F_c 在垂直方向上的分力 F_{cy} 与往复惯性力 F_j 的方向总是一致的，因而加剧了发动机的上下振动；而水平方向上的分力 F_{cx} 则使发动机产生水平方向的振动。另外，离心力使连杆大头的轴承和轴颈、曲轴主轴承和主轴颈受到又一附加载荷，增加了它们的变形和磨损。

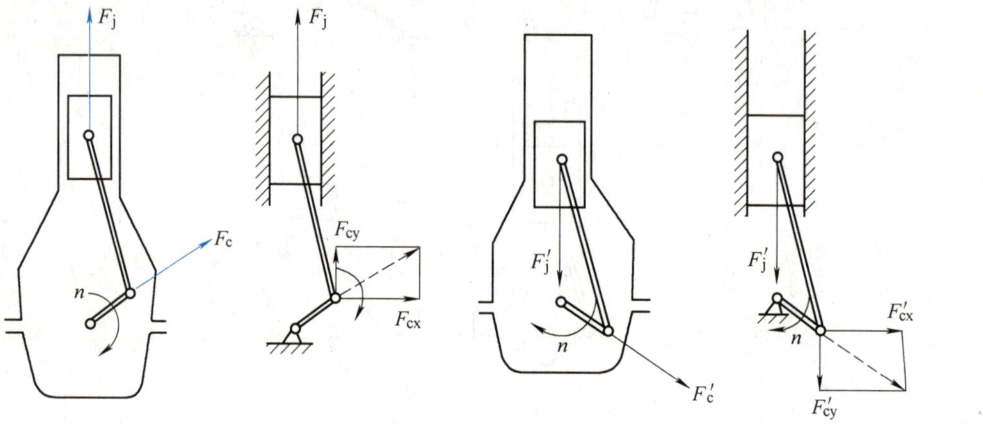

图3-2 往复惯性力和离心力作用示意图

3. 摩擦力

曲柄连杆机构中相互接触的表面做相对运动时都存在有摩擦力，如活塞、活塞环、气缸壁之间，曲轴、连杆轴承、轴颈之间，其大小与正压力和摩擦因数成正比，其方向总是与相对运动的方向相反。摩擦力是造成零件配合面磨损的根源。

这些力作用在曲柄连杆机构上，会使各传动机构受到拉伸、压缩、弯曲和扭转等不同形式的载荷。

课题2 机体组的构造和维修

机体是发动机的骨架和外壳，许多零件和辅助系统的元件都安装在机体上。它是发动机的固定件，是发动机形状尺寸的主要决定因素。

机体组由气缸体、曲轴箱、气缸盖、气缸垫等零件组成。

3.2.1 气缸体的构造与维修

1. 气缸体的构造

水冷发动机气缸体与上曲轴箱常铸成一体，称为气缸体—曲轴箱，也可简称为气缸体。气缸体上部有一个或数个为活塞在其中运动作导向的圆柱形空腔，称为气缸；下部为支撑曲轴的曲轴箱，如图3-3所示。

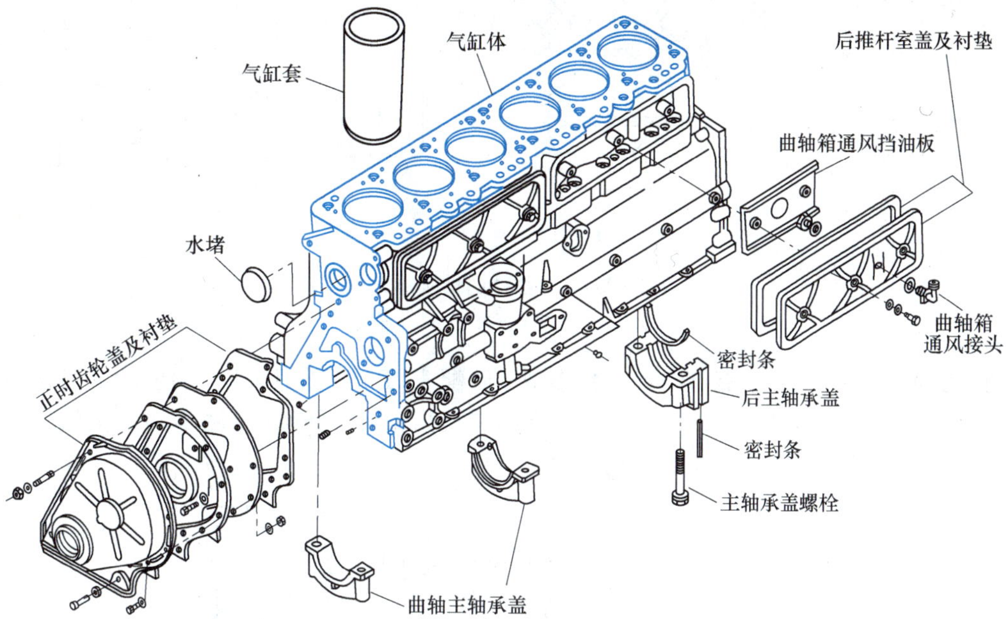

图3-3　发动机气缸体与上曲轴箱

气缸体是发动机各个机构和系统的装配机体，由它来保持发动机各运动件相互之间的准确位置关系。

（1）工作条件和材料　气缸体承受较大的机械负荷和较复杂的热负荷，所以要求气缸体具有足够的强度、刚度和良好的耐热性及耐蚀性。根据其工作条件和结构特点，一般气缸体采用灰铸铁、球墨铸铁或合金铸铁制成。有些发动机为了减轻质量，采用铝合金气缸体。

（2）气缸的排列形式　发动机气缸的排列形式一般有直列式、V形和对置式三种结构形式，如图3-4所示。

直列式气缸体的各个气缸排成一列，所有气缸共用一根曲轴，一般是垂直布置。此种发动机加工较简单，但长度较长，所以6缸以下发动机常用此形式。

V形发动机也将气缸排成两列，两列气缸中心线的夹角 $\gamma < 180°$，最常见的是 $60° \sim 90°$。这种设计采用一根曲轴驱动两列气缸中的活塞运动，曲轴上每个连杆轴颈上连接两个连杆，发动机必须有两个缸盖。V形结构缩短了发动机的长度，降低了发动机的高度，改善了车辆外部空气动力学特性，且增加了气缸体的刚度，但发动机宽度增大，形状复杂，加工困难，制造成本及维修费用都比较高，一般多用于气缸数多的大功率发动机上。

由于V形发动机的宽度相当于两台直列发动机的宽度，这种宽度超出了小型车发动机舱可以容纳的宽度，所以在大多数小型车上容纳不了V形6缸及以上发动机。为了解决这个矛盾，德国大众开发了一种小夹角（15°）V6发动机，这就是大家经常听说的“VR6”。VR6发动机是真正的紧凑型设计，其夹角几乎接近直列式发动机，但仅稍长于

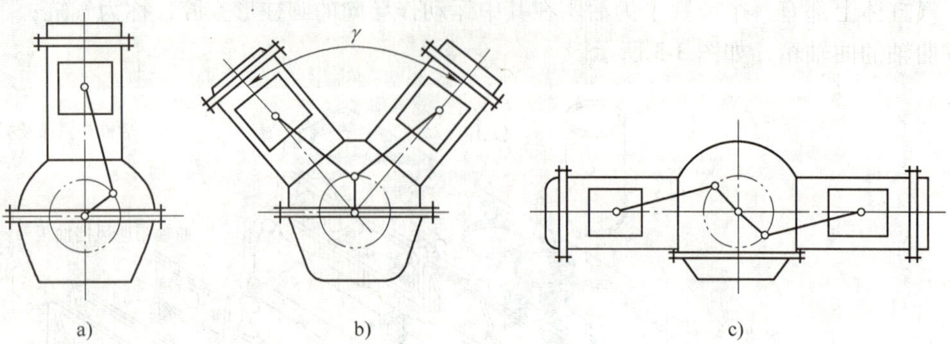

图 3-4 气缸体的结构形式

a）直列式 b）V 形 c）对置式

直列 4 缸发动机，所以它能与绝大多数小型车匹配。VR6 虽然只采用了 15°的夹角，但是由于气缸与气缸之间是错开的，因此气缸之间有相当宽裕的间隙(见图 3-5)，虽然其长度有所增加，但其宽度仅相当于 V6 发动机的一半。

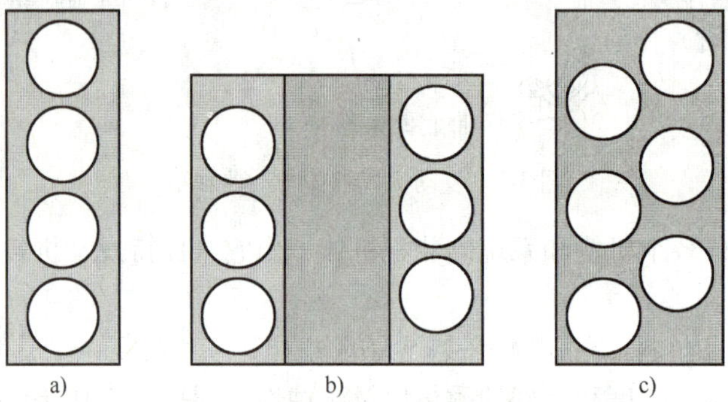

图 3-5 VR 发动机的不对称结构

a）L4 b）V6 c）VR6

另外还有一种特殊的 V 形发动机，即 W 形发动机，但是它并不是 4 排气缸以 W 形排列的，而是通过复杂的空间结构将两台夹角很小的 V 形发动机的 4 列气缸连接在同一根曲轴上。这样可以大大缩小发动机的体积，比如大众的 12 缸 W 形发动机(见图 3-6)的体积仅仅相当于一般 V8 或者体积稍微大一点的 V6 发动机，同时其运转十分宁静平稳。但是 W 形发动机的构造非常复杂，其极高的制造成本使它只能用在一些大型豪华轿车上，比如大众的辉腾 6.0 及其旗下奥迪品牌的旗舰 A8L 6.0 都是用的 W12 发动机。

对置式发动机两列气缸之间的夹角为 180°，一根曲轴、两个缸盖，曲轴的每个轴颈上连接两个连杆。这种发动机的优点之一是重心低，这个优点直接增加了车辆行驶稳定性，高速转弯时车辆的侧倾更小，减小了侧翻的可能；优点之二是振动小，也就是说这种发动机在 Z 轴上没有分力，使发动机工作的平稳性明显提高。其缺点是润滑系统不太理想，技术要求很高，制造成本比 V 形发动机高，一般不太追求车辆的操控性，不太看重发动机大小的汽车厂家不会用这样高成本的发动机 。

（3）曲轴箱的形式 曲轴箱的主要功用是保护和安装曲轴，曲轴箱有三种结构形式，

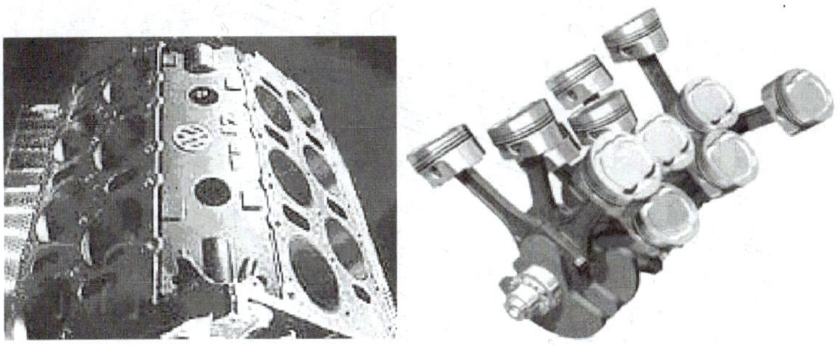

图 3-6　大众公司的 W12 发动机气缸布置

如图 3-7 所示。

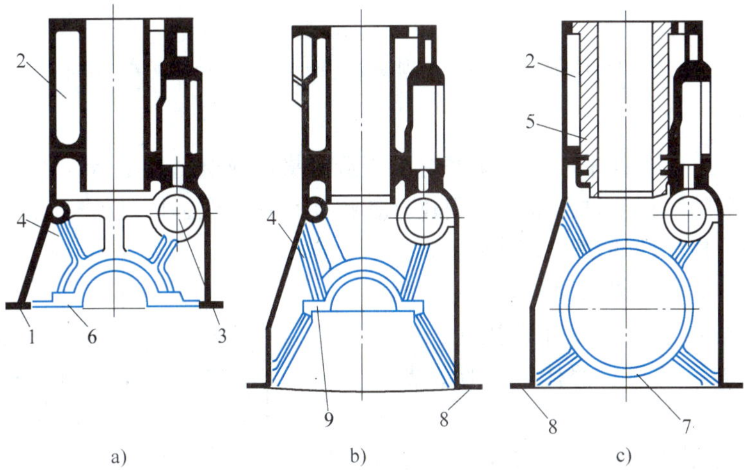

图 3-7　曲轴箱的基本结构形式

a）平分式　b）龙门式　c）隧道式

1—气缸体　2—水套　3—凸轮轴座孔　4—加强肋　5—湿式缸套

6—主轴承座　7—主轴承座孔　8—安装油底壳的加工面　9—安装主轴承盖的加工面

1）平分式。发动机曲轴轴线与气缸体下表面在同一平面上的为平分式。这种结构便于加工，但刚度小，多用于中小型发动机，如图 3-7a 所示。

2）龙门式。曲轴轴线高于气缸体下表面的为龙门式，这种结构刚度较高，但工艺性较差，多用于大中型发动机，如图 3-7b 所示。桑塔纳、捷达轿车发动机采用这种结构。

3）隧道式。这种形式的曲轴箱座孔为整体式，其强度和刚度最高，主轴承同轴度容易保证，但拆装困难，多用于负荷较大的发动机，如图 3-7c 所示。黄河 JN1181CB 型汽车的 6135Q 发动机采用这种形式。

（4）下曲轴箱（油底壳）　下曲轴箱的结构如图 3-8 所示。其主要功用是贮存机油并封闭曲轴箱。由于油底壳受力不大，一般用薄钢板冲压而成。

2. 气缸与气缸套的构造

为了适应气缸的工作条件，提高其耐磨性，缸体材料一般用优质灰铸铁。为了提高气缸的耐磨性，有时在铸铁中加入少量的合金元素，如镍、钼、铬、磷等，还有的采用表面

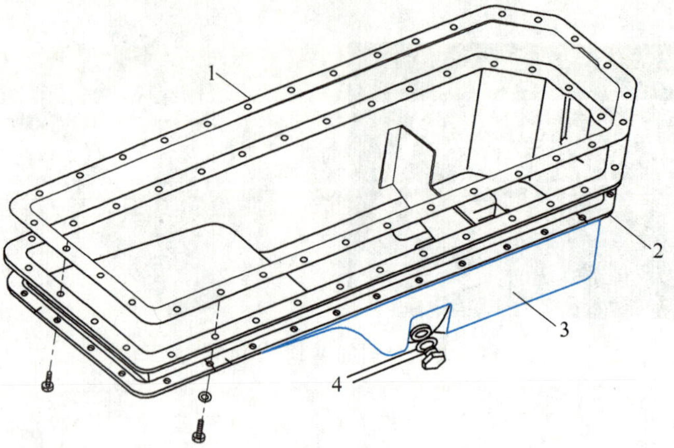

图 3-8 油底壳

1—衬垫（密封垫） 2—加强板 3—油底壳 4—放油塞

淬火、镀铬等。

但是，如果缸体全部采用优质耐磨材料制造，将造成材料的浪费，所以多采用在气缸体内镶入气缸套的结构。这样缸套可用较好的耐磨材料制成，以延长气缸的使用寿命，而缸体则可以用价格较低的普通材料制造。

气缸套有干式和湿式两种，如图 3-9 所示。

干式气缸套不直接与冷却液接触，冷却效果较差，但加工和安装都比较方便，壁厚一般为 1 ~ 3mm。

湿式气缸套则与冷却液直接接触，冷却效果较好，便于修理更换，但加工和安装工艺复杂，易产生穴蚀和漏水、漏气。湿式气缸套靠上支承定位带和下支承定位带保证径向定位，而轴向定位则利用定位凸缘来保证。为保证水套的密封，湿式气缸套下端的密封带与座孔之间一般装有 1 ~ 3 道橡胶密封圈，有的在定位凸缘下面还装有铜垫片。湿式气缸套安装后，一般其顶端高出气缸体上平面 0. 05 ~ 0. 15mm，以使气缸盖将气缸垫压得更紧，从而提高气缸的密封性。湿式气缸套的壁厚一般为 5 ~ 9mm。

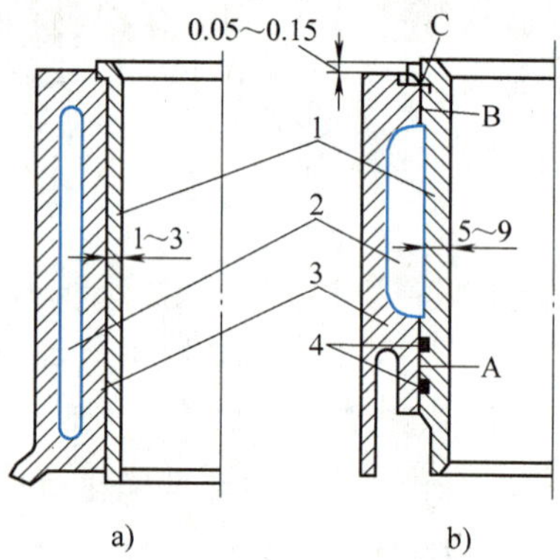

图 3-9 气缸套的结构图

a）干式 b）湿式

1—气缸套 2—水套 3—气缸体 4—橡胶密封圈

A—下支承定位带 B—上支承定位带 C—定位凸缘

3. 气缸体的修理

气缸体的主要耗损形式有裂纹、磨损和变形等。

（1）裂纹 气缸体产生裂纹一般是由于设计制造中的缺陷、冷却液结冰或意外事故造成的。产生裂纹后会导致漏气、漏水、漏油，影响发动机的正常工作，必须及时修理或更换。

缸体的裂纹通常采用目测和水压试验来检查，一旦检查出裂纹，可视情况进行焊修或胶粘等，必要时进行更换。

（2）磨损　气缸体的磨损主要发生在气缸、气缸套承孔、曲轴轴承孔等部位。其中气缸的磨损程度是衡量发动机是否需要大修的依据之一。

1）气缸磨损的特点。由于气缸是在润滑不良、高温、高压、交变负荷和腐蚀性物质作用的恶劣环境下工作的，同时由于活塞、活塞环在气缸内作高速往复运动，也会使气缸工作表面发生磨损。

气缸的磨损是有规律的，一般呈上大下小的锥形，最大磨损部位是在活塞处于上止点时第一道活塞环对应的缸壁处，而活塞环接触不到的上口几乎不磨损；在圆周方向上呈不规则的椭圆形，其最大磨损部位往往随气缸结构、使用条件不同而异，一般是前后或左右方向磨损最大。

2）气缸磨损的检查。气缸磨损的检查如图3-10所示。

清除气缸壁上的油污和积炭后，在气缸的上、中、下三个不同的高度及气缸的纵向和横向两个方向的6个部位，用量缸表测量气缸直径，然后根据测量结果计算出气缸的最大磨损量、圆度和圆柱度。

圆度误差是指同一横截面上磨损的不均匀性，用同一横截面上不同方向测得的最大与最小直径差值的一半作为圆度误差。

圆柱度误差是指沿气缸轴线的轴向截面上磨损的不均匀性，其数值为被测气缸表面任意方向所测得的最大与最小直径差值的一半。

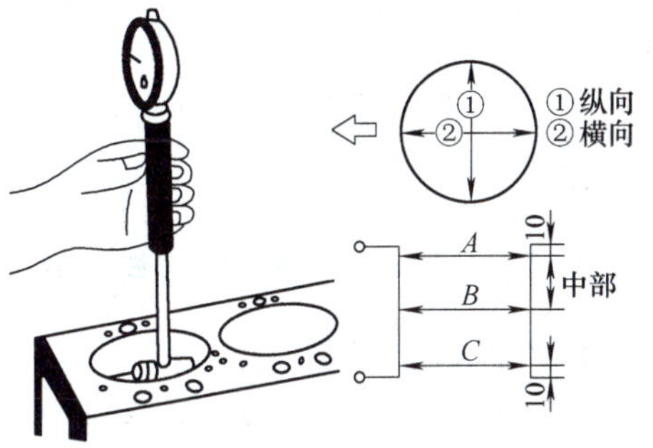

图3-10　气缸磨损的检查

气缸磨损若未超过其使用极限，可更换活塞环继续使用。若气缸磨损超过使用极限，应进行镗磨修理或镶套修理，必要时进行更换。

3）气缸的修理。气缸的修理就是按照修理尺寸法或镶套修复法，通过镗削或磨削加工使气缸达到原来的技术要求。

① 气缸的镗削。

a. 确定气缸的修理尺寸和镗削量。根据气缸的磨损情况和原厂规定的修理尺寸等级，确定其修理尺寸。修理级别一般分为4~6级，每级加大0.25mm。气缸的修理尺寸确定后，选择同级别的活塞，结合活塞与气缸壁的配合间隙和镗磨余量，计算出各缸的镗削量。磨缸余量一般取0.01~0.05mm，在保证磨缸质量的条件下，尽可能取小些。

b. 镗削设备和定心基准。目前常用的镗削设备有两种：固定式和移动式镗缸机，其中固定式镗缸机比移动式镗缸机的加工精度要高。

气缸镗削的定心基准有同心法和偏心法两种。同心法是以气缸磨损最小的部位为基准来确定气缸的镗削中心，修理后的气缸中心线与原来的相同。偏心法是以气缸磨损最大的部位为基准来确定气缸的镗削中心，修理后的气缸中心线与原来的不重合。

c. 气缸的磨削。气缸磨削的目的是去除镗削刀痕，降低表面粗糙度值，提高加工质量。气缸磨削一般使用固定式珩磨机。磨削时，应严格控制磨头的转速和往复速度。

② 气缸的镶套。无修理尺寸的气缸，或气缸虽有修理尺寸，但磨损后的尺寸已经接近或超过最后一级修理尺寸时，可用镶套法进行修理。

对无气缸套的气缸进行镶套前，必须先加工承孔，承孔内径与缸套外径采用过盈配合。对镶有干式气缸套的气缸体，应用压力机压出旧缸套，并检查承孔与待换缸套之间的过盈量是否符合要求。干式气缸套与承孔间的过盈量一般为0.03～0.08mm。新缸套应使用压力机压装，压装后气缸套上端平面应与气缸体上平面平齐。对装用湿式气缸套的气缸体，更换缸套时，只需拆旧换新，不需对承孔进行加工。

（3）变形　气缸体上平面变形是不可避免的，多是由于发动机长期过热等原因引起的。缸体变形后会影响与气缸盖的密封性。

检查缸体上平面的平面度误差时，可在如图3-11所示的六个方向上放置平尺，并用塞尺测量平尺与气缸体上平面之间的间隙，测得的最大值即为缸体上平面的平面度误差。

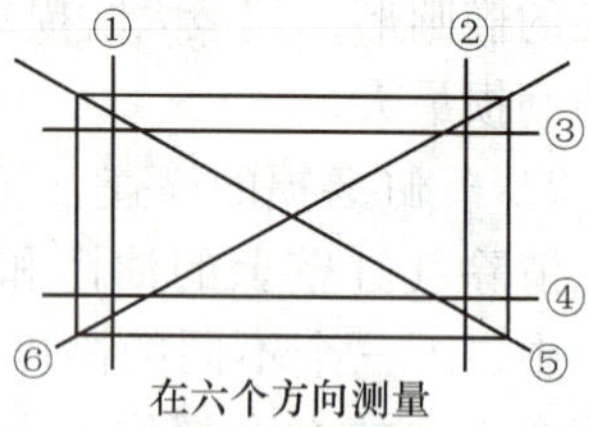

图3-11　气缸体上平面平面度的检查

缸体上平面的平面度误差若超过使用极限，可用磨削或铣削加工修理，总加工量不能超过0.30mm。

3.2.2　气缸盖和气缸垫的构造与修理

1. 气缸盖的构造

气缸盖的主要功用是封闭气缸上部并与气缸和活塞顶部共同构成燃烧室。气缸盖由于形状复杂，一般都采用灰铸铁或合金铸铁铸造，也有用铝合金铸造的，其结构如图3-12所示。

气缸盖与气缸体接合平面上的凹坑是燃烧室的组成部分。在气缸盖上加工有气门座、气门导管孔、气道、摇臂轴安装座或凸轮轴安装座孔等。为保证气缸盖上运动件的润滑，在气缸盖内加工有油道。

水冷式发动机气缸盖内有冷却水套，其端面上的冷却液孔与气缸体上的冷却液孔相通，以便利用循环水来冷却燃烧室等高温部位。汽油机的气缸盖上还加工有火花塞安装座孔，柴油机气缸盖则加工有喷油器安装座孔。

为了制造和维修方便，减少缸盖变形对气缸密封的影响，缸径较大的发动机多采用分开式气缸盖，即一缸一盖、二缸一盖或三缸一盖。

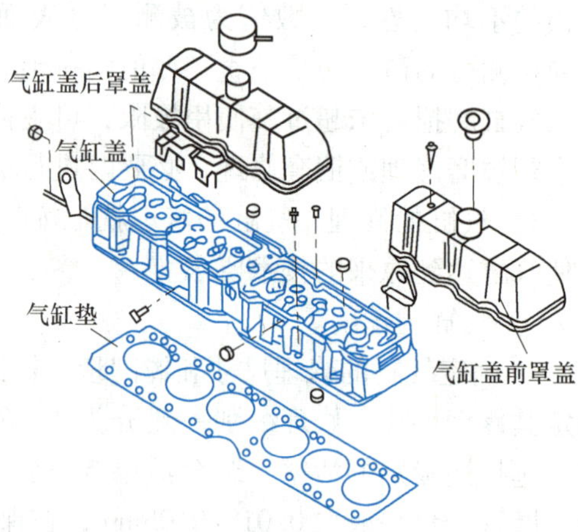

图3-12　气缸盖与气缸垫

对多缸一盖的气缸盖，为避免其变形，安装缸盖时，紧固螺栓应按由中央向四周对称交叉的顺序，分次逐步地以规定的力矩拧紧；拆卸时则按相反的方向进行。

2. 气缸盖的修理

气缸盖的主要耗损形式是裂纹、变形和积炭。

(1) 裂纹 缸盖裂纹多发生在冷却水套薄壁处或气门座处，会导致漏水、漏气。缸盖裂纹的检查和修理可参照缸体裂纹进行。

(2) 变形 缸盖变形是指与气缸体的结合平面的平面度误差超限。缸盖变形的原因一般是热处理不当、缸盖螺栓拧紧力矩不均或放置不当等。缸盖变形的检查方法与缸体变形的检查方法相同，当平面度误差超过0.05mm时，应对其进行铣削或磨削修理。经过修理后的气缸盖，其缸盖高度不得低于规定值，同时还应检查燃烧室容积，燃烧室容积一般不得小于标定容积的95%，同一缸盖各缸燃烧室容积不大于平均容积的1%～2%，否则应更换缸盖。

(3) 积炭 气缸盖上燃烧室积炭过多，会使燃烧室容积变小，改变发动机的压缩比。若发现燃烧室积炭过多，应采用机械方法或化学方法进行清理。

3. 气缸垫的构造与修理

气缸垫安装在气缸盖和气缸体之间，功用是保证气缸体和气缸盖的密封，防止漏水、漏气。

气缸垫在使用中接触高温、高压气体和冷却液，很容易被烧蚀，特别是缸口卷边周围。因此要求气缸垫要耐热、耐蚀，具有足够的强度，有一定的弹性和导热性。目前应用较多的是金属—石棉气缸垫。

气缸垫安装时应注意将卷边朝向易修整的平面或硬平面。如气缸体和气缸盖同为铸铁时，卷边应朝向气缸盖(易修整)；而气缸盖为铝合金、气缸体为铸铁时，卷边应朝向气缸体(硬平面)。换用新的缸垫时，有标记(“open”、“TOP”,即“顶部”的意思)的一面朝向气缸盖。

气缸垫的常见故障是烧蚀击穿，主要原因是气缸盖与气缸体的接合平面不平、气缸盖螺栓的拧紧力矩不足等。

气缸垫损坏后只能更换，不能修理。

课题3 活塞连杆组的构造与维修

活塞连杆组主要由活塞、活塞环、连杆、活塞销等主要机件组成。

3.3.1 活塞的构造与维修

1. 活塞的构造

(1) 活塞的功用 活塞的功用是与气缸盖、气缸壁共同组成燃烧室，承受气缸中气体的压力，并将此压力通过活塞销和连杆传给曲轴。

(2) 工作条件和材料 活塞工作时直接与高温燃气相接触，而散热条件又很差，致使活塞承受很高的热负荷；活塞在气缸中高速运动，产生很大的惯性力；活塞顶部在做功行程中承受很高的气体压力；由于气体压力和惯性力是周期性变化的，因此，活塞的不同部分会受到交变的拉伸、压缩和弯曲载荷，并且由于活塞各部分的温度极不均匀，将在活塞内部产生一定的热应力。所以，要求活塞应有足够的刚度和强度，质量尽可能小，导热性好，要有足够的耐热、耐磨性，温度变化时，尺寸和形状的变化要小。

目前，汽车发动机广泛采用的是铝合金材料的活塞，有的柴油机上也采用高级铸铁或耐热钢制造活塞。

铝合金活塞具有质量小、导热性好的优点，缺点是热膨胀系数较大，在温度高时，强度和刚度下降较大。所以一般在结构设计、机械加工或热处理时采用各种措施加以弥补。

（3）活塞的结构　活塞的基本结构可分为顶部、头部和裙部三个部分，如图3-13所示。

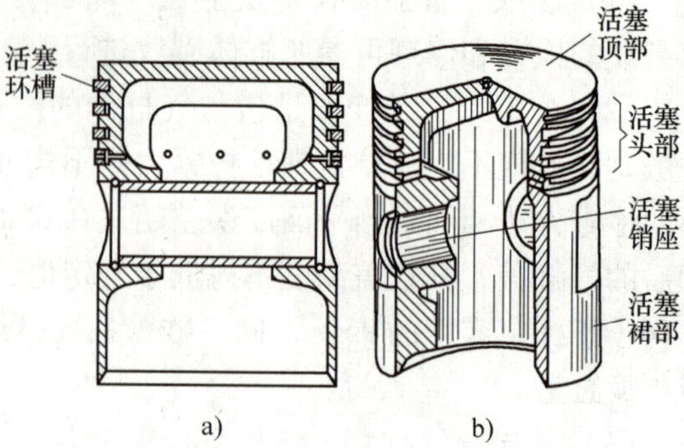

图3-13　活塞的基本结构

1）活塞顶部。活塞顶部是燃烧室的组成部分，用来承受高温气体的压力。根据不同的目的和要求，活塞顶部制成不同的形状，其选用和燃烧室的形状有关。汽油机活塞顶部多采用如图3-14所示的几种形式。

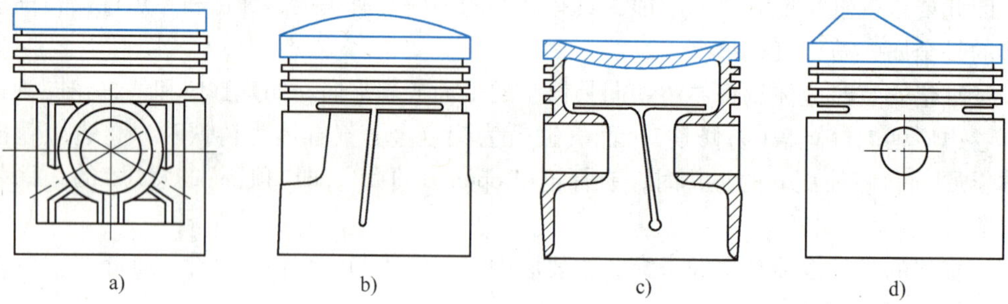

图3-14　活塞顶部形状

a）平顶　b）凸顶　c）凹顶　d）成形顶

2）活塞头部。活塞头部是最下边一道活塞环槽以上的部分，主要用来安装活塞环，以实现对气缸的密封，同时将活塞顶所吸收的热量通过活塞环传给气缸壁。

活塞头部切有若干道用于安装活塞环的环槽。汽油机活塞一般有3～4道环槽，最下面一道安装油环，其他环槽安装气环。在油环环槽的底部一般加工有许多径向小孔，油环从气缸壁上刮下来的多余机油可经过这些小孔流回油底壳。

有的发动机活塞在第一道环槽上面，切有一道较环槽窄的隔热槽，其作用是隔断从活塞顶部流下来的部分热流通路，迫使热流方向折转，把原来应由第一道活塞环散走的热量散给第二、三道环，以消除第一环过热后产生积炭和卡死在环槽中的可能性。

3）活塞裙部。活塞环槽以下的部分称为活塞裙部，其作用是为活塞在气缸内作往复运动导向和承受侧压力。

发动机工作时，由于气体压力和活塞销座处金属较多的影响，活塞裙部沿活塞销轴线方向膨胀量较大，所以在常温下，活塞裙部截面形状呈椭圆形，如图3-15所示，椭圆的长轴在垂直于活塞销方向，其目的是保证在热态下活塞与气缸的配合间隙均匀。

此外，发动机工作中，由于活塞的温度从上到下逐渐降低，膨胀量逐渐减少，所以在常温下，活塞裙部直径上小下大，如图3-16所示。

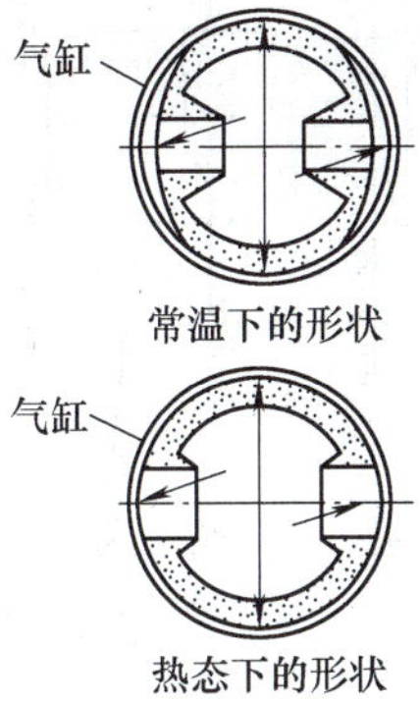

图3-15　活塞裙部截面形状

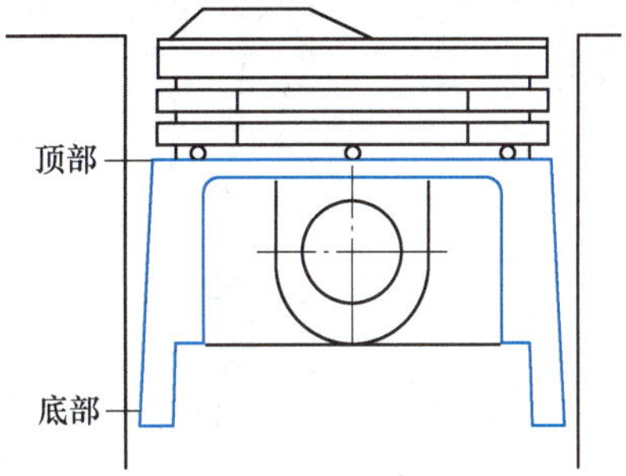

图3-16　常温下活塞裙部直径上小下大

有的活塞在裙部受侧压力小的一面还开有横槽和竖槽(见图3-17)，其中横槽叫绝热槽，开在头部最下一道油环槽中或裙部上边沿，其作用是切断从活塞头部向裙部传输的部分热流通道，减少头部热量向裙部的传导，从而减少裙部的热膨胀；竖槽叫膨胀槽，其作用是使裙部具有一定的弹性，从而使冷态下的装配间隙得以尽可能小，而在热态下又因切槽的补偿作用，活塞不致在气缸中卡死。

按裙部结构形式，活塞可分为拖板式和筒式。拖板式活塞的裙部下端沿销座轴线方向去掉一部分(见图3-17)，这种结构是在行程较小的发动机上为防止活塞与曲轴上的平衡重相碰而设计的。行程较大的发动机则一般采用全裙式活塞(见图3-13)，也称筒式活塞。

4）活塞销座。活塞销座位于活塞裙部的上部，加工有座孔，用以安装活塞销。有些活塞销座孔内加工有卡环槽，以便安装活塞销卡环，防止活塞销工作时轴向窜动。为减少活塞销座处受热后的变形量，有些活塞的销座外表面是凹陷的。

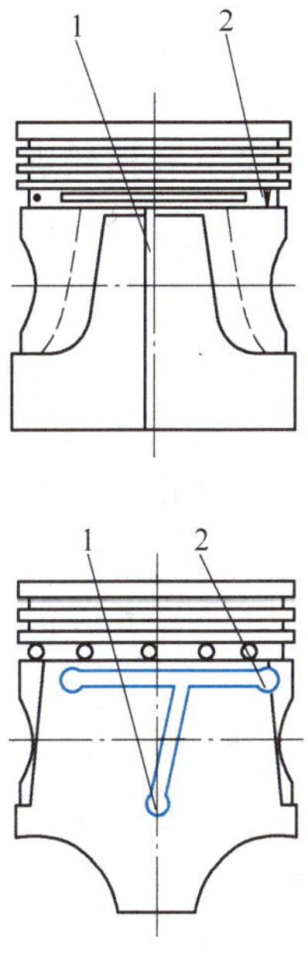

图3-17　开槽活塞
1—膨胀槽　2—绝热槽

一般活塞销轴线都位于活塞中心线的平面内，当活塞越过上止点改变运动方向时，由于侧压力瞬时换向，使活塞与缸壁的接触面突然由一侧平移到另一侧(见图3-18a)，便产生活塞对缸壁的“敲击”(俗称活塞敲缸)。因此，有些发动机将活塞销座轴线向做功行程中受侧压力较大的一面偏移1～2mm(见图3-18b)。这样，在活塞接近上止点时，作用在活塞销座轴线右侧的气体压力大于左侧，使活塞倾斜，裙部下端提前换向，然后活塞越过上止点，侧压力相反时，活塞才以左下端接触处为支点，顶部向左转(不是平移)，完成换向，而使换向冲击力大为减少。

2. 活塞的维修

(1) 活塞的正常耗损　活塞的磨损主要是活塞环槽的磨损、活塞裙部的磨损和活塞销座孔的磨损等。

活塞头部的磨损很小，这是因为活塞头部在工作中由于活塞裙部的导向和活塞环的支

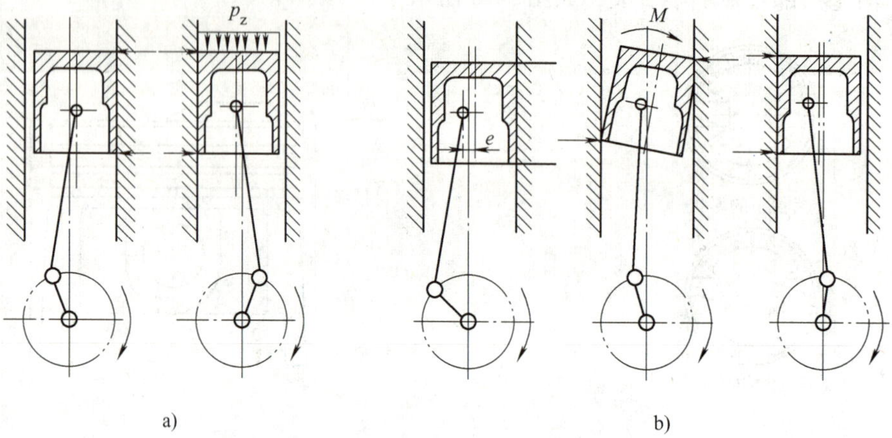

图 3-18　活塞销位置与活塞的换向过程

a）活塞销对称布置　b）活塞销偏移布置

承作用，与气缸壁极少接触的缘故。

活塞环槽的磨损较大，以第一道环槽的磨损最为严重，各环槽由上而下逐渐减轻。其原因是由于燃烧室高压燃气作用及活塞高速往复运动使活塞环对环槽的冲击增大。此外，活塞头部还受到高温高压燃气的作用，使其强度下降，造成第一道环槽的磨损最为严重。环槽的磨损将引起活塞环与环槽侧隙的增大，活塞环的泵油作用增大，使气缸漏气和窜机油，密封性降低。

活塞裙部的磨损较小。活塞裙部虽与气缸壁直接接触，但单位面积的压力较小，润滑条件较好，所以磨损也较轻，通常只在侧压力较大的右侧发生轻微的磨损和擦伤。

活塞销座孔的磨损。工作时活塞受气体压力和往复惯性力的作用，使活塞销座孔产生上下方向较大而水平方向较小的椭圆形磨损。

（2）活塞的异常损坏　活塞的异常损坏主要是活塞刮伤、顶部烧蚀和脱顶等。活塞刮伤主要是由于活塞与气缸壁的配合间隙过小使润滑条件变差以及气缸内壁严重不清洁，有较多和较大的机械杂质进入摩擦表面而引起的。活塞顶的烧蚀则是发动机长期超负荷或爆燃条件下工作的结果。活塞脱顶，即活塞头部与裙部分离，其原因是活塞环的开口间隙过小或活塞环与环槽底无背隙，当发动机连续在高温、高负荷下工作时，活塞环开口间隙被顶死，与缸壁之间发生粘卡；而活塞裙部受到连杆的拖动，使活塞在头部与裙部之间拉断。此外，活塞敲缸和活塞销松旷未能及时排除，也有可能造成活塞的异常损坏。

（3）活塞的检测

1）活塞裙部尺寸的检测。镗缸时，要根据选配活塞的裙部直径确定镗削量，因此要对磨损后的活塞进行测量。活塞裙部直径的测量方法如图 3-19 所示，是在活塞下部离裙部底边约 15mm、与活塞销垂直方向用千分尺测量活塞裙部的直径。

2）配缸间隙的检测。活塞与气缸壁之间的间隙称为配缸间隙，此间隙的大小直接影响发动机的动力性和经济性，因此配缸间隙必须符合标准。检测时可用量缸表测量气缸的直径，用外径千分尺测量活塞的直径，两者之差即为配缸间隙，也可将活塞放入气缸中，用塞尺测量其间隙值，如图3-20所示。

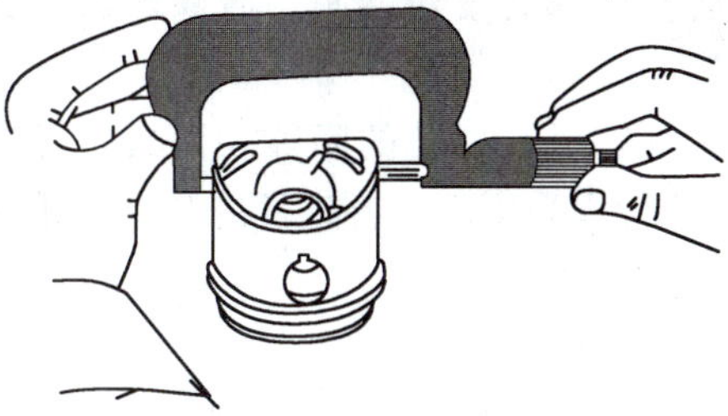

图3-19　活塞裙部直径的测量

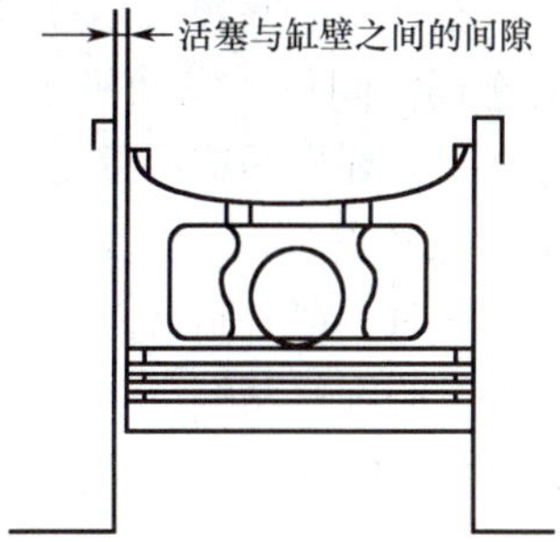

图3-20　配缸间隙的检测

（4）活塞的选配　当气缸的磨损超过规定值及活塞发生异常损坏时，必须对气缸进行修复，并且要根据气缸的修理尺寸选配活塞。选配活塞时要注意以下几点：

1）按气缸的修理尺寸选用同一修理尺寸和同一分组尺寸的活塞。活塞裙部的尺寸是镗缸的依据，即气缸的修理尺寸是哪一级，活塞也选用哪一级修理尺寸的活塞。

2）活塞是成套选配的，同一台发动机必须选用同一厂牌的活塞，以保证其材料和性能的一致性。

3）在选配的成组活塞中，其尺寸差一般为0.01～0.15mm，质量差为4～8g，销座孔的涂色标记应相同。

3.3.2　活塞环的构造与维修

1. 活塞环的构造

（1）功用、工作条件和材料　活塞环按其功用可分为油环和气环两类(见图3-21)。

气环的功用是保证气缸壁与活塞之间的密封，防止气缸中的气体窜入曲轴箱，同时还将活塞头部的热量传给气缸，再由冷却液或空气带走。另外，气环还起到刮油布油的作用。

油环的作用是将气缸壁上多余的机油刮回油底壳，并在气缸壁上均匀布油。

活塞环是在高温、高压、高速和润滑困难的条件下工作的。它的运动情况很复杂，不仅有与环槽侧面的上下撞击，还和缸壁有高速的滑动摩擦以及由于活塞环的径向张缩而产生的与环槽侧面的摩擦。因此，活塞环是发动机中寿命最短的零件之一。当活塞环磨损到失效时，将出现发动机起动困难，功率下降，曲轴箱压力升高，机油消耗量增加，排气冒蓝烟，燃烧室、活塞等表面严重积炭等不良状况。

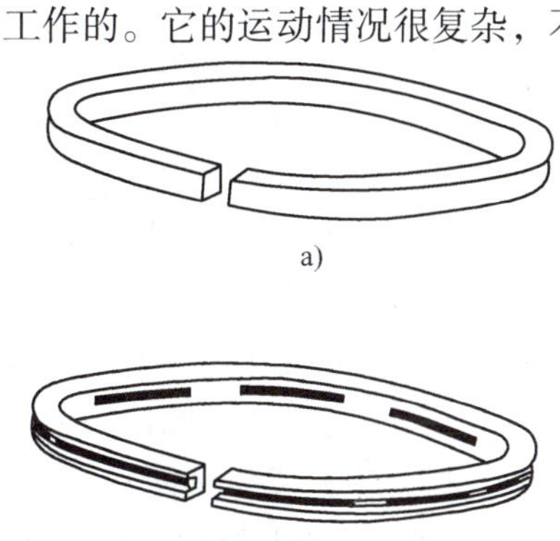

a)

b)

图3-21　活塞环

a）气环　b）油环

根据活塞环的功用和工作条件，要求活塞环的材料应有良好的耐热性、导热性、耐磨性、磨合性、韧性和足够的强度及弹性。目前广泛采用的活塞环材料是优质灰铸铁、球墨铸铁或合金铸铁。不少发动机的第一道活塞环甚至所有的环，其工作表面都进行多孔镀铬或喷钼。由于多孔性铬层硬度高，并能储存少量的机油，从而可以减缓活塞环及其气缸壁的磨损。还有的活塞环采用镀锡、磷化或硫化处理，以改善活塞环的磨合性。

（2）活塞环的间隙 发动机工作时，活塞及活塞环都会发热膨胀。活塞环在气缸内应有开口间隙，与环槽间应有侧隙和背隙(见图 3-22)。

端隙 Δ_1，又称开口间隙，是活塞在冷态下装入气缸后开口处的间隙。为减少气体的泄漏，装入气缸时，第一道环的开口位置应避开做功行程受压面，各道环的开口应相互错开，形成迷宫式的漏气路线，增大漏气阻力，减少漏气量。

侧隙 Δ_2，又称边隙，是环高方向上与环槽之间的间隙。

背隙 Δ_3，是活塞及活塞环装入气缸后，活塞环背面与环槽底部间的间隙。

（3）活塞环的结构

1）气环 。

a. 气环的密封机理。活塞环在自由状态下，其外圆直径略大于缸径，所以装入气缸后，气环就产生一定的弹力 F_1 与缸壁压紧，形成所谓第一密封面，如图 3-23 所示。在此条件下，气体不能从环外圆与缸壁之间通过，便窜入侧隙和背隙。另外，活塞环在运动时，还将产生惯性力，在与缸壁间产生的摩擦力的共同作用下，活塞环被压紧在环槽上，形成第二密封面。

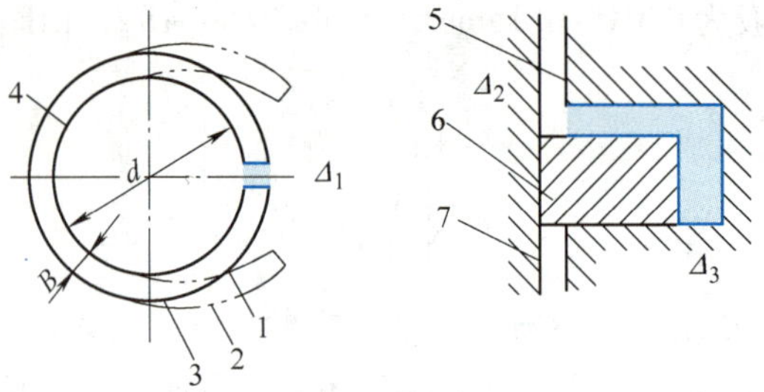

图 3-22 活塞环的间隙

1、2—活塞环工作状态 3—工作面

4—内表面 5—活塞 6—活塞环 7—气缸

Δ_1—端隙 Δ_2—侧隙 Δ_3—背隙 d—内径 B—宽度

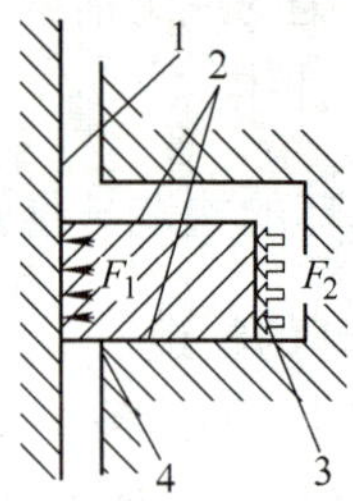

图 3-23 活塞环的密封机理

1—第一密封面 2—第二密封面

3—背压力 4—活塞环自身弹力

此外，窜入活塞环背隙的气体，将产生背压力 F_2，使环对缸壁进一步压紧，加强了第一、二密封面的密封，此即为活塞环的第二次密封。做功行程时，环的背压力远远大于环的弹力，所以此时第一密封面的密封主要是靠第二次密封。但是，如果环的弹性不够，而在环面与缸壁间出现缝隙，此缝隙就要首先漏窜气体，这样就削弱或形不成第二次密封。因此，活塞环弹力产生的密封，是形成第二次密封的前提。

b. 气环的泵油作用。由于侧隙和背隙的存在，当发动机工作时，活塞环便产生了泵油作用。其原理是：活塞下行时，环靠在环槽的上方，环从缸壁上刮下来的润滑油窜入环槽的下方，如图 3-24a 所示；当活塞上行时，环又靠在环槽的下方，同时将机油挤压到环槽上方，如图 3-24b 所示。如此反复运动，就将缸壁上的机油泵入燃烧室。

c. 气环的断面形状。为了加强密封、加速磨合、减少泵油作用及改善润滑，除了合理选择材料及加工工艺外，在结构上还采用了许多不同断面形状的气环，主要有矩形环、锥形环、梯形环、桶面环和扭曲环，如图3-25所示。其中，扭曲环又分为内切口和外切口两种，安装时，必须注意环的断面形状和方向，应将内切槽向上，外切槽朝下，不能装反。

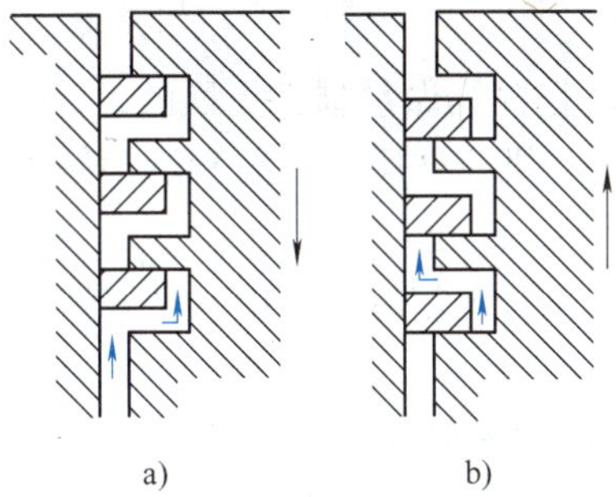

图3-24　活塞环的泵油作用

a）活塞下行　b）活塞上行

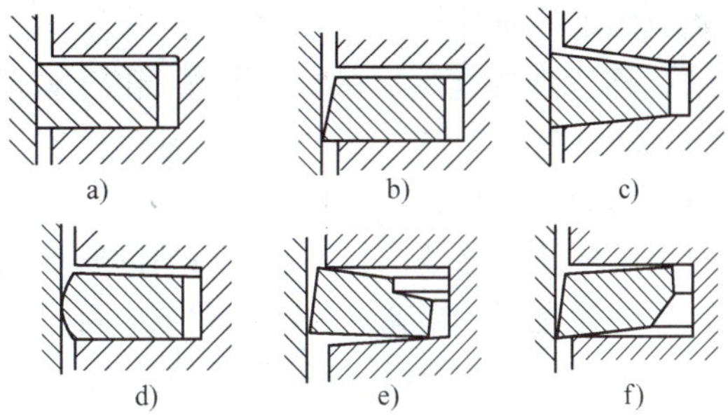

图3-25　气环的断面形状

a）矩形环　b）、f）锥形环　c）梯形环　d）桶面环　e）扭曲环

2）油环。油环无论上行还是下行，都能将气缸壁上多余的机油刮下来，将其经活塞上的回油孔送回油底壳。目前汽车发动机上采用的油环有两种结构形式：整体式和组合式，如图3-26所示。

整体式油环在其外圆中部切有环槽，槽底开有若干回油孔。发动机工作时，利用上下两个环形刃口将气缸壁上的多余润滑油刮下。

组合式油环一般由刮油钢片和弹性衬环组成。刮油钢片很薄，对气缸壁的压力很大，因而刮油作用强。目前，组合式油环在高速发动机上得到了较广泛的应用。

2. 活塞环的维修

（1）活塞环的耗损　活塞环的耗损主要是活塞环的磨损、弹性减弱和折断等。

活塞环的磨损主要是因为活塞环受高温高压燃气的作用和往复运动的冲击以及润滑不良造成的。在使用的过程中受高温燃气的影响，活塞环的弹性逐渐减弱，造成活塞环对气

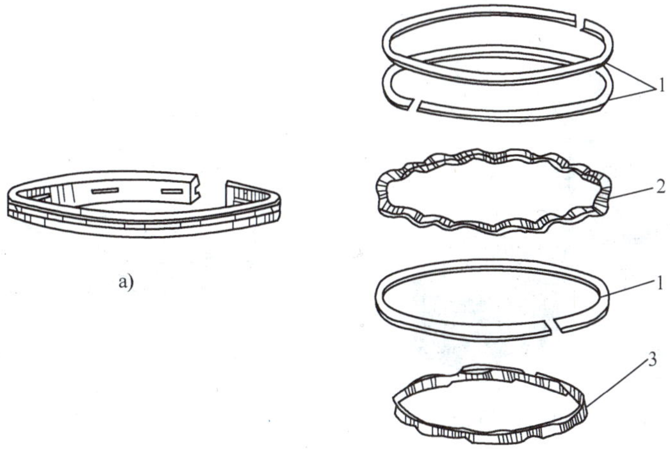

图3-26　油环

a）整体式　b）组合式

1—刮油钢片　2—轴向衬环　3—径向衬环

缸壁的压力降低，密封性变差，出现漏气和窜油现象，动力性和经济性变坏。由于活塞环的安装不当或端隙过小，发动机在高温、大负荷条件下工作时，活塞环会卡缸或在活塞的冲击负荷作用下而折断。

（2）活塞环的选配　在发动机大修和小修时，活塞环是被当做易损件更换的。

活塞环选配时，以气缸的修理尺寸为依据，同一台发动机应选用与气缸和活塞修理尺寸等级相同的活塞环。

对活塞环的要求是：与气缸、活塞的修理尺寸一致；具有规定的弹力以保证气缸的密封性；环的漏光度、端隙、侧隙和背隙应符合原厂设计规定。

1）活塞环的弹力检验。活塞环的弹力是指活塞环端隙为零时作用在活塞环上的径向力。活塞环的弹力过大，会使环的磨损加剧；弹力过弱，会使气缸密封性变差，燃烧室积炭严重，发动机的动力性和经济性下降。

2）活塞环的漏光度检验。活塞环的漏光度检验的主要目的是检测环的外圆表面与缸壁的接触和密封程度，如漏光度过大，表明活塞环与气缸的接触面积减小，易造成漏气和窜机油。

常用的活塞环漏光度的简易检查方法是：活塞环置于气缸内，用倒置的活塞将其推平，用一直径略小于活塞环外径的圆形板盖在环的上侧，在气缸下部放置灯光，从气缸上部观察活塞与气缸壁的缝隙，确定其漏光情况。

对活塞环漏光度的技术要求是：在活塞环端口左右30°范围内不应有漏光点；在同一活塞环上的漏光不得多于两处，每处漏光弧长所对应的圆心角不得超过45°；漏光的缝隙应不大于0.03mm。

3）活塞环开口间隙的检查。检验端隙时，将活塞环置入气缸套内，并用倒置活塞的顶部将环推入气缸内其相应的上止点，然后用塞尺测量，如图3-27所示。

4）活塞环侧隙的检查。侧隙的检查如图3-28所示，是将活塞环放入相应的环槽内，用塞尺进行测量。

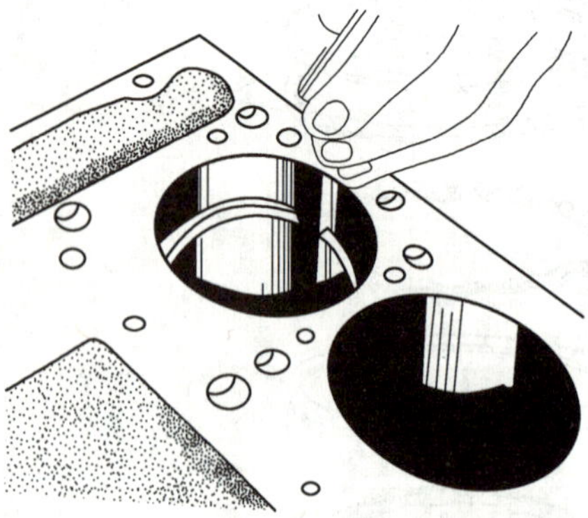

图3-27　检查活塞环的开口间隙

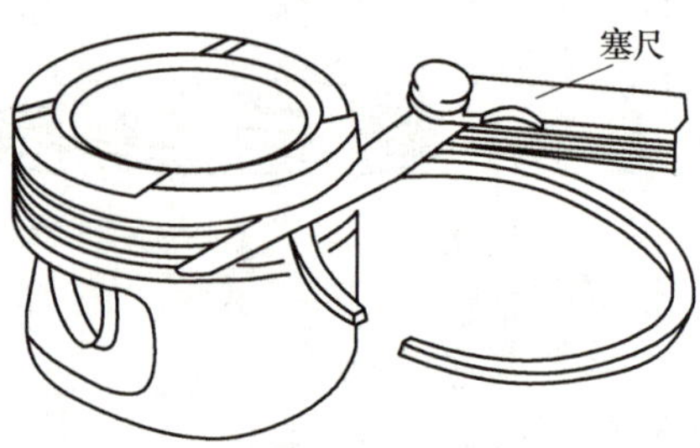

图3-28　检查活塞环侧隙

3.3.3 活塞销的构造和维修

1. 活塞销的构造

活塞销的功用是连接活塞与连杆小头，将活塞承受的气体作用力传给连杆。

活塞销在高温下承受很大的周期性冲击载荷，润滑条件较差(一般靠飞溅润滑)，因而要求有足够的刚度和强度，表面耐磨，质量尽可能小。为此，活塞销通常制成空心圆柱体。

活塞销一般用低碳合金钢制造，先经表面渗碳处理，以提高表面硬度，并保证心部具有一定的冲击韧度，然后进行精磨和抛光。

活塞销的内孔形状有圆柱形、两段截锥形及两段截锥与一段圆柱的组合形等，如图3-29所示。

活塞销与活塞销座孔和连杆小头的连接方式，一般有以下两种形式：

(1) 全浮式　在发动机处于正常工作温度时，活塞销能在连杆衬套和活塞销座孔中自由转动，因而增大了实际接触面积，减小了磨损并使磨损均匀，因而广泛采用(见图3-30a)。

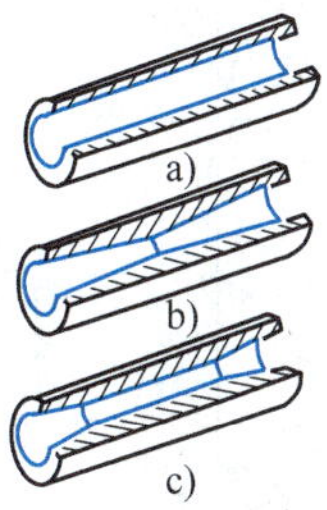

图3-29　活塞销的内孔形状

a) 圆柱形　b) 两段截锥形　c) 组合形

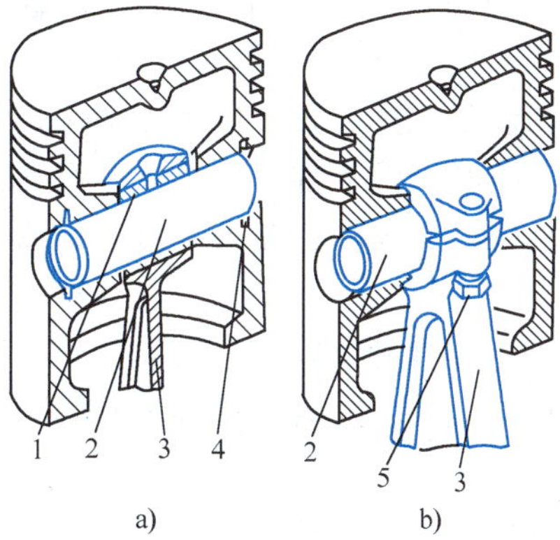

图3-30　活塞销的连接方式

a) 全浮式　b) 半浮式

1—连杆衬套　2—活塞销　3—连杆

4—活塞销卡环　5—紧固螺栓

采用铝活塞时，活塞销座的热膨胀量大于钢活塞销。为保证工作时有正常的工作间隙，在冷状态时活塞销与活塞销座孔为过渡配合。装配时，应先将铝活塞在温度为70～90℃的水或油中加热，然后将销装入。为防止活塞销的轴向窜动而刮伤气缸壁，在活塞销座两端用卡环加以轴向定位。

(2) 半浮式　半浮式就是活塞销与座孔或连杆小头两处一处固定、一处浮动，大多数采用活塞销与连杆小头的固定方式，如图3-30b所示。

2. 活塞销的选配

(1) 活塞销的耗损　发动机工作时，活塞销要承受燃气的压力和活塞连杆组的惯性力。在发动机正常工作时，与活塞销座和连杆衬套之间存在微小的间隙。因此活塞销可以在销座和连杆衬套内自由转动，使得活塞销的径向磨损比较均匀，磨损速率也较低。

(2) 活塞销的选配　发动机大修时，一般应选择标准尺寸的活塞销，以便为小修留有余地。

选配活塞销的原则是：同一台发动机应选用同一厂牌、同一修理尺寸的成组活塞销；

活塞销表面应无任何锈蚀和斑点；表面粗糙度值 Ra 不大于 0.2μm，圆柱度误差不大于 0.0025mm，质量差在 10g 范围内。

3.3.4 连杆的构造与维修

1. 连杆的构造

（1）连杆的功用、组成和材料　连杆的功用是将活塞承受的气体压力传给曲轴，使活塞的往复直线运动变为曲轴的旋转运动。

连杆工作时承受活塞销传来的气体压力、本身摆动和活塞连杆组往复运动时的惯性力，这些力的大小和方向都是周期性变化的。因此连杆受到的是压缩、拉伸和弯曲等交变载荷。这就要求连杆在质量尽可能小的条件下有足够的刚度和强度。

为满足上述要求，连杆一般采用中碳钢或中碳合金钢经模锻而成，也有一些采用球墨铸铁制造的。为提高连杆的疲劳强度，通常还采用表面喷丸处理。

（2）连杆的结构　连杆由连杆小头、连杆杆身和连杆大头（包括连杆盖）三部分组成，如图 3-31 所示。

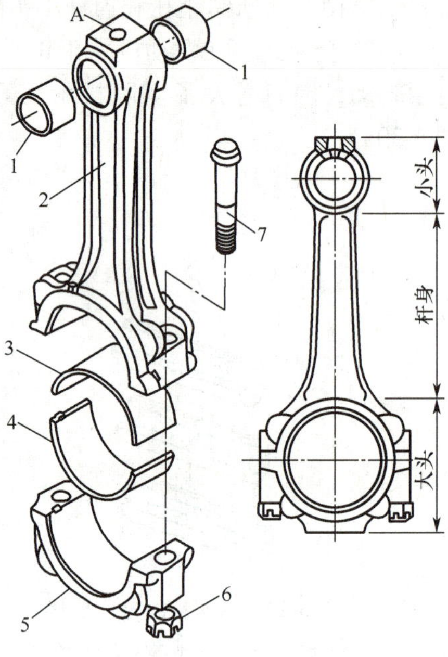

图 3-31　连杆组件

1—连杆衬套　2—连杆体　3—连杆轴承上轴瓦　4—连杆轴承下轴瓦　5—连杆盖　6—螺母　7—连杆螺栓　A—集油孔

连杆小头与活塞销相连，工作时小头与活塞销之间有相对转动（全浮式），因此小头孔中一般有减磨的青铜衬套。为润滑活塞销与衬套，在小头和衬套上钻有集油孔或铣出集油槽，用来收集发动机运转时被击溅到上面的机油以便润滑。有的发动机连杆小头采用压力润滑，因此在连杆杆身内钻有纵向的压力油道。

连杆杆身通常制成“工”字形断面，以求在强度和刚度足够的前提下减小质量。

连杆大头与曲轴的连杆轴径相连，除了个别小型汽油机的连杆采用整体式大头外，连杆大头一般都制成分开式，被分开的部分称为连杆盖，用特制的连杆螺栓紧固在连杆大头上。连杆盖与连杆大头是组合后镗孔，为防止装配错误，在同侧刻有记号，如图 3-32 所示。连杆大头内孔表面要求有较低的表面粗糙度值，以便与连杆轴瓦（或滚动轴承）紧密贴合。连杆大头还铣有连杆轴承的定位凹槽，有的连杆大头及轴承还钻有直径 1～1.5mm 的径向小油孔，从中喷出机油以加强气缸壁等处的飞溅润滑。

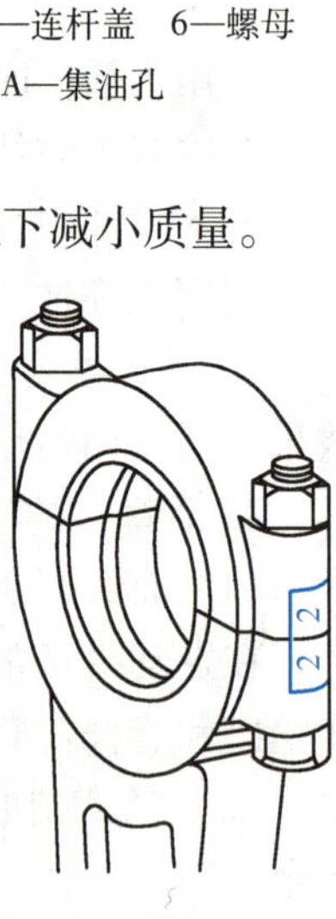

图 3-32　配对记号

连杆大头的切口形式分为平切口和斜切口两种。平切口连杆的剖切面垂直于连杆轴线。一般汽油机连杆大头尺寸都小于气缸直径，可采用平切口。平切口连杆盖与连杆的定位是利用连杆螺栓上的精加工圆柱台或光圆柱部分与经过精加工的螺栓孔来保证的。

柴油机的负荷较大，连杆的受力也大，连杆大头的尺寸往往超过气缸直径。为使连杆大头能通过气缸，便于拆装，一般都采用斜切口。斜切口的连杆常用的定位方式有锯齿定位、定位套定位、定位销定位和止口定位等，如图3-33所示。

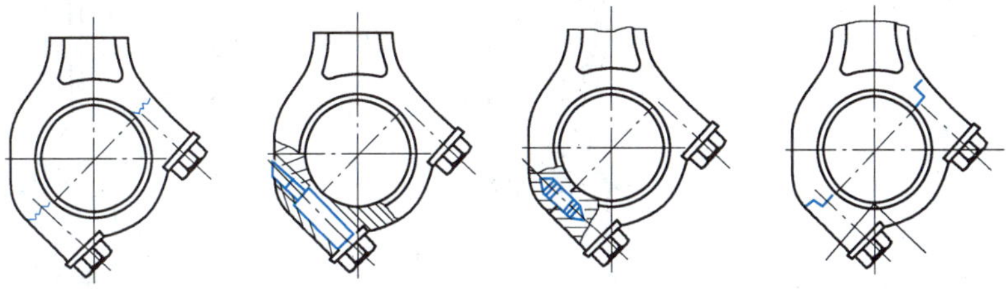

a)　b)　c)　d)

图3-33　斜切口连杆大头的定位方式

a）锯齿定位　b）定位套定位　c）定位销定位　d）止口定位

(3) 连杆螺栓及其锁止　连杆螺栓是一个要承受很大冲击性载荷的重要零件，当其发生损坏时，将给发动机带来极其严重的后果。因此，连杆螺栓一般采用韧性较高的优质合金钢或优质碳素钢锻制或冷镦成形。连杆大头在安装时必须紧固可靠。连杆螺栓必须按工厂规定的力矩，分2～3次均匀地拧紧。为使连杆螺栓工作更加可靠，还采用锁止装置，如防松胶、开口销、双螺母、自锁螺母及螺纹表面镀铜等，以防其工作时自动松动。

(4) 连杆轴承　连杆轴承也称连杆轴瓦(俗称小瓦)，装在连杆大头的孔内，用以保护连杆轴颈及连杆大头孔。连杆轴承在工作时承受较大的交变载荷、高速摩擦、低速大负荷时润滑困难及润滑油变质带来的腐蚀等苛刻条件。为此，要求连杆轴承具有足够的强度、良好的减磨性及良好的耐蚀性。

现代发动机所用的连杆轴承是由钢背和减磨层组成的分开式薄壁轴承(见图3-34)。

钢背由厚1～3mm的低碳钢带制成，是轴承的基体。它既有足够的强度，以承受近乎冲击性的载荷，又有合适的刚度，以便与轴承孔良好贴合。在钢背的内圆面上浇铸有0.3～0.7mm厚的减磨合金层，用以减少摩擦阻力、加速磨合和保持油膜。目前常用的轴承减磨合金主要有白合金、铜铅合金和高锡铝合金。

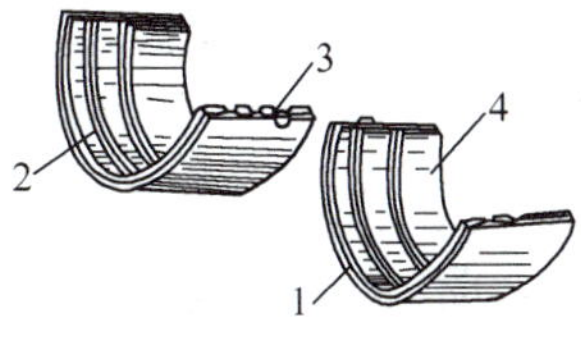

图3-34　连杆轴承

1—钢背　2—油槽　3—定位凸键　4—减磨合金层

连杆轴承背面有较低的表面粗糙度值，且当轴承装入连杆大头时有一定的过盈，故能均匀地紧贴在大头孔壁上，具有很好的承载能力和导热能力。这样可以提高其工作可靠性，延长其使用寿命。

为了防止连杆轴承在工作中发生转动或轴向移动，在两个连杆轴承的剖分面上，分别冲压出高于钢背面的两个定位凸键。装配时，这两个凸键分别嵌入在连杆大头和连杆盖上的相应凹槽中。在连杆轴承内表面上还加工有油槽，用以贮油保证可靠润滑。

2. V 形发动机连杆的布置形式

V 形发动机由于左右两缸的连杆装在同一根连杆轴颈上，其布置形式有以下三种，如图 3-35 所示。

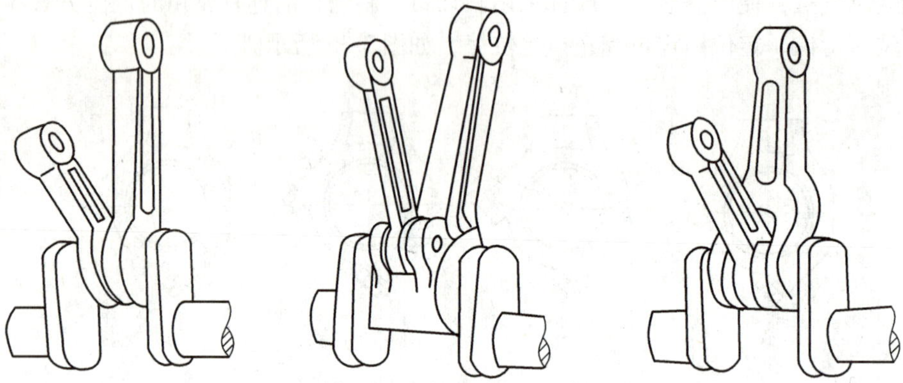

图 3- 35　V 形发动机连杆的布置形式

a）并列连杆式　b）主副连杆式　c）叉形连杆式

（1）并列连杆式　左右两列气缸的连杆一前一后地装在同一连杆轴颈上。这种布置的优点是连杆可以通用，两列气缸的活塞连杆组运动规律相同；缺点是两列气缸要在轴向错开一段距离，致使发动机的长度增加，曲轴的长度增加，刚度降低。

（2）主副连杆式　它是在左右两列气缸中，一列气缸采用主连杆，其大头直接安装在连杆轴颈的全长上，另一列气缸的连杆为副连杆，其大头与对应的主连杆大头上的两个凸耳作铰链连接。这种结构中，左右两列对应气缸的主副连杆与其气缸中心线位于同一平面内，这样布置不会增加发动机的长度，但缺点是主副连杆不能互换。

（3）叉形连杆式　左右两列气缸的对应两个连杆中，一个连杆的大头做成叉形，跨于另一个连杆的厚度较小的片形大头两端。这种布置的优点是两列气缸中的活塞连杆组的运动规律相同，左右对应的两气缸轴心线不需要在曲轴轴向上错位；缺点是叉形连杆大头结构和制造较复杂，大头的刚度也不高。

3. 连杆的维修

连杆组的修理主要是连杆变形的检验与校正、连杆小端衬套的压装与铰削、连杆大端下盖结合平面损伤的修理等。

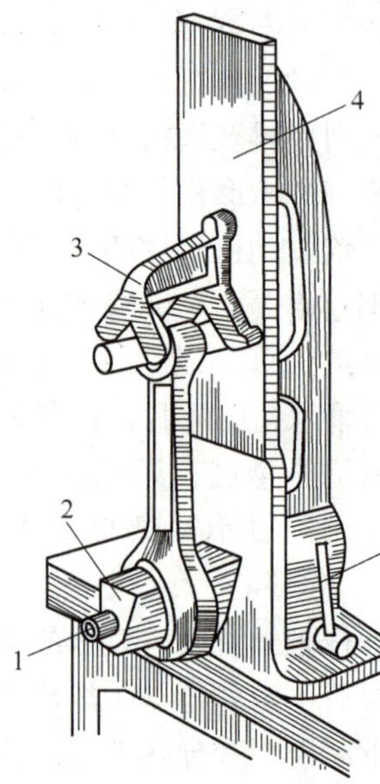

图 3-36　连杆校验仪

1—调整螺钉　2—菱形支承轴　3—量规　4—检验平板　5—锁紧支承轴板杆

连杆变形的检验在连杆校验仪上进行，如图 3-36 所示。在汽车维修技术标准中对连杆的变形作了如下的规定：连杆小端轴线与大端轴线应在同一平面，在该平面上的平行度误差不大于0.03mm，该平面的法向平面上的平行度误差不大于0.06mm。若连杆的弯曲和扭曲度超过误差值，应进行校正或更换。

在更换活塞销的同时，必须更换连杆衬套，以恢复其正常配合。新衬套的外径应与小端承孔有0.10～0.20mm的过盈，以防止衬套在工作中转动。过盈量也不可过大，否则在压装时会将衬套压裂。

课题4　曲轴飞轮组的构造与维修

曲轴飞轮组主要由曲轴、飞轮、扭转减振器、正时齿轮及带轮等组成，如图3-37所示。

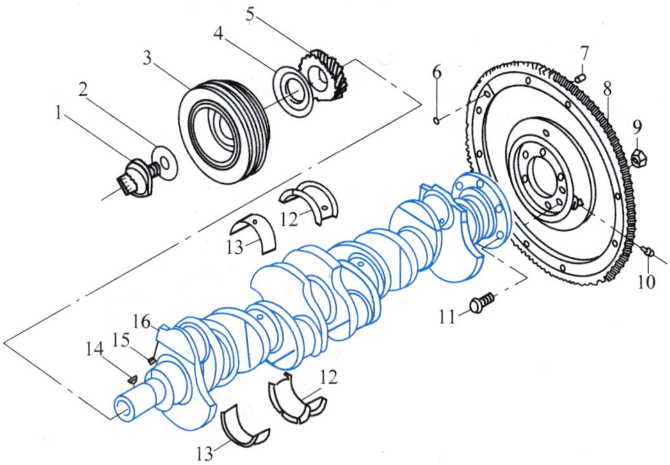

图3-37　曲轴飞轮组

1—起动爪　2—起动爪锁紧垫片　3—扭转减振器、带轮　4—挡油片　5—正时齿轮　6—第一、第六缸活塞上止点记号　7—圆柱销　8—齿圈　9—螺母　10—润滑脂嘴　11—曲轴与飞轮联接螺栓　12—中间轴承上下轴瓦　13—主轴承上下轴瓦　14、15—半圆键　16—曲轴

3.4.1　曲轴的构造与维修

1. 曲轴的构造

（1）曲轴的功用、工作条件和材料　曲轴的功用是把活塞连杆组传来的气体压力转变为转矩并对外输出。另外，曲轴还用来驱动发动机的配气机构和其他各种辅助装置。

曲轴在工作时，要承受周期性变化的气体压力、往复惯性力和离心力以及它们产生的转矩和弯矩的共同作用；在上述载荷的作用下，会引起扭转振动和弯曲振动而产生附加应力；转矩和负荷经常变化，导致轴颈处有时不易形成良好的油膜，而它与轴承相对的滑动速度又很高；在紧急制动等情况下，曲轴还会产生轴向窜动。

为了保证工作可靠，要求曲轴要具有足够的刚度和强度，具有一定的耐磨性，并需要很好的平衡。为此，曲轴要求用强度、冲击韧度和耐磨性都比较高的材料制造，一般采用中碳钢或中碳合金钢模锻。

为了提高曲轴的耐磨性，其主轴颈和连杆轴颈表面均需要进行高频感应淬火或氮化。近年来，许多发动机还采用高强度的稀土球墨铸铁铸造曲轴，这种曲轴必须采用全支承以保证其刚度。

（2）曲轴的构造　曲轴的基本结构包括前端轴、主轴颈、连杆轴颈、曲柄、平衡重及后端凸缘等。一个连杆轴颈和它两端的曲柄及主轴颈构成一个曲拐。曲轴的曲拐数取决于气缸的数目和排列方式。直列发动机曲轴的曲拐数等于气缸数；V形发动机曲轴的曲拐数等于气缸数的一半。

按曲轴主轴颈的数目，可以把曲轴分为全支承曲轴和非全支承曲轴两种。在每个连杆轴颈两边都有一个主轴颈的，称为全支承曲轴。显然，全支承曲轴的主轴颈数比连杆轴颈数多一个。主轴颈数少于连杆轴颈的，称为非全支承曲轴。全支承曲轴的优点是可以提高曲轴的刚度，且主轴承的负荷较小，多用于柴油机和负荷较大的汽油机；非全支承曲轴结构简单且长度较短，多用于中小负荷汽油机。

连杆大头为整体式的某些小型汽油机或采用滚动轴承作为曲轴主轴承的发动机，必须采用组合式曲轴，即将曲轴的各部分分段加工，然后组合成整个曲轴，如图3-38所示。

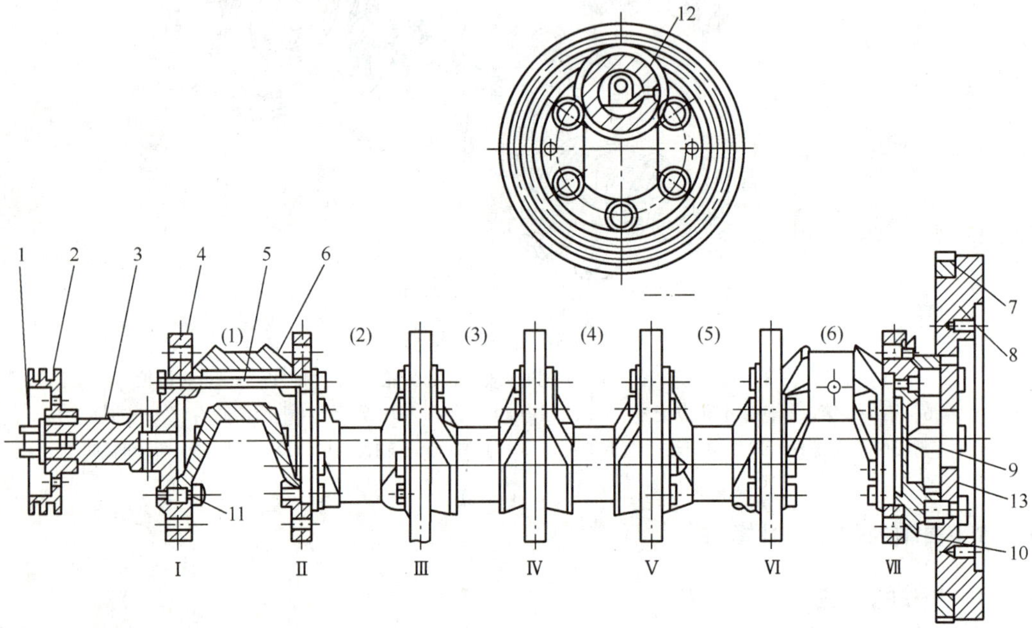

图3-38　组合式曲轴

1—起动爪　2—带轮　3—前端轴　4—滚动轴承　5—联接螺栓　6—曲柄　7—飞轮齿圈　8—飞轮　9—后端凸缘　10—挡油圈　11—定位螺钉　12—油管　13—锁片

为了平衡连杆大头、连杆轴颈和曲柄等产生的离心力及其力矩，有时还为了平衡部分往复惯性力，使发动机运转平稳，需对曲轴进行平衡。对于四缸、六缸等多缸发动机，由于曲柄对称布置，往复惯性力和离心力及其产生的力矩从整体上看都能互相平衡，但曲轴的局部却受到弯曲作用。由图3-39a中可以看出，第一和第四连杆轴颈的离心力 F_1、F_4 与第二和第三连杆轴颈的离心力 F_2、F_3 大小相等、方向相反，故可以相互平衡；F_1 和 F_2 形成的力矩 M_{1-2} 与 F_3、F_4 形成的力矩 M_{3-4} 也能互相平衡；但两个力矩都给曲轴造成了弯

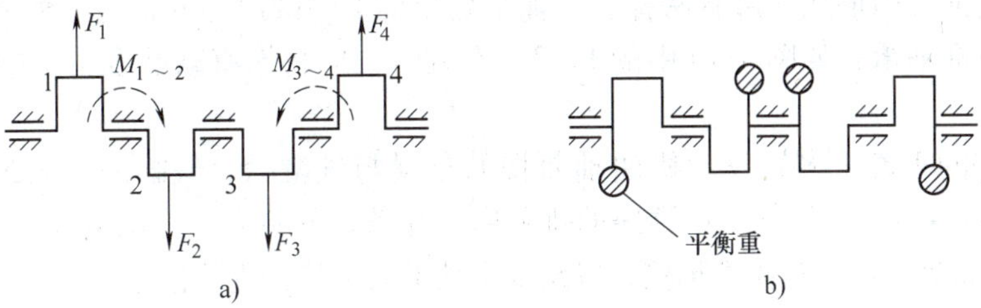

图3-39 曲轴平衡重作用示意图

曲变形，而引起主轴颈和轴承的偏磨。为了减轻主轴承的负荷，改善其工作条件，一般都会在曲柄的相反方向设置平衡重，如图3-39b所示。

平衡重有的与曲轴制成一体；有的单独制成零件，再用螺栓固定于曲柄上，形成装配式平衡重；有的刚度相对较大的全支承曲轴没有平衡重。

（3）曲轴前后端的密封及轴向定位　曲轴前端装有驱动配气凸轮轴的正时齿轮、驱动风扇和水泵的带轮及止推片等，如图3-40所示。

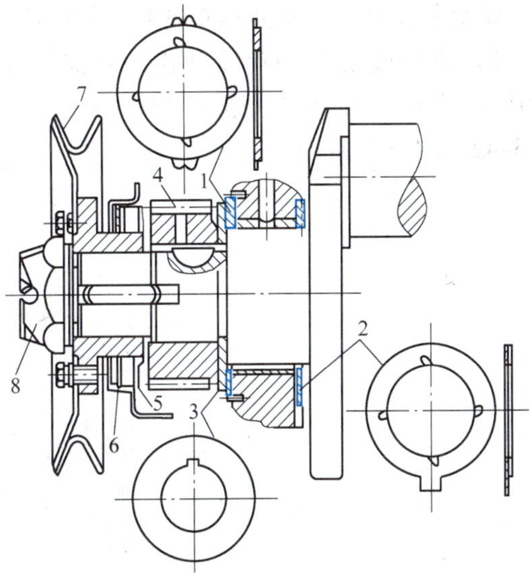

图3-40 曲轴前端的结构

1、2—滑动止推轴承 3—止推片 4—正时齿轮 5—甩油盘 6—油封 7—带轮 8—起动爪

为了防止机油沿曲轴轴颈外漏，在曲轴前端装有甩油盘。随着曲轴旋转，当被齿轮挤出和甩出来的机油落到盘上时，由于离心力的作用，被甩到齿轮室盖的壁面上，再沿壁面流下来，回到油底壳中。即使还有少量的机油落到甩油盘前端的曲轴上，也会被压配在齿轮室盖上的油封挡住。

曲轴后端有安装飞轮用的凸缘。为了防止机油向后漏出，常采用甩油盘、油封和回油螺纹等封油装置。回油螺纹的工作原理如图3-41所示。回油螺纹可以是梯形或者是矩形的，其螺旋方向为右旋。当曲轴旋转时，流到回油螺纹槽中的机油也被带着旋转。因为机油本身有黏性，所以受到机体后盖孔壁的摩擦阻力 F_r 的作用。F_r 可以分解为平行于螺纹的分力 F_{r1} 和垂直于螺纹的分力 F_{r2}。机油在 F_{r1} 的作用下，顺着螺纹槽向前，流回油底壳。

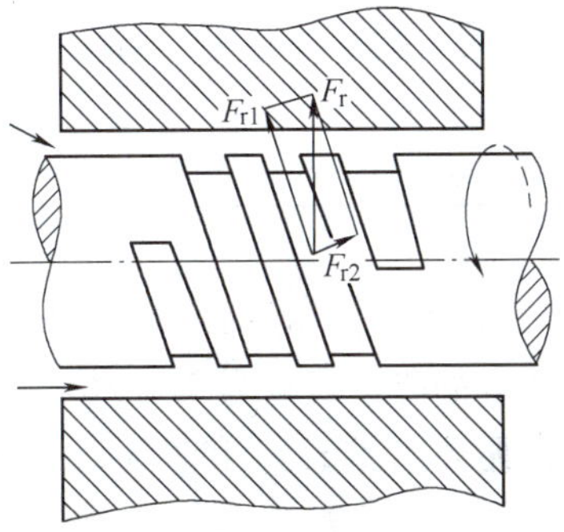

图3-41 回油螺纹的工作原理

发动机工作时，曲轴经常受到离合器施加于飞轮的轴向力及其他力的作用，从而有轴向窜动的可能。而曲轴的轴向窜动会影响曲柄连杆机构各零件之间的正确位置，故必须用定位装置加以限制。

曲轴的轴向定位装置为安装在某一主轴颈两侧的两

个止推片。止推片的形式一般有两种，一种是翻边轴承的翻边部分，另一种是单面制有减磨合金层的止推轴承，如图 3-40 中的 1、2。安装时，应将涂有减磨合金层的一面朝向旋转面。

（4）曲拐的布置　多缸发动机曲轴曲拐的布置与气缸数、气缸的排列形式（直列、V 形）、发动机的平衡以及各缸工作顺序的排列密切相关，并具有一定的规律。布置曲拐时、应尽可能使连续做功的两缸距离远些，以减少主轴承的负荷，避免相邻两缸进气门同时开启而发生抢气现象；做功间隔角尽量均匀，以使发动机运转均匀；曲拐布置应尽可能对称、均匀，以使发动机工作平衡性好。

常见的几种发动机曲轴布置和工作顺序如下：

1）直列四缸四冲程发动机。其曲轴曲拐对称布置于同一平面内，做功间隔角为 720°/4 = 180°，各缸的工作顺序有 1—3—4—2 和 1—2—4—3 两种。其结构和工作循环如图 3-42 和表 3-1 所示。

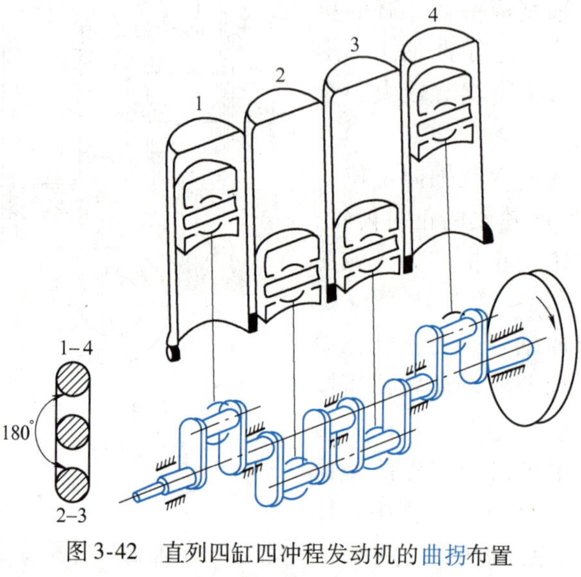

图 3-42　直列四缸四冲程发动机的曲拐布置

表 3-1　直列四缸四冲程发动机工作循环表（工作顺序 1—3—4—2）

曲轴转角/(°)	第一缸	第二缸	第三缸	第四缸
0 ~ 180	做功	排气	压缩	进气
180 ~ 360	排气	进气	做功	压缩
360 ~ 540	进气	压缩	排气	做功
540 ~ 720	压缩	做功	进气	排气

2）直列六缸四冲程发动机。其曲轴曲拐均匀布置在互成 120°的三个平面内，相邻工作两缸的曲拐夹角为 720°/6 = 120°，各缸工作顺序一般为 1—5—3—6—2—4，其结构和工作循环如图 3-43 和表 3-2 所示。

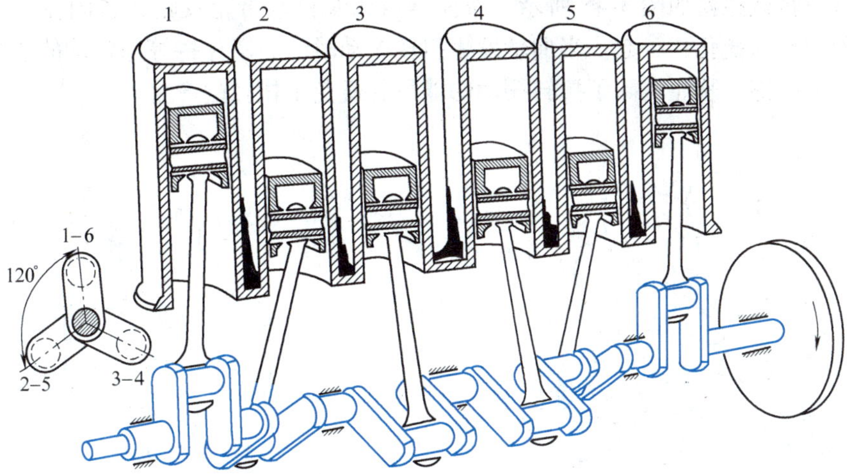

图 3-43　直列六缸四冲程发动机的曲拐布置

表 3-2　直列六缸四冲程发动机工作循环表（工作顺序 1—5—3—6—2—4）

<table>
<tr><th>曲轴转角/(°)</th><th>第　一　缸</th><th>第　二　缸</th><th>第　三　缸</th><th>第　四　缸</th><th>第　五　缸</th><th>第　六　缸</th></tr>
<tr><td>0～60</td><td rowspan="3">做功</td><td rowspan="2">排气</td><td>进气</td><td>做功</td><td rowspan="2">压缩</td><td rowspan="3">进气</td></tr>
<tr><td>60～120</td><td rowspan="3">压缩</td><td rowspan="3">排气</td></tr>
<tr><td>120～180</td><td rowspan="3">进气</td><td rowspan="3">做功</td></tr>
<tr><td>180～240</td><td rowspan="3">排气</td><td rowspan="3">压缩</td></tr>
<tr><td>240～300</td><td rowspan="3">做功</td><td rowspan="3">进气</td></tr>
<tr><td>300～360</td><td rowspan="3">压缩</td><td rowspan="3">排气</td></tr>
<tr><td>360～420</td><td rowspan="3">进气</td><td rowspan="3">做功</td></tr>
<tr><td>420～480</td><td rowspan="3">排气</td><td rowspan="3">压缩</td></tr>
<tr><td>480～540</td><td rowspan="3">做功</td><td rowspan="3">进气</td></tr>
<tr><td>540～600</td><td rowspan="3">压缩</td><td rowspan="3">排气</td></tr>
<tr><td>600～660</td><td rowspan="2">进气</td><td rowspan="2">做功</td></tr>
<tr><td>660～720</td><td>排气</td><td>压缩</td></tr>
</table>

3）V形八缸发动机。这种发动机的曲拐布置形式可以与四缸机一样，四个曲拐布置在同一平面内，也可以布置在两个互相错开90°的平面内。其做功间隔角为 720°/8 = 90°，各缸工作顺序一般为1—8—4—3—6—5—7—2，其结构如图3-44所示。

（5）扭转减振器　发动机工作时，经连杆传给曲轴的作用力呈周期性变化，所以使曲轴旋转的瞬时角速度也呈周期性变化。安装在曲轴后端的飞轮，由于转动惯量很大，可以看做等速运动，这样就造成了曲轴相对飞轮转动时快时慢，使曲轴产生了扭转振动。当此振动频率与曲轴的自振频率成整数倍关系时，便产生共振。为了消减曲轴的扭转振动，在发动机的前端多装有扭转减振器。

常用的扭转减振器有橡胶式、摩擦式和硅油式等多种形式。

橡胶式扭转减振器如图3-45所示。减振器盘用螺栓与带轮及轮毂紧固在一起，橡胶层与圆盘及惯性盘硫化在一起。当曲轴发生扭转振动时，力图保持等速转动的惯性盘便与橡胶层发生内摩擦，从而消除了扭转振动的能量，避免了扭转的产生。

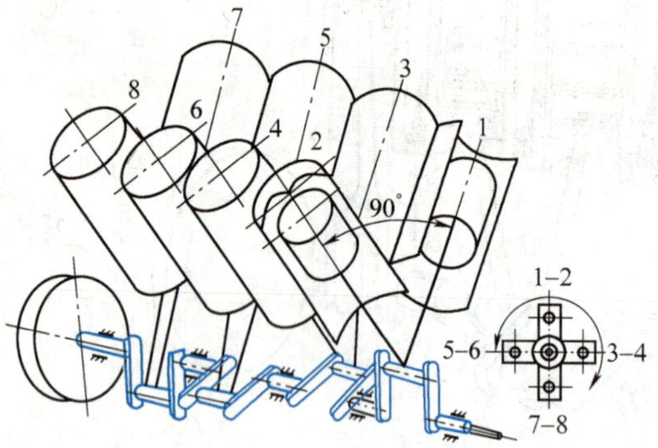

图3-44 8V100发动机的曲拐布置

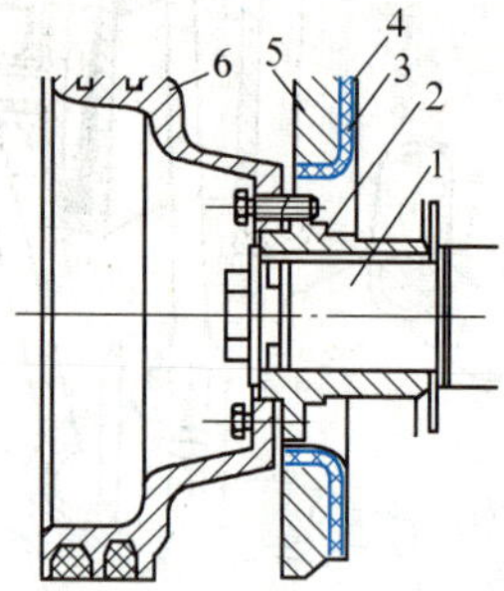

图3-45 橡胶式扭转减振器

1—曲轴前端 2—带轮毂 3—减振器圆盘 4—橡胶层 5—惯性盘 6—带轮

目前轿车发动机使用的扭转减振器一般都不单独设惯性盘，而是利用曲轴带轮兼作惯性盘，带轮和减振器制成一体(称减扭振带轮)。无惯性盘扭转减振器如图3-46所示。带轮通过内层的橡胶与固定盘粘接在一起，曲轴产生扭转振动时，固定盘随曲轴一起振动，因带轮转动惯量较大，夹在带轮与固定盘之间的橡胶层发生变形，从而消耗曲轴扭转振动的能量，减轻了曲轴的扭转振动。

2. 曲轴的维修

曲轴常见的损伤形式有轴颈磨损、弯曲变形，严重时出现裂纹，甚至断裂。

(1) 曲轴裂纹的检修 曲轴裂纹一般发生在轴颈两端过渡圆角处或油孔处。前者是径向裂纹，严重时将造成曲轴断裂；后者多为轴向裂纹，沿斜置油孔的锐边轴向发展。

曲轴的径向、轴向裂纹主要是应力集中引起的，产生后会加剧曲轴的疲劳折断。

曲轴裂纹可用磁力探伤仪或染色渗透剂进行检验。若曲轴检验出裂纹，一般应报废更换。

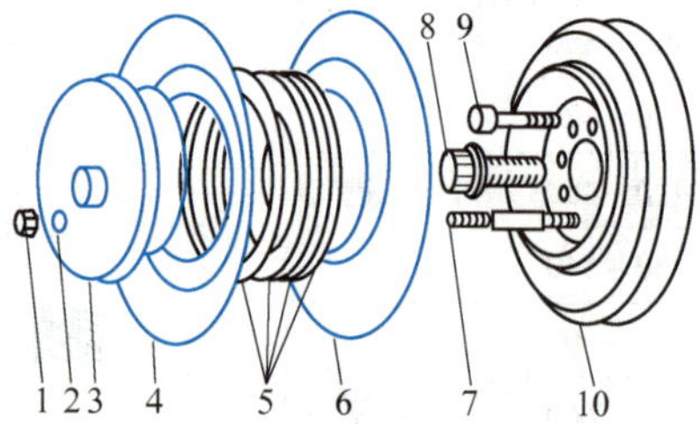

图3-46 无惯性盘扭转减振器

1—螺母 2—垫片 3—带轮固定盘 4、6—带轮 5—调节垫片 7—双头螺栓 8—大螺栓 9—螺栓 10—带轮总成

(2) 曲轴弯曲的检查与修理 曲轴弯曲是指主轴颈的同轴度误差大于0.05mm。若连杆轴颈分配角误差大于0°30′，则称为曲轴扭曲。

曲轴产生弯曲和扭曲变形，是由于使用不当和修理不当造成的。如发动机在爆燃和超负荷条件下工作，个别气缸不工作或工作不均衡，各道主轴承松紧度不一致，主轴承座孔同轴度偏差增大等，都会造成曲轴承载后的弯扭变形。曲轴弯曲变形后，将加剧活塞连杆组和气缸的磨损以及曲轴和轴承的磨损，甚至加剧曲轴的疲劳折断。扭曲变形主要是由烧瓦和个别活塞卡缸造成的。另外，起步过猛和紧急制动(未踩下离合器时）以及超载等，都会引起曲轴的扭曲变形。曲轴扭曲变形后，将影响发动机的配气正时和点火正时。

曲轴弯曲的检查如图3-47所示，将曲轴放在检测平板上的V形架上，百分表指针抵在中间主轴颈上，转动曲轴一圈，百分表指针的摆差（径向圆跳动误差）一般应不超过0.04～0.06mm。若大于这个数值，则应进行压力校正。低于此限，可结合磨削主轴颈予以修正。

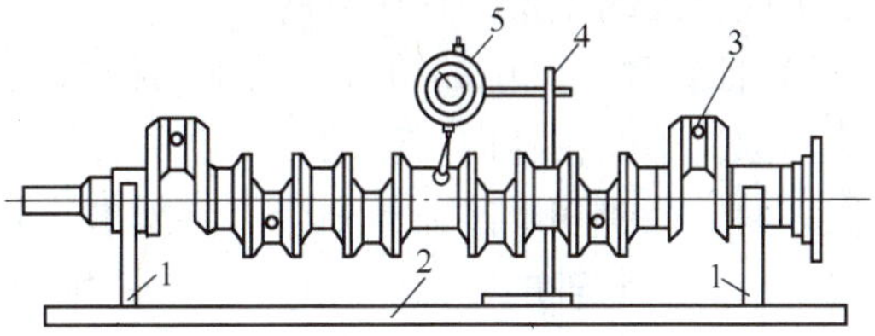

图3-47 曲轴弯曲的检查
1—V形架 2—平板 3—曲轴
4—百分表支架 5—百分表

曲轴扭曲变形的检验是将连杆轴颈转到水平位置上，用百分表分别确定同一方位上两个轴颈的高度差。这个高度差即为扭曲变形量。

（3）曲轴磨损的检查与修理　曲轴主轴颈和连杆轴颈的磨损是不均匀的，且磨损部位有一定的规律性。主轴颈和连杆轴颈最大磨损部位相互对应，即各主轴颈的最大磨损部位在靠近连杆轴颈一侧，而连杆轴颈的磨损部位在主轴颈一侧，且连杆轴颈的磨损比主轴颈严重。曲轴轴颈沿轴向还有锥形磨损。

经探伤检查允许修复的曲轴，必须再进行轴颈磨损量的检查。曲轴轴颈的磨损可用外径千分尺测量其直径来确定圆度和圆柱度误差。若其圆度、圆柱度误差超过0.025mm时，应按修理尺寸进行磨削；轴颈直径达到其使用极限时，应更换曲轴。

曲轴磨削加工应在专用磨床上进行，工艺要点如下：

1）磨削曲轴前应先确定修理尺寸。曲轴连杆轴颈和主轴颈的修理尺寸一般为4～6级，级差为0.25mm。在保证磨削质量的前提下，应尽可能选择最接近的修理尺寸级别，以延长曲轴的使用寿命。

2）曲轴的连杆轴颈和主轴颈应分别磨削成同一级别的修理尺寸，以便于选配轴承，保证合理的配合间隙。

3）连杆轴颈的磨削必须采用同心法。磨削时，应以磨削后的主轴颈作为基准，使连杆轴颈中心线与磨床主轴中心线相重合。

4）磨削曲轴时，必须保证主轴颈和连杆轴颈各轴心线的同轴度以及两轴心线间的平行度；限制曲柄半径误差，并保证连杆轴颈相互位置夹角的精度。

（4）曲轴轴向间隙和径向间隙的检查与调整

1）曲轴轴向间隙的检查。检查曲轴的轴向间隙时，可将百分表指针抵在飞轮或曲轴的其他断面上，用撬棒前后撬动曲轴，百分表指针的最大摆差即为曲轴轴向间隙如图3-48所示；也可用塞尺插入止推垫片与曲轴的承推面之间，测量曲轴的轴向间隙，如

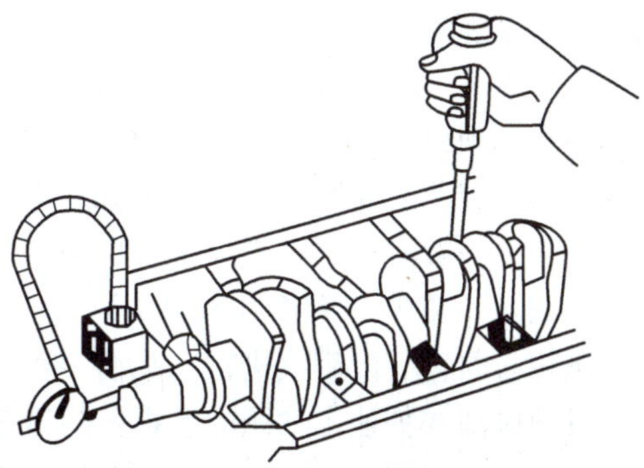
图3-48 用百分表检查曲轴轴向间隙

图 3-49 所示。

曲轴轴向间隙一般为 0.07～0.21mm，使用极限为 0.30mm。轴向间隙的调整是通过更换不同厚度的止推垫片进行的。

2）曲轴径向间隙的检查　曲轴的径向也必须留有适当的间隙，因为轴承的适当润滑和冷却取决于曲轴径向间隙的大小。曲轴径向间隙过小会使阻力增大，加重磨损，使轴瓦划伤；曲轴径向间隙过大，则会上下敲击，并使润滑油压力降低，曲轴表面过热并与轴瓦烧熔到一起。曲轴的径向间隙可用塑料间隙塞尺检查，如图 3-50 所示。

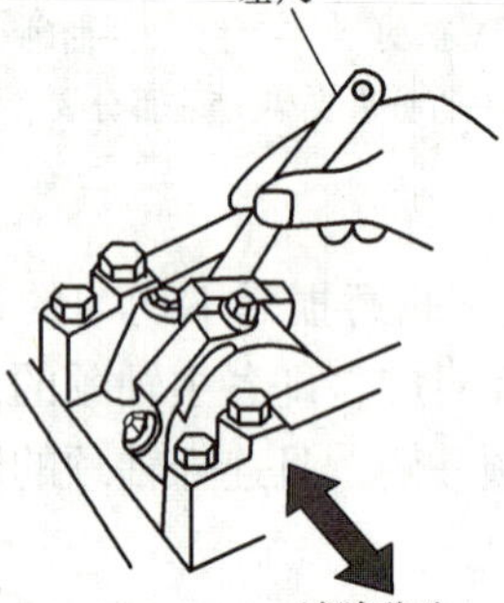

图 3-49　用塞尺检查曲轴轴向间隙

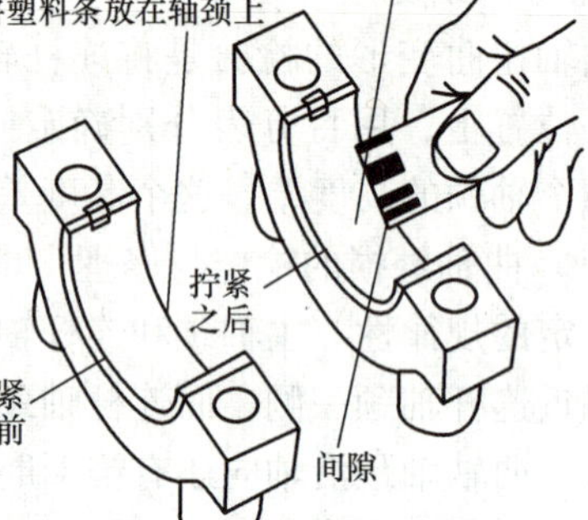

图 3-50　曲轴径向间隙的检查

检查时首先清洁曲轴主轴颈、连杆轴颈、轴瓦和轴承盖，将塑料间隙塞尺（或软金属丝）放置在曲轴轴颈上（不要将油孔盖住），盖上轴承盖并按规定的力矩拧紧螺栓（注意一定不要转动曲轴），然后取下轴承盖和塑料间隙塞尺，用被压扁的塑料间隙塞尺和间隙条宽度对照，查得间隙规宽度（或测量软金属丝厚度），对应的间隙值即为曲轴的径向间隙。如果径向间隙不符合规定，应重新选配轴承。

3.4.2　飞轮的构造与维修

1. 飞轮的功用

飞轮的功用是将做功行程的部分能量贮存起来，以便在其他行程带动曲柄连杆机构工作；提高曲轴运转的均匀性，克服发动机短时的超负荷；将发动机的动力传给离合器。

2. 飞轮的构造

飞轮是一个转动惯量很大的圆盘，在它的外缘上，压有一个起动用的齿圈，在发动机起动时与起动机齿轮啮合，带动曲轴旋转。为保证在有足够转动惯量的前提下尽可能减小飞轮质量，应使飞轮的大部分质量都集中在轮缘上，因而轮缘通常做得宽而厚。

飞轮上一般有第一缸点火正时标记，以便校准点火正时。各型发动机的正时标记有不同的形式，如图 3-51 和图 3-52 所示。

飞轮与曲轴装配后应进行动平衡，否则在旋转时因质量不平衡而产生的离心力将引起发动机的振动并加速主轴颈的磨损。为避免装错位，使平衡受到破坏，飞轮与曲轴之间应有严格的相对位置，用定位销和不对称的螺栓予以保证。

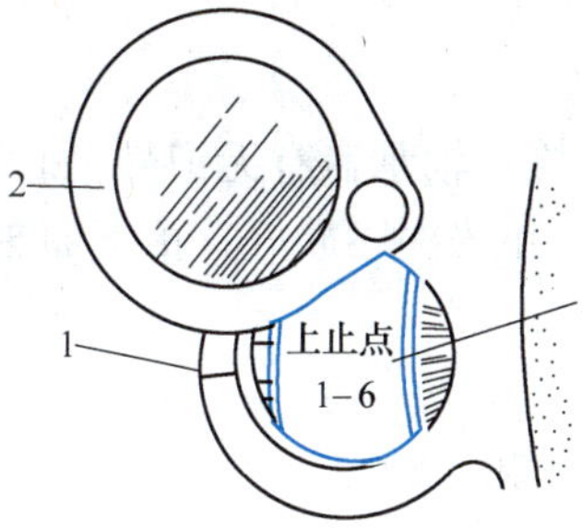

图 3-51 CA6102 发动机飞轮正时标记

1—飞轮壳上的标记 2—观察孔盖 3—飞轮上的标记

图 3-52 一汽捷达轿车发动机飞轮正时标记

3. 飞轮的维修

飞轮的主要缺陷是工作面磨损、齿圈磨损或折断。

飞轮齿圈有断齿或齿端冲击耗损，与起动机齿轮啮合困难时，更换齿圈或飞轮组件。

飞轮工作面有严重的烧灼或磨损沟槽深大于 0.50mm 时，应进行修整，必要时更换飞轮。

能 力 训 练

训练1 曲柄连杆机构的拆装

1. 目的及能力要求

通过对曲柄连杆机构零件的拆装，让学生掌握曲柄连杆机构的结构和装配关系，掌握正确的拆装顺序和方法，并学会正确地使用工具。

2. 准备

1）常用工具一套。

2）专用工机具：活塞环的拆装夹，缸套拉器等。

3）汽油机(或)柴油机一台，解剖汽车模型一台 。

3. 步骤

（1）曲柄连杆机构的拆卸

1）拆下进、排气管和气门室罩盖。

2）拆卸缸盖螺栓，从两端向中间对称分两次拧松螺栓，以免缸盖变形。取下缸盖前，先用木锤敲击四周，严禁用螺钉旋具撬缸盖边沿，以防损伤缸垫和缸盖平面。

3）拆下油底壳、集滤器及油管、机油泵。

4）转动曲轴将准备拆的连杆的活塞转到下止点。

5）拆下连杆螺母，取下连杆盖、垫片和轴承，并按次序分开放好，以免搞错。

6）用锤子的木柄推出活塞连杆组。

7）取出活塞连杆组后，应将连杆轴承盖、垫片、螺栓和螺母按原位装回，并检查活塞顶和连杆大端侧面有无标记，否则应补标记。

8）旋出飞轮固定螺栓，从曲轴凸缘上拆下飞轮。

9）撬开曲轴轴承座固定螺栓上的锁片或拆下锁丝（检查轴承盖有无记号，如无记号应按顺序做上记号），拆下固定螺栓，取下轴承盖及垫片，并按次序放好，抬下曲轴，再将轴承盖及垫片按原位装回，并将固定螺栓拧入少许。

10）拆下曲轴后端油封。

11）曲柄连杆机构分解后，应对零件进行分类、清洗和检验。

（2）曲柄连杆机构的组装

1）清洁曲轴主轴承座，按顺序安放好轴承，并在轴承和曲轴轴颈处涂抹清洁机油。抬上曲轴，装上主轴承盖和调整垫片，旋上主轴承盖固定螺栓。

按规定的拧紧力矩由中间左右交替拧紧主轴承盖的固定螺栓，并依次检视各道主轴承与轴颈的配合间隙。用撬棒将曲轴撬向后端，用塞尺测量曲轴与止推垫圈之间的间隙。

2）检查曲轴与轴承的配合间隙和轴向间隙：按规定力矩由中间向两端依次对称扭紧。

3）装上飞轮，按规定拧紧力矩将飞轮固定螺栓对称拧紧。

4）清洁气缸壁及组合件并在活塞环槽及裙部、气缸壁、连杆衬套涂以清洁机油。

5）活塞环开口应错开，三道环的，每道环相错120°；四道环的，第一、二道环相错180°，第二、三道环相错90°，第三、四道环相错180°；各道环的环口应避开活塞的长短轴方向。

6）按照活塞顶上的标记，用活塞环箍压紧活塞环，用锤子的木柄将活塞推入气缸，装上垫片、轴承，轴承盖应密合，轴承两端应高出轴承座及盖的结合平面。当轴承盖与座之间有调整垫片时，可通过增减垫片来调整轴承与轴颈的配合间隙，每边的垫片总厚度不得超过0.20mm，并按规定拧紧力矩拧紧连杆螺母，装好开口销。

7）通过增减垫片厚度，使连杆轴承与轴颈的配合间隙达到要求。

4. 注意事项

1）注意正确地使用各种工具和专用工具。

2）拆装时注意遵守正确的拆装顺序和拧紧力矩，并按次序放好零部件。

3）注意清洁并检查零部件。

4）安装时应注意零部件的标志和安装方向及配合是否适当。

5. 讨论

1）装配活塞环时，为什么要错开一定的角度？

2）为什么曲柄连杆机构各缸的零件不能互换？

3）为什么拆装缸盖螺栓要按规定的顺序和拧紧力矩？

训练2　气缸磨损的检测

1. 目的及能力要求

通过对气缸磨损的测量，让学生了解气缸磨损的规律，掌握正确的测量部位和方法，并学会正确地安装和使用量缸表。

2. 准备

量缸表、外径千分尺、气缸套。

3. 步骤

1）检查、安装及校对内径百分表。

2）清洁被测气缸套。

3）沿气缸轴向测量三个位置，每个位置在互相垂直的方向各测量一个数据。

4）计算被测气缸的圆度和圆柱度误差。

5）根据结果判断其修理等级。

4. 注意事项

1）内径百分表在使用前一定要进行正确的校对。

2）校准时应使百分表被压缩，压缩量应充分考虑一次能完成的孔径测量。

3）测量时，使内径量表的测杆与孔径轴线保持垂直，才能测量准确。

5. 讨论

1）组装量缸表时，为什么要有一定的压缩量?

2）量缸表的使用注意事项有哪些?

3）如何正确计算气缸的圆度和圆柱度?

训练3　缸体缸盖平面度的检测

1. 目的及能力要求

通过对缸体和缸盖平面度的测量，让学生能够正确地使用量具，学会测量平面度的方法。

2. 准备

气缸盖、气缸体、平尺、塞尺。

3. 步骤

1）清洁量具。

2）清洁气缸体和气缸盖的上平面。

3）把平尺放在缸体的平面上，用塞尺测量其平面度。测量时沿长度方向、宽度方向和对角方向每隔50mm测出塞尺与平尺的间隙，所有方向间隙的最大值为平面全长上的平面度。

4）用同样的方法对缸盖进行测量。

4. 注意事项

1）测量前一定要清洁量具和所测平面。

2）测量时要注意从各个不同的方向进行，以保证测量的精度。

5. 讨论

1）对缸体和缸盖平面度进行测量时应注意什么问题?

2）为什么测量时要从各个不同的方向进行测量?

训练4 曲轴的测量和检查

1. 目的及能力要求

熟练运用外径千分尺测量曲轴轴颈和各端面的径向圆跳动；熟练运用高度游标卡尺检测曲轴的扭曲，并能检测曲轴的轴向和径向间隙。

2. 准备

曲轴，V形架、千分尺、百分表、高度游标尺、撬棒。

3. 步骤

1）测量各轴颈的磨损程度，确定主轴颈和连杆轴颈的修理尺寸。

2）以两端主轴颈为支撑，检查曲轴中间主轴颈径向圆跳动，如大于0.15mm为曲轴弯曲。

3）用高度游标卡尺测量第一道和最后一道连杆轴颈水平位置时至平板的高度差，计算出曲轴扭曲度。

4）检查曲轴的轴向间隙和径向间隙，并根据检测结果作出鉴定意见。

4. 注意事项

1）测量前一定要清洁量具和所测轴颈。

2）测量前学生应学会相应量具的使用。

5. 讨论

1）怎样正确使用量具？

2）曲轴弯曲对发动机运转有何影响？

复习思考题

一、判断题（正确的打"√",错误的打"×"）

1. 活塞往复惯性力在上半行程向上，下半行程向下。（ ）
2. 干式气缸套不直接与冷却液接触。（ ）
3. 活塞与气缸壁间隙过大容易造成拉缸。（ ）
4. 活塞裙部膨胀槽一般开在受侧压力较大的一面。（ ）
5. 采用双金属活塞的目的是为了提高活塞刚度。（ ）
6. 活塞环的端隙是活塞在冷状态下装入气缸后开口处的间隙。（ ）
7. 全支承曲轴的主轴颈数比连杆轴颈数多一个。（ ）
8. 连杆常见的损伤有变形、连杆衬套磨损。（ ）
9. 气缸的最大磨损部位是活塞位于上止点时第一道活塞环所对应的部位。（ ）
10. 只要飞轮与飞轮壳体上的记号对准，第一缸活塞就一定处于压缩上止点。（ ）

二、选择题

1. 曲柄连杆机构零件工作时所受的力主要有（ ）。

A. 气体作用力　　B. 运动质量的惯性力

C. 旋转运动件的离心力　　D. 相对运动件的摩擦力

2. 龙门式曲轴箱的特点是(　　)。

A. 曲轴轴线高于缸体下平面　　B. 曲轴轴线低于缸体下平面

C. 曲轴轴线与缸体下平面在同一平面上　　D. 没有任何关系

3. 安装缸盖螺栓时应按(　　)。

A. 由中央向四周　　B. 由四周向中央

C. 分次逐步地以规定力矩拧紧　　D. 一次拧紧即可

4. 活塞大多采用铝合金材料的原因是铝合金具有(　　)。

A. 质量小　　B. 导热性好　　C. 热膨胀系数大　　D. 强度高

5. 扭曲环正确的安装方向是(　　)。

A. 外切口向上，内切口向下　　B. 外切口向上，内切口向上

C. 外切口向下，内切口向下　　D. 外切口向下，内切口向上

6. 活塞的最大磨损部位是(　　)。

A. 头部　　B. 裙部　　C. 顶部　　D. 环槽

7. 曲轴设置平衡重的目的是(　　)。

A. 平衡离心力及力矩　　B. 平衡往复惯性力

C. 平衡气体力　　D. 增加强度

8. 测量气缸直径时，当量缸表指示到(　　)时，即表示测杆垂直于气缸轴线。

A. 最大读数　　B. 最小读数

C. 中间值读数　　D. 任意读数

三、问答题

1. 曲柄连杆机构的功用是什么？由哪几组零件组成？
2. 发动机缸体镶入缸套有何优点？什么是干式气缸套？什么是湿式气缸套？
3. 如何对缸套进行正确的鉴定？
4. 绘简图说明活塞环的泵油过程。
5. 连杆大头的定位方式有哪些？
6. 曲轴为什么要进行轴向定位？怎样定位？
7. 什么是全浮式活塞销和半浮式活塞销？
8. 如何正确拆装曲柄连杆机构？
9. 曲轴的扭转减振器有何作用？
10. 飞轮的功用是什么？

单元4　配气机构的构造与维修

应知应会：

1. 熟悉配气机构的功用与组成。
2. 熟悉配气机构各组成零件的结构特点。
3. 能够对配气机构各零件进行正确的检修。
4. 学会正确使用工具对配气机构进行正确拆装。
5. 学会正确调整气门间隙。

课题1　概　　述

4.1.1　配气机构的功用

配气机构的功用是按照发动机各缸内所进行的工作循环和点火次序的要求，定时地开闭进、排气门，使新鲜可燃混合气及时充入气缸，使燃烧后的废气及时排出气缸。

新鲜可燃混合气进入气缸的量愈多，发动机发出的功率愈大，其充入程度用充气系数 η_v 表示，即

$$\eta_v = \frac{M}{M_0}$$

式中　M——进气过程中实际进入气缸的新鲜混合气质量；

M_0——在一定进气状态下充满气缸工作容积时新鲜可燃混合气的质量。

充气系数大，表明充入的混合气质量多，燃烧后发出热量多，发动机功率也大。但由于进气系统的阻力及缸内残余废气等诸多因素的影响，充气系数 η_v 是小于1的。

4.1.2　配气机构的形式

气门式配气机构由气门组和气门传动组组成。配气机构可以从不同角度分类，按气门的布置形式，分为气门顶置式和气门侧置式；按曲轴和凸轮轴的传动方式，可分为齿轮传动式、链条传动式和齿带传动式；按每气缸气门数目，分为二气门式、四气门式和五气门式；按凸轮轴的布置位置，可分为凸轮轴上置式、凸轮轴中置式和凸轮轴下置式三种类型。

1. 凸轮轴上置式

凸轮轴上置式(凸轮轴位于缸盖上)配气机构示意图如图4-1所示。这种结构中，凸轮轴直接驱动摇臂或气门，不仅省去了挺柱和推杆，而且使往复运动质量大大减小，因此适用于高速发动机，但其正时传动机构更为复杂，且拆装缸盖也较困难。由于凸轮轴离曲轴较远，一般都采用链传动或带传动。一汽奥迪100型、一汽大众捷达和上海桑塔纳等轿车

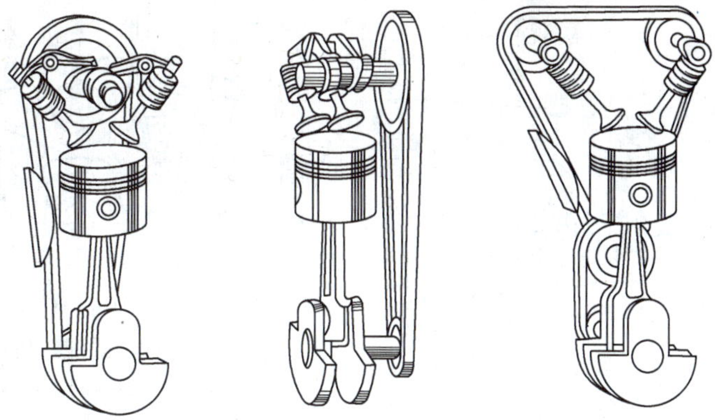

图 4-1　凸轮轴上置式配气机构示意图

a)、b) 上置凸轮轴　c) 上置双凸轮轴

的配气机构均采用此种结构。

凸轮轴顶置式配气机构根据凸轮轴数通常分为单顶置凸轮轴式(SOHC)和双顶置凸轮轴式(DOHC)两种。

(1) 单顶置凸轮轴式配气机构　单顶置凸轮轴配气机构有很多的布置形式，但都是用一根安装在气缸盖上的凸轮轴通过挺柱直接(无摇臂总成)或间接(有摇臂总成)驱动所有气缸的进气门和排气门。

1) 单顶置凸轮轴、无摇臂总成、一列气门式配气机构示意图如图 4-2 所示。

凸轮轴通过液力挺柱直接驱动气门开启，气门传动组不但没有推杆，也取消了摇臂总成，使配气机构更简单。这种结构形式在轿车发动机上的应用越来越广泛。

捷达(AQM)轿车单顶置凸轮轴、无摇臂总成、一列气门式配气机构的组成如图 4-3 所示。

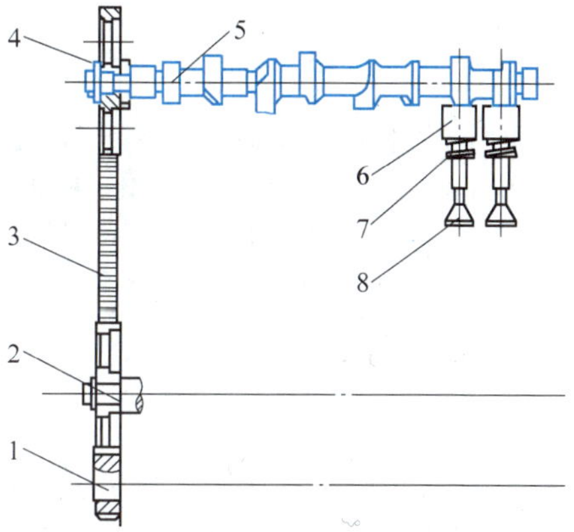

图 4-2　单顶置凸轮轴、无摇臂总成、一列气门式配气机构示意图

1—曲轴正时带轮　2—中间轴正时带轮　3—正时带　4—凸轮轴正时带轮　5—凸轮轴　6—液力挺柱　7—气门弹簧　8—气门

2) 单顶置凸轮轴、单摇臂轴、两列气门式配气机构示意图如图 4-4 所示。

3) 单顶置凸轮轴、双摇臂轴、两列气门式配气机构。有些发动机配气机构的进、排气门也排成两列，但采用单顶置凸轮轴、双摇臂轴、两列气门式配气机构，其示意图如图 4-5 所示。

4) 单顶置凸轮轴、浮动摇臂、一列气门式配气机构示意图如图 4-6 所示。该配气机构的特点是凸轮轴位于摇臂上方驱动摇臂，只有摇臂而无摇臂轴(浮动式摇臂)，在摇臂上设有滚动轴承，以减轻凸轮和摇臂的磨损。液力挺柱安装在气缸盖上的挺柱导孔内，摇臂与挺柱接触，并作为摇臂摆转的支点。

(2) 双顶置凸轮轴配气机构　双顶置凸轮轴配气机构示意图如图 4-7 所示。

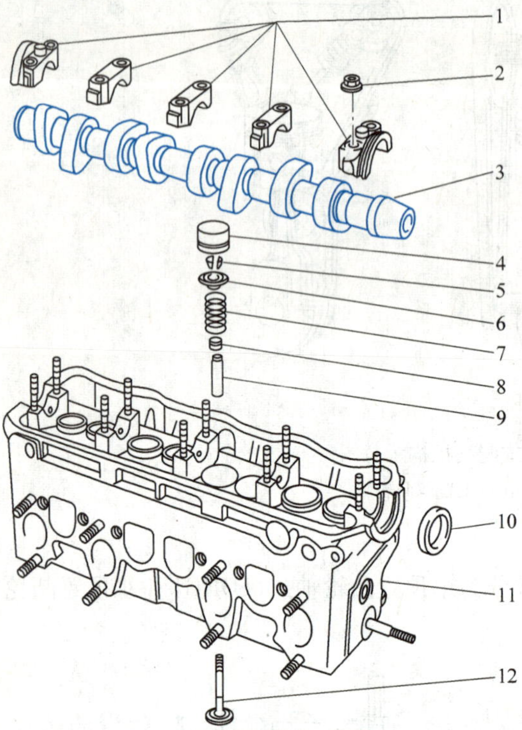

图 4-3　捷达(AQM)轿车配气机构组成
1—凸轮轴轴承盖　2—螺母　3—凸轮轴　4—液力挺柱
5—气门锁块　6—气门弹簧上座　7—气门弹簧
8—气门杆油封　9—气门导管
10—油封　11—缸盖　12—气门

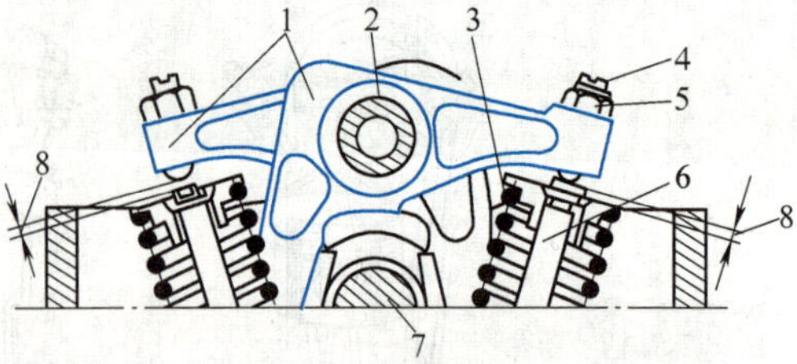

图 4-4　单顶置凸轮轴、单摇臂轴、两列气门式配气机构示意图
1—摇臂　2—摇臂轴　3—气门弹簧
4—气门间隙调整螺钉　5—锁止螺母
6—气门　7—凸轮轴　8—气门间隙

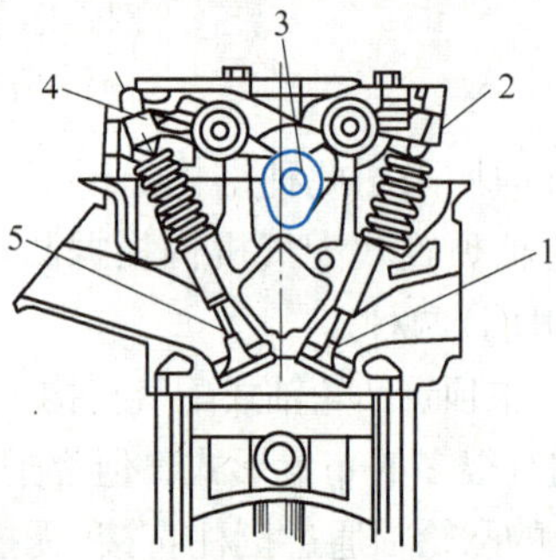

图 4-5　单顶置凸轮轴、双摇臂轴、两列气门式配气机构示意图
1—排气门　2—排气摇臂　3—凸轮轴
4—进气摇臂　5—进气门

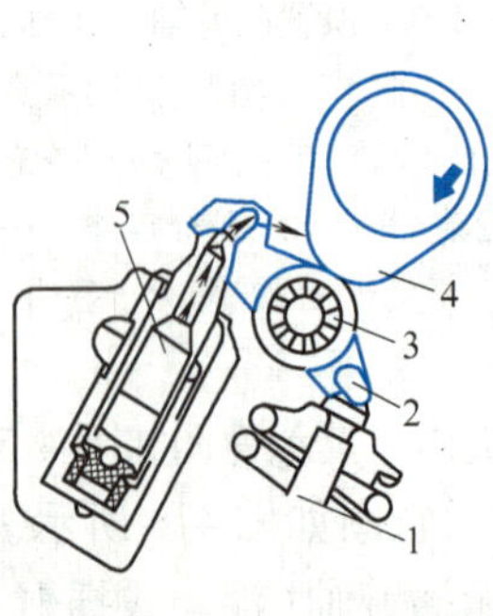

图 4-6　单顶置凸轮轴、浮动摇臂、一列气门式配气机构示意图
1—气门　2—摇臂　3—滚动轴承
4—凸轮轴　5—液力挺柱

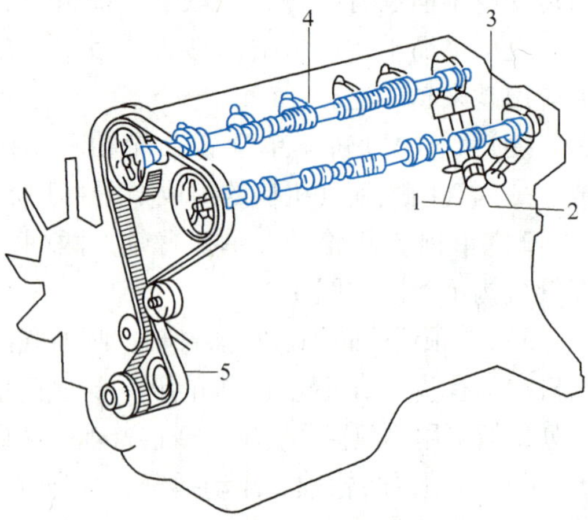

图 4-7　双顶置凸轮轴配气机构示意图
1—排气门　2—进气门　3—进气凸轮轴
4—排气凸轮轴　5—正时同步带

双顶置凸轮轴配气机构的特点是用两根凸轮轴分别驱动排成两列的进气门和排气门，此结构形式多用在多气门发动机上。它与单顶置凸轮轴式配气机构类似，可通过凸轮轴直接驱动气门，也可通过摇臂间接驱动气门。

奥迪 A6、帕萨特 B5 和捷达(AHP)等轿车均采用这种形式的配气机构，其组成如图 4-8 所示。

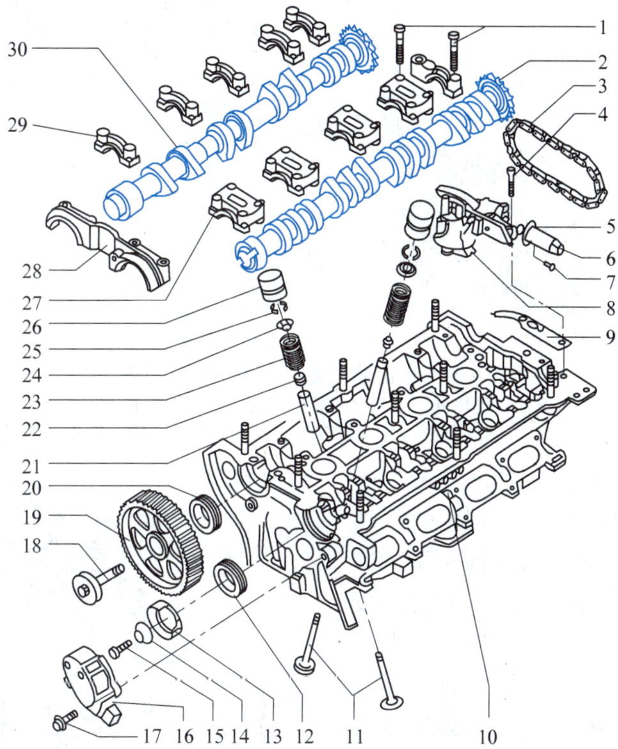

图 4-8　奥迪 A6、帕萨特 B5 和捷达(AHP)等轿车的配气机构组成

1、4、15、17—螺栓　2—进气凸轮轴　3—驱动链　5—O 形圈　6—凸轮轴正时调节器阀门　7—螺钉　8—凸轮轴正时调节器　9—密封垫　10—气缸盖　11—气门　12、20—油封　13—挡圈　14—垫圈　16—霍尔传感器　18—凸轮轴同步带轮螺栓　19—凸轮轴同步带轮　21—气门导管　22—气门油封　23—气门弹簧　24—气门弹簧上座　25—气门锁片　26—桶形液力挺柱　27—进气凸轮轴轴承盖　28—双轴承盖　29—排气凸轮轴轴承盖　30—排气凸轮轴

2. 凸轮轴中置式

凸轮轴中置式配气机构的凸轮轴安装在气缸体上部的气缸一侧，其配气机构示意图如图 4-9 所示。

凸轮轴中置式配气机构推杆长度较短，甚至有些发动机省去了推杆，而由凸轮轴经过挺柱直接驱动摇臂，减小了气门传动机构的往复运动质量。侧置凸轮轴距曲轴较远，一般采用链传动或带传动，有的也采用齿轮传动。凸轮轴中置式配气机构的组成如图 4-10 所示。

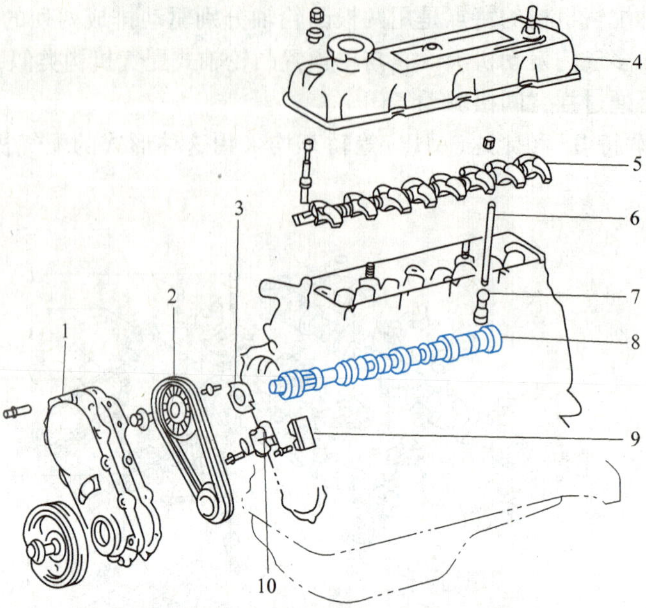

图 4-9 凸轮轴中置式配气机构示意图

1—正时链罩 2—正时链和链轮 3—凸轮轴止推凸缘 4—气缸盖罩 5—摇臂轴总成 6—推杆 7—液力挺柱 8—凸轮轴 9—链减振器 10—链张紧装置

3. 凸轮轴下置式

凸轮轴下置式配气机构如图 4-11 所示。其特点是凸轮轴装在气缸体下部的曲轴箱内，位置与曲轴靠近，用一对分别安装在凸轮轴和曲轴前端的正时齿轮驱动，传动装置比较简单，润滑比较方便，但凸轮轴远离气门，需用较长的推杆来传动。

4.1.3 曲轴与凸轮轴的传动方式

现代汽车发动机一般采用顶置气门式配气机构，即气门安装在燃烧室的顶部。每个气缸一般安装 2 ~ 5 个气门，气门一般沿发动机纵向排成一列或两列，凸轮轴的驱动方式有齿轮传动、链传动和带传动三种方式。

（1）齿轮传动 凸轮轴下置的配气机构大多采用齿轮传动，为了啮合平稳，降低噪声，正时齿轮多采用斜齿轮。在中、小功率发动机上，曲轴正时齿轮用钢来制造，而凸轮轴正时齿轮则用铸铁或夹布胶木制造，以降低噪声。四冲程发动机每完

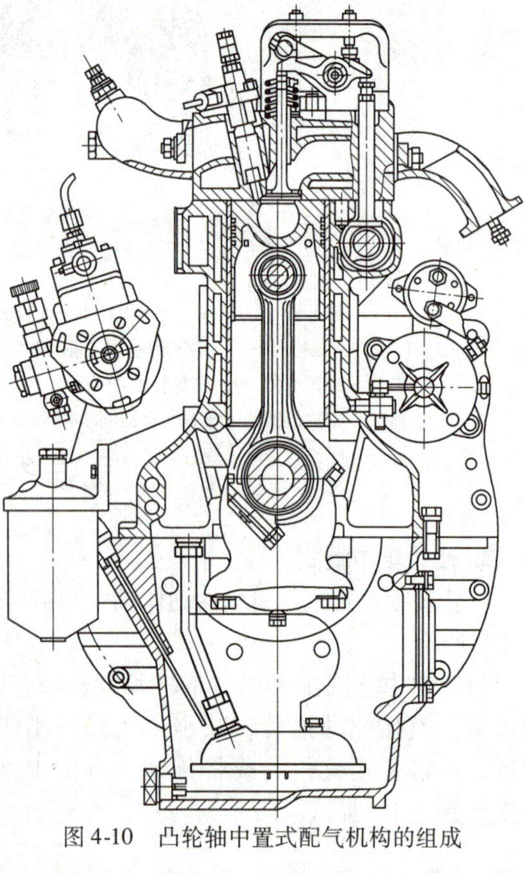

图 4-10 凸轮轴中置式配气机构的组成

成一个工作循环，曲轴旋转两周，各缸进排气门各开启一次，凸轮轴只旋转一周，因此曲轴与凸轮轴的传动比为2∶1，如图4-12所示。

凸轮轴中置的配气机构往往采用带传动或齿轮传动。因为凸轮轴距曲轴较远，若用一对齿轮传动，齿轮的直径就会过大，使发动机过宽及齿轮的圆周速度过大。在这种情况下，一般要在中间加一个齿轮(惰轮)。若用带传动，为了防止传动带打滑偏离，一般使用带槽的带。

（2）链条与链轮传动　链条与链轮传动特别适用于凸轮轴上置的配气机构，如图4-13所示。

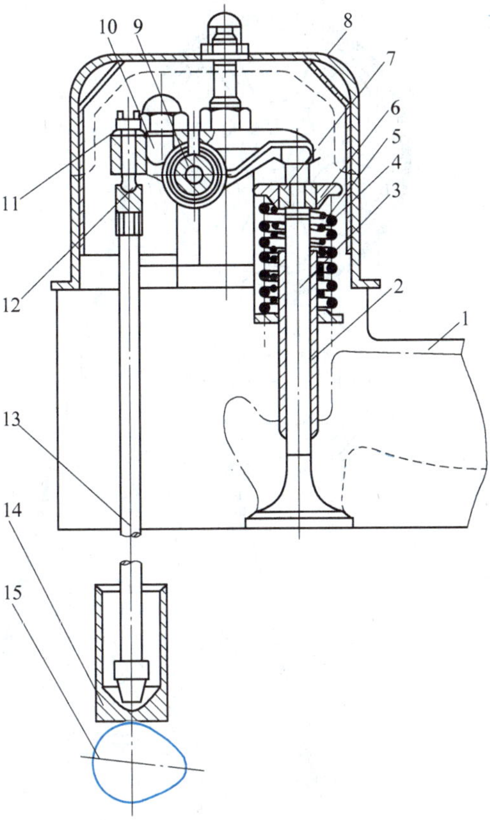

图4-11　凸轮轴下置式配气机构

1—气缸盖　2—气门导管　3—气门　4—气门主弹簧　5—气门副弹簧　6—气门弹簧座　7—锁片　8—气门室罩　9—摇臂轴　10—摇臂　11—锁紧螺母　12—调整螺钉　13—推杆　14—挺柱　15—凸轮轴

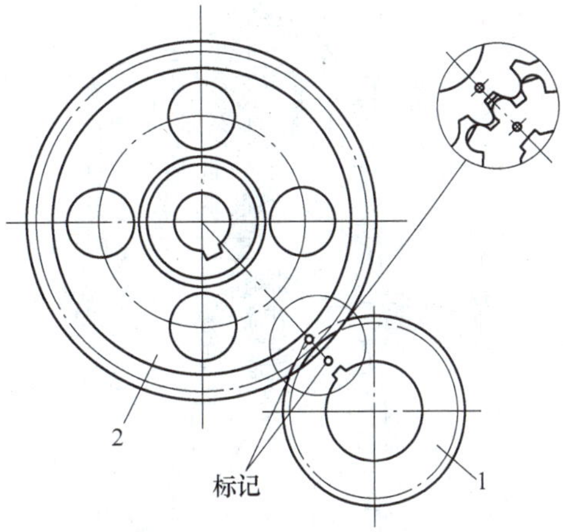

图4-12　齿轮传动

1—曲轴正时齿轮　2—凸轮轴正时齿轮

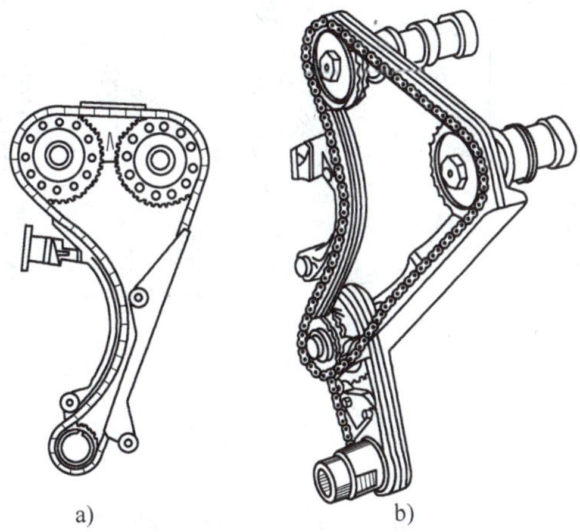

图4-13　链条与链轮传动

a）单列链　b）双列链

链条传动装置的布置如图4-14所示。为使工作时链条具有一定的张力而不致脱链，装有导链板14，张紧轮装置2和11等。为了使链条调整方便，有的发动机使用一根链条传动。

链传动的主要问题是其工作可靠性和耐久性不如齿轮传动，其传动性能在很大程度上取决于链条的制造质量。

（3）同步带传动　近年来在高速汽车发动机上还广泛采用同步带来代替传动链。这种同步带用氯丁橡胶制成，中间夹有玻璃纤维和尼龙织物，以增加强度。采用同步带传动对于降低噪声、减轻结构质量与降低成本都有很大的好处。奥迪 100 轿车用的同步带传动如图 4-15 所示。

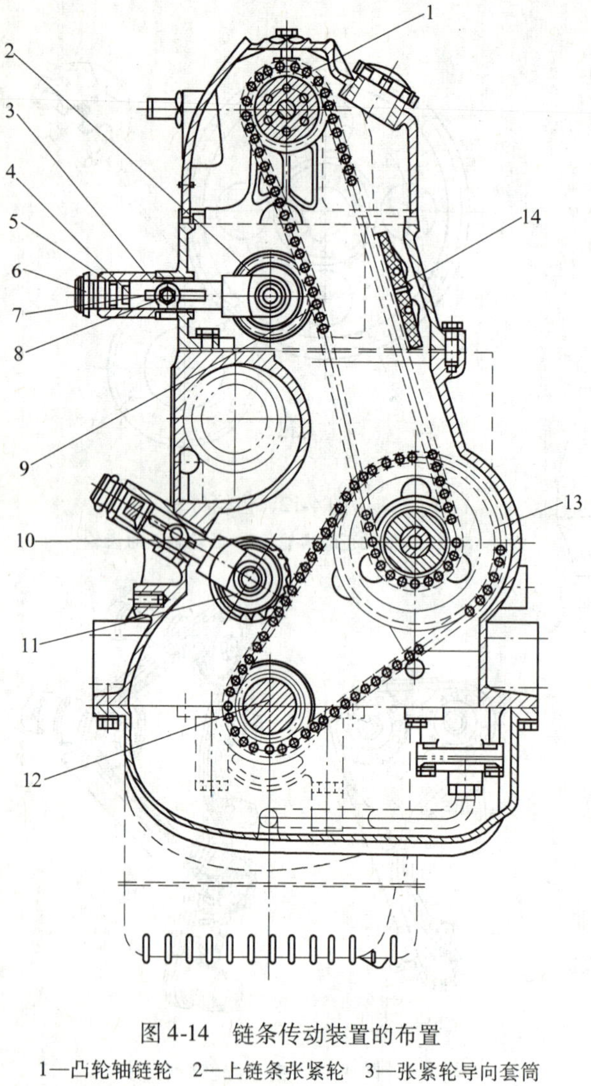

图 4-14　链条传动装置的布置

1—凸轮轴链轮　2—上链条张紧轮　3—张紧轮导向套筒　4—压紧弹簧　5—锁紧螺母　6—张紧力调整螺钉　7—张紧轮导向销　8—导向销锁紧螺母　9—上链条　10—下链条　11—下链条张紧轮　12—曲轴链轮　13—中间链轮　14—导链板

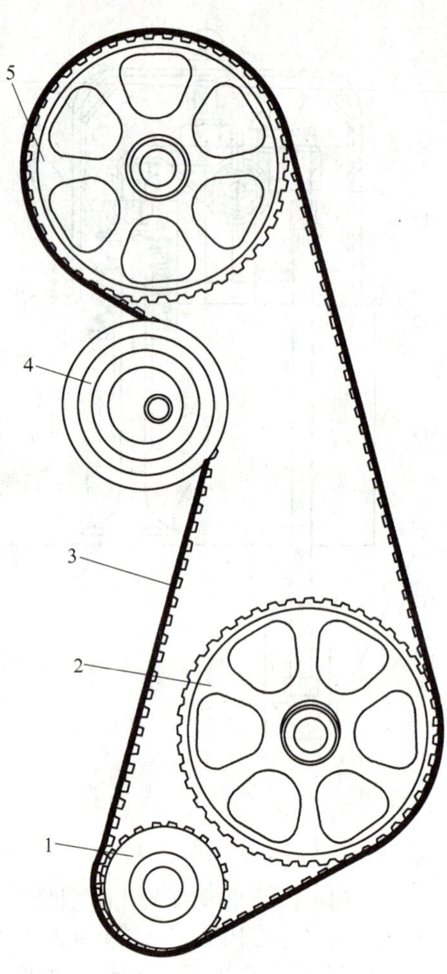

图 4-15　奥迪 100 轿车用的同步带传动

1—曲轴正时带轮　2—中间轴正时带轮　3—正时同步带　4—张紧轮　5—凸轮轴正时带轮

4.1.4　配气机构的组成

发动机配气机构的基本组成可分为两部分，气门组和气门传动组。

1. 凸轮轴下置式配气机构的组成

凸轮轴下置式配气机构的组成如图4-16所示。

（1）气门组的组成　气门组的组成与配气机构的形式基本无关而大致相同，主要零件包括气门11、气门座15、气门导管14、气门弹簧13和气门锁片9等。

（2）气门传动组的组成　气门传动组的组成包括驱动气门动作的所有零件，其组成视配气机构的形式不同而异，主要零件包括正时齿轮（或正时链轮和链、或正时带轮和传动带）、凸轮轴2、气门挺柱3、推杆4、摇臂轴6和摇臂8等。

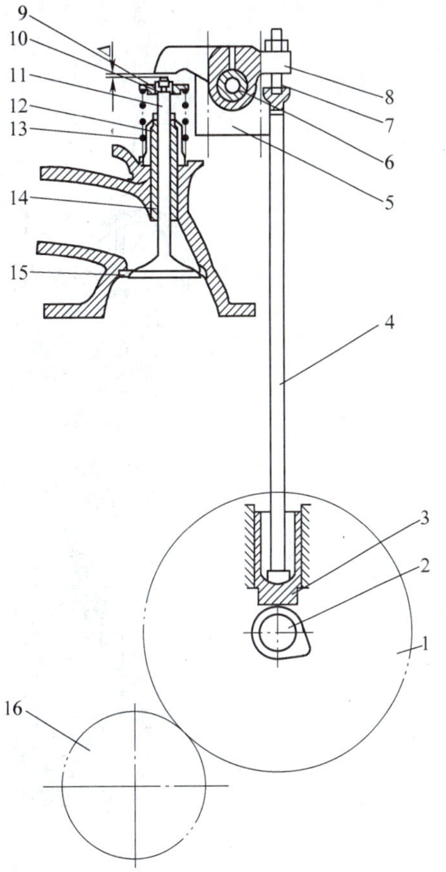

图4-16　凸轮轴下置式配气机构的组成

1—凸轮轴正时齿轮　2—凸轮轴　3—挺柱　4—推杆　5—摇臂轴支架　6—摇臂轴　7—调整螺钉及锁紧螺母　8—摇臂　9—气门锁片　10—弹簧座　11—气门　12—防油罩　13—气门弹簧　14—气门导管　15—气门座　16—曲轴正时齿轮　Δ—气门间隙

2. 凸轮轴上置式配气机构的组成

凸轮轴上置式配气机构的组成如图4-17所示。

（1）气门组的组成　气门组的主要零件包括气门、气门弹簧座、气门座、气门弹簧、气门导管、气门油封和气门锁片等。

（2）气门传动组的组成　气门传动组主要零件包括凸轮轴紧固螺栓、凸轮轴正时同步带轮、凸轮轴油封、凸轮轴、半圆键、凸轮轴前轴承盖、密封条和凸轮轴轴承盖等。

4.1.5　配气机构的工作

1. 凸轮轴下置式配气机构的工作

发动机工作时（见图4-16），曲轴通过正时齿轮驱动凸轮轴2旋转，凸轮轴上的凸轮通过气门挺柱3和推杆4推动摇臂8绕摇臂轴6摆转，摇臂8的另一端便向下推开气门11，并使气门弹簧13进一步被压缩。当凸轮的顶点转过挺柱后，气门在其弹簧弹力的作用下，开度逐渐减小，直至最后关闭。

2. 凸轮轴上置式配气机构的工作

发动机工作时（见图4-17），曲轴通过正时齿轮驱动凸轮轴6旋转，凸轮轴上的凸轮直接（如有摇臂装置则摇臂的另一端便向下推开气门）推开气门8（或9），并使气门弹簧19进一步被压缩。当凸轮的顶点转过挺柱后，气门在其弹簧弹力的作用下，开度逐渐减小，直至最后关闭。

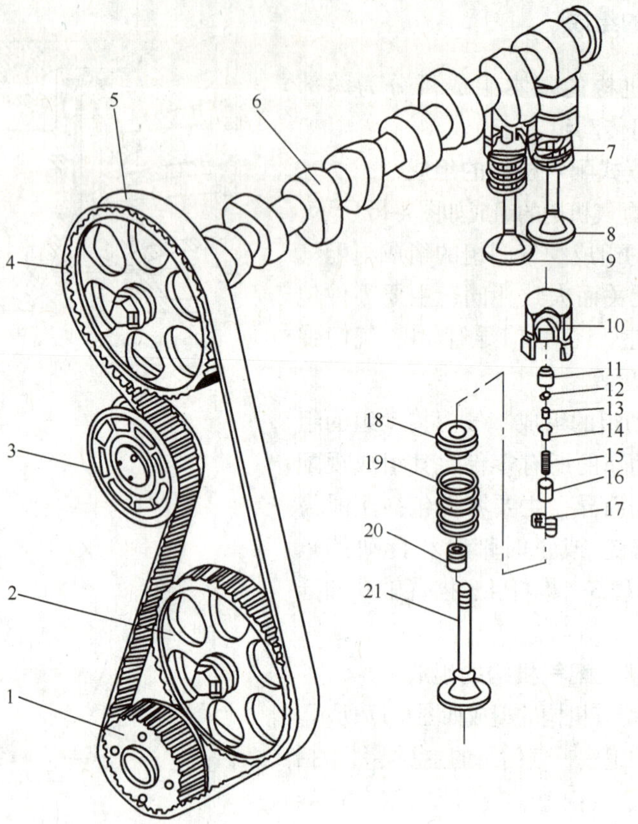

图 4-17 凸轮轴上置式配气机构的组成

1—曲轴正时带轮 2—中间同步带轮 3—张紧轮 4—凸轮轴同步带 5—正时同步带 6—凸轮轴 7—液压挺柱组件 8—排气门 9—进气门 10—挺柱体 11—柱塞 12—止回球阀 13—小弹簧 14—托架 15—回位弹簧 16—油缸 17—气门锁片 18—上弹簧座 19—气门弹簧 20—气门油封 21—气门

课题 2 气门组零件的构造与维修

气门组零件主要包括气门、气门座、气门导管和气门弹簧等，如图 4-18 所示。

4.2.1 气门的构造与维修

1. 气门的构造

气门由头部与杆部两部分组成，头部用来封闭气缸的进排气通道，杆部主要为气门的运动导向，如图 4-19 所示。

（1）气门头部 气门头部由于工作温度很高（进气门可达 300 ~ 400℃，排气门可达 800 ~ 930℃），还要承受气体压力、气门弹簧张力和运动惯性力，同时冷却和润滑条件又差，因此对气门的结构和性能要求很高。进气门常采用合金钢制造，排气门则采用耐热合金钢制造。

1）气门头部形状。气门头部形状一般有平顶、凹形顶和球面顶等，如图4-20所示。平顶制造方便，吸热面积小，进、排气门都可采用，使用最多；球面顶强度高，排气阻力小，废气的清除效果好，适用于排气门，但其受热面积大，质量较大，加工较复杂；凹形顶头部与杆部的过渡部分为流线形，可减小进排气阻力，但受热面积较大。一汽奥迪100型发动机进、排气门均为凹形顶气门头。

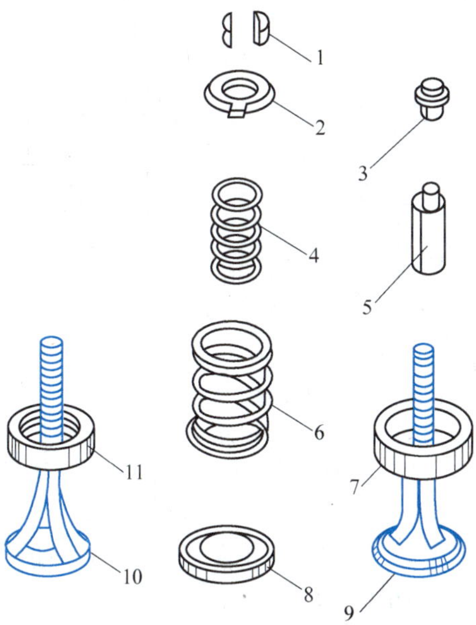

图4-18 气门组零件

1—气门锁片 2—气门弹簧上座 3 气门油封 4—气门内弹簧 5—气门导管 6—气门外弹簧 7—进气门座 8—气门弹簧下座 9—进气门 10—排气门 11—排气门座

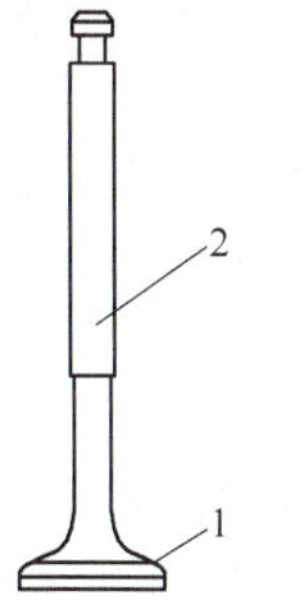

图4-19 气门的构造

1—头部 2—杆部

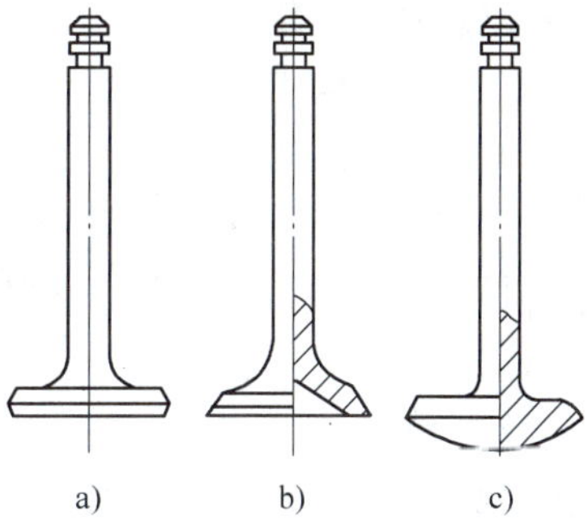

图4-20 气门头部形状

a）平顶 b）凹形顶 c）球面顶

2）气门锥面与锥角。气门头部与气门座接触的工作面是与杆部同心的锥面，通常将这一锥面与气门顶平面的夹角称为气门锥角，如图4-21所示。

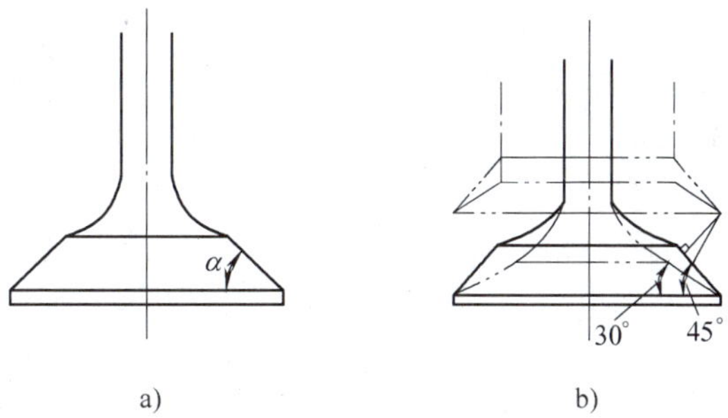

图4-21 气门锥角及其对气门口通道截面的影响

a）锥角 b）锥角的影响

采用锥形工作面能获得较大的气门座密合压力，可提高密封性和导热性；气门落座时有自动回位作用；能避免气流转向过大而降低流速。此外，有了锥角，气门落座时还将与座口发生相对的研磨，这一方面会增加磨损，另一方面能挤掉接触面的沉积物，有自洁作用。

气门锥角一般做成45°。有的发动机(如解放CA6102型汽油机)进气门锥角做成30°，这是考虑到在气门升程相同的情况下，气门锥角较小时，气流通过断面较大，进气阻力较小。但锥角较小的气门头部边缘较薄，刚度较小，会使气门头部与气门座的密封性及导热性降低。排气门因热负荷大，一般采用45°锥角，以加强散热，避免受热变形。

3）气门头边缘的厚度。气门头的边缘应保持一定的厚度，一般为1～3mm，以防止工作中冲击损坏和被高温烧蚀。为增加进气通道面积，提高充气效率，多数发动机进气门的头部直径做得比排气门的大。为保证气门头部与气门座良好的密合，装配前应将两者的密封锥面互相研磨，研磨好的气门不能互换。

（2）气门杆部的构造　气门杆部呈圆柱形，在气门导管中往复运动，表面经热处理后磨外圆，以保证与导管的配合精度。气门杆部的尾部形状决定于弹簧座在气门上的固定方式，常用的结构是用切成两半的锥形锁片来固定弹簧座，这时在气门杆尾端切成凹槽安装锁片；有的气门弹簧座用锁销固定，则在气门杆尾部钻有一径向孔，如图4-22所示。

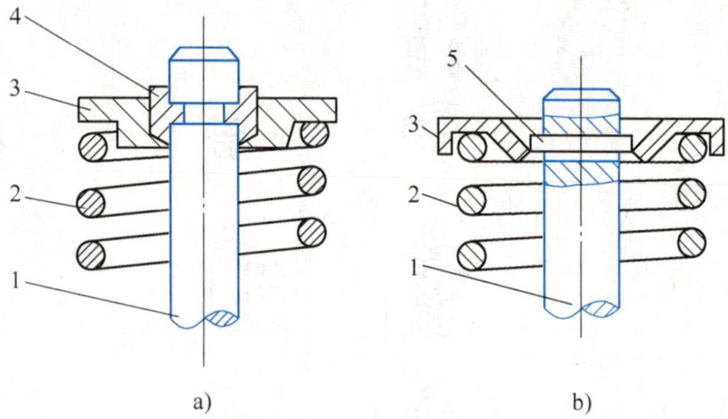

图4-22　气门弹簧座的固定方式

a）锁片式　b）锁销式

1—气门杆　2—气门弹簧　3—气门弹簧座　4—锁片　5—锁销

2. 气门的维修

（1）技术要求　气门的主要技术要求如下：

1）一般要求气门圆柱面高度为：进气门不小于0.6mm，排气门不小于1.0mm。

2）气门杆磨损极限为不大于0.08mm。

3）气门杆与导管的配合间隙标准值为：进气门0.03～0.10mm，排气门0.05～0.10mm；其使用极限为：汽油机0.2mm，柴油机0.25mm。

4）气门锥面工作面宽度标准值为：汽油机进气门1.2～2.0mm，排气门1.5～2.3mm；使用极限进气门为2.5mm，排气门为3.0mm。柴油机进气门为2～2.5mm，排气门为2.5～3.0mm；使用极限进气门为3.0mm，排气门为3.5mm。

（2）气门的检修

气门检修主要检视气门工作面的磨损和烧蚀情况，测量气门杆磨损量和气门杆与导管的配合间隙，检视气门圆柱面高度，如果不符合技术要求则直接更换气门，一般不作修理。

有些型号的发动机气门间隙采用改变调整垫块厚度的方法调整，调整的范围不是很大，如果气门的总高度比原设计减小，可能造成气门间隙难于调整为标准值。如上海桑塔纳轿车JV型发动机，当气门总高度减小0.5mm时，允许通过研磨气门锥面修理，否则应更换气门。

（3）气门的拆装　拆装气门时，必须先使用专用气门拆装钳压缩气门弹簧，然后拆下或装上气门锁片或锁销，并慢慢放松气门弹簧即可，如图4-23所示。

拆下的气门必须做好标记并按顺序摆放，以免破坏气门与气门座及气门导管的配合。气门锁片或锁销很小，应注意不要丢失。

（4）气门杆弯曲的检查与修理 气门杆弯曲变形检查如图4-24所示。

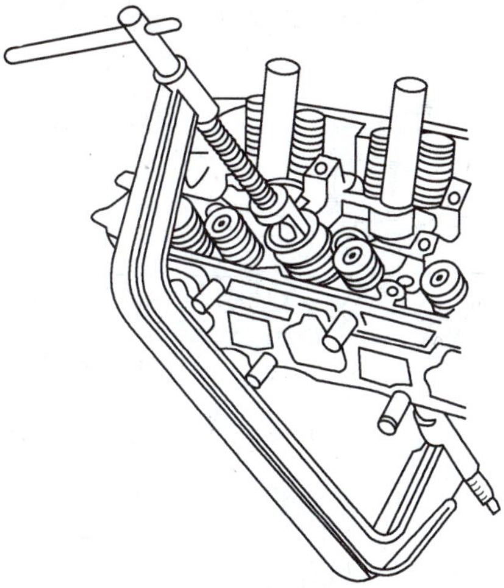

图4-23 气门的拆装

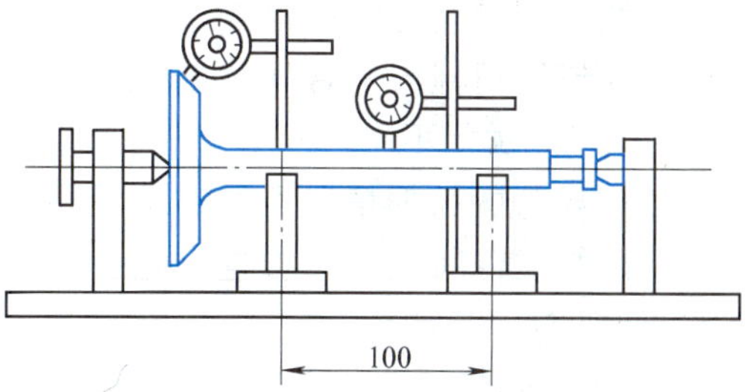

图4-24 气门杆弯曲变形的检查

若弯曲变形超过允许极限，应校正或更换气门。气门杆弯曲校正应在压床上进行冷压校正，方法是使弯曲拱面向上，用压床使其产生反变形，校压量一般为实际弯曲变形量的10倍，保持2min。气门杆的弯曲变形量用直线度误差表示，一般应不大于0.03mm。

（5）气门磨损和烧蚀的检查与修理 气门磨损情况可通过测量各尺寸进行检查，如图4-25所示。若测得尺寸不符合规定，应更换气门。

4.2.2 气门导管的构造与维修

1. 气门导管的构造

气门导管的功用是给气门的运动导向，并将气门杆所承受的热量传给气缸盖，如图4-26所示。

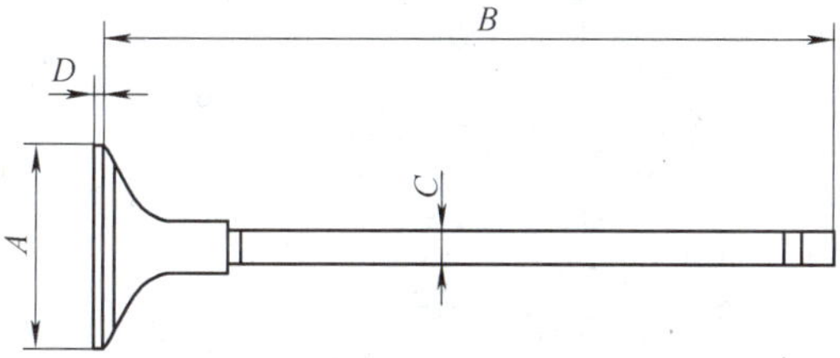

图4-25 气门尺寸

A—气门头部直径 *B*—气门总长度

C—气门杆直径 *D*—气门头部厚度

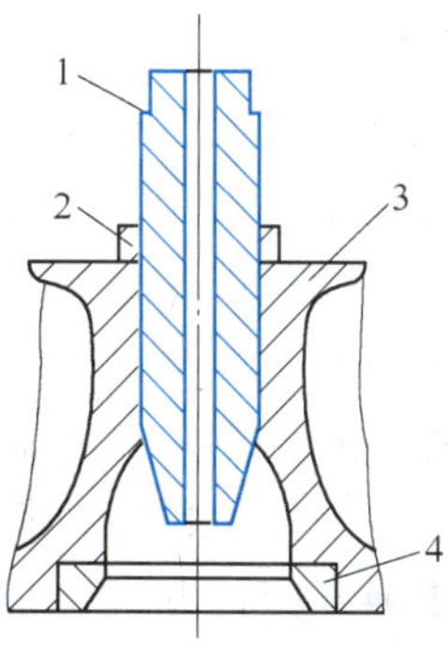

图4-26 气门导管与气门座的构造

1—气门导管 2—卡环

3—气缸盖 4—气门座

气门导管为一空心管状结构，压装在气缸盖上的导管孔中，其外圆柱面与导管孔的配合有一定的过盈量，以保证良好的传热性能和防止松脱。有些发动机为防止气门导管脱落，利用卡环对气门导管进行定位。气门导管的下端伸入气道，为减少对气流造成的阻力，伸入气道的部分制成锥形。

气门导管内孔与气门杆之间为间隙配合，为防止润滑油从气门杆与气门导管的间隙中漏入燃烧室，在气门导管的上端安装有气门油封。

2. 气门导管的维修

(1) 气门导管磨损的检查　气门导管磨损后会使其与气门杆的配合间隙增大，导致气门工作时摆动，关闭不严。

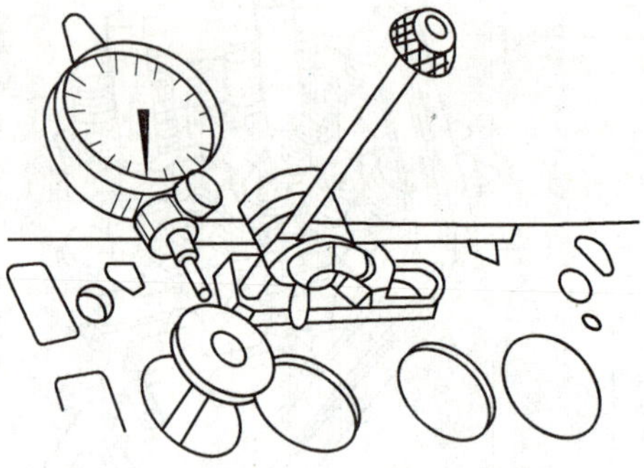

图 4-27　测量气门头部的摆动量

气门导管的磨损情况可通过测量气门导管与气门杆的配合间隙间接检查。配合间隙的检查有两种方法：

1) 直接测量气门导管内径和气门杆直径，并计算其配合间隙。

2) 先把气门安装在气门导管内，再将气门提起 10 ~ 15mm（相对气缸盖平面），然后用百分表测量气门头部的摆动量，如图 4-27 所示。

气门导管与气门杆配合间隙若超过允许极限时，可换用一个新气门重新进行检查，根据测量结果视情况确定更换气门或气门导管，必要时两者一起更换。

(2) 更换气门导管　更换气门导管时，应用冲子和锤子将气门导管按规定方向（一般为气缸盖上方）拆出旧气门导管。如果旧气门导管装有限位卡环，拆卸前应先将其露出气门导管孔的部分敲断。此外，对于铝合金气缸盖，拆卸旧气门导管前还应加热气缸盖，以免气缸盖裂损。

拆下旧气门导管后，应根据新导管外径适当铰削气门导管孔，使气门导管与气门导管孔有适当的过盈量，一般为 0.015 ~ 0.065mm。

安装新气门导管前，应先用 60 ~ 80℃ 的热水或喷灯加热气缸盖，然后用冲子和锤子将新气门导管敲入气门导管孔。气门导管伸出进、排气道的高度应符合规定。气门导管安装好后，应铰削气门导管内孔，使气门导管与气门杆配合间隙符合标准。

(3) 更换气门油封　润滑油无泄漏而消耗异常，一般是活塞与气缸配合间隙过大或气门油封漏油所致。更换气门油封时，应使用专用工具安装气门油封。

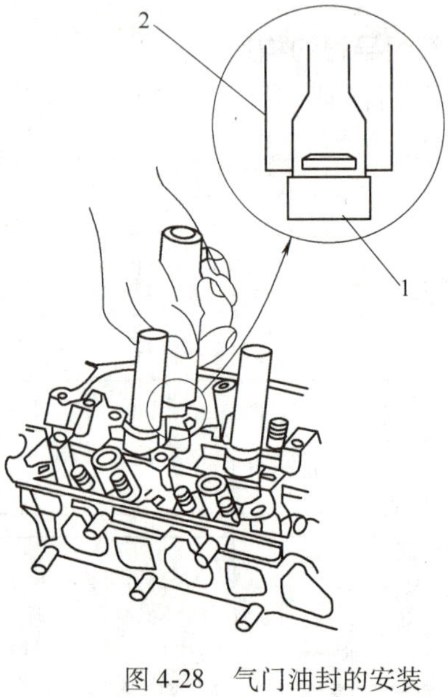

图 4-28　气门油封的安装

1—气门油封　2—油封安装套筒

注意：有些发动机进气门油封与排气门油封是不同的，如广州本田轿车的进气门油封的弹簧为白色，而排气门油封的弹簧为黑色，安装时不能装错，如图 4-28 所示。

4.2.3 气门座的构造与维修

1. 气门座的构造

进、排气道口直接与气门密封锥面接触的部位称为气门座，如图 4-29 所示，其功用是与气门配合，使气缸密封。

多数发动机的气门座单独制成座圈，然后压装到燃烧室内的进排气道口处。气门座圈与座孔有足够的过盈配合量，以防止发动机工作时气门座脱落。

为保证气门与气门座可靠密封，气门座上加工有与气门相适应的锥面。气门座的锥面包括三部分，如图 4-30 所示，45°（或 30°）锥面是与气门密封锥面配合的工作面，宽度 b 为 1～3mm，15°锥面和 75°锥面是用来修正工作面位置和宽度的。

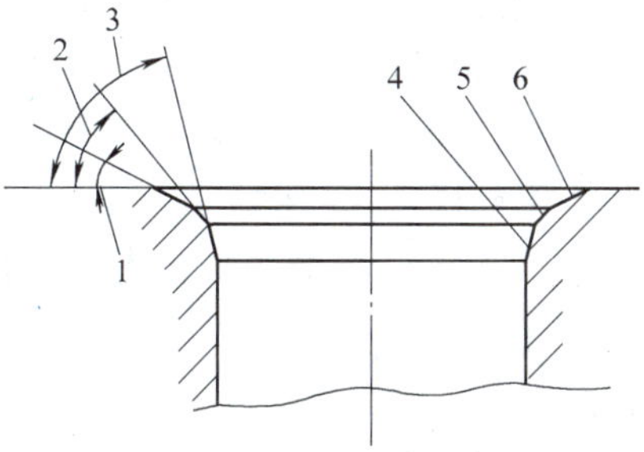

图 4-29 气门座

1—气门座端面斜角 2—气门座工作面斜角 3—气门座孔斜角 4—气门座孔面 5—气门工作面 6 气门座端面

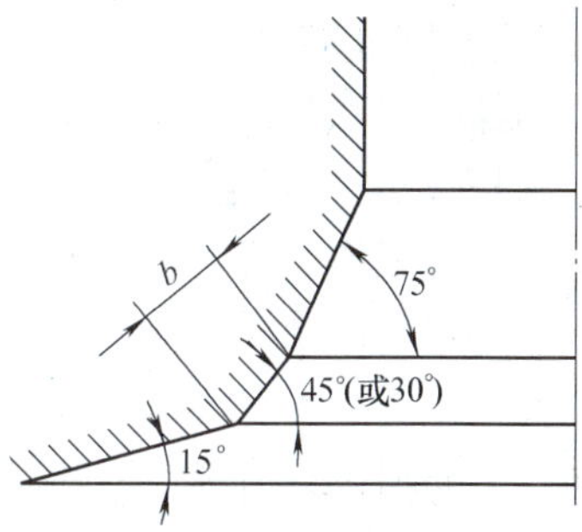

图 4-30 气门座锥面

2. 气门座的维修

（1）气门座的铰削 发动机工作时，气门座承受高温和气门落座时的冲击，经常出现工作锥面烧蚀、变宽或与气门接触环带断线等故障，一般可通过铰削和研磨进行修理。

气门座的铰削通常用气门座铰刀进行手工加工。气门座铰刀是由多只不同直径、不同锥角的铰刀组成的，如图 4-31 所示。

气门座一般应先粗铰后精铰，铰削方法如下：

1）检查气门导管。修理气门座前，应检查气门导管，若不符合要求应先更换或修理气门导管，以便保证气门座与气门导管的中心线重合。

2）选择气门座铰刀。按气门头部直径和气门座各锥面角度选择一组合适的气门座铰刀。按气门导管内径选择合适的气门座铰刀杆，铰刀杆插入气门导管应转动灵活而不松旷。

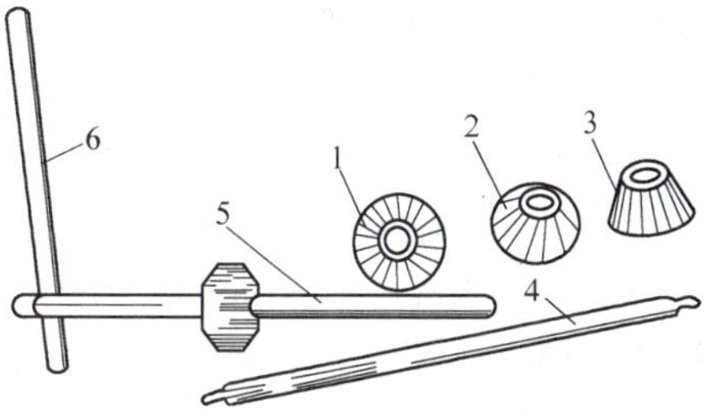

图 4-31 气门座与气门导管铰刀

1、2、3—气门座铰刀 4—气门导管铰刀 5—铰刀 6—铰刀手柄

3）先用45°（或30°）的粗铰刀加工气门座工作锥面，直到全部露出金属光泽。

注意：铰削时，两手握住手柄垂直向下用力，并只做顺时针方向转动，不允许倒转或只在小范围内转动。

4）用修理好的气门或新气门进行试配，根据气门密封锥面接触环带的位置和宽度进行铰削修正。若接触环带偏向气门杆部，应用75°的铰刀修正；若接触环带偏向气门顶部，应用15°的铰刀修正。铰削好的气门座工作面宽度应符合规定，接触环带应处在气门密封锥面中部偏气门顶的位置。

5）最后用45°的细铰刀精铰气门座工作锥面，并在铰刀下面垫上细砂布修磨。

（2）气门与气门座的研磨

1）涂抹一层粗砂研磨膏于气门锥面，气门杆表面涂润滑油后，插入导管使气门落座。

2）用捻子橡胶吸盘吸住气门顶面，手持捻子柄，转动气门研磨。在转动研磨的同时，快速提起和落下气门。在一次转动捻子柄的过程中，气门在气门座上转动研磨一段弧度，又脱离气门座空转一段弧度，再次落座，方位改变后又研磨一段弧度，以保证整个圆周均匀研磨，同时避免气门锥面磨削过度形成沟槽。

3）密封工作面均匀接触后，换用细砂研磨膏，用同样手法研磨。

4）检视气门锥面，形成一圈无间断、宽度一致、无明显沟槽的灰色无光环带，即停止研磨。

5）最后用汽油清洗气门和气门座，不许残留磨料。

（3）气门座的更换　气门座损坏、严重烧蚀、松动或下沉2mm（指测量的气门顶部下沉量）以上，应更换气门座。若气门座是在气缸盖上直接加工的，则必须更换气缸盖。

更换气门座时，对铝合金气缸盖不可用撬动方法拆卸旧气门座，用镗削加工方法将旧气门座镗削只剩一薄层，可很容易地拆下旧气门座，也可将一合适的旧气门焊接到旧气门座上，然后敲击气门杆拆下旧气门座。安装新气门座前，应对座孔进行加工，使新气门座与座孔的过盈配合量约为0.08～0.12mm。安装新气门座时，应将气门座放在固体二氧化碳（干冰）或液态氮中冷却使其冷缩，然后再将气门座敲入座孔。

（4）气门密封性的检验　常用简易方法检验气门密封性，通常有下列三种方法：

1）在气门锥面上用软铅笔画许多素线，然后接触气门座，转动气门，检视素线，若所画素线痕迹均被气门座工作面划断，表明符合要求；如有线条未断，表明该处密封不严。此法简称画线法。

2）用研好的气门插入导管，用适当的力提起气门，拍击气门座。检视气门密封工作面，若留下明亮的连续光环，即达到密封要求。此法俗称拍打法。

3）气门紧密与气门座接触，用煤油或汽油浇在气门顶面上，检视气门与门座接触处有无明显渗漏。若无渗漏现象，即认为密封合格。此法又称浸油法。

也有用红丹涂抹于气门锥面，检视气门与气门座接触后留在气门上的痕迹。若留下一周无间断均匀的印痕，即认为合格。运用此法，若所涂红丹不是很薄，检验则不可靠。

气门座铰削加工质量良好，使用新气门时，可以不经研磨直接使用。研磨后的气门，无互换性，为避免装错，应在气门上做装配标记。

4.2.4　气门弹簧的构造与检查

1. 气门弹簧的构造

气门弹簧的功用是使气门关闭并与气门座压紧，同时还可在气门开启或关闭过程中使气门传动组零件紧密连接，防止因惯性力分离而产生异响。

气门弹簧为圆柱螺旋弹簧，弹簧两端磨平，装配后弹簧一端支撑在气缸盖上，另一端靠气门弹簧座和锁片或锁销与气门杆定位。气门弹簧的类型如图4-32所示。

等螺距弹簧是最简单的一种气门弹簧，但使用中容易因振动而折断。变螺距弹簧各圈之间的螺距不等，安装时其螺距较小的一端应朝向气缸盖。采用内外两个双气门弹簧时，两弹簧的旋向应相反，以防止工作时一个弹簧卡入另一个弹簧中，而且一般内弹簧弹力比外弹簧小，如图4-33所示。

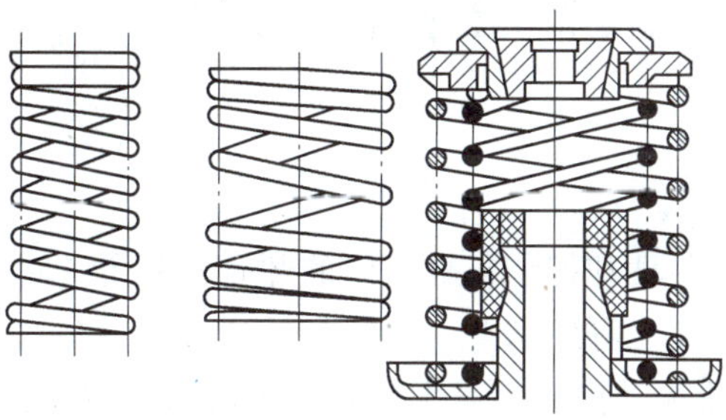

a)　　b)　　c)

图4-32　气门弹簧的类型

a）等螺距弹簧　b）变螺距弹簧　c）双弹簧

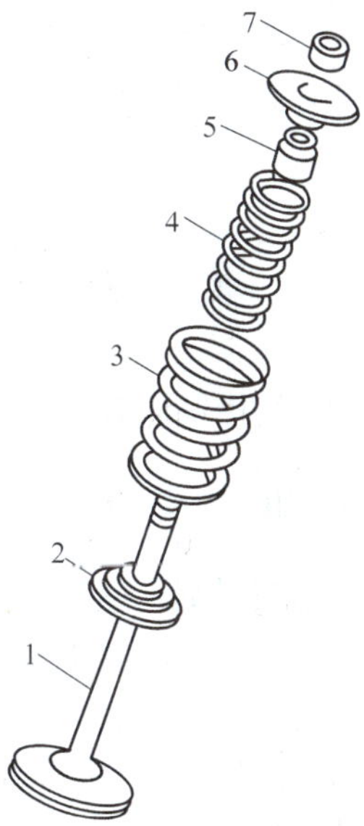

图4-33　双气门弹簧

1—气门　2—气门弹簧下座　3—外弹簧
4—内弹簧　5—气门油封
6—气门弹簧上座　7—簧座锁片

2. 气门弹簧的检查

气门弹簧常见故障是由于长期受压缩，产生塑性变形而导致自由长度变短、弹力减弱、簧身歪斜、严重时可能出现弹簧折断。对气门弹簧的检查主要是：观察有无裂纹或折断，测量弹簧的自由长度和垂直度，测量弹簧弹力。气门弹簧不能维修，必要时只能更换。

气门弹簧的自由长度可用游标卡尺进行测量。气门弹簧垂直度的检查如图4-34所示。

气门弹簧的垂直度误差一般应不大于1.5～2.0mm。若气门弹簧的自由长度或垂直度不符合标准，应更换气门弹簧。

气门弹簧弹力的检查。用检测仪对气门弹簧施加压力，在规定压力下的气门弹簧高度（或规定气门弹簧高度下的压力）应符合标准，否则应更换气门弹簧，如图4-35所示。

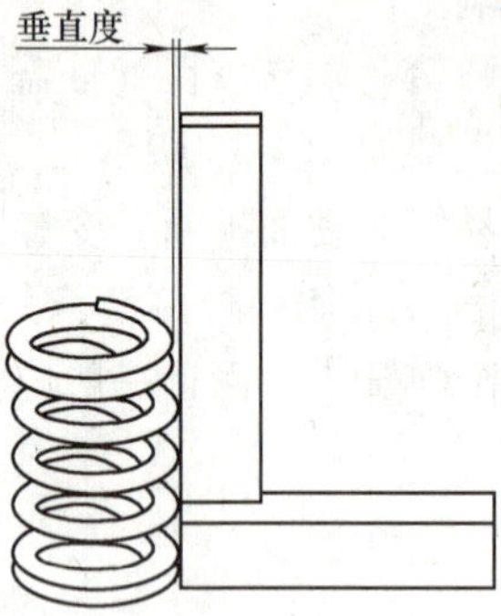

图4-34 气门弹簧垂直度的检查

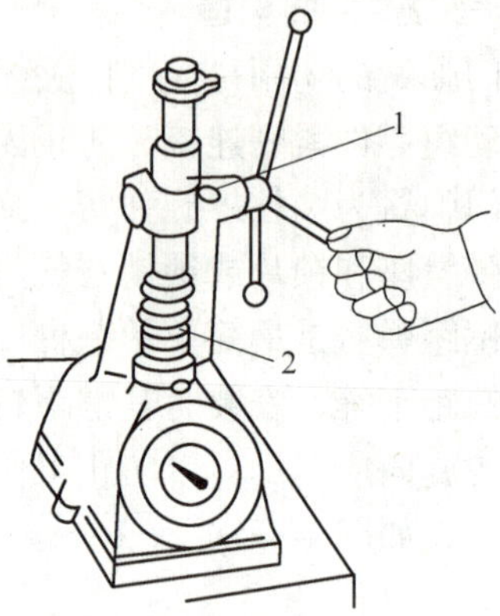

图4-35 气门弹簧弹力的检查

1—弹簧检测仪 2—气门弹簧

课题3 气门传动组零件的构造与维修

气门传动组由凸轮轴、正时齿轮、挺柱、推杆、摇臂和摇臂轴等零件组成。

4.3.1 凸轮轴的构造与维修

1. 凸轮轴的构造

凸轮轴是气门传动组中最主要的零件，用来驱动和控制各缸气门的开启和关闭，使其符合发动机的工作次序、配气相位及气门开度的变化等要求。

凸轮轴由凸轮（包括进排气凸轮）和凸轮轴轴颈等构成。对于凸轮轴下置式的汽油机，凸轮轴还具有驱动机油泵、分电器的螺旋齿轮和驱动汽油泵的偏心轮，如图4-36a、b所示。

凸轮受到因气门间歇性开启而形成的周期性冲击载荷，因此凸轮表面要耐磨，凸轮轴要有足够的韧性和刚度。凸轮轴多用优质钢模锻而成，并经表面高频感应淬火或渗碳淬火处理，也可用合金铸铁或球墨铸铁铸造。

每根凸轮轴上的凸轮数量因发动机结构形式而异，如直列六缸发动机只装有一根凸轮轴，每个凸轮只驱动一个气门，每缸采用一进、一排两个气门，所以凸轮轴上有12个凸轮。凸轮可分为两类：驱动进气门的进气凸轮和驱动排气门的排气凸轮。各缸的进气凸轮（或排气凸轮）称为同名凸轮。以直列发动机为例，从凸轮轴前端看，同名凸轮的相对角位置按各缸做功顺序逆凸轮轴转动方向排列，夹角为做功间隔角的一半。根据这一规律可按凸轮轴转动方向和同名凸轮位置判断发动机的做功顺序。

凸轮的轮廓形状决定着气门的最大升程、气门开启和关闭时的运动规律及持续时间。

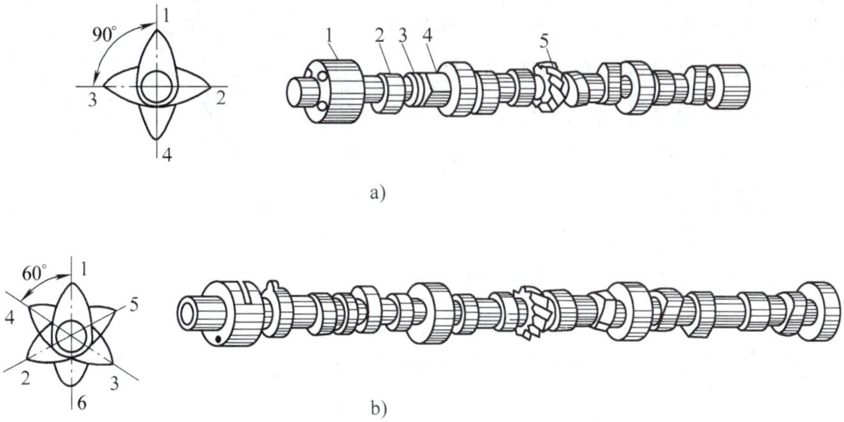

图4-36　凸轮轴的构造
a）四缸发动机凸轮轴　b）六缸发动机凸轮轴
1—凸轮轴轴颈　2、4—凸轮　3—偏心轮　5—齿轮

凸轮的轮廓形状是由制造厂根据发动机的工作需要设计的。

（1）凸轮轴的支承　发动机工作时，凸轮轴的变形会影响配气相位，因此有的发动机采用全支承式凸轮轴，即凸轮轴轴颈数比气缸数多一个，以减小变形。但是，支承数多会使加工工艺复杂，所以一般发动机凸轮轴是每隔两个气缸设置一个轴颈，如解放CA6102型发动机采用非全支承式凸轮轴。为了安装方便，凸轮轴各轴颈的直径是从前向后依次减小的。

在顶置式配气机构中，安装凸轮轴的座孔和凸轮轴轴承一般为剖分式，凸轮轴各轴颈直径相等。有些凸轮轴的轴颈上加工有不同形状的油槽或油孔，如图4-37所示。这些油槽或油孔用来贮存润滑油或作为润滑油通道。

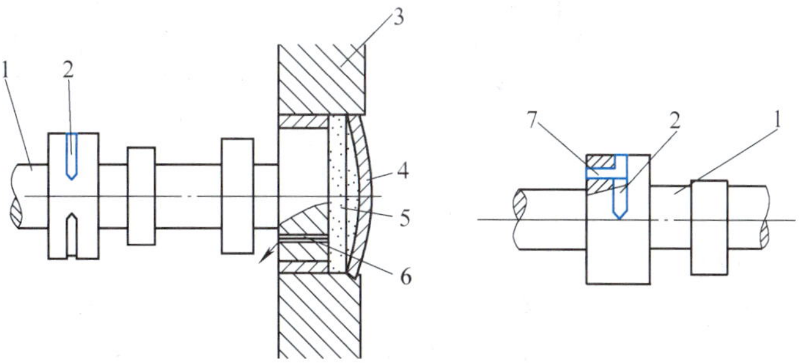

图4-37　凸轮轴上的油槽或油孔
1—凸轮轴　2—节油槽　3—气缸体
4—油堵　5—空腔　6—泄油孔　7—油孔

（2）凸轮轮廓　气门开启到关闭的持续时间必须符合配气相位的要求，这是由凸轮的轮廓来保证的，而且凸轮的轮廓还在很大程度上决定了气门的最大升程和升降运动规

律。凸轮轮廓形状如图 4-38 所示。

(3) 配气正时标记　在装配曲轴和凸轮轴时，要将正时齿轮上的标记对齐，如图 4-39 所示。

每个齿形带轮上都做有缺口或“O”标记，在装配同步带时，这一标记要与同步带轮室上的“O”标记或“—”对齐，才能保证正确的配气相位和点火时刻。

(4) 凸轮轴轴向定位　为防止凸轮轴在工作中产生轴向窜动和承受斜齿轮产生的轴向力，凸轮轴必须有轴向定位装置。解放 CA6102 型汽油机和玉柴 YC6105QC 型柴油机的凸轮轴轴向定位结构如图 4-40 所示。

止推突缘套在正时齿轮与凸轮轴第一轴颈端面之间，用螺栓固定在缸体上。正时齿轮与第一轴颈之间还装有一个比突缘厚的隔圈，使止推突缘与正时齿轮(或与凸轮轴第一轴颈侧面)有一定的间隙(凸轮轴轴向间隙)，此间隙可借改变隔圈厚度进行调整。当凸轮轴产生轴向移动时，止推突缘便与凸轮轴轴颈侧面或正时齿轮轮毂接触，从而防止了轴向窜动。如上海桑塔纳 JV 型发动机是用第五道轴颈轴承盖两侧面定位的。

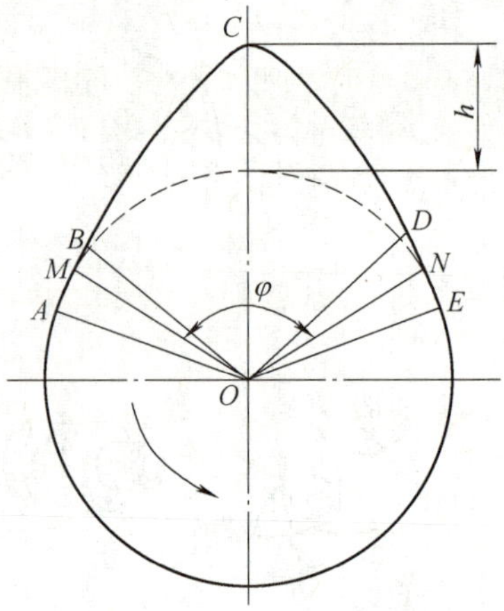

图 4-38　凸轮轮廓形状

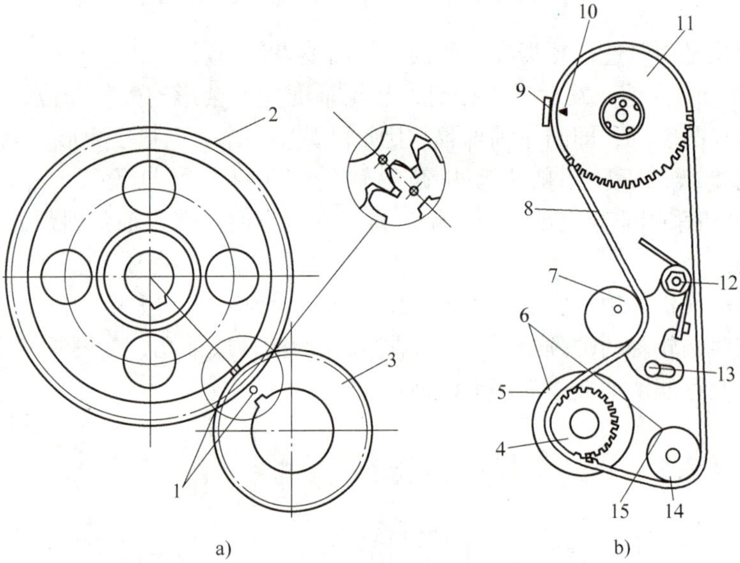

图 4-39　配气正时标记

a) 解放 CA6102 型发动机的正时标记　b) 三菱 L300 型汽车发动机的正时标记

1、5、6、9、10、15—标记　2—凸轮轴正时齿轮　3—曲轴正时齿轮　4—油泵同步带轮　7—张紧器　8—同步带　11—凸轮轴同步带轮　12—张紧器安装螺母　13—张紧器调整螺栓　14—曲轴同步带轮

2. 凸轮轴的维修

（1）技术要求　凸轮轴的主要技术要求如下：

1）凸轮高磨损比原设计标准值减小1.0mm左右。

2）驱动分电器的齿轮齿厚因磨损比齿厚标准值减薄0.50mm左右。

3）驱动汽油泵的偏心轮磨损小于0.8mm。

4）以凸轮轴两端轴颈为基准，中间凸轮轴颈的径向圆跳动使用极限为0.10mm。

5）凸轮轴轴颈与轴承的配合间隙一般为0.03～0.07mm，使用极限为0.15mm。

6）与轴承孔的配合尺寸，铸铁基体为0.13～0.05mm；铝合金基体为0.07～0.03mm（基体指缸体或缸盖）。

（2）凸轮轴的检修　多数发动机凸轮轴轴颈和轴承无修理尺寸，当轴承间隙超过其允许极限时，必须更换凸轮轴或凸轮轴轴承，必要时两者一起更换。对无凸轮轴轴承的，若凸轮轴座孔磨损严重，只能更换气缸体或气缸盖。凸轮轴主要检修如下项目：

1）凸轮轴弯曲的检修。检查凸轮轴弯曲变形可用其两端轴颈外圈或两端的中心孔作基准，测量中间一道轴颈的径向圆跳动量，如图4-41所示。

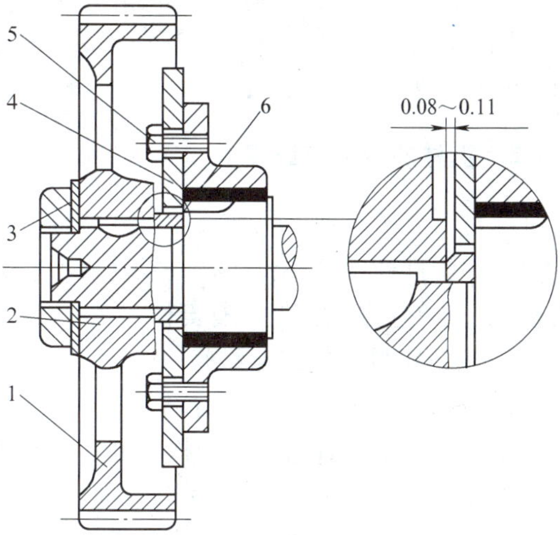

图4-40　凸轮轴轴向定位

1—正时齿轮　2—正时齿轮轮毂　3—锁紧螺母　4—止推突缘　5—止推突缘固定螺栓　6—隔圈

凸轮轴径向圆跳动量一般若超过极限值，可对凸轮轴进行冷压校正，必要时应更换。

2）凸轮磨损的检修。凸轮的磨损是不均匀的，一般凸轮的顶尖附近磨损较严重。凸轮磨损后，凸轮高度减小，会使气门的最大升程减小，影响发动机工作时的进排气阻力。凸轮的磨损程度可通过测量凸轮的高度（H）或凸轮升程（h）来检查，如图4-42所示。

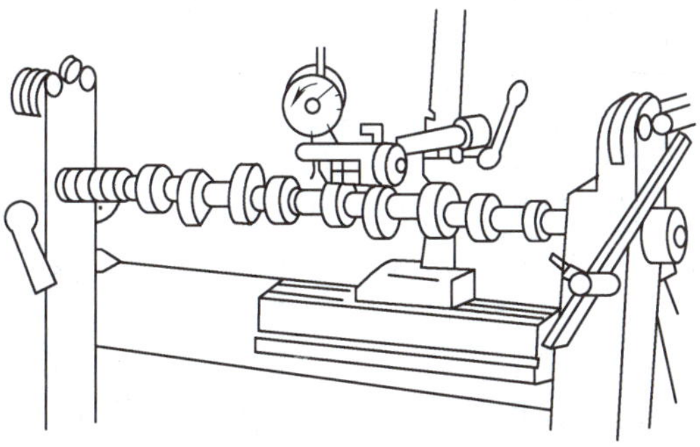

图4-41　凸轮轴弯曲的检修

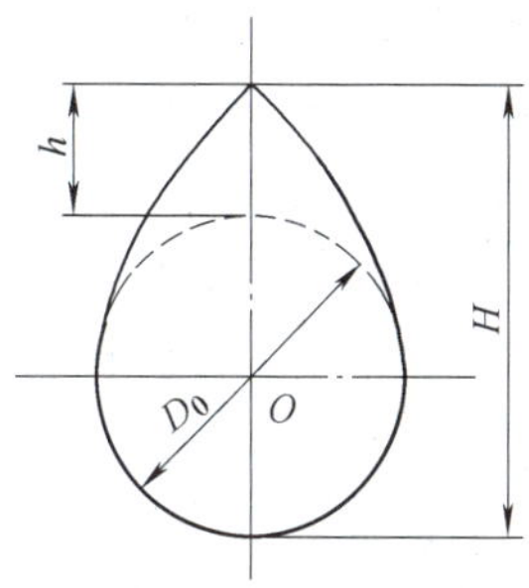

图4-42　凸轮的高度（H）和升程（h）

凸轮高度可用外径千分尺或游标卡尺测量，凸轮升程为凸轮高度与基圆直径之差。凸轮高度或升程若超过允许极限，应更换凸轮轴。

3）凸轮轴轴向间隙的检修。用百分表测头抵在凸轮轴端，前后推拉凸轮轴，百分表指针的摆动量即为凸轮轴轴向间隙。凸轮轴轴向间隙若超过允许极限，可减小隔圈的厚度或更换止推凸缘。

4）凸轮轴轴颈及轴承磨损的检修。凸轮轴轴颈及轴承的磨损情况可通过测量其配合间隙来检查。有些发动机的凸轮轴轴颈允许修磨，当凸轮轴轴承间隙超过允许极限时，可磨削凸轮轴轴颈，并选配同级修理尺寸的凸轮轴轴承。

多数发动机凸轮轴轴颈和轴承无修理尺寸，当轴承间隙超过其允许极限时，必须更换凸轮轴或凸轮轴轴承，必要时两者一起更换。对无凸轮轴轴承的，若凸轮轴座孔磨损严重，只能更换气缸体或气缸盖。

4.3.2 挺柱的构造与维修

挺柱可分为普通挺柱和液力挺柱两种，其功用一般都是与凸轮轴直接接触，将凸轮的推力传递给推杆或气门，在有些发动机上它只是摇臂的一个支点(如采用浮动摇臂的配气机构)，也有些发动机上没有挺柱。

1. 普通挺柱的构造与维修

(1) 普通挺柱的构造　普通挺柱一般应用在凸轮轴下置式配气机构或凸轮轴侧置式配气机构中。常见普通挺柱的构造如图4-43所示。

在发动机工作时，挺柱底部与凸轮接触，为使挺柱底部磨损均匀，挺柱底部的工作面制成球面。挺柱的下端设有油孔，以便将漏入挺柱内的润滑油排出到凸轮上进行润滑。普通挺柱内孔的底部也制成球面，它与推杆下端的球面接触，以降低磨损。

挺柱放置在导向孔内，挺柱导向孔一般直接在气缸体或气缸盖上加工，但也有些发动机采用可拆式挺柱导向体。挺柱导向体分前后两个，挺柱放置在挺柱导向体上的导向孔内。挺柱导向体用螺栓安装在气缸体上。为保证挺柱导向体的安装位置，在挺柱导向体与气缸体之间设有定位套，如图4-44所示。

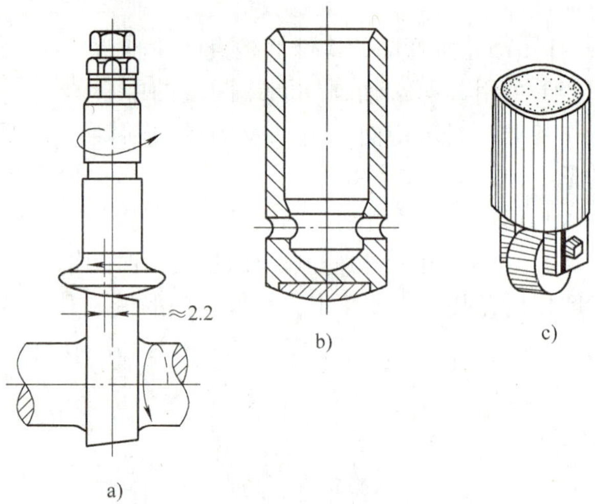

图4-43　普通挺柱的构造
a）菌形　b）筒形　c）滚轮式

(2) 普通挺柱的维修　普通挺柱的常见损伤是工作面损伤或磨损。挺柱外表圆柱工作面和底部工作面有轻微的损伤或麻点，可用油石修整；若发现挺柱有裂纹、工作面严重刮伤或偏磨，应及时更换。挺柱与其导向孔的配合间隙若超过允许极限，也应及时更换挺柱。

2. 液力挺柱的构造与维修

液力挺柱能自动保持配气机构无间隙传动，从而降低噪声和磨损，而且不需调整气门

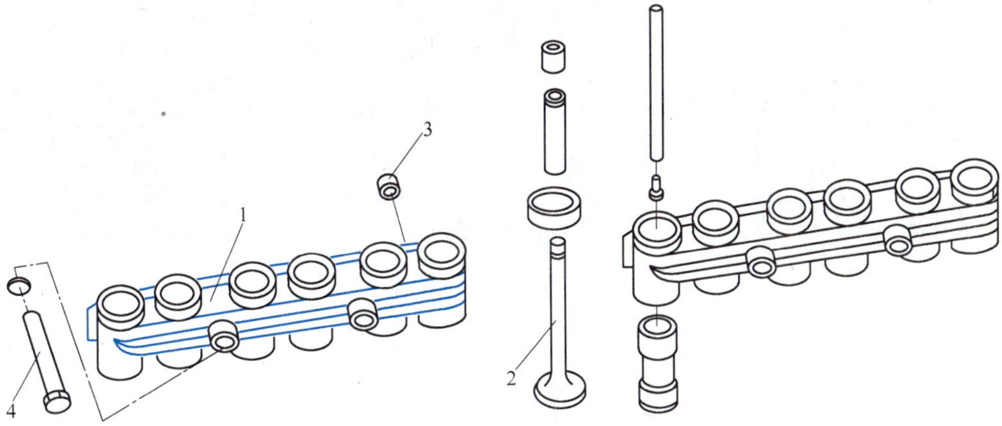

图4-44 挺柱导向体

1—挺柱导向体 2—气门 3—定位套 4—螺栓

间隙，在轿车发动机上应用非常广泛。

(1) 液力挺柱的构造 奥迪和桑塔纳轿车的发动机上所采用的液力挺柱的构造如图4-45所示。

挺柱体9是由上盖和圆筒焊接成一体的薄壁零件。液压缸12的外圆与挺柱体的内导向孔配合、内孔则与柱塞11配合，两者都有相对运动。液压缸底部装有一个补偿弹簧13，把球阀5压在柱塞的阀座上，补偿弹簧还可以使挺柱顶面和凸轮轮廓线保持紧密接触，以消除气门间隙。当球阀关闭柱塞中间孔时，可将挺柱分成两个油腔，上部的低压油腔6和下部的高压油腔1。当球阀开启后，则成为一个通腔。

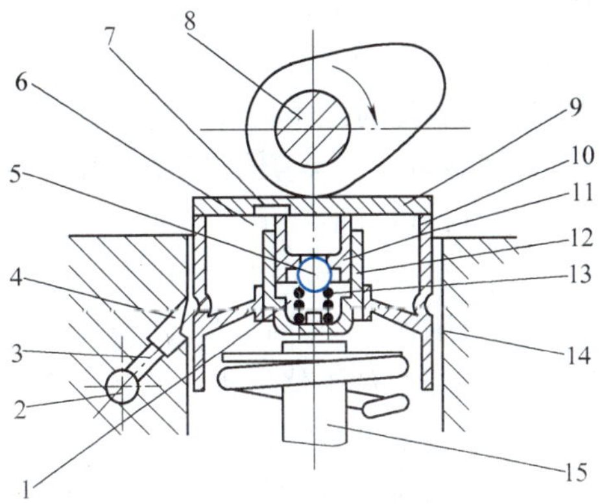

图4-45 液力挺柱的构造

1—高压油腔 2—缸盖油道 3—量油孔 4—斜油孔 5—球阀 6—低压油腔 7—键形槽 8—凸轮轴 9—挺柱体 10—柱塞焊缝 11—柱塞 12—液压缸 13—补偿弹簧 14—气缸盖 15—气门杆

液力挺柱的工作过程如图4-46所示。

1）当凸轮基圆与挺柱接触时，补偿弹簧通过柱塞11使挺柱体与凸轮轮廓线保持紧密接触，液压缸12的下端面与气门杆尾端紧密接触，因此没有气门间隙。当挺柱体9圆筒上的环形油槽与缸盖上的斜油孔4对齐时，发动机润滑系统中的机油经量油孔3、斜油孔4和环形油槽流入低压油腔6。位于挺柱背面上的键形槽7可将机油引入柱塞上方的低压油腔，这时缸盖主油道与液力挺柱体的低压油腔连通。

2）当凸轮按图示方向转过基圆，使凸起部分与挺柱接触时，挺柱体9和柱塞11向下移动时，高压油腔1中的机油被压缩，油压升高，加上补偿弹簧13的作用使球阀紧压在柱塞的下端阀座上，这时高压油腔与低压油腔被分隔开。由于液体的不可压缩性，整个挺

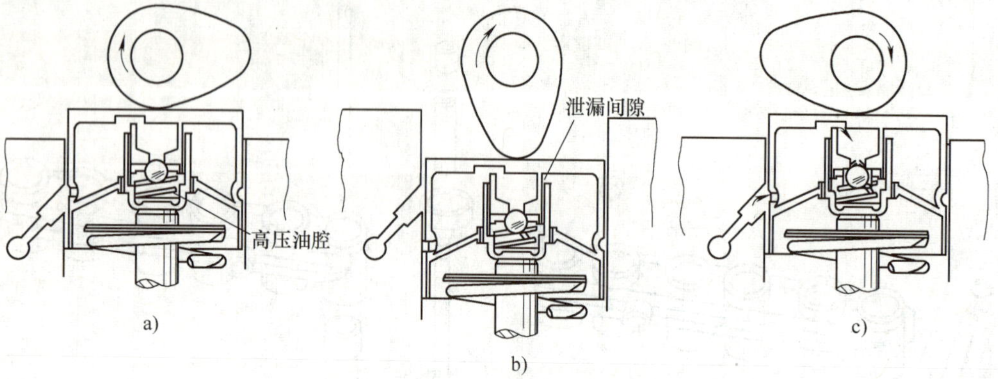

图 4-46　液力挺柱的工作过程

a）气门开起位置　b）气门升至最高点位置　c）气门关闭位置

柱如同一个刚体一样下移，推开气门，并保证了气门应达到的最高升程。

3）当挺柱到达下止点后开始上行时，在气门弹簧上顶和凸轮下压的作用下，高压油腔陆续封闭，球阀也不会打开，液力挺柱仍可认为是一个刚性挺柱，直至上升到凸轮处于基圆、气门关闭时为止。

此时，缸盖主油道中的压力油经量油孔、挺柱环形油槽进入挺柱的低压油腔，同时，高压油腔内油压下降，补偿弹簧推动柱塞上行。从低压油腔来的压力油推开球阀而进入高压油腔，使两腔连通充满机油。这时挺柱顶面仍和凸轮紧贴。在气门受热膨胀时，柱塞和油缸做轴向相对运动，高压油腔中的油液可经过油缸与柱塞间的缝隙挤入低压油腔。故使用液力挺柱时，可以不预留气门间隙。

液力挺柱结构复杂，加工精度要求较高，而且磨损后无法调整只能更换，所以目前在一般载货车上用得较少，而在较高级的轿车上则应用很广。

（2）液力挺柱的维修　液力挺柱的常见故障是外表工作面磨损或损伤、挺柱内部配合表面磨损导致密封不良等。维修时，除按普通挺柱的检查项目和方法对液力挺柱体外表工作面的损伤情况、液力挺柱体与导向孔的配合间隙进行检查外，还需对液力挺柱进行密封性检查。

液力挺柱柱塞与挺柱体（或液压缸）磨损、单向阀关闭不严，均会导致挺柱内部密封不良，当凸轮顶起挺柱时，会因高压油腔内的油液泄漏而使液力挺柱缩短，从而使气门升程减小并产生异响。液力挺柱密封性可在一定载荷作用下，通过测量液力挺柱缩短一定尺寸所用的时间来检验。所用时间越长，说明液力挺柱密封性越好。液力挺柱密封性的检验如图 4-47 所示。

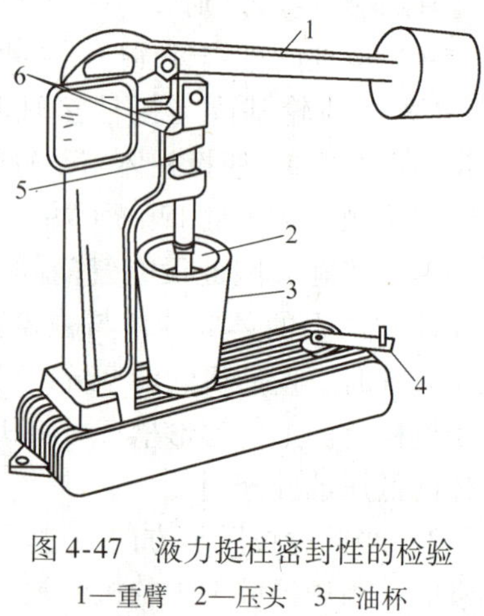

图 4-47　液力挺柱密封性的检验

1—重臂　2—压头　3—油杯　4—手柄　5—压杆　6—指针

液力挺柱密封性的检验步骤如下：

1）将液力挺柱装入油杯，并在油杯中加入试验油，使液力挺柱完全浸没在油中。

2）用检验仪上的压头压住液力挺柱柱塞（或液压

缸)，反复把重臂提起再放下，使挺柱体中的柱塞(或液压缸)上下往复运动多次，以便排除液力挺柱内的空气，直到油杯中无气泡冒出后，再提起重臂，使柱塞(或液压缸)自由升起到正常位置。

3）然后再将重臂轻轻落下，在重臂作用下液力挺柱逐渐缩短，检验仪指针可在刻度盘上指示出液力挺柱的尺寸变化量。

4）顺时针转动检验仪底座上的手柄，以使油杯旋转，转速为30r/min。

5）当检验仪指针指到刻度盘上的“START”标记时，按下秒表，记录液力挺柱缩短一定尺寸时所需的时间。不符合规定时间的液力挺柱应更换。

有些发动机规定用测量液力挺柱自由行程的方法检验其密封性，如上海桑塔纳、一汽奥迪和捷达/高尔夫轿车的液力挺柱，其检验应在发动机熄火后立即进行，方法如下：拆下气缸盖罩，顺时针转动曲轴使待检液力挺柱的凸轮向上，用楔形木棒或塑料棒压下液力挺柱但不要使气门开启，如图4-48所示，用塞尺测量挺柱与凸轮之间的间隙。若间隙超过0.1mm，应更换该液力挺柱。

4.3.3　推杆的构造与维修

1. 推杆的构造

凸轮轴下置式配气机构和凸轮轴侧置式配气机构中，一般都设有推杆，推杆位于挺柱与摇臂之间，是气门机构中最易弯曲的零件，要求有很高的刚度，在动载荷大的发动机中，推杆应尽量地做得短些。其功用是将挺柱的推力传给摇臂。推杆的类型如图4-49所示。

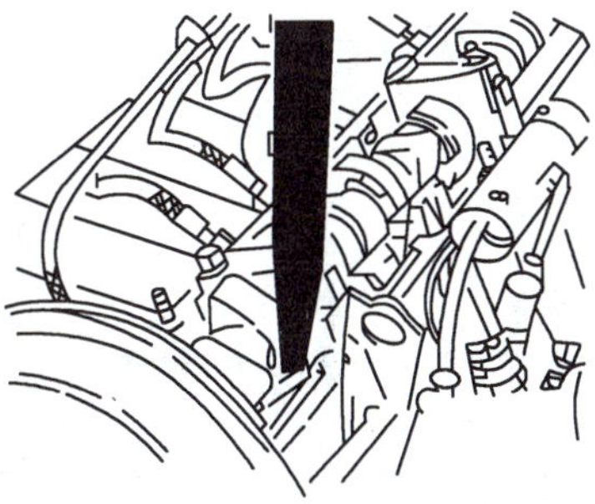

图4-48　液力挺柱自由行程的检查

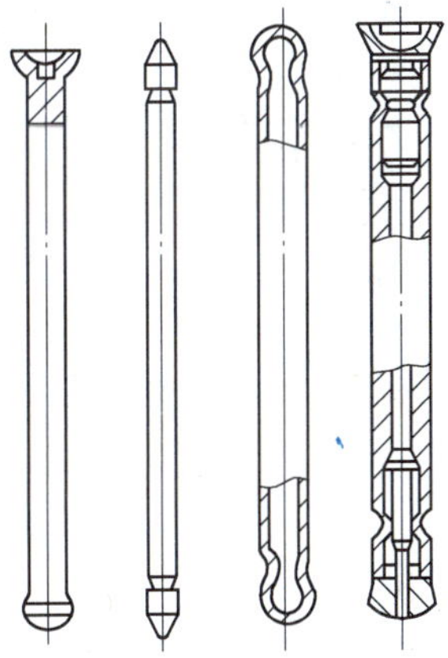

a)　b)　c)　d)

图4-49　推杆的类型

a)、b）实心推杆

c)、d）空心推杆

对于缸体与缸盖都是铝合金制造的发动机，其推杆最好用硬铝制造。推杆为细长的杆件，杆身有空心和实心两种。推杆两端有不同形状的端头，以便与挺柱和摇臂上的支座相适应。推杆端头均经过磨光处理，以降低磨损。

钢制实心推杆(见图4-49a)一般是同球形支座锻成一个整体，然后进行热处理。硬铝棒制成的推杆(见图4-49b)，其两端配有钢制的支承。如图4-49c、d所示都是钢管制成的推杆，前者的球头是直接锻成的，然后经过精磨加工；后者的球支承则是压配的，并经淬火和磨光，以保证其耐磨性。

2. 推杆的维修

推杆的常见损伤是端头磨损或杆身弯曲。检查推杆两端头，若磨损严重或有损伤，应更换推杆。推杆可在平板上来回滚动并用塞尺测量其弯曲变形量，也可用百分表检查推杆的弯曲变形量。推杆弯曲变形超过允许极限时，应校正或更换推杆。

4.3.4 摇臂总成的构造与维修

1. 摇臂总成的构造

摇臂总成的功用是将气门传动组的推力改变方向并驱动气门开启。摇臂是一个两臂不等长的双臂杠杆。采用摇臂驱动气门开启的配气机构，虽机构比较复杂，但可通过选择摇臂两端的长度，在气门升程一定时减小凸轮升程，同时气门间隙的调整也比较方便。摇臂长短臂长的比值(称为摇臂比)约为1.2~1.8，长臂端用来推动气门，短臂端通过气门间隙调整螺钉与推杆接触。这样，在一定的气门升程内，可减少推杆、挺柱等运动件的运动距离和加速度，从而减小了工作中的惯性力。摇臂的长臂端与气门杆尾端的接触面制成球面，如图4-50所示。

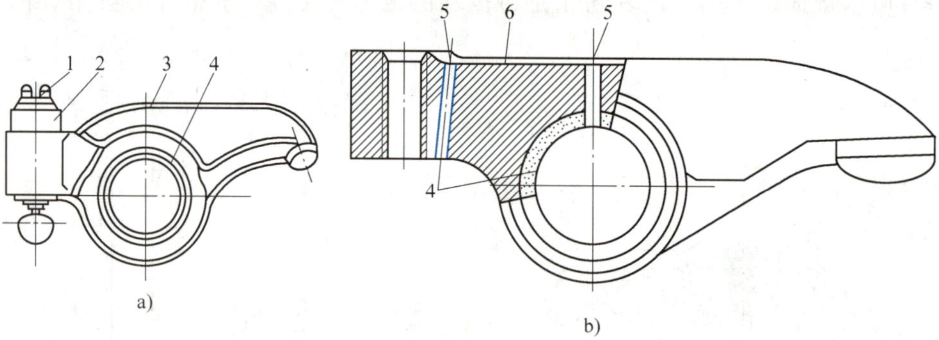

图4-50 摇臂的构造

a）摇臂的结构 b）摇臂的润滑

1—气门间隙调整螺钉 2—锁紧螺母 3—摇臂体 4—摇臂衬套 5—油孔 6—油槽

当摇臂摆动时，可沿气门杆尾端滚滑，这样可使两者之间的力尽可能沿气门轴线作用。短臂端的螺纹孔中装有带球头的气门间隙调整螺钉，为防止螺钉松动，用锁紧螺母锁紧。摇臂的材料一般用中碳钢，也有用球墨铸铁或合金铸铁的。摇臂大多采用T字形或工字形断面，以减轻质量。

摇臂总成的分解如图4-51所示。

摇臂通过衬套6空套在摇臂轴2上，摇臂轴通过支座5固定在缸盖上。为防止摇臂轴向窜动，每两摇臂之间装有定位弹簧。摇臂轴为空心管状结构，润滑油从缸体上的主油道经缸体、缸盖和支座中的油道进入摇臂轴内(该轴两端用碗形塞堵死)，然后经摇臂轴上

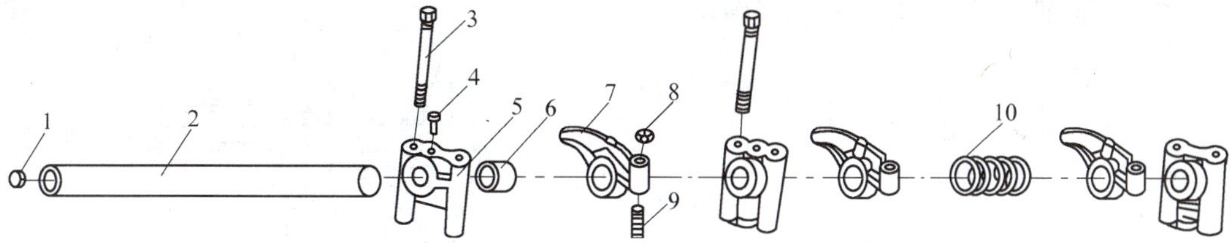

图 4-51　摇臂总成的分解

1—碗形塞　2—摇臂轴　3—螺栓　4—摇臂轴紧固螺钉　5—摇臂轴支座　6—摇臂衬套　7—摇臂　8—锁紧螺母　9—气门间隙调整螺钉　10—定位弹簧

的径向孔进入摇臂与轴之间进行润滑。摇臂支承孔则有油孔通向油槽，润滑油可顺此油槽流向摇臂两端，润滑两端的接合面。摇臂轴支座并非都有油道，不可装错。

2. 摇臂总成的维修

分解摇臂总成时，应注意各摇臂的序号、摇臂轴的安装方向及位置，以免安装时位置装错。对摇臂总成零件进行清洗时，应注意将摇臂轴内部清理干净，并保证各油孔通畅。摇臂总成分解后，主要进行以下检查：

1）检查摇臂球面接触部位的磨损情况，若有轻微的磨损沟痕，可用油石或磨光机进行修磨；磨损严重时应更换摇臂。

2）安装有气门间隙调整螺钉的摇臂，检查调整螺钉、锁紧螺母和摇臂上的螺孔是否完好，若有损坏应更换。

3）带滚动轴承的浮动式摇臂，检查其轴承，若磨损严重或损坏应更换摇臂。

4）安装在摇臂轴上的摇臂，测量摇臂衬套内径和摇臂轴外径，检查其配合间隙，若间隙超过允许极限，应更换零件或总成。

5）检查摇臂轴的弯曲变形，若超过允许极限，应校正或更换摇臂轴。

4.3.5　正时链条及齿形带的检查

对于凸轮轴上置式发动机，凸轮轴的驱动采用链条传动和齿形带传动。

1. 正时链轮和链条的检查

正时链轮和链条应保持一定的张紧度，链条和链轮拆卸后应作以下检修：

（1）正时链条长度的检查　如图 4-52 所示，对链条施加一定的拉力拉紧后测量其长度，超过允许值时，应予以更换。

（2）正时链轮最小直径的检查　如图 4-53 所示，将链条分别包住凸轮轴正时链轮和曲轴正时齿轮，用游标卡尺测量其直径，小于允许值时应更换链条和链轮。

2. 正时带的检查安装

1）曲轴带轮和正时带轮上都有标记，装配时都要将标记和气缸体上正时齿形带轮室上的标记对齐，以保证配气相位的正确性。

2）装上正时带，检查并确认齿形带有无开裂，齿数、齿形应不残缺，否则应更换。

3）正时齿形带张紧度的检查。如图 4-54 所示，检查正时齿形带的张紧度，用手指在正时齿轮和中间齿轮之间捏住正时齿形带，以刚好能转 90°为合适，调整张紧轮固定螺母并拧紧。将曲轴转 2 ~ 3 圈后，复查确认。

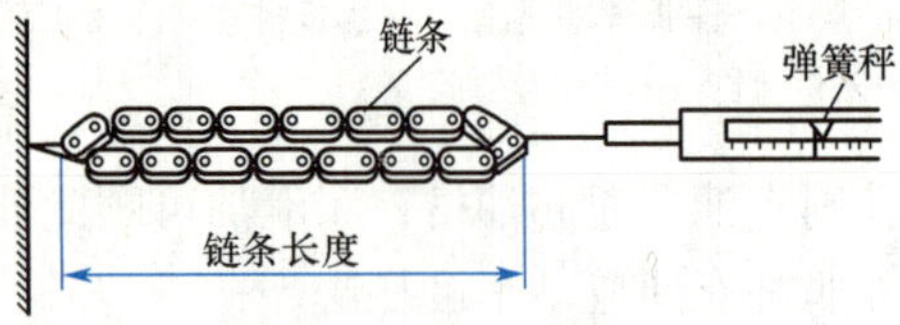

图 4-52　检查正时链条长度

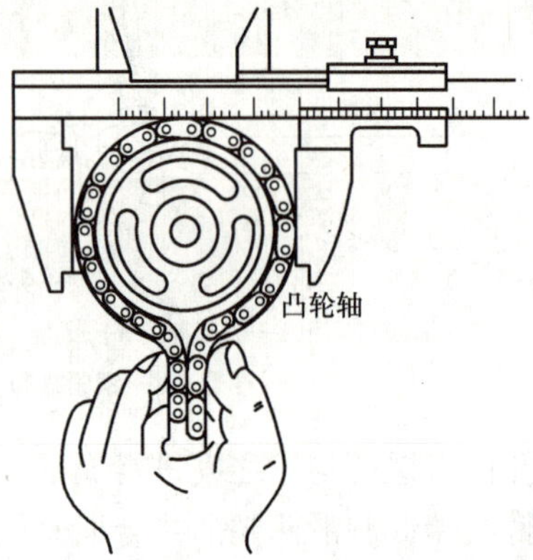

图 4-53　检查正时链轮最小直径

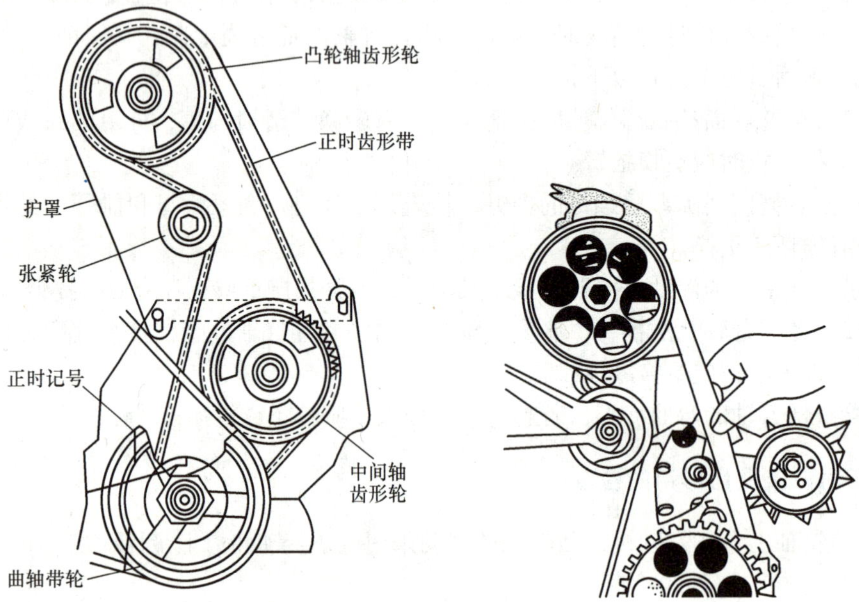

图 4-54　检查正时齿形带的张紧度

课题 4　配　气　相　位

配气相位就是发动机进、排气门实际开启或关闭的时刻和开启持续时间，通常用曲轴转角来表示，称为配气相位。配气相位通常用环形图表示，称为发动机的配气相位图，如图 4-55 所示。

4. 4. 1　进气门的配气相位

（1）配气相位　理论上，进气门在上止点时开，下止点时关。由于发动机转速很高，活塞每一行程历时相当短，在这样短的时间内换气，势必使进气不足，导致发动机功率下降，故发动机进气门的实际开闭时刻不在上、下止点，而是在上止点前开，在下止点后关。进气门提前开的角度用 α 表示，一般 $\alpha=10°\sim30°$；迟后关的角度用 β 表示，一般 $\beta=40°\sim80°$，这样进气门的配气相位为 $180°+\alpha+\beta$。

（2）提前开和迟后关的目的　进气门在上止点前提前开是保证进气行程开始时气门已大开，使新鲜气体能顺利地充入气缸。进气门在过了下止点迟后关是由于当活塞到下止点时，缸内压力仍低于大气压，压缩刚开始活塞上移速度又较慢，故仍可用气流惯性和压差继续进气，故过了下止点后再关闭，有利于更好地进气，从而提高发动机功率。

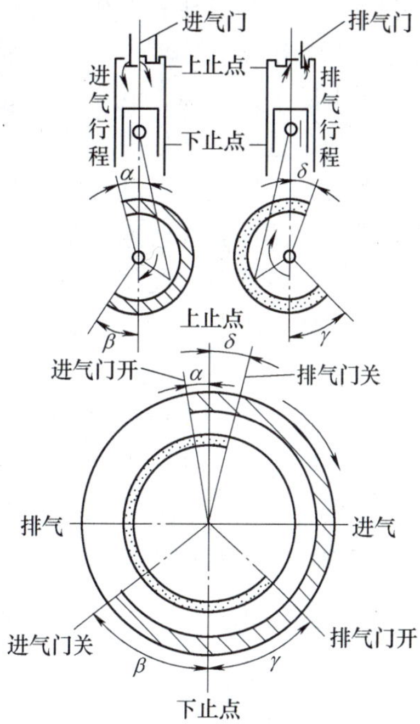

图 4-55　配气相位图

4.4.2　排气门的配气相位

（1）配气相位　理论上，排气门在下止点时开，上止点时关。同样由于发动机转速很高，活塞每一行程历时相当短，在这样短的时间内换气，势必使排气不净，导致发动机功率下降。故发动机排气门的实际开闭时刻也不在下、上止点，而是在下止点前开，上止点后关。排气门提前开的角度用 γ 表示，一般 $\gamma=40°\sim80°$；迟后关的角度用 δ 表示，一般 $\delta=10°\sim40°$，这样排气门的配气相位为 $180°+\gamma+\delta$。

（2）提前开和迟后关的目的　排气门在下止点前提前开是为了利用做功行程后期缸内较高的压力强迫废气排出，虽然损失一部分功，但对排气有利，且转过下止点后活塞向外的挤气阻力大大减小，又省了一部分功，且由于高温废气迅速排出，防止了发动机过热。当活塞到上止点时，缸内压力仍大于大气压，因此还可利用压差及排气气流惯性继续排气。故排气门在上止点后再关闭，使废气尽可能排净，同样提高了发动机功率。

4.4.3　气门叠开与气门叠开角

（1）定义　由配气相位图可以看出在上止点时，前一循环的排气门还未关闭，后一循环的进气门已打开，出现了进、排气门同时开启的现象，此现象称为气门叠开，对应的曲轴转角称为气门叠开角。

进气门的叠开角为 $\alpha+\delta$；排气门的叠开角为 $\gamma+\beta$。

（2）防止进、排气混流的措施　由于气门叠开，这就有可能造成进、排气混流，由于新鲜气流和废气流的流动惯性都比较大，在短时间是不会改变流向的，就不会有废气倒流入进气管和新鲜气体随同废气排出的可能性。但当汽油机小负荷运转，进气管内压力很低时，就可能出现废气倒流，新鲜气体排出气缸，使进气量减少。因此，防止进、排气混流的措施是选择合适的叠开角，即合适的配气相位。

（3）对配气相位的要求　配气相位对发动机性能有很大影响，对于不同的发动机，由于结构形式、转速各不相同，因而配气相位也不相同。即使同一台发动机，随转速的不同，对配气相位的要求也不同，转速提高时，要求气门提前开启角和迟后关闭角增大，反之则要求减少。目前，汽车发动机一般都是根据性能的要求，通过反复试验来确定某常用转速下的合适配气相位。

在发动机使用中，已确定的配气相位是不能改变的。但发动机的性能只有在某常用转速下最好，而在其他转速下工作时，发动机的性能会较差。为解决上述问题，在有些汽车发动机上采用了可变配气相位控制机构。可变配气相位能在一定范围内调整凸轮轴的转角和升程，优化配气正时，提高发动机的动力性和经济性，改善发动机高速及低速时的性能及稳定性。

由于进气门配气相位对发动机性能的影响比排气门大，所以各种发动机装用的可变配气相位控制机构一般只控制进气门配气相位，以免使配气机构过于复杂。此外，配气相位取决于凸轮的形状及凸轮轴与曲轴的相对位置。在发动机工作中，变换驱动凸轮或改变凸轮轴与曲轴的相对位置，均可实现配气相位的调节。

4.4.4 气门间隙

发动机工作时，气门将因温度升高而膨胀。如果气门及其传动件之间在冷态时无间隙或间隙过小，则在热态下气门及其传动件的受热膨胀势必引起气门关闭不严，造成发动机在压缩和做功行程中的漏气，从而使功率下降，严重时甚至不易起动。为了消除这种现象，通常在发动机冷态装配时，在气门与其传动机构中留有适当的间隙，以补偿气门受热后的膨胀量，这一间隙通常称为气门间隙，如图 4-56 所示为常用配气机构的气门间隙。有的发动机采用液力挺柱，挺柱的长短能自动变化，随时补偿热膨胀量，故不需要预留气门间隙。

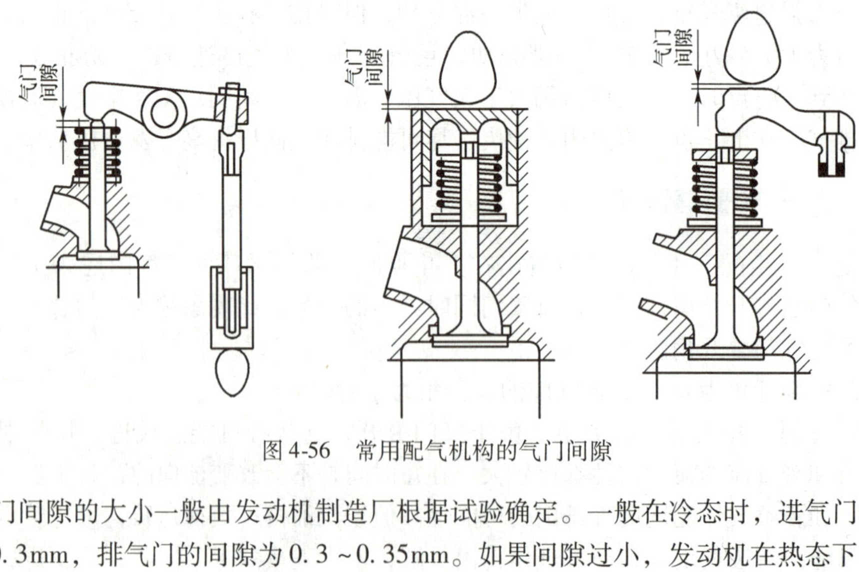

图 4-56 常用配气机构的气门间隙

气门间隙的大小一般由发动机制造厂根据试验确定。一般在冷态时，进气门的间隙为 0.25～0.3mm，排气门的间隙为 0.3～0.35mm。如果间隙过小，发动机在热态下可能发生漏气，导致功率下降甚至气门烧坏；如气门间隙过大，则使传动零件之间以及气门和气门座之间将产生撞击、响声，而且加速磨损，同时也会使得气门开启的持续时间减少，气缸的充气及排气情况变坏。

能力训练

训练1　顶置气门式配气机构气门组的拆卸

1. 目的及能力要求

通过对气门组机构零件的拆装，让学生掌握气门组零件的结构和装配关系，掌握正确的拆装顺序和方法，并学会正确地使用工具。

2. 准备

1）常用工具、量具。

2）专用工机具：气门安放架一台，气门导管冲头（或压床）一套，气门弹簧装卸钳、拉器。

3）东风EQ6100、解放6102、捷达轿车、宝来轿车、奥迪轿车等车型发动机总成。

3. 步骤

一类：东风EQ6100型汽车顶置气门下置凸轮轴式配气机构的拆解如图4-57所示。

（1）气门组的拆卸步骤

1）拆卸气门室罩盖。

2）拆卸摇臂轴支座，取下气门摇臂机构及推杆。

3）按气缸盖拆卸的步骤、方法拆下气缸盖。

4）用气门弹簧装卸钳拆下气门弹簧，拆下弹簧座及气门。锁块需用尖嘴钳取下，禁止用手取出；拆下的气门若无记号应做好相应标记，然后按缸号顺序放在气门安放架上。

5）用压床将气门导管压出（从缸盖下平面向上平面方向压）。

注意：气门导管一般只在大修时或需更换时才拆下，使用中一般不拆。

6）解体气门摇臂机构。

（2）气门传动组的拆卸步骤

1）拆去有关附件：汽油泵、分电器及其传动轴、机油泵等。

2）拆卸挺柱室盖和密封垫，取出挺柱，依缸号次序放好（CA6102型汽车发动机的挺柱安装在挺柱导向体中，前后挺柱导向体按各自的记号用螺栓均匀地拧紧在气缸体上），以保证装配时能对号入座。

3）拆下起动爪和带轮，带轮须用拉器拆卸，不允许用锤子直接敲击带轮的边缘，以免带轮翘曲或碎裂。

4）拆下正时齿轮室盖及衬垫。

5）检查正时齿轮上有无记号，如无记号或记号不清，应在两个齿轮上做出相应的记号（当第一缸在上止点位置时）；拆去凸轮轴止推凸缘固定螺栓。

6）平稳地将凸轮轴抽出，如正时齿轮无需更换，正时齿轮不必从凸轮轴上拆下。

7）将气缸体上后端的碗形堵塞镇下，拆下凸轮轴轴承（使用中非更换需要，一般不

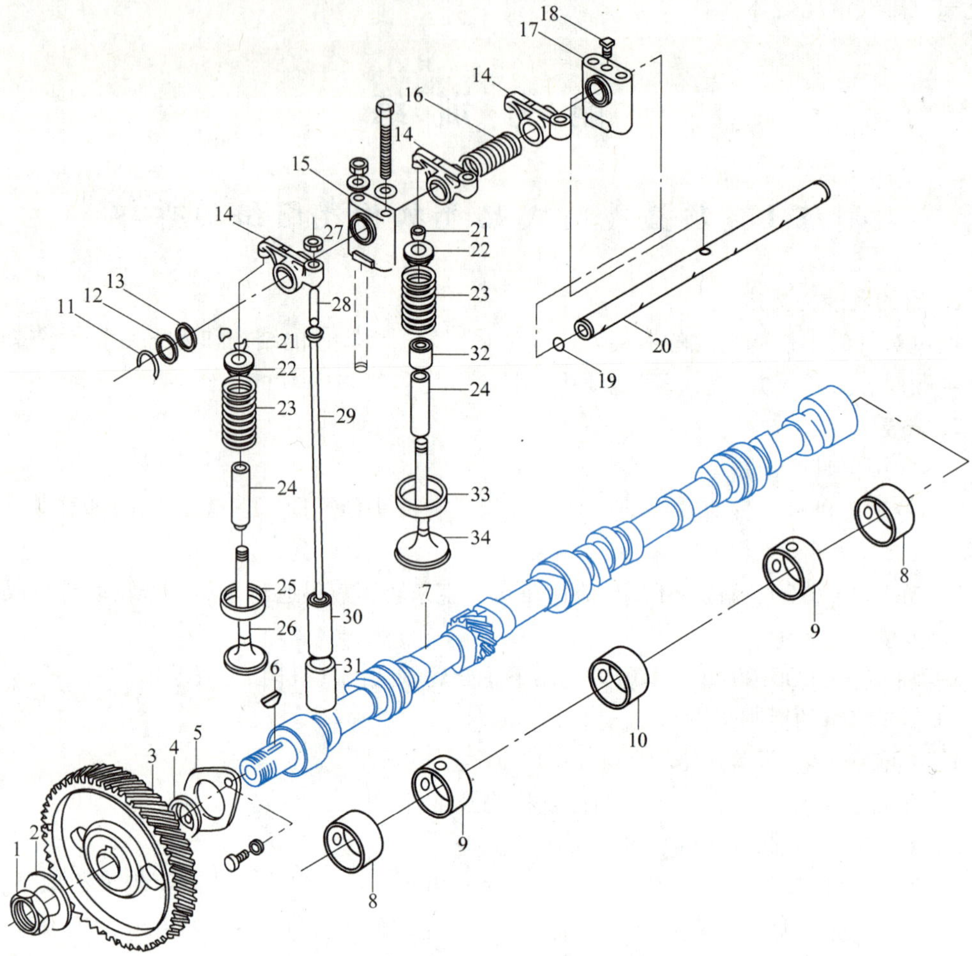

图 4-57 东风 EQ6100 型汽车顶置气门下置凸轮轴式配气机构的组成

1—螺母 2—锁紧垫圈 3—凸轮轴正时齿轮 4—隔圈 5—止推凸缘 6—半圆键 7—凸轮轴 8、9、10—凸轮轴轴颈衬套 11—挡圈 12—垫圈 13—片形弹簧 14—摇臂 15—摇臂轴支座 16—定位弹簧 17—摇臂轴中间支座 18—定位螺钉 19—堵塞 20—摇臂轴 21—锁块 22—气门弹簧座 23—气门弹簧 24—气门导管 25—排气门座 26—排气门 27—锁紧螺母 28—调整螺钉 29—推杆总成 30—挺柱 31—挺柱衬套 32—挡油罩 33—进气门座 34—进气门

拆)，并依次放好。

（3）配气机构的安装

1）彻底清洗各零件、各油道，并用压缩空气吹干零件，按顺序放好。

2）凸轮轴的安装：将凸轮轴轴承依次装入气缸体的座孔内(五个轴承上都有油孔,其中第 2、第 4 道轴承上各有两道油孔,一个与主油道相连,另一个直通向缸盖油道,安装时必须注意油孔一定要对准,第 2、第 4 两道轴承不可与其他几道轴承装错位置)；润滑凸轮轴轴颈和轴承，轻轻地将带正时齿轮的凸轮轴装入轴承座孔内(安装前应检查设在气缸体前端面上用来润滑正时齿轮油道的喷油嘴是否堵塞，并应疏通）；凸轮轴正时齿轮记号应对准曲轴正时齿轮上的记号，如图4-58所示，再将上推突缘螺栓拧紧。转动曲轴，检查一下正时齿轮的啮合情况，然后将凸轮轴座孔后端的碗形堵塞涂以白漆堵上。

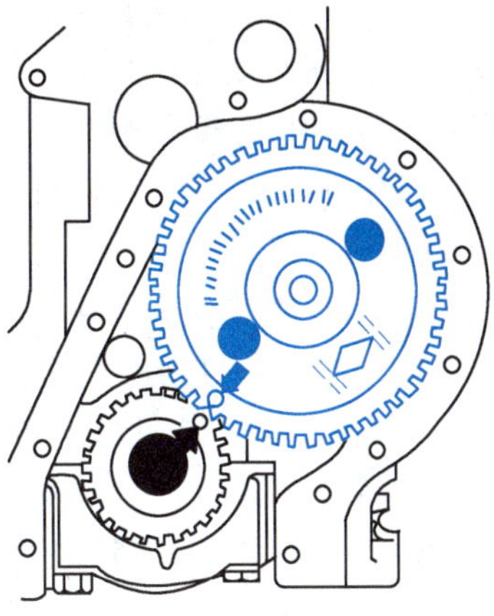

图4-58　对准正时齿轮上的记号

3）将气门挺柱涂以润滑油，依次放入气缸体的各自导向体内（CA6102型汽车发动机的挺柱安装在挺柱导向体中），前后挺柱导向体应按各自的记号装上，固定导向体螺栓的拧紧力矩为70～80N·m，拧紧后应检查全部挺柱是否能自由地上下移动及灵活转动。挺柱如有卡滞，可将两端的固定螺栓适当旋松一些，再将挺柱室盖及密封垫装上后用螺栓紧固在气缸体上。

4）装正时齿轮室盖：设置在正时齿轮室盖中的前油封在压装前，油封外缘应涂以橡皮胶，油封内刃口涂抹一薄层润滑油，然后再把正时齿轮衬垫（抹黄油）及盖装上，螺栓对称均匀地拧紧少许，待带轮装上后最后拧紧。

5）在曲轴前端装上带轮总成及起动爪：带轮和轮毂用螺栓紧固在一起，螺栓必须拧紧可靠，否则运转中带轮松动会发出周期性的传动带敲击声。起动爪的拧紧力矩不小于80N·m。

6）装复机油泵及机油盘和其他附件。

注意：气缸体底面与正时齿轮底面的接缝处应用蘸有氯丁橡胶即酚醛胶液的石棉绳填充，衬垫抹以黄油，以免漏油。

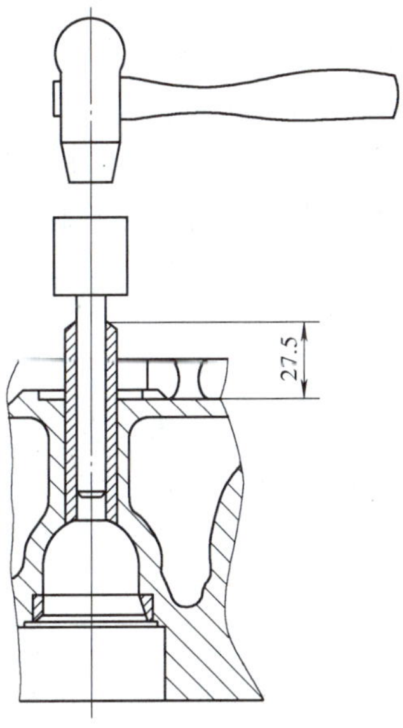

图4-59　气门导管的装配

7）气门组的装配：按缸号顺序将气门导管表面抹一层润滑油，正直地放在导管孔上，用压床（或铣头）压入导管孔中，导管下端与缸盖下平面应保持原有的规定距离，EQ6100型汽车发动机的导管顶面压入后应高出缸盖上的弹簧座孔底平面27.5mm，如图4-59所示，否则会影响进、排气阻力和气门导管的散热效果；润滑气门杆，按记号分别将其插入气门导管内，装上气门弹簧、挡油罩和弹簧座；用气门弹簧装卸锁分别压紧气门弹簧，装上锁块（锁块装好后应落入弹簧座孔中，并使两瓣高度一致、固定可靠）。

8）安装气缸盖。

9）组装摇臂机构总成：在摇臂轴上抹一薄层润滑油，将摇臂轴支座、摇臂、定位弹簧等装在摇臂轴上使之成为摇臂机构总成（*注意：摇臂轴上的油槽是向下的，中间摇臂轴支座上有定位螺栓，依摇臂轴定位，摇臂轴上的出油孔偏向发动机右侧*）。安装后的摇臂及摇臂轴总成如图4-60所示。

10）从气缸盖的推杆孔中，逐一将推杆放入挺柱的球面凹座内，再将摇臂机构总成安装到气缸盖上。安装时，先将气门调整螺栓旋松，以免紧固摇臂轴支座螺栓时把推杆压弯；安装摇臂支座时，应先将摇臂支座对准气缸盖上的定位环压入，切勿压偏，然后从中间向两端均匀拧紧螺栓和螺母，拧紧力矩为35～45N·m，螺栓拧紧后，应能保证摇臂转动灵活，如过紧，可将两端摇臂轴支座松开，将前端摇臂支座往外移动再拧紧。

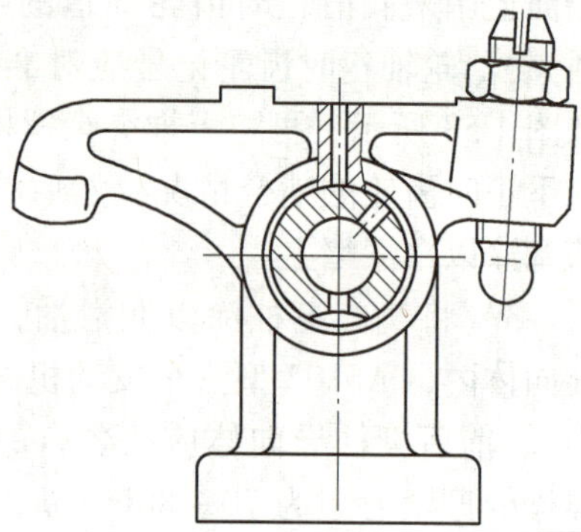
图4-60 安装后的摇臂及摇臂轴总成

二类：顶置气门上置凸轮轴式配气机构的拆装(以桑塔纳轿车为例)：

1. 配气机构的分解

1）卸下凸轮轴轴承盖紧固螺母，其顺序是先松第1、3、5轴承盖螺母，之后对角交替旋松第2、4轴承盖螺母，取出凸轮轴。

2）取出液力挺柱，用专用工具或自制工具压下气门弹簧座，取出气门锁片和内外气门弹簧以及气门油封和气门。

2. 配气机构的拆装

（1）安装气门　安装气门前应检查气门和导管的配合间隙，其值应为0.035～0.070mm。

在气门导管上安装新的气门油封时，要套上塑料管，再用专用工具将其压入；然后装上气门弹簧座，在气门杆部涂以机油，插入气门导管，注意不要损伤油封；最后装上气门弹簧(弹簧旋向相反)和锁片。锁片装好后，用塑料锤轻敲几下，以确保锁止可靠。

（2）安装凸轮和油封

1）安装好桶式液力挺柱，装好凸轮半圆键，将凸轮轴颈涂少许润滑油放入缸盖各轴承座上。

2）安装凸轮时，第一缸的凸轮必须朝上。

3）安装凸轮轴轴承盖时，注意轴承孔上下两部分要对准。

4）先对角交替拧紧第4、2道轴承盖，然后再交替拧紧第5、3、1道轴承盖，拧紧力矩为20N·m。

5）凸轮轴与支撑孔的间隙为0.06～0.08mm，轴向间隙应小于0.15mm。

6）在密封圈唇边和外圈涂油，将密封圈平压入，注意不要压到底，否则会堵塞油道。

7）放入半圆键，安装凸轮轴正时齿轮，并用80N·m的转矩加以紧固。

注意：安装凸轮时，第一缸的凸轮必须朝上；凸轮轴转动时，曲轴不可置于上止点，否则会损坏气门或活塞顶部。

3. 正时同步带和齿轮的装配

先把同步带套在曲轴和中间轴正时齿轮上，装上带轮，使凸轮轴正时同步带轮上的标记“O”与左侧(向前看)气门室平面对齐，使三角带上的上止点记号和中间轴同步带上的记号对齐，然后将同步带也套在凸轮轴正时带轮上；顺时针转动张紧轮，以张紧同步带，以用手捏在同步带中间刚好可以翻转90°为止；用45 N·m的转矩紧固张紧轮固定螺母，然后转动曲轴两圈，检查调整是否正确；最后装上正时同步带轮护罩。

训练2　气门间隙的调整

1. 目的及能力要求

通过对气门间隙的调整，让学生掌握气门间隙的调整方法和步骤，并学会正确地使用工具。

2. 准备

1）常用工具、量具、塞尺。

2）专用工机具：塞尺。

3）东风 EQ6100 发动机总成。

3. 步骤

气门间隙的检查和调整应在气门完全关闭而且气门挺柱落在最低位置时进行。通常在气缸压缩行程终了时同时调整进、排气门。对于六缸发动机，气门间隙的调整方法有以下两种方法：

（1）逐缸调整法

1）确定上止点。根据发动机的发火次序（EQ6100、CA6102 型汽车发动机发火次序均为 1—5—3—6—2—4）调整。确定某一气缸活塞在压缩行程上止点位置后，分别调整这个气缸的进、排气门间隙。待该气缸调整好后，用手摇柄转动曲轴 120°，按发动机发火次序，依次调整其他各缸气门间隙。

2）调整操作。调整时，应用塞尺插入气门杆尾端与摇臂之间（或气门挺柱调整螺钉与气门杆尾端之间），来回拉动时以感到有轻微阻力为合适。

调整时，应先旋松锁紧螺母，然后旋转调整螺钉，直到间隙合适为止，最后旋紧调整螺母并锁紧，如图 4-61 所示。调好后复查一遍，间隙如有变化，需重新调整。

这种逐缸调整法质量有保证，但对多缸发动机来说，又显得比较麻烦。

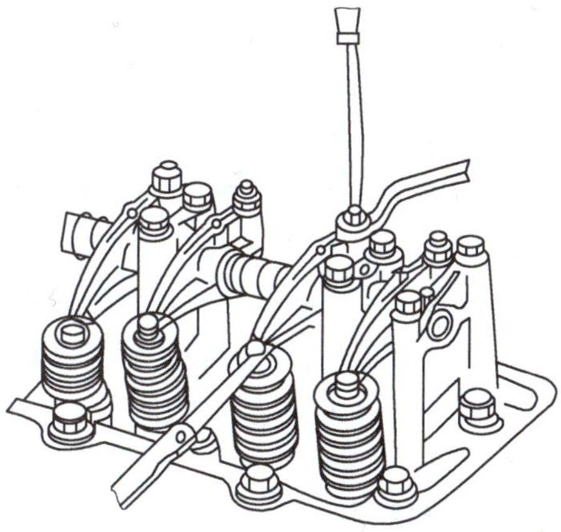

图 4-61　气门间隙的调整

（2）EQ1092 型汽车发动机两次调整法　根据发动机的工作循环、点火次序，曲轴转角和气门实际开闭角度的推算，在第一缸或第六缸压缩终了时，除调整本缸的两个气门外，还可调整其他缸的某一个气门。这样，六缸发动机的气门只需摇转两次曲轴，就可全部调整完毕，比逐缸调整要简便、省事、效率高。

1）使第一缸活塞处于上止点位置。摇转曲轴，使第一缸活塞处于压缩行程上止点位置（从飞轮右前上方的检查孔内的标记可知或其他方法可获得），这时可调第 1、2、4、5、8、9 气门（气门序号从发动机前端向后数）。

2）将曲轴摇转一周。上述六缸调整完毕后，将曲轴摇转一周(360°)，使飞轮上的钢球(或圆柱销)再次与飞轮壳上的刻线对准，此时第六缸活塞处于压缩行程上止点位置(第8、9气门全部开启；当第一缸活塞处于压缩行程上止点时，第3、6气门全部开启)，可调整第3、6、7、10、11、12气门。

3）两次调整时各气门的关系见表4-1。

表4-1　两次调整时各气门的关系

气缸顺序	一		二		三		四		五		六		一		二		三		四		五		六	
气门排列	排	进	排	进	排	进	排	进	排	进	排	进	排	进	排	进	排	进	排	进	排	进	排	进
气门顺序	1	2	3	4	5	6	7	8	9	10	11	12	1	2	3	4	5	6	7	8	9	10	11	12
气门开、关	关	关	开	关	关	开	关	关	关	关	开	开	开	开	关	关	关	关	关	开	开	关	关	关
可调气门	√	√		√	√			√	√						√			√	√			√	√	√
气缸工况	第一缸压缩终了时												第六缸压缩终了时											

复习思考题

一、判断题(正确的打“√”,错误的打“×”)

1. 气门间隙是指气门与气门座之间的间隙。（　　）

2. 在气门升程相同的情况下，气门锥角越大，气流通过的断面越大。（　　）

3. 进气门头部直径通常要比排气门的大，而进气门锥角有时比排气门的小。（　　）

4. 采用双气门弹簧时，两个弹簧的旋向必须相同。（　　）

5. 凸轮轴的转速比曲轴的转速快一倍。（　　）

6. 解放CA6102型发动机凸轮轴的轴向间隙可通过改变隔圈的厚度进行调整，其间隙的大小等于隔圈的厚度减去止推突缘的厚度。（　　）

7. 挺柱在工作时，既有上下往复运动，又有旋转运动。（　　）

8. 进气持续角等于进气门早开角和进气门晚关角之和。（　　）

二、选择题

1. 顶置式气门的气门间隙的调整部位在(　　)。

A. 挺柱上　　B. 推杆上　　C. 摇臂上

2. 解放CA6102型发动机曲轴与凸轮轴的传动方式是(　　)。

A. 齿轮传动　　B. 链条传动　　C. 同步带传动

3. 曲轴正时齿轮与凸轮轴正时齿轮的传动比是(　　)。

A. 1∶1　　　　B. 1∶2　　　　C. 2∶1

4. 四冲程发动机的曲轴转速为3000r/min时，则同一气缸的进气门，在1min内开闭的次数应该是(　　)。

A. 3000次　　　　B. 1500次　　　　C. 750次

5. 解放CA6102型发动机的进、排气门锥角是(　　)。

A. 相同的　　　　B. 不同的

6. 安装不等螺距气门弹簧时，螺距小的一端应朝向(　　)。

A. 气门头部　　　　B. 气门尾端

7. 一般发动机的凸轮轴轴颈是(　　)设置一个。

A. 每隔一个气缸　B. 每隔两个气缸　C. 每隔三个气缸

8. 四冲程六缸发动机，各同名凸轮之间的相对位置夹角应当是(　　)。

A. 120°　　　　B. 90°　　　　C. 60°

9. 摇臂的两端臂长是(　　)。

A. 相等的　　　　B. 靠气门端较长　C. 靠推杆端较长

三、问答题

1. 配气机构的功用是什么？按凸轮轴的安装位置分几种类型？

2. 说明气门的构造、类型、维修内容及方法。

3. 说明凸轮轴的构造、类型、维修内容及方法。

4. 凸轮轴侧置(中置)式配气机构与凸轮轴下置式配气机构相比有何异同？

5. 单顶置凸轮轴、无推杆、无摇臂、单列气门式配气机构有什么特点？

6. 单顶置凸轮轴、无挺柱、无推杆、单摇臂轴、双列气门式配气机构有什么特点？

7. 单顶置凸轮轴、无挺柱、无推杆、双摇臂轴、双列气门式配气机构有什么特点？

8. 单顶置凸轮轴、液力挺柱、无推杆、浮动摇臂式配气机构有什么特点？

9. 为什么在采用普通挺柱的发动机的配气机构中要留气门间隙？为什么在采用液力挺柱的发动机的配气机构中不留气门间隙？

10. 气门间隙过大或过小有何危害？在哪里调整与测量？

11. 什么是配气相位？对配气相位有什么要求？一般通过什么方法来改变配气相位？

12. 什么是气门间隙？为何留气门间隙？气门间隙如何检查调整？

13. 如何检查普通挺柱、液力挺柱和推杆？说明液力挺柱的工作原理。

14. 常见摇臂轴总成由哪些零件组成？一般需进行哪些检查？

15. 配气机构的拆装步骤是什么？

单元5　汽油机燃油供给系统的构造与维修

应知应会：

1. 知道汽油机燃油供给系统的功用、组成、分类和工作原理。
2. 掌握汽油机混合气浓度的表示方法、不同工况对混合气浓度的要求。
3. 掌握进气系统主要零部件的构造、工作原理及检测方法。
4. 掌握燃油系统主要部件的构造、工作原理及检测方法。
5. 掌握控制系统、排气系统主要部件的构造、工作原理及检测方法。
6. 能够正确运用相应工具和仪器对燃油系统的部件进行拆装和检测。

课题1　汽油机燃油供给系统概述

5.1.1　汽油机燃油供给系统的功用

汽油机用汽油作燃料。汽油在气缸内燃烧，须先喷散成雾状（雾化），并与适量空气均匀混合。这种按一定比例混合的汽油与空气的混合物称为可燃混合气。

汽油机燃油供给系统的作用是完成燃料的贮存、输送和滤清，根据发动机各种不同工况的要求，配制出一定数量和浓度的可燃混合气送入气缸，并在燃烧做功后，将产生的废气排入大气。

汽油机的燃油供给系统有化油器式和电控燃油喷射式两大类。化油器式燃油供给系统已经逐步被淘汰，目前汽车发动机广泛采用电控燃油喷射式燃油供给系统。本单元主要介绍电控燃油喷射式燃油供给系统。

5.1.2　电控燃油喷射系统的优点

1）能提供发动机在各种工况下的最佳空燃比。电控汽油机燃油喷射系统（EFI 系统）利用安装在发动机不同部位上的各种传感器测得工作情况参数和使用条件参数，按电子控制单元中设定的控制程序，通过对喷油器通电时间的控制来调节喷油量，从而改变混合气的浓度，使发动机在各种工况和使用条件下都能获得与之相匹配的最佳空燃比。

2）进气效率高。进气管中没有像化油器中的喉管，减少了进气阻力，提高了充气系数，因此在不增加发动机排量的条件下，功率可提高10%以上。

3）混合气分配均匀。在多点喷射系统中，每个缸分别有一个喷油器在进气门前喷油，其喷油量由ECU根据来自各种传感器的信息精确控制，使各缸获得均匀一致的混合气，有利于发动机运转的稳定性。

4）减少废气排放的污染。采用燃油喷射可提高汽油的雾化质量，加快了汽油的蒸发，使燃烧更完全，降低了燃油消耗，同时具有减速断油功能，这些都最大程度地减少了废气排放污染。

5）可采用较高的压缩比。由于进气温度较低，燃烧时不易产生爆燃，故可适当提高压缩比。

6）当汽车在不同地区行驶时，对大气压力或外界环境温度变化引起的空气密度的变化，发动机控制单元都能及时准确地做出补偿。

5.1.3　汽油机燃料供给系统的组成

电控燃油喷射系统尽管种类繁多，形式各异，但都遵循一个相同的原则：以电控单元(ECU)为控制核心，以空气流量和发动机的转速为控制基础，以喷油器为控制对象，保证发动机在各种工况下都能获得与所处工况相匹配的最佳空燃比，以满足发动机动力性、经济性和排放要求。电控燃油喷射系统主要由空气供给系统、燃油供给系统、排气系统和电子控制系统组成。电控燃油喷射式发动机燃油供给系统的结构组成如图5-1、图5-2所示。

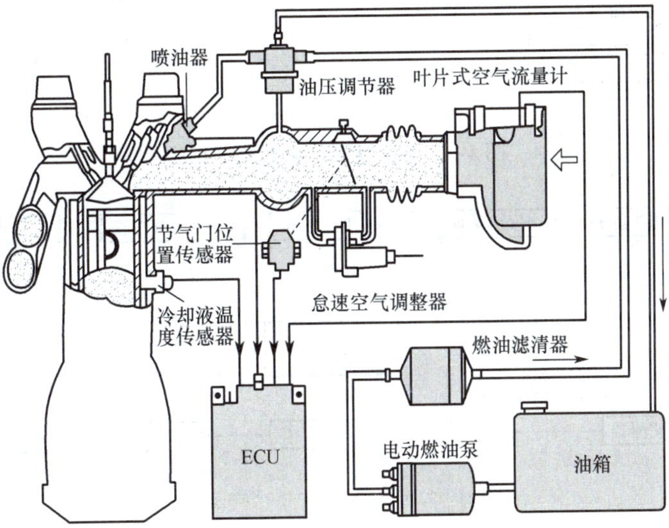

图5-1　电控燃油喷射式发动机燃油供给系统的结构

1. 空气供给系统

空气供给系统的功用是：为发动机提供清洁的空气，并控制和计量发动机正常工作时的进气量。空气供给系统的工作原理如图5-3所示。发动机工作时，空气经空气滤清器过滤后，通过空气流量计、节气门体进入进气总管，再经过进气歧管分配给各缸。节气门体中设有节气门，用以控制进入发动机的空气量，从而控制发动机的输出功率。在采用旁通空气式怠速控制系统的发动机节气门体外部或内部设有与主进气道并联的旁通怠速进气通道，并由怠速控制阀控制怠速时的进气量。

在L型电控燃油喷射系统中，流经怠速控制阀的空气首先通过空气流量计测量，而在D型电控燃油喷射系统中，由于进气管绝对压力传感器测量的是进气管内的绝对压力，流经怠速控制阀的空气也在检测范围内。

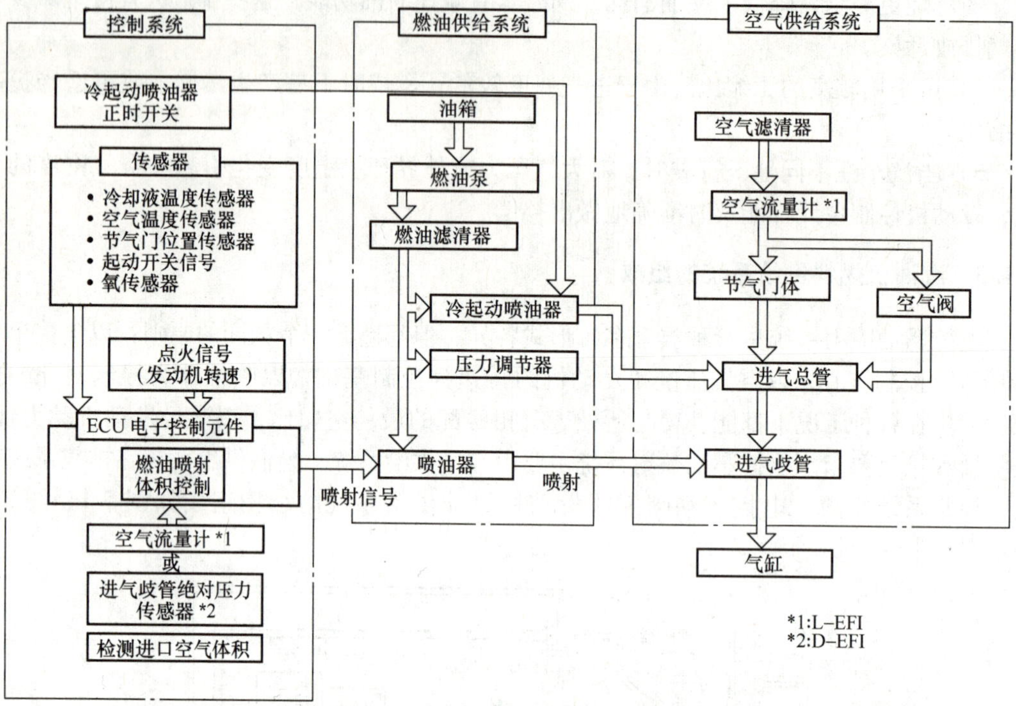

图 5-2 电控燃油喷射系统的组成

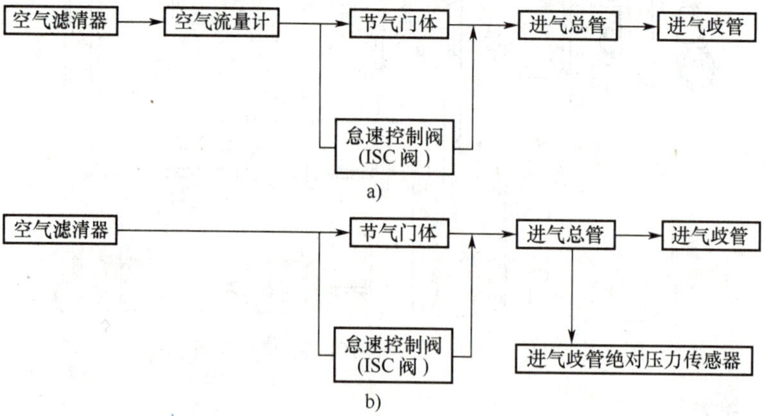

图 5-3 空气供给系统的工作原理图

a）L 型电控燃油喷射系统 b）D 型电控燃油喷射系统

2. 燃油供给系统

燃油供给系统的功用是供给喷油器一定压力的燃油，喷油器则根据 ECU 的指令喷油。燃油供给系统的工作原理如图 5-4 所示。电动燃油泵将油从油箱内吸出，经燃油滤清器过滤后送入输油管(燃油泵供给的多余汽油经压力调节器和回油管流回油箱)，输油管负责向各缸喷油器供油。压力调节器通过控制回油量来调节输油管内的燃油压力，以保证喷油器的喷油压差不变。

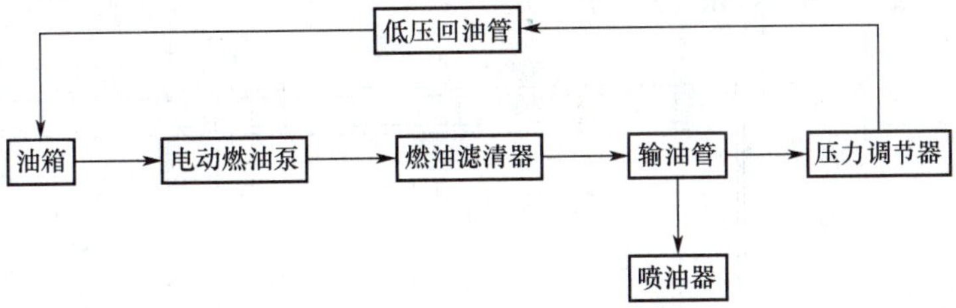

图5-4　燃油供给系统的工作原理图

3. 控制系统

在电控燃油喷射系统中，喷油量控制是最基本的也是最重要的控制内容。控制系统的工作原理如图5-5所示，ECU根据空气流量信号和发动机转速信号确定基本的喷油时间，再根据其他传感器（温度传感器、节气门位置传感器等）对喷油时间进行修正，并按最后确定的总喷油时间向喷油器发出指令，使喷油器喷油（通电）或断油（断电）。

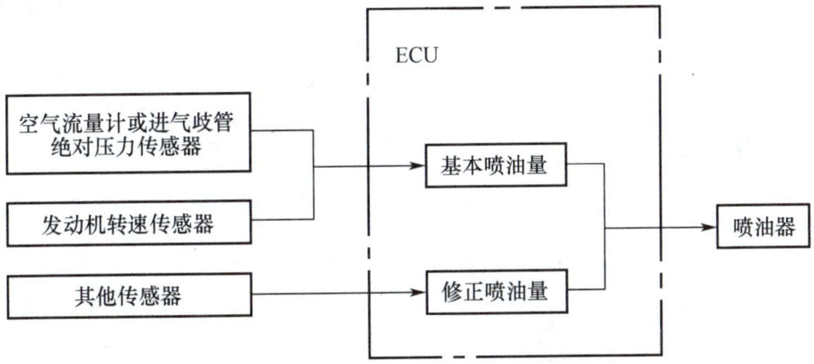

图5-5　控制系统工作原理图

4. 排气系统

排气系统的作用是汇集各气缸的废气，减小排气噪声和消除废气中的火焰和火星，使废气安全地排入大气，并对废气中的有害物质进行排放控制。排气系统的工作原理如图5-6所示。

图5-6　排气系统的工作原理

5.1.4　电控燃油喷射系统的分类

1. 按喷射装置的控制方式

按喷射装置的控制方式，电控燃油喷射系统可分为机械控制、机电混合控制和电子控制三种方式。

（1）机械控制　机械控制方式的燃油喷射系统（又称K系统）如图5-7所示，其特点是喷油器由供油管路中的油压来控制，而供油管路中的油压由进气管中空气计量器承压板的机械作用来控制。该系统采用连续喷油的方式，其喷油量的多少取决于供油管路中油压的高低。这种控制方式在早期的汽车上采用。

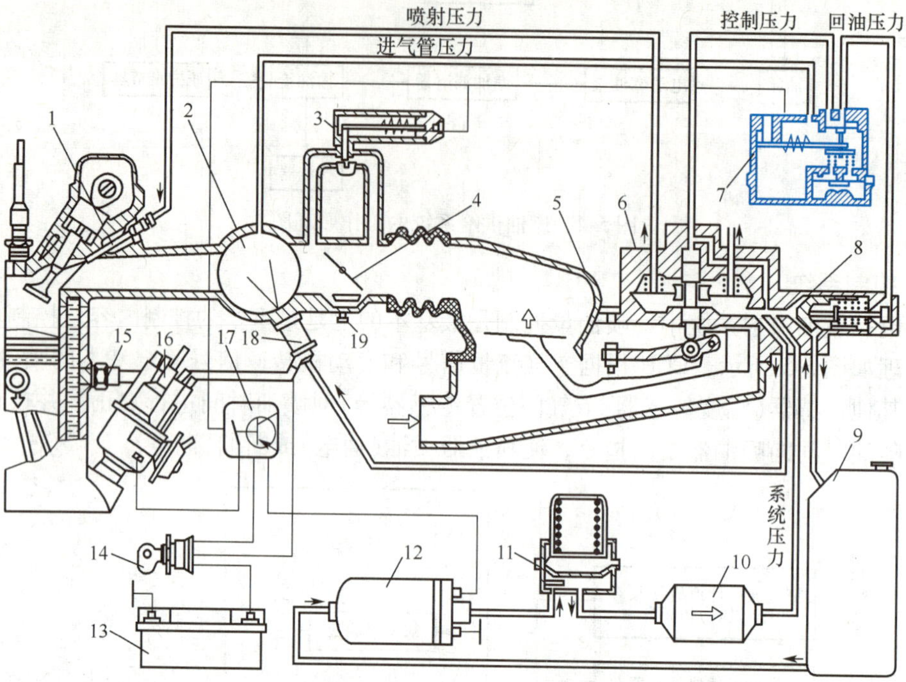

图 5-7 K 型机械式燃油喷射系统

1—喷油器 2—进气管 3—补充空气调节阀 4—节气门 5—空气计量器 6—燃油分配器 7—控制压力调节器（暖机调节器） 8—调压器 9—汽油箱 10—燃油滤清器 11—蓄压器 12—电动燃油泵 13—蓄电池 14—点火开关 15—热控正时开关 16—分电器 17—控制继电器 18—冷起动阀 19—怠速调节螺钉

（2）机电混合控制 机电混合控制的汽油机燃油喷射系统（又称 KE 系统）如图 5-8 所示，为了提高对喷油量控制的精确度和灵活性，它在 K 型燃油喷射系统的基础上增设了一个电控单元。该系统依然采用连续喷油方式，其喷油量的多少依然取决于管路中油压的高低。

（3）电子控制 电子控制汽油机的燃油喷射系统（又称 EFI 系统）主要特点是：采用间歇喷油的方式，喷油器靠电磁驱动，喷油量的多少取决于喷油器的通电时间，而喷油器的通电时间完全由电子控制单元（ECU）控制，如图 5-9 和图 5-10 所示。

2. 按喷油器的喷射位置

按喷油器的喷射位置，电控燃油喷射系统可分为缸内喷射和进气管喷射两种方式。

（1）缸内喷射方式 如图 5-11 所示，该系统将喷油器直接安装在气缸盖上，高压燃油直接喷入气缸，燃油喷雾效果好，并可在缸内产生浓度渐变的分层混合气，这种喷射方式使混合气体积和温度降低，爆燃的倾向减小，发动机的压缩比可比进气道喷射时大大提高。由于这种方式喷射压力较高，所以对供油装置要求也比较高，成本相应也比较高，可靠性较差。

（2）进气管喷射方式 该系统将喷油器安装在进气总管或进气歧管上，是目前采用

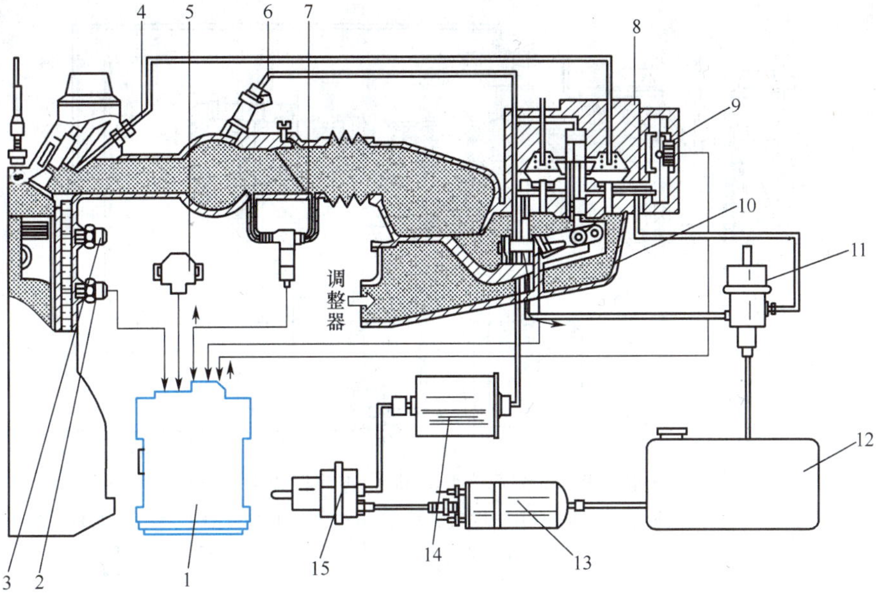

图 5-8　机电混合式汽油机燃油喷射系统

1—电子控制器　2—冷却液温度传感器　3—热限时开关　4—喷油器　5—节气门位置开关　6—冷起动喷油器　7—怠速空气调节器　8—燃油分配器　9—电液式压差调节器　10—混合气控制器　11—油压调节器　12—油箱　13—电动燃油泵　14—燃油滤清器　15—蓄压器

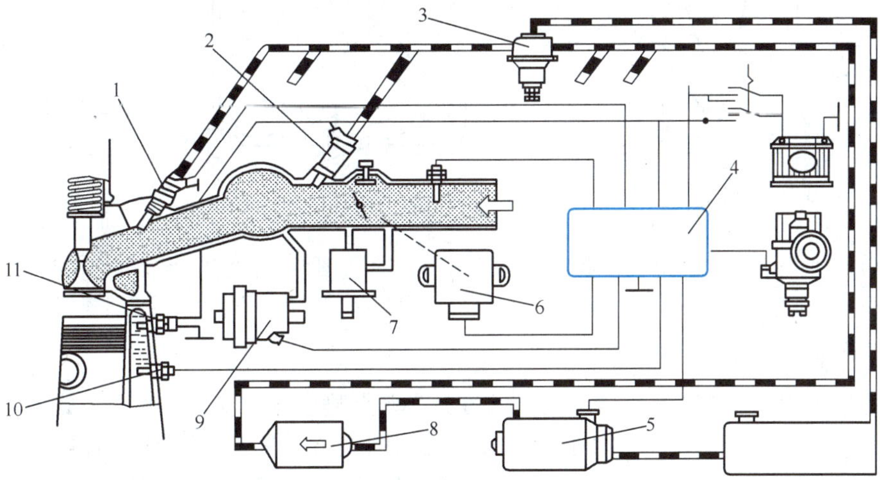

图 5-9　Bosch 公司 D-Jetronic 电控汽油机燃油喷射系统

1—喷油器　2—冷起动喷油器　3—压力调节器　4—电控开关　5—电动燃油泵　6—节气门位置传感器　7—怠速空气调节器　8—汽油滤清器　9—进气歧管压力传感器　10—冷却液温度传感器　11—热控正时开关

较广泛的方式，如图 5-12 所示，汽油被喷入进气总管或进气歧管内，在进气总管或进气歧管内与空气混合形成可燃的混合气，进气行程时被吸入气缸。这种喷油方式既可适用连续喷射，又可适用间歇喷射，喷油压力一般为 0.2～0.35MPa，由于其结构简单，成本较

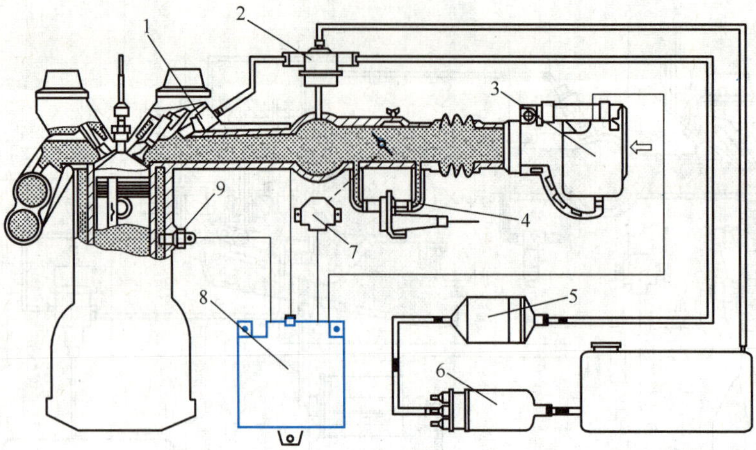

图 5-10 Bosch 公司 L-Jetronic 电控汽油喷射系统

1—喷油器 2—压力调节器 3—翼片式空气流量计 4—怠速辅助空气阀 5—汽油滤清器 6—电动燃油泵 7—节气门位置传感器 8—电控单元 9—冷却液温度传感器

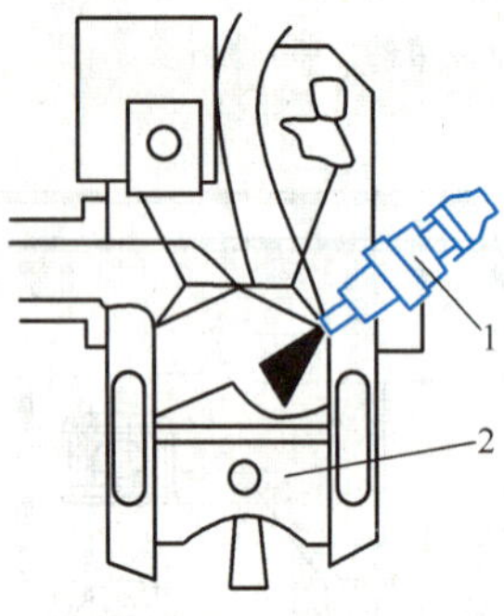

图 5-11 缸内喷射示意图(直接喷射)

1—喷油器 2—活塞

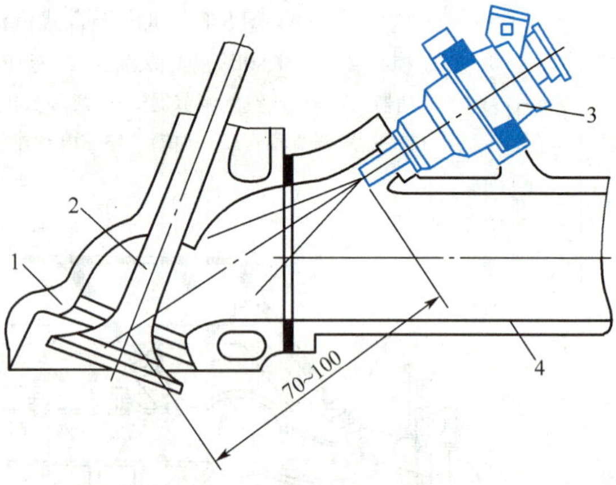

图 5-12 进气管喷射示意图

1—气缸盖 2—进气门 3—电磁喷油器 4—进气歧管

低，因此目前使用较广泛。

进气管喷射按喷油器的数量不同，又可分为单点喷射方式和多点喷射方式。

1）单点喷射方式(SPI)，即在进气道节气门的上方安装 1 ~ 2 个喷油器，集中喷射。单点喷射又称节气门体喷射，这种喷射也存在各缸混合气分配浓稀不均的问题。

2）多点喷射方式(MPI)，每一个气缸设置一个喷油器或每两个气缸合用一个喷油器。这种系统可以保证各缸的混合气浓度的一致性和分配的均匀性。

3. 按喷油器的喷射方式

按喷油器的喷射方式，电控燃油喷射系统可分为连续喷射和间歇喷射两种方式。

(1) 连续喷射方式　喷油器在发动机工作时连续不断地喷油，大部分汽油是在进气门关闭时喷射的，喷入的汽油大部分在进气管内蒸发，进气门打开时被吸入气缸。机械式控制和机电混合控制的汽油喷射装置都采用连续喷射方式。

（2）间歇喷射方式　又称脉冲喷射，喷油压力是恒定的，汽油喷射以脉冲方式进行，在某一时间段内喷入进气管，喷油时间的长短直接控制了喷油量的多少。电控汽油喷射系统都采用间歇喷射方式。

间歇喷射按各缸喷油器工作顺序的不同，又可分为同时喷射、分组喷射和顺序喷射三种。

1）同时喷射方式。发动机曲轴每转动一周，所有气缸的喷油器同时喷油一次，发动机一个工作循环喷油两次，如图5-13a所示。由于所有气缸的喷油都是同时进行的，因此喷油正时与发动机的工作过程没有关系，也不需要进行气缸和活塞位置的判断。

2）分组喷射方式。把各缸喷油器分成几组，同组同时喷射，由电子控制单元控制，组与组之间以均匀的曲轴转角间隔依次喷油，如图5-13b所示。分组喷射方式与同时喷射方式相比，在各缸混合气质量和浓度的控制精确度上有较大的提高。

3）顺序喷射方式。顺序喷射方式也称独立喷射方式，喷油器按各缸的工作顺序，依次把汽油喷入各进气歧管。采用顺序喷射的系统，必须由传感器测得基准气缸活塞位置和行程特征，获得判缸和转速信息，然后由电子控制单元确定精确的喷油时刻，如图5-13c所示。顺序喷射可使每一个气缸都有一个较佳的喷油时刻和进气效率，这对提高混合气质量大有益处，能够提高燃油经济性，减少有害物的排放。因此，现在大多数汽油喷射系统都采用顺序喷射方式。

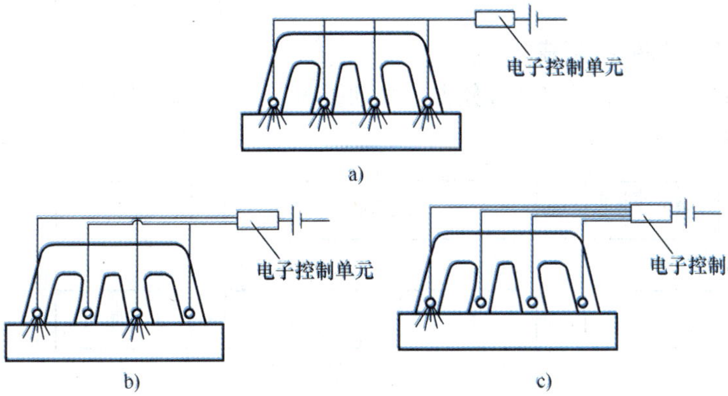

图5-13　间歇喷射的三种方式

a）同时喷射　b）分组喷射　c）顺序喷射

4. 按空气量测量方式

按空气量测量方式，电控燃油喷射系统可分为直接测量和间接测量两种方式。

（1）直接测量方式（L型系统）　利用空气流量计直接测量吸入进气管的空气量。ECU根据测得的空气流量除以发动机转速算出每一循环的空气量，并由此确定每一循环的基本喷油量。这种测量方式测量精度比较高，可对空燃比实行较精确的控制。

直接测量方式还可分为体积流量和质量流量两种测量方式。采用体积流量测量的常用空气流量计有翼片式和卡门涡流式；采用质量流量测量方式的常用空气流量计有热线式和热膜式。

（2）间接测量方式　利用其他参数的测量值与吸入空气量有一定对应换算关系进行处理计算而获得的每一循环的空气量。

间接测量方式还可分为速度—密度方式（D 型系列）和节流—速度方式两种。采用速度—密度方式的常用流量计有进气歧管绝对压力传感器，它通过测量进气歧管的真空度来间接测量空气流量。采用节流—速度方式的流量计通过测量节气门的开度来间接测得空气进气量，由于其测量精度不够，因此很少采用。

直接测量和间接测量两种方式的空气供给系统如图 5-14 所示。

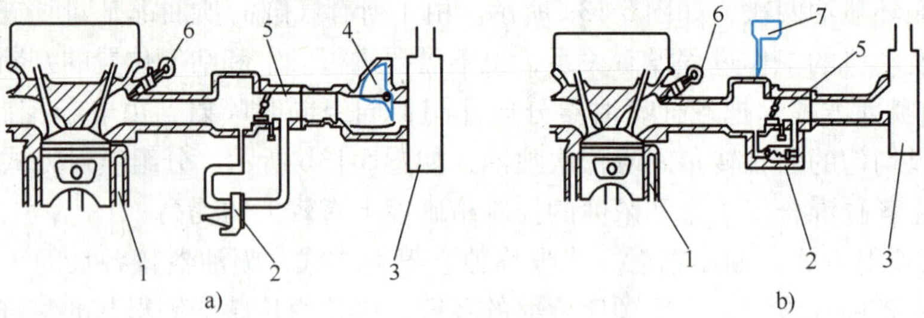

图 5-14　空气供给系统示意图

a）直接测量方式（L 型）空气供给系统构成示意图

b）间接测量方式（D 型）空气供给系统构成示意图

1—发动机　2—辅助空气阀　3—空气滤清器　4—空气流量计

5—节气门体　6—喷油器　7—进气歧管绝对压力传感器

5. 按电子控制系统的控制模式

按电子控制系统的控制模式进行分类，发动机电子控制系统可分为开环控制和闭环控制两种类型，如图 5-15 所示。

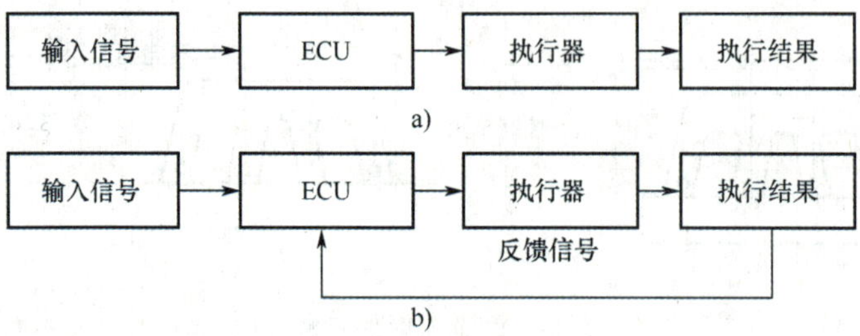

图 5-15　开环和闭环控制示意图

a）开环控制示意图　b）闭环控制示意图

（1）开环控制　开环控制是把根据实验确定的发动机各种运行工况所对应的最佳供油量的数据事先存入计算机中，发动机在实际运行过程中，主要根据各个传感器的输入信号判断发动机所处的运行工况，再找出最佳供油量，并发出控制信号。控制信号经功率放大器放大后，再驱动电磁喷油器动作，以此精确地控制混合气的空燃比，使发动机以最佳状态运行。

（2）闭环控制　闭环控制是在排气管上加装了氧传感器，可根据排气中含氧量的变化，测出吸入发动机燃烧室内混合气的空燃比值，并把它输入到计算机中，再与设定的目标空燃比值进行比较，将误差信号经放大器放大后控制电磁喷油器，使空燃比保持在设定的目标值附近。闭环控制可以达到较高的空燃比精度，并可消除产品差异和磨损等引起的性能变化。闭环控制工作稳定性好，抗干扰能力强。

课题2 汽油机对可燃混合气浓度的要求

5.2.1 可燃混合气浓度及其对发动机工作的影响

1. 可燃混合气浓度

可燃混合气中燃油含量的多少称为可燃混合气浓度。可燃混合气浓度对发动机的动力性和经济性有很大的影响。

在我国，通常可燃混合气浓度用过量空气系数 α 来表示

$$\alpha = \frac{\text{燃烧 1kg 燃料所实际供给的空气质量}}{\text{完全燃烧 1kg 燃料所需的理论空气质量}}$$

$\alpha=1$ 的可燃混合气称为标准混合气；$\alpha>1$ 的混合气称为稀混合气；$\alpha<1$ 的混合气称为浓混合气。

2. 可燃混合气浓度对发动机工作的影响

(1) 标准混合气($\alpha=1$)　理论上标准混合气燃烧最完全，但实际上汽油与空气的混合不能达到绝对均匀，因此标准混合气燃烧并不最完全，不能达到最大功率和最低耗油率。

(2) 稍浓混合气($\alpha=0.88\sim0.95$)　稍浓混合气由于汽油含量较多，汽油分子密集，燃烧速率最快，热量损失小，能使发动机获得最大功率，但由于空气量不足，燃烧不完全，经济性降低。

(3) 过浓混合气($\alpha<0.88$)　过浓混合气由于空气严重不足，燃烧不完全，动力性、经济性均变差，导致发动机排气管冒黑烟、放炮，燃烧室积炭，排气污染严重。当 $\alpha=0.4$ 时，混合气太浓，火焰不能传播，发动机熄火，此 α 值称为燃烧上限。

(4) 稍稀混合气($\alpha=1.05\sim1.15$)　稍稀混合气可以保证汽油分子获得足够的空气而完全燃烧，因而经济性最好，但由于参与燃烧的燃料相对减少，燃烧速度减慢，功率有所降低。

(5) 过稀混合气($\alpha>1.15$)　过稀混合气由于空气量过多，燃烧速度减慢，热量损失加大，导致功率显著降低，耗油率显著增加，加速性变坏。当 $\alpha=1.4$ 时，混合气太稀，火焰不能传播，发动机熄火，此 α 值称为燃烧下限。

由上述可知，如要使发动机发出较大功率，即动力性好，应使用稍浓混合气，这样耗油量要大些，即要牺牲一点经济性；如要耗油率较低，即经济性较好，则要使用稍稀混合气，这就要损失一点功率。故混合气浓度在 0.88～1.11 范围内最有利。可燃混合气浓度对汽油机工作的影响如图 5-16 和表 5-1 所示。

表 5-1 可燃混合气浓度对发动机性能的影响

	过量空气系数 λ	空燃比 R	发动机功率 P_e	耗油率 g_e	发动机情况
过浓	0.43～0.87	6.4～12.74	减小	显著增大	燃烧不完全，排气管冒黑烟、放炮，燃烧室积炭，排气污染严重
稍浓	0.88	12.94	最大	增大 18%	—
标准	1	14.7	减少 2%	增大 4%	—
稍稀	1.11	16.37	减少 8%	最小	加速性变坏
过稀	1.15～1.33	16.67～19.6	显著减小	显著增大	发动机过热，加速性变坏，化油器回火和有拍击声

5.2.2 发动机各种工况对可燃混合气浓度的要求

1. 汽车用汽油机的工作特点

1）工况变化范围很大：负荷可从 0 变到 100%，转速可从最低稳定转速变到最高转速，而且有时工况变化非常迅速。

2）中等负荷下工作时间长：在汽车行驶的大部分时间内，发动机是在中等负荷下工作的。轿车发动机负荷经常是 40%～60%，而货车则为 70%～80%。

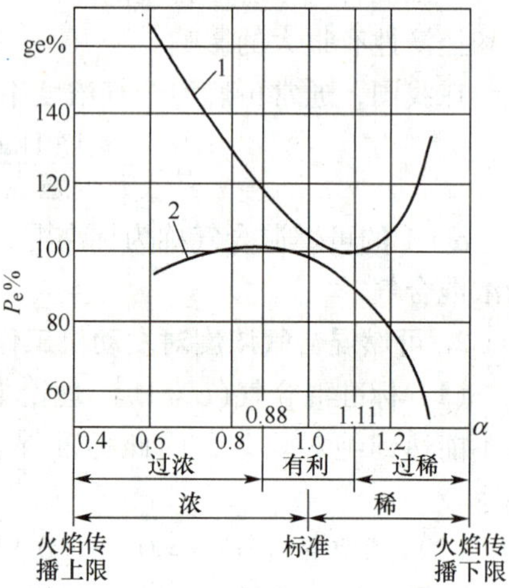

图 5-16 可燃混合气浓度对发动机性能的影响(发动机转速不变，节气门全开)

1—燃油消耗率 2—功率

2. 汽油机各种使用工况对混合气成分的要求

（1）稳定工况对混合气成分的要求 发动机的稳定工况是指发动机已经完成预热，转入正常运转，且在一定时间内没有转速或负荷的突然变化。稳定工况又可按负荷大小划分为怠速和小负荷、中等负荷、大负荷和全负荷三个范围。

1）怠速和小负荷工况。怠速一般是指发动机在对外无功率输出的情况下以最低转速运转。此时混合气燃烧后所做的功，只是用以克服发动机内部的阻力，使发动机保持最低转速稳定运转。汽油机怠速转速一般为 300～700 r/min。怠速工况下，节气门处于接近关闭位置。吸入气缸内的可燃混合气不仅数量极少，其中的汽油雾化蒸发也不良。此外，由于进气管中的真空度很高，如果当进气门开启时气缸内的压力仍高于进气管压力，废气就可能膨胀而冲入进气管，而后又随着新鲜混合气一起被吸入气缸，因而吸入气缸的气体中废气含量较大。为保证这种品质不良而且被废气稀释过的混合气能正常燃烧，提供的混合气必须较浓，即 λ 应为 0.6～0.8。当节气门略开而转入小负荷工况时，新鲜混合气的品质逐渐改善，废气对混合气的稀释作用也逐渐减弱，因而混合气浓度可以减小至 λ =0.7～0.9。

2）中等负荷工况。车用发动机在大部分工作时间内处于中等负荷状态。在此情况下，节气门有足够的开度，废气稀释的影响可以略去不计。此时燃料经济性要求是首要的，应供给接近相应于燃料消耗率最小的 $\lambda=0.9\sim1.1$ 的混合气(其中主要是 $\lambda>1$ 的稀混合气)。这样功率损失不多，节油的效果却很明显。

3）大负荷和全负荷工况。当汽车需要克服较大的阻力(例如上坡或在艰难的道路上行驶)时，要求发动机能发出尽可能大的功率。这时节气门开度已达85%以上，为提高混合气的燃烧速度，保证动力性，应供给能使发动机获得最大功率的多而浓的混合气($\lambda=0.85\sim0.95$)。

（2）过渡工况对混合气浓度的要求　汽车在运行中还有以下几种工况，虽然它们在全部工作时间中所占比例较低，但却十分重要而且是常遇到的。它们对混合气浓度各有特殊的要求。

1）冷起动工况。起动时转速极低(只有100r/min左右)，进气道内空气流速低，雾化条件差，加之发动机各部分温度低，汽油不易蒸发汽化，大部分汽油呈油粒状态凝结在进气管内壁上，只有极少量已挥发的汽油汽化进入气缸，故混合气过稀无法燃烧。为此要求供给极浓的混合气($\alpha=0.2\sim0.6$)以保证进入气缸内的混合气中有足够的汽油蒸气，使发动机得以顺利起动。

2）暖机工况。冷机起动后，发动机温度逐渐上升(暖机)直到接近正常值。发动机稳定地进行怠速运转为止称为暖机过程。暖机过程中，供给的混合气浓度应当随温度的升高，从起动时的极浓混合气逐渐过渡到稳定怠速所要求的混合气浓度。

3）加速工况。节气门突然开大，以期发动机转速迅速提高，这便是加速工况。当驾驶人猛踩节气门踏板，节气门突然开大时，空气流速和流量瞬时迅速增大，但是由于液体燃料的惯性远大于空气的惯性，其流量的增加比空气流量的增加要慢得多，致使混合气暂时变稀。另外，节气门急开时，空气大量进入进气管，致使进气管内压力突然升高，同时由于冷空气来不及预热，使进气管内温度降低，这些均不利于混合气中汽油的蒸发，致使汽油的蒸发量相对减少，因此除非有额外的燃油添加进去，否则将造成混合气过稀现象，不仅达不到使发动机加速的目的，而且还可能发生发动机熄火现象。为了改善发动机的加速性，要求在节气门突然开大时，可一次性地供给一定量的额外汽油，以加浓混合气。

发动机的运转情况是复杂的，各种工况对混合气的成分要求不同。在起动、怠速、全负荷及加速运转时，要求供给浓混合气 $\alpha<1$；在中负荷运转时，随着节气门开度由小变大，要求供给由浓逐渐变稀的混合气，$\alpha=0.9\sim1.1$。

课题3　空气供给系统主要元件的构造与维修

空气供给系统的作用是向发动机提供与负荷相适应的清洁的空气，同时测量和控制进入发动机气缸的空气量，使他们在系统中与喷油器喷出的汽油形成空燃比符合要求的可燃混合气。

空气供给系统除包括与普通汽油机相似的空气滤清器、进气总管和进气歧管外，还有电控汽油机特有的空气计量装置、节气门体和节气门位置传感器及温度传感器等。

5.3.1 空气流量计

空气流量计的作用是对进入气缸的空气量进行计量，并把空气量的信息输送到 ECU。

在电控汽油发动机中使用的空气流量计主要有翼片式空气流量计、热线式空气流量计和热膜式空气流量计。

1. 翼片式空气流量计

翼片式空气流量计又称活门式流量计，它的基本构造由翼片部分、电位计和接线插头三部分组成，如图 5-17 所示。

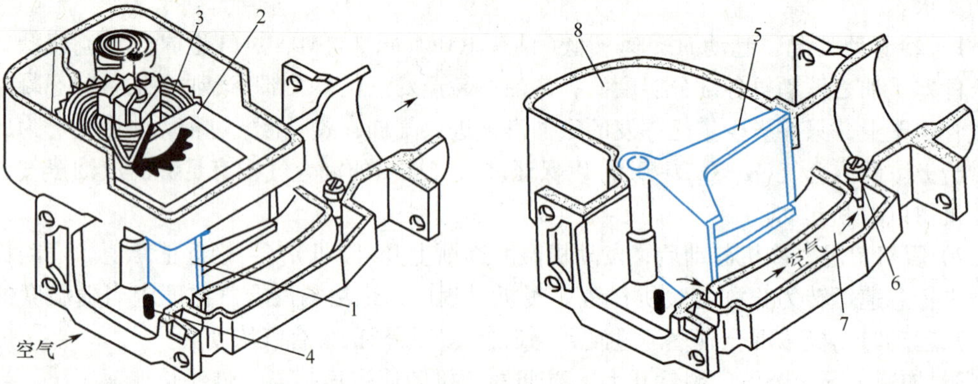

图 5-17 翼片式空气流量计

1—测量翼片 2—电位计 3—卷簧 4—进气温度传感器 5—缓冲翼片 6—怠速混合气调节螺钉 7—怠速旁通空气道 8—阻尼室

翼片部分的结构如图 5-18 所示。测量翼片和缓冲翼片两者铸成一体，安装在壳体的转轴上，轴一端装有螺旋回位弹簧(在电位计部分中)。测量翼片随着空气流量的变化可在空气主通道内绕转轴偏转，同时缓冲翼片在缓冲室内做相应的偏转。当回位弹簧的弹力与吸入空气气流对测量翼片的推力平衡时，翼片即处于稳定位置。缓冲室对翼片的阻尼作用有助于发动机吸入空气量急剧变化时减少翼片的脉动，使翼片偏转平稳，达到稳定目的。

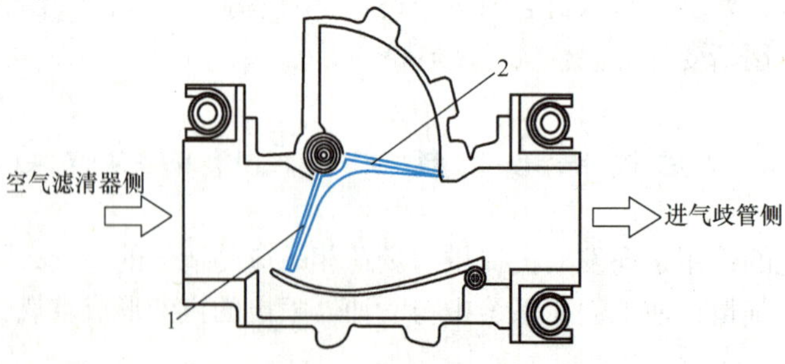

图 5-18 翼片部分的结构

1—测量翼片 2—缓冲翼片

在空气流量计主通道下方还设有空气旁通道，在旁通道的一侧装有可改变旁通空气量的调整螺钉，以便在小空气流量时对空气流量计的输出特性进行调整。

电位计部分安装在空气流量计壳体的上方，如图5-19所示，包括平衡重配重6、滑臂、回位弹簧2、调整齿圈1和印制电路板4等。螺旋回位弹簧的一端固定在翼片转轴上，另一端固定在调整齿圈上。调整齿圈由一卡簧定位，并有刻度标记。改变调整齿圈的位置，可调节回位弹簧预紧力，以改变流量计的输出特性。翼片转轴上端固装有平衡配重和滑臂，可随翼片一起转动。滑臂与印制电路板上的镀膜电阻接触，并在其上滑动。

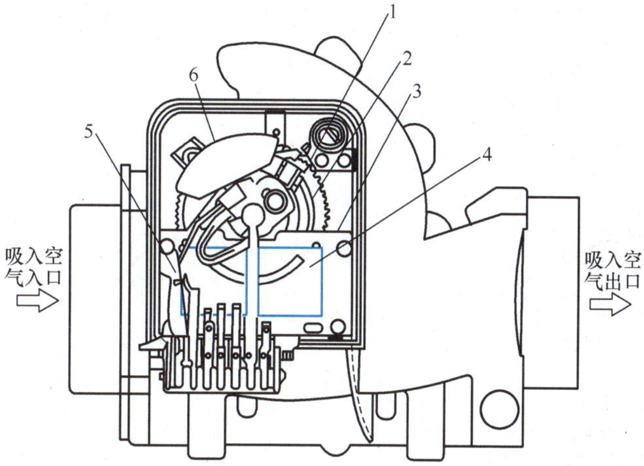

图5-19　电位计部分的结构

1—调整齿圈　2—回位弹簧　3—电位计　4—印制电路板　5—燃油泵接点　6—平衡重配重

印制电路板采用陶瓷基镀膜工艺制成，其电路原理如图5-20所示，可变电阻2的中央插头是与翼片联动的滑臂，滑臂与接线插头7用导线连接，接线插头7为电信号输出端。燃油泵控制点1受翼片转轴的控制，当发动机起动时，空气被吸入，使翼片偏转，触点闭合，燃油泵开始工作。当发动机停止运转时，翼片处于关闭位置，触点被顶开，燃油泵停止工作。进气温度传感器4安装在空气流量计空气主通道的进气口上用来修正由于空气密度变化引起的空气质量变化。由于空气密度随着空气温度、压力而变化，致使进入气缸的空气质量也发生变化。为了修正温度变化引起的变化量，必须将进气温度电信号与测量叶片信号一并输入ECU中，以确定燃油喷射的持续时间。

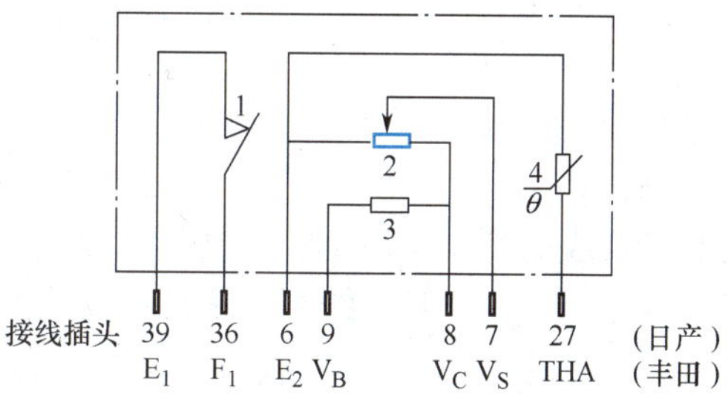

图5-20　翼片式空气流量计印制电路板原理

1—燃油泵控制点　2—可变电阻　3—固定电阻　4—热敏电阻(进气温度传感器)

如图5-21所示为翼片式空气流量计的工作原理。来自空气滤清器的空气通过空气流量计的主通道，在空气推力的作用下使测量叶片4打开。当空气作用力与回位弹簧的弹力平衡时，测量叶片稳定开启一个角度α，并随进气量的增加而增大。由于测量叶片的转轴与电位计中的滑臂1同轴，因此测量叶片的转角将直接转换到电位计的滑臂上，使接线插头“V_C”与“V_S”间的电阻减小，U_S电压值降低。ECU 根据空气流量计送入的 U_S/U_B的信号感知空气流量的大小。U_S/U_B的电压比值与空气流量成反比，且成线性下降，如图 5-22 所示。

采用 U_S/U_B作为空气流量计输出信号的，目的在于，当加给电位计的电源电压 U_B发生变化时，因信号 U_S与 U_B成比例变化，所以作为空气流量计的输出信号 U_S/U_B仍保持不变，即不受电源电压的影响，从而确保了空气流量计测量的准确度。

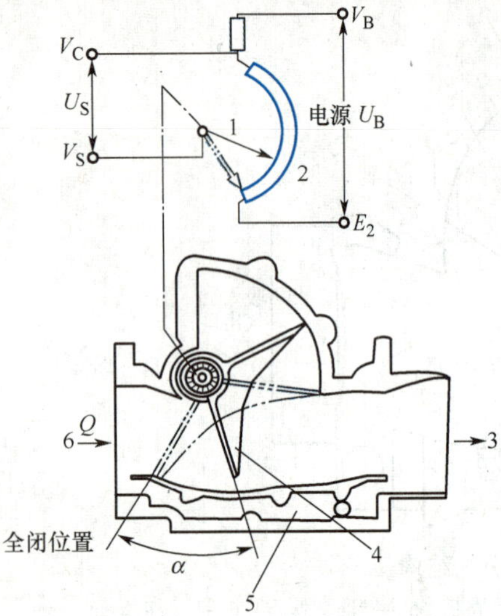

图 5-21　翼片式空气流量计的工作原理
1—电位计滑臂　2—滑动电阻　3—空气出口
4—测量叶片　5—怠速空气通道　6—空气进口

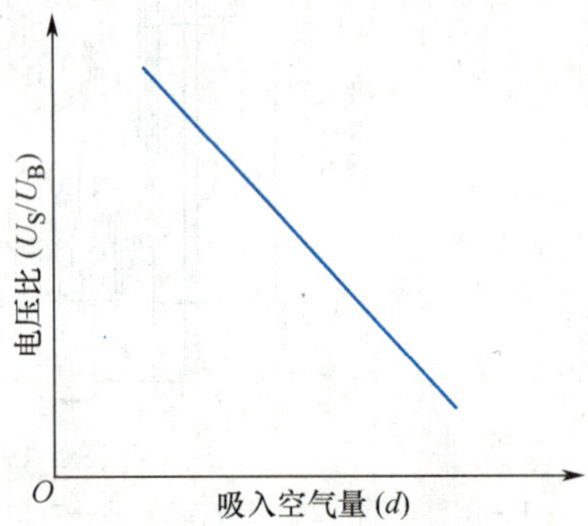

图 5-22　U_S/U_B与空气流量计（翼片转角）的关系

2. 热线式空气流量计

热线式空气流量计的基本构造如图 5-23 所示。它主要由铂丝制成的热线、温度补偿电阻、控制电路板和金属防护网等组成。根据铂丝热线在流量计中安装的位置不同，热线式空气流量计又分为主流测量方式和旁通测量方式。

热线式空气流量计的采样管置于空气通道中央，两端有金属护网，用卡箍固定在壳体上，采样管由两个塑料护套和一个热线支承环构成。直径为 0.07mm 的铂丝热线布置在热线支承环内。铂丝热线的电阻 R_2值随温度的变化而变化，热线支承环前端的塑料护套内安装一个铂薄膜电阻 R_4，铂薄膜电阻也随进气温度变化，起温度补偿作用（也称为冷线）。在热线支承环后端的塑料护套上粘结了一个能用激光修正的精密电阻，它是惠斯顿电桥的一个臂 R_1，该电阻上的电压即为热线式空气流量计的输出电压信号。电桥的另一臂 R_3装在控制电路板上面，该电阻在最后调试中用激光修正，以便调定空气流量计的输

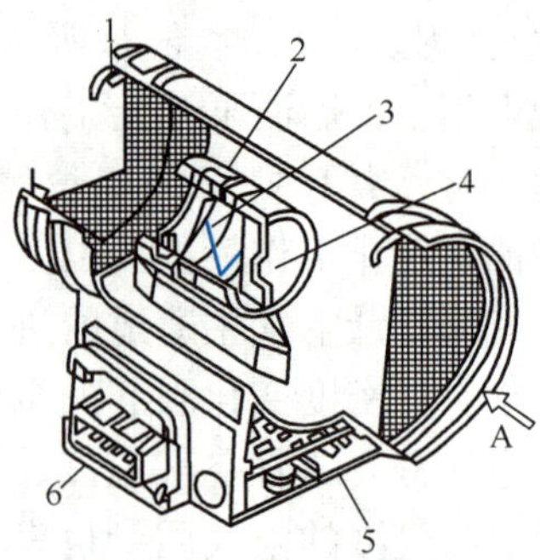

图 5-23　主流测量方式的热线式空气流量计构造
1—防护网　2—采样管
3—铂丝热线　4—铂薄膜电阻
5—控制电路板　6—接线插头

出特性。

热线式空气流量计的电子控制电路板包括电桥平衡电路、烧净电路和怠速混合调节电位器。电子控制的大多数元件大都配制在这块混合集成电路板上，其上一般设置六角插头与发动机微机控制装置相连接、传递及反馈信息。

旁通测量方式的热线式空气流量计主流测量方式的热线式空气流量计在结构上的主要区别是：将铂丝热线和温度补偿电阻安装在空气旁通道内，热线和温度补偿电阻铂丝缠绕在陶瓷线管上，如图 5-24 所示，其工作原理相同。

热线式空气流量计的工作原理如图 5-25 所示，当温度较低的进气气流流过放置在空气通道中温度较高的热线时，热线与空气发生热量交换，使热线温度下降。通过热线的空气质量流量越大，被空气带走的热量也越多，热线温度下降也越多。由于热线是惠斯顿平衡电桥电路的一个组成部分，当热线温度下降、电阻值发生变化时，电桥出现不平衡。为了使电桥平衡，必须加大流过热线的电流，使热线温度升高，阻值恢复到使电桥平衡的值。由此可知，流过热线的空气质量越大，空气带走的热量也就越多，为保持电桥平衡，维持热线温度所需的电流也就越大，反之则越小。热线式空气流量计正是利用流过热线的空气质量流量与保持热线温度所需热线电流的对应关系测量空气的质量流量的。

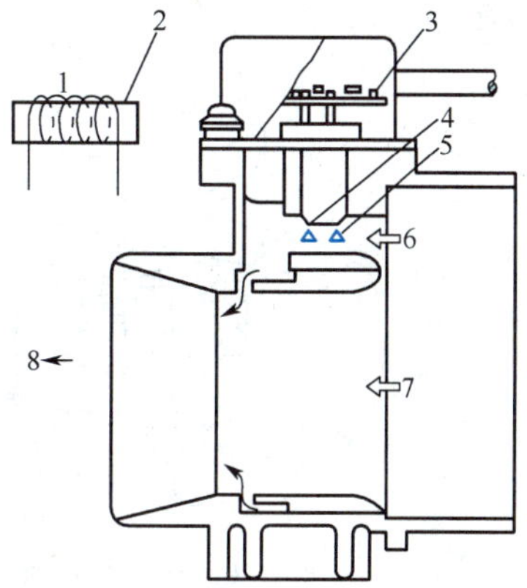

图 5-24　热线式空气流量计
（旁通测量方式）
1—冷热线　2—陶瓷螺线管　3—控制回路
4—冷线　5—热线　6—旁通空气道
7—主空气道　8—通节气门

热线式空气流量计测量精度高，进气阻力小，不会磨损，而且响应快，能在几毫秒内反映出空气流量的变化。其缺点是铂丝价格昂贵，铂丝表面容易受空气中的尘埃玷污，使热辐射能力下降，影响精度。因此在电控单元中设有自净电路，在发动机熄火后，ECU 向空气流量计发出一个信号，控制电路立即给热丝提供较大电流，使热丝瞬时升温到 1000℃约 1s，将粘附的污染物烧净，以防污物粘附。

热线式空气流量计的输出特性：由热线式空气流量计的工作原理可知，该空气流量计的输出特性是随着发动机进气量的增大，其输出的信号电压越高，如图 5-26 所示。

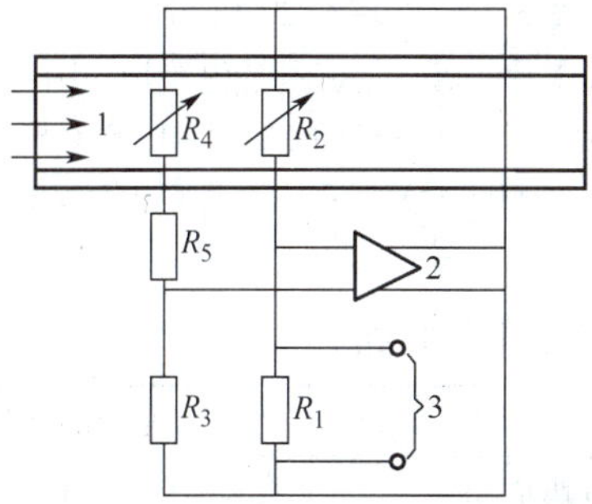

图 5-25　热线式空气流量计的工作原理
1—进气气流　2—混合集成电路　3—输出信号

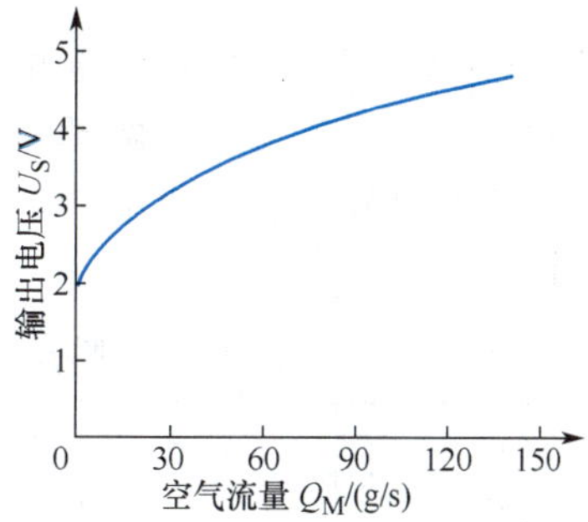

图 5-26　热线式空气流量计的输出特性

3. 热膜式空气流量计

(1) 结构原理 热膜式空气流量计的工作原理与热线式空气流量计基本相同，只是把热线换成了热膜，其结构如图5-27所示。

热膜式空气流量计将作为发热体的热膜电阻、精密电阻和补偿电阻等镀在一块陶瓷片上，与热线式空气流量计中价格昂贵的铂丝相比，成本大大降低，而且它不像铂丝那样怕尘埃的粘附，测量精度高，响应速度快，进气阻力小。

热膜式空气流量计的输出特性是随着发动机进气量的增大，输出的信号电压升高，如图5-28所示。

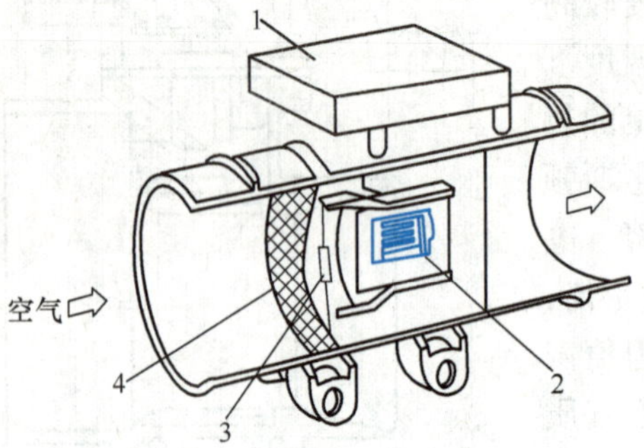

图5-27 热膜式空气流量计

1—控制回路 2—热膜 3—温度传感器 4—金属网

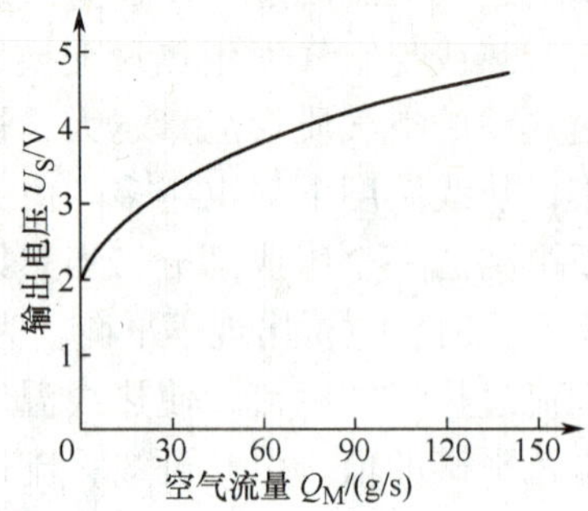

图5-28 热膜式空气流量计的输出特性

热线式空气流量计和热膜式空气流量计的测量电路送出的电压信号都为模拟信号，要通过A/D转换器转换成数字信号才能送给电子控制单元。

(2) 热膜式空气流量计的检测 桑塔纳2000GSi轿车AJR发动机使用的热膜式空气流量计的连接器插头各端子含义及电路接线图如图5-29所示。

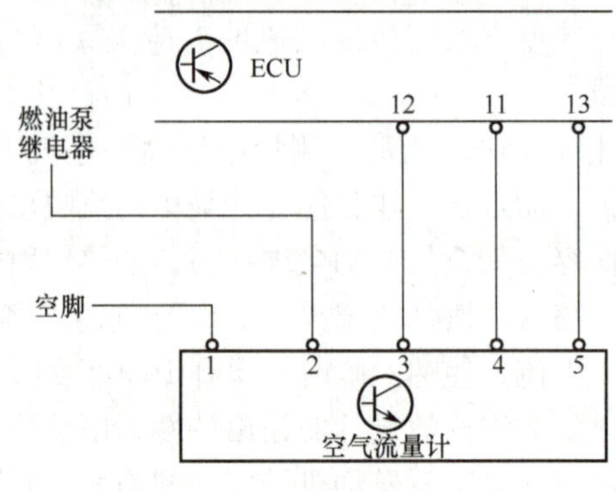

图5-29 桑塔纳2000GSi轿车AJR发动机空气流量计电路接线图

1脚—空端子 2脚—+12V电源 3脚—ECU机内搭铁（副信号线） 4脚—+5V参考电压 5脚—传感器反馈信号

热膜式空气流量计的检测条件和标准参数见表5-2。

1) 电压测试：本课题的电压测试有电源电压测试和信号电压测试两部分，其中信号电压测试是确定空气流量计是否失效的主要根据。

表5-2 热膜式空气流量计的检测条件和标准参数

电　压	线　路　侧	电　压	线　路　侧
2脚搭铁	12V	5脚怠速时	1.4V
4脚搭铁	5V	5脚急加速时	2.8V

① 电源电压测试：拔下空气流量计的导线连接器，将数字万用表设置在直流电压20V挡，红色表笔置于空气流量计的针脚2，黑色表笔置于蓄电池负极或发动机进气歧管壳体，起动起动机时应显示12V，否则应检查熔丝、油泵继电器及其连接线路；红色表笔置于空气流量计的针脚4，黑色表笔置于蓄电池负极或发动机进气歧管壳体，应显示5V，否则应检查线路，如连接线路正常，应更换ECU。

② 信号电压测试：

A. 单件测试：取一空气流量计总成部件，将12V/5V变压器的12V电压或蓄电池电压施加在空气流量计电器插座的针脚2上，将5V电压施加在空气流量计电器插座的针脚4上，将数字万用表设置在直流电压20V挡，测量空气流量计电器插座的针脚3和针脚5，应有1.5V左右的电压；使用吹风机从空气流量计隔栅一端向空气流量计吹入冷空气或加热的空气，测量空气流量计电器插座的针脚3和针脚5，电压应瞬时上升至2.8V以后回落。不能满足上述条件，可以判定空气流量计有故障。

B. 就车测试：起动发动机至工作温度，将数字万用表设置在直流电压20V挡，在传感器插头尾部挑开防水胶堵或刺破导线外皮，测量空气流量计针脚5的反馈信号。红色表笔置于空气流量计的针脚5，黑色表笔置于空气流量计的针脚3、蓄电池负极或进气歧管壳体，怠速时应显示电压1.5V左右；急踩加速踏板应显示2.8V变化。若不符合上述变化或电压反而下降，在电源电压与参考电压完好的前提下，可以断定空气流量计损坏，必须更换。

2）电阻测试：本课题的电阻测试为辅助性测试，主要是检测线束的导通性，以确认线束通畅，无断路和短路，插接器牢靠，各信号传递无干扰。该测试在汽车微机控制故障检测诊断实验系统的发动机实验台上进行。

① 线束导通性测试：关闭点火开关，拔下传感器插头与电控单元插接器，使用数字万用表分别测量各线束间的电阻，相连导线电阻应小于1Ω，不相连导线电阻应∞为正常。

② 线束短路性测试：将数字万用表设置在电阻200kΩ挡，测量空气流量计的针脚2与电控单元针脚11、针脚12、针脚13之间的电阻，应为∞；测量以下空气流量计针脚与电控单元针脚：3与11、13；4与12、13；5与11、12之间的电阻，均为∞。

3）数据流测试：本课题的数据流测试是使用进口或国产的汽车故障诊断仪登录发动机控制单元，直接读取空气流量计的各项参数，测试条件是发动机在运行中并达到工作温度，读取测量数据流的第二组第四项，数据应显示为在怠速下应为2.0～4.0g/s。如果小于2.0g/s，说明进气系统有泄漏；如果大于4.0g/s，说明发动机负荷过大。

数据流的检测方法简单易行，数据直观准确，并能够随时观察到数据的动态变化，是当代汽车电子控制系统故障检测诊断的重要方法，也是当前汽车维修一线极缺的技术。

5.3.2 进气歧管绝对压力传感器

进气歧管绝对压力传感器是一种间接测量空气流量的传感器，其作用与空气流量计相当，用于D-Jetronic汽油喷射系统中。ECU根据发动机转速、节气门开度、进气歧管绝对压力与进入发动机气缸的空气流量的对应关系，由进气歧管内的绝对压力计算出进气量，进而计算出基本喷油量。

进气歧管绝对压力传感器的安装位置较灵活，位于节气门体的后方，有的车型通过真空软管与进气总管连接；有的车型则将进气歧管绝对压力传感器直接安装在进气总管上。

进气歧管绝对压力传感器类型较多，有半导体压敏电阻式、电容式、膜盒传动的可变电感式等多种形式。这里只介绍现代汽车大多采用的半导体压敏电阻式进气歧管绝对压力传感器。

1. 构造和原理

半导体压敏电阻式进气歧管绝对压力传感器如图 5-30 所示。它由压力转换元件和对输出信号进行放大的混合集成电路等构成。

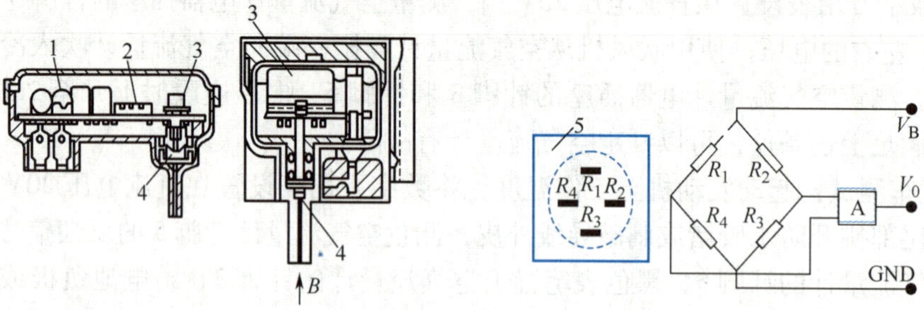

图 5-30 半导体压敏电阻式进气歧管绝对压力传感器

A—进气歧管侧 V_0—输出 V_B—电源 GND—搭铁

1—过滤器 2—混合集成电路 3—压力转换组件 4—滤清器 5—硅膜片

压力转换元件是利用半导体压阻效应制成的硅膜片。硅膜片是一片边长 3mm、外缘厚 0.25mm、中部厚 0.025mm 的硅质正方形薄膜片，在膜片的规定位置上有四个压敏电阻，用惠斯顿电桥方式连接。硅膜片的一侧接进气歧管。在进气歧管压力变化时，硅膜片产生变形，由此引起硅膜片上压敏电阻的阻值变化，进而导致惠斯顿电桥输出电压的变化。此电压的变化作为进气歧管绝对压力信号送给电子控制单元，电子控制单元根据其与空气流量的对应关系，便可算出进气量。

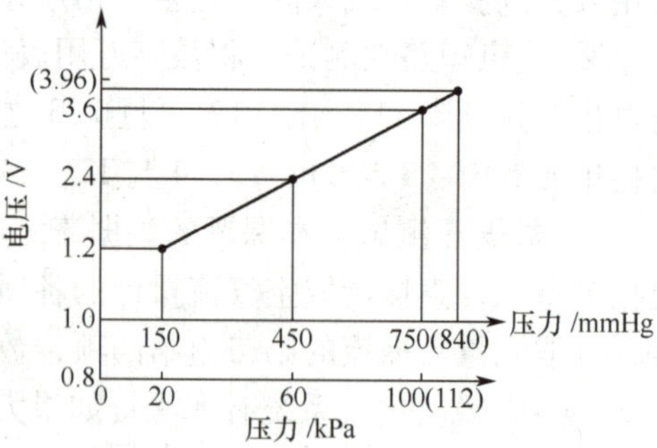

图 5-31 半导体压敏电阻式进气歧管绝对压力传感器的输出特性

2. 半导体压敏电阻式进气歧管绝对压力传感器的输出特性

由半导体压敏电阻式进气歧管绝对压力传感器的工作原理可知，发动机的进气量越大，进气歧管内绝对压力越大，硅膜片变形就越大，输出的信号电压就越大，故其输出特性如图 5-31 所示。

由于惠斯顿电桥中的各个电阻受热后阻值的变化基本相同，因此这种传感器在 -30 ~ 100℃的温度范围内，测量精度不受温度变化的影响。

5.3.3 节气门体

节气门体装在空气流量计和发动机进气总管之间的进气管上。它由节气门、怠速旁通气道、怠速调节螺钉和辅助空气阀等组成，如图5-32所示。节气门与加速踏板联动，驾驶人通过加速踏板控制节气门开度，对发动机的输出功率进行控制。

有怠速旁通气道的节气门体，怠速旁通空气道布置在主进气道的旁边，怠速时节气门完全关闭，空气经怠速旁通空气道进入进气总管。在怠速旁通空气道上设有调节通道截面的怠速调节螺钉，拧入或拧出调节螺钉可调整怠速空气量，从而调整发动机怠速时的转速。

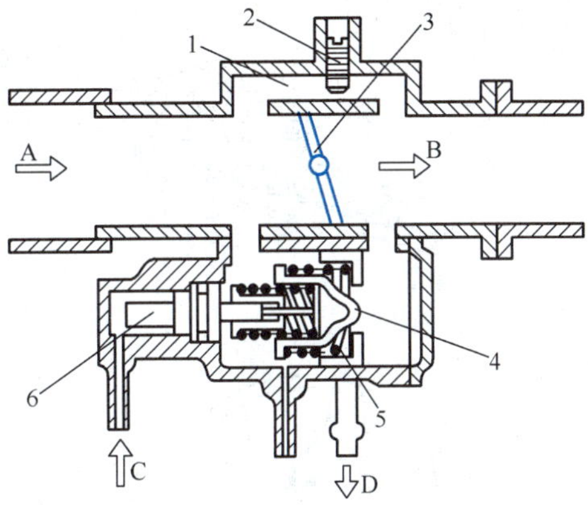

图5-32 节气门体

A—来自空气滤清器 B—至进气总管
C—冷却液进口 D—冷却液出口
1—怠速旁通气道 2—怠速调节螺钉 3—节气门
4—辅助空气阀 5—弹簧 6—感温器

辅助空气阀的作用是在发动机低温起动后打开，可提高怠速转速，加快暖机过程，补充额外的空气量。经辅助空气阀的空气尽管绕过节气门，但也经过空气流量计，因此空气量的增加会引起喷油量的增加，从而使发动机的怠速提高，暖机过程加快。当发动机温度达到一定值后，暖机过程结束，辅助空气阀关闭，发动机恢复正常怠速。早期的电控汽油喷射系统采用的辅助空气阀有双金属片式和石蜡式两种，近期的电控汽油喷射系统大多不采用辅助空气阀，补充空气的功能由电控怠速系统来完成。

双金属片辅助空气阀的结构如图5-33所示。它由绕有加热线圈的双金属片、旁通空气道、阀门和支承销等组成。空气阀流通截面的大小由双金属片的弯曲程度来控制，而双金属片的弯曲程度则由加热线圈的通电时间或发动机冷却液温度来控制。

双金属片式辅助空气阀的最初开度由发动机冷却液温度确定，在冷却液温度低于-20℃时阀门全开，在冷却液温度高于60℃时阀门全关。

发动机低温时，加热线圈无电流通过，阀门开启，发动机低温起动后，节气门关闭，空气经辅助空气阀进入进气总管，空气流量计装置测到此时的进气量，将其送给ECU，通过计算后，相应增加喷油量，使怠速转速提高，加快暖机。

发动机起动后，电流流过双金属片外环绕的加热线圈，双金属片受热产生弯曲，由此逐渐关小阀门通道，流过通道的空气量也相应减少，发动机转速因此降低。加热线圈通电一定时间或冷却液温度达到一定值时，辅助空气阀完全关闭。

石蜡式辅助空气阀的结构如图5-34所示。它由水套、充满石蜡的感温体、推杆、阀门、内外弹簧、冷却液通道和空气通道等组成。

发动机低温起动时，感温体内的石蜡处于固体状态，体积最小，在外弹簧的作用下，阀门开度最大，补充的空气量也最大。进入暖机阶段，冷却液温度升高后，感温体内的石蜡开始融化，体积也开始膨胀，膨胀产生的作用力开始压缩外弹簧，推杆逐渐伸出，推动

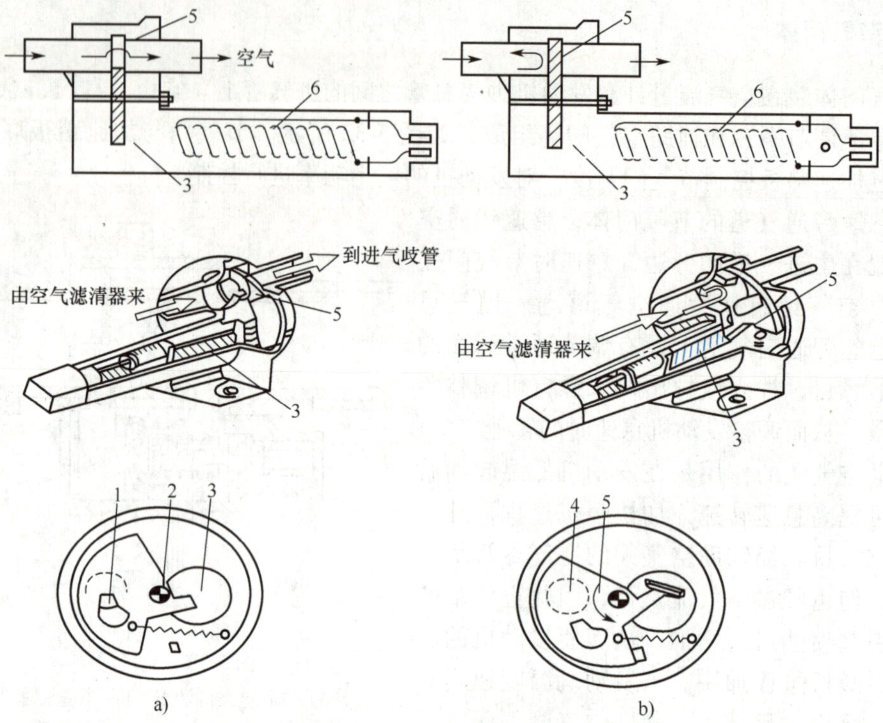

图 5-33 双金属片辅助空气阀的结构和工作原理

1—阀门开口 2—支承销 3—双金属片 4—旁通空气道 5—阀门 6—电热线

阀门逐渐关小；当暖机过程结束时，冷却液达正常工作温度，感温体内的石蜡完全融化，阀门完全关闭。

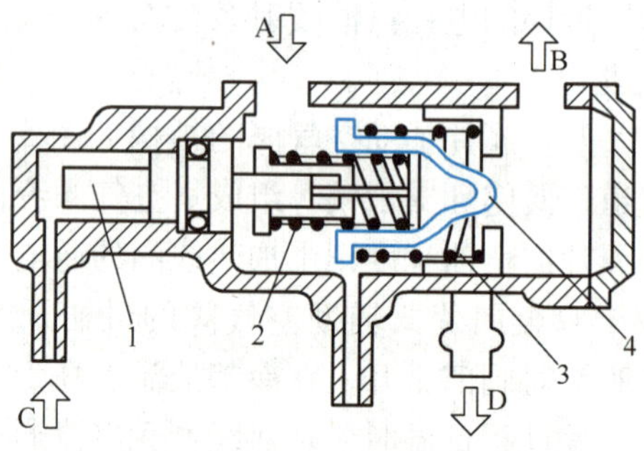

图 5-34 石蜡式辅助空气阀

A—空气进 B—空气出

C—冷却液进 D—冷却液出

1—石蜡感温体 2—内弹簧

3—外弹簧 4—阀门

5.3.4 节气门位置传感器

节气门位置传感器安装在节气门体上，其作用是把汽油机运转过程中节气门的位置及开启角度的变化转换成电信号输入发动机 ECU，用于控制燃油喷射及其他辅助控制。节气门位置传感器有线性输出型和开关量输出型两种。

1. 线性输出型节气门位置传感器

线性输出型节气门位置传感器的结构如图 5-35 所示。它实际上是一个带怠速触点的滑片式变阻器。该传感器有两个随节气门轴转动的可动电刷触点，其中一个触点在节气门转动时在电阻体上滑动，引起该可变电阻的电阻值变化，从而引起输出电压的变化该输出电压与节气门开度呈线性关系，如图 5-36 所示，只要测出输出电压值，便可算出节气门开度。该传感器的另一个触点在节气门关闭时与怠速触点 IDL 接触。IDL 信号主要用于断油控制和修正点火提前角。

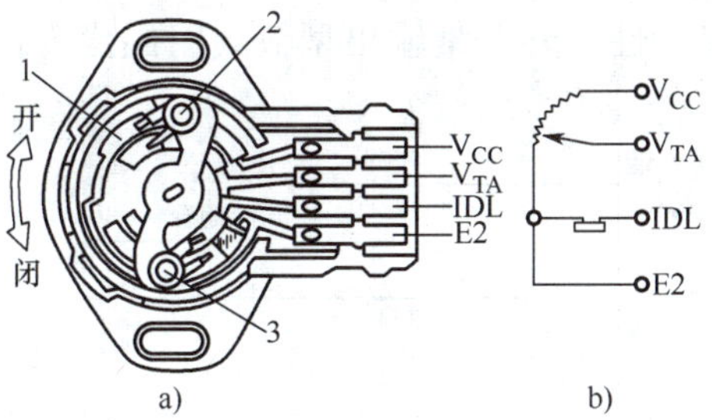

图 5-35　线性输出型节气门位置传感器的结构和电路

a）结构　b）电路

V_{CC}—电源　V_{TA}—节气门开度输出信号

IDL—怠速触点信号　E2—地线

1—电阻体　2—检测节气门开度的动触点

3—检测怠速位置的动触点

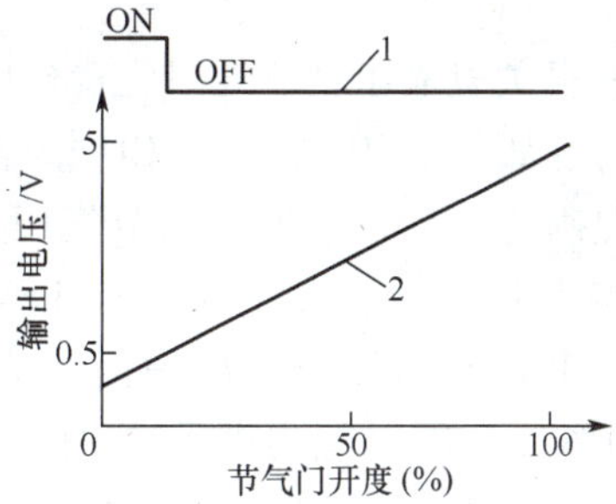

图 5-36　线性输出型节气门位置传感器的输出特性

1—怠速触点信号

2—节气门开度与输出电压的关系

线性输出型节气门位置传感器与 ECU 的连接电路如图 5-37 所示。

2. 开关量输出型节气门位置传感器

（1）结构与工作原理　该型节气门位置传感器仅以开、关两种状态的组合来反映节气门的开度。它的主体由一个活动触点和两个固定触点构成，两个固定触点一个为怠速触点，另一个为功率触点，如图 5-38 所示。活动触点可沿导向凸轮沟槽移动，导向凸轮由与节气门轴固连的控制杆驱动，与节气门同步转动。

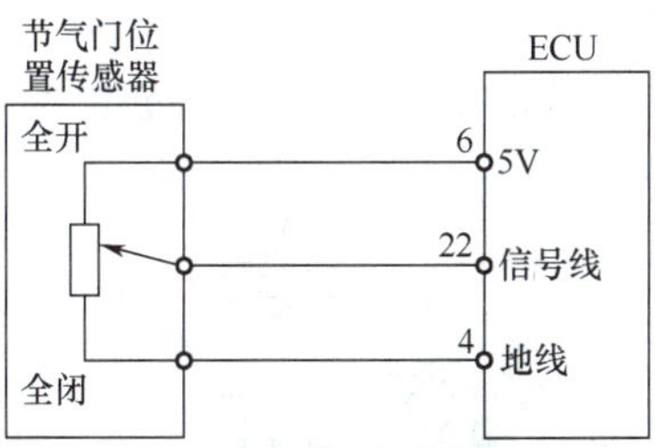

图 5-37　线性输出型节气门位置传感器与 ECU 的连接电路

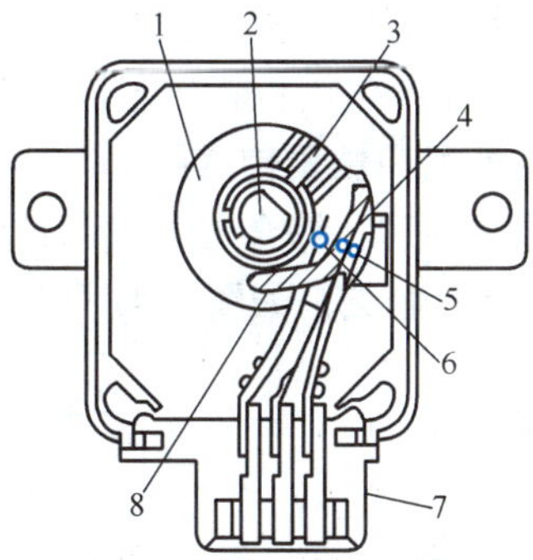

图 5-38　开关量输出型节气门位置传感器的结构

1—导向凸轮　2—节气门轴　3—控制杆

4—活动触点　5—怠速触点　6—全开触点

7—插座　8—导向凸轮槽

在节气门全闭时，可动电源触点与怠速触点接触，将发动机的怠速信号检出，ECU 判定发动机处于怠速工况，从而按怠速工况的要求控制喷油和点火；当节气门开度达 50° 以上时，可动电源触点与全负荷触点接触，将节气门大开度信号检出，ECU 进行全负荷加浓控制；当节气门在中间位置时，三个触点均不接触，ECU 判定发动机处于部分负荷工况。

（2）开关量输出型节气门位置传感器的输出特性 开关量输出型节气门位置传感器的输出特性如图 5-39 所示。ECU 根据触点的闭合情况确定发动机工况。当节气门关闭时，怠速触点 IDL 闭合、大负荷触点 PSW 断开，怠速触点 IDL 输出端子输出的信号为低电平“0”，功率触点 PSW 输出端子输出的信号为高电平“1”。ECU 接收到节气门位置传感器输入的这两个信号时，如果车速传感器输入 ECU 的信号表示车速为零，那么 ECU 判定发动机处于怠速状态，并控制喷油器增加喷油量，保证发动机怠速转速稳定而不至于熄火。如果此时车速传感器输入 ECU 的信号表示车速不为零，那么 ECU 判定发动机处于减速状态，并控制喷油器停止喷油，以降低排放，提高经济性。

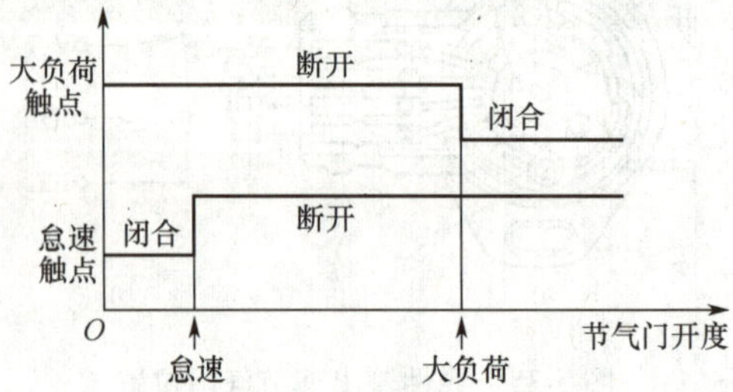

图 5-39 开关量输出型节气门位置传感器的输出特性

当节气门开度增大时，凸轮随节气门轴转动并将怠速触点 IDL 顶开，大负荷触点 PSW 保持断开状态，IDL 端子输出高电平“1”，PSW 端子也输出高电平“1”，ECU 接收到两个高电平信号时，便可判定发动机处于部分负荷状态，此时 ECU 根据空气流量传感器信号和曲轴转速信号计算确定喷油量，主要保证发动机的经济性和排放性能。

当节气门接近全部开启（80% 以上负荷）时，凸轮转动使大负荷触点 PSW 闭合，PSW 端子输出低电平“0”，IDL 端子保持断开而输出高电平“1”。ECU 接收到这两个信号时，便可判定发动机处于大负荷运行状态，从而控制喷油器增加喷油量，保证发动机输出足够的动力，故将大负荷触点称为功率触点。

开关量输出型节气门位置传感器与 ECU 的连接电路如图 5-40 所示。

3. 综合式节气门位置传感器

（1）结构与原理 综合式节气门位置传感器是在线性输出型节气门位置传感器的基础上加装一个怠速触点，如图 5-41 所示。

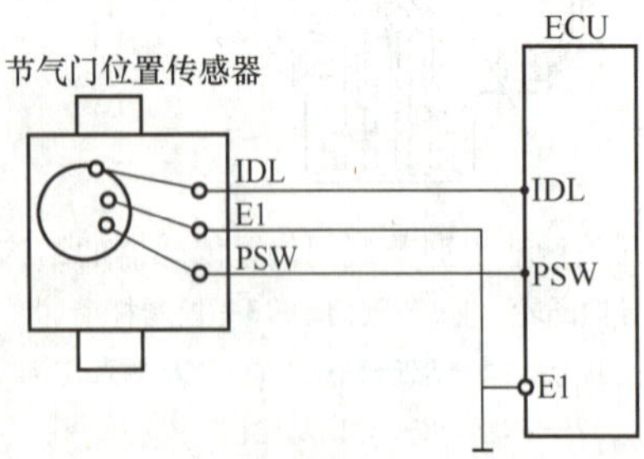

图 5-40 开关量输出型节气门位置传感器与 ECU 的连接电路

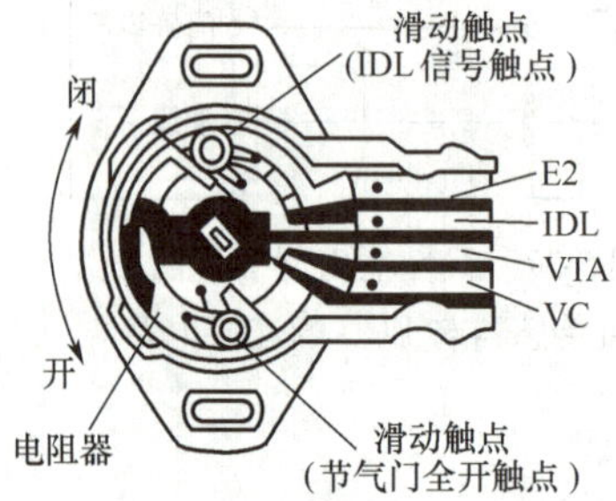

图 5-41 综合式节气门位置传感器的结构

怠速时，怠速触点闭合，输出怠速工况信号，其他工况随节气门开度的变化，电位计的电阻也变化，从而将节气门开度转变为电压信号输送给 ECU。

(2) 综合式节气门位置传感器的输出特性　综合式节气门位置传感器的输出特性如图5-42所示。

当节气门关闭或开度小于1.2°时，怠速触点闭合，其输出端IDL输出低电压(0V)；当节气门开度大于1.2°时，怠速触点断开，输出端IDL输出高电压(5V或12V)。

当节气门开度变化时，可变电阻的滑臂便随节气门轴转动，滑臂上的触点便在滑动电阻片上滑动，传感器输出端子VTA与E2之间的信号电压随之发生变化，节气门开度越大，输出的信号电压越高。

综合式节气门位置传感器与发动机ECU的连接电路如图5-43所示。

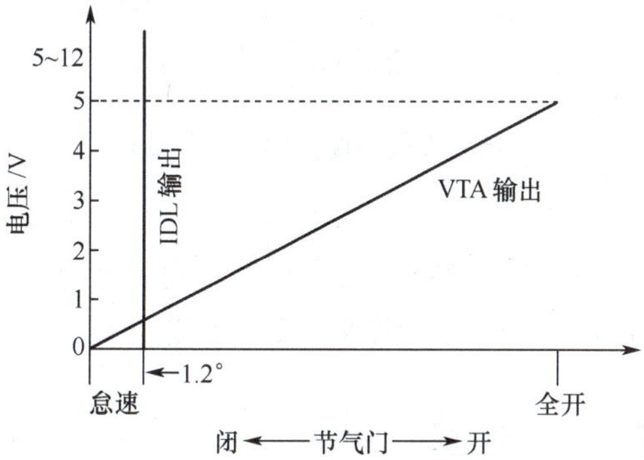

图5-42　综合式节气门位置传感器的输出特性

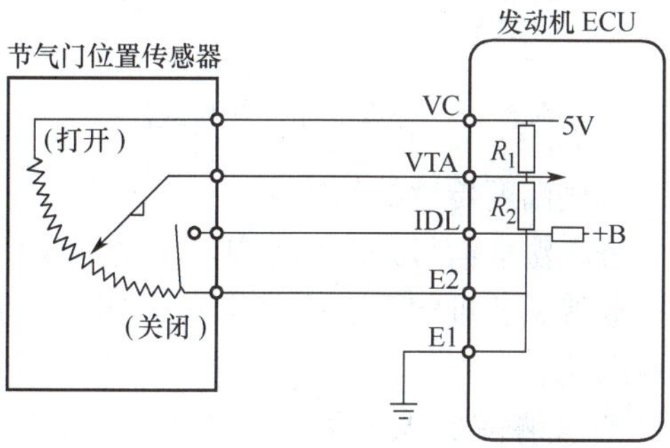

图5-43　综合式节气门位置传感器与发动机ECU的连接电路

5.3.5　温度传感器

电控燃油喷射系统中有两个温度传感器，即冷却液温度传感器和进气温度传感器。它们均采用负温度系数的热敏电阻作为传导元件。负温度系数的热敏电阻就是在允许的温度范围内，其电阻值随温度的升高而减小；而正温度系数的热敏电阻，其电阻值随温度的升高而增大。

1. 进气温度传感器

进气温度传感器的作用是检测进入歧管内的空气温度。由于进气的密度随着温度的变化而变化，因此ECU必须根据进气温度传感器的信号对空气流量计测得的进气量进行修正，调整供油量以获得最佳空燃比。

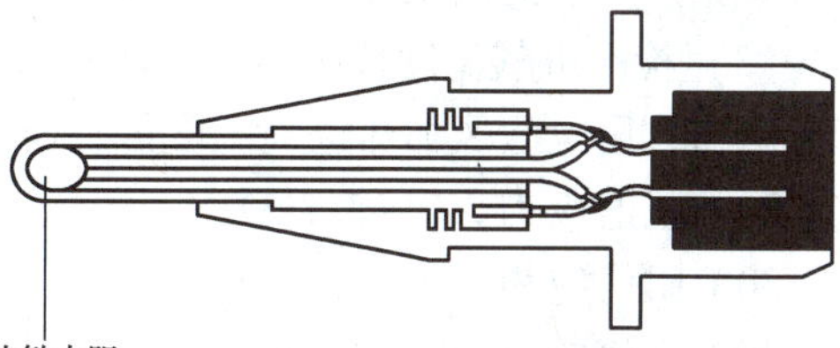

图5-44　进气温度传感器

进气温度传感器采用热敏电阻作为敏感元件，其结构如图5-44所示。通常，D型汽油喷射系统的进气温度传感器安装在进气总管内，L型汽油喷射系统中的进气温度传感器安装在空气流量计内。传感器与ECU的连接如图5-45所示。ECU的电阻R与传感器串联，当热敏电阻的阻值变化时，进气温度传感器的信号(THA)电压也随之改变。图5-46所示为进气温度传感器的特性曲线。

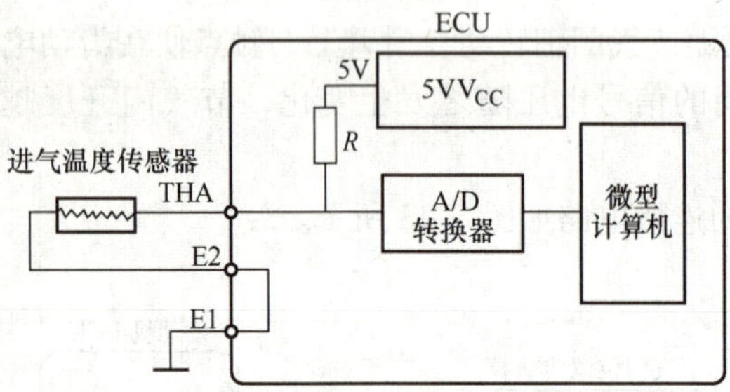

图 5-45　传感器与 ECU 接线图

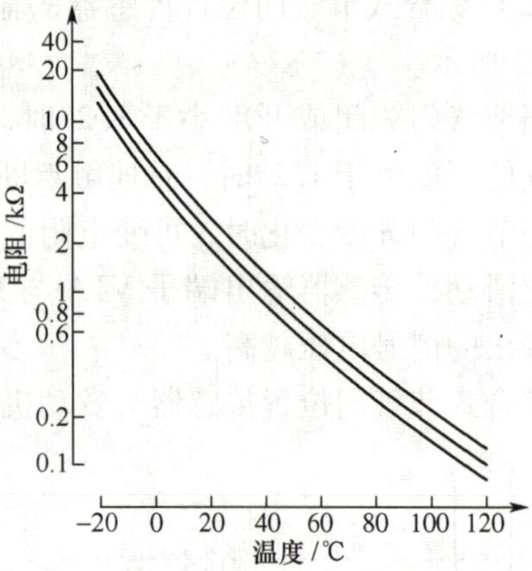

图 5-46　进气温度传感器的特性曲线

进气温度传感器的检测：

进气温度信号是多种控制功能的修正信号，包括燃油脉宽、点火正时、怠速控制和尾气排放等，若进气温度传感器信号中断，将导致发动机热起动困难，燃油脉宽增加，尾气排放恶化。

桑塔纳轿车 AJR 型发动机的进气温度传感器安装在进气管上体上，连接电路如图 5-47 所示。

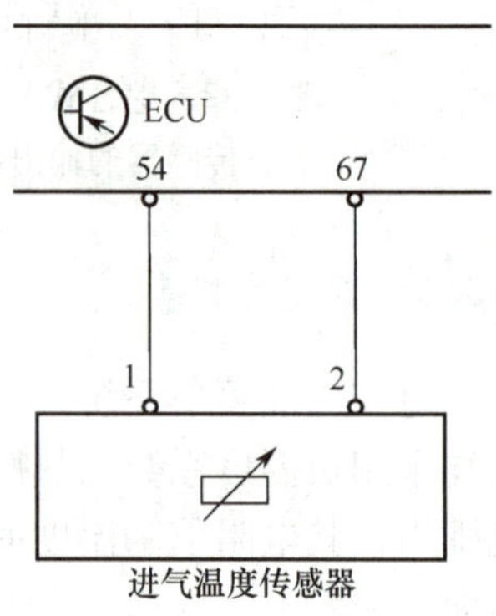

图 5-47　进气温度传感器连接电路

（1）检测进气温度传感器的电源电压

第一步：关闭点火开关；

第二步：拔下进气温度传感器的 2 芯插头；

第三步：将万用表置于电压 20V 挡，将红黑表笔分别插入进气温度传感器 ECU 一侧的端子 1 和 2；

第四步：将点火开关置于“ON”位置，观察万用表的电压读数，标准值为 5V。

（2）检测进气温度传感器的信号电压　连接好进气温度传感器的插接器，接通点火开关，测量针脚 1 和 2 之间的信号电压。红表笔插入 1 号端子，黑表笔插入 2 号端子，起动发动机，观察万用表的电压读数。信号电压为 0.1 ~ 0.8V。

（3）检测进气温度传感器的电阻值　拔下进气温度传感器的线束插头，拆下进气温度传感器，用电吹风加热进气温度传感器，测量进气温度传感器电阻值的变化：

20℃阻值应为 2.2 ~ 2.7kΩ；

30℃阻值应为 1.4 ~ 1.9kΩ；

40℃阻值应为 1.1 ~ 1.4kΩ。

若超过标准值过多，则需更换进气温度传感器。

（4）数据流测试　读取测量数据流第三组第四项，正常情况下显示正常的进气温度，当显示值为 19.5℃不变时，说明线路故障或进气温度传感器故障。

2. 冷却液温度传感器

冷却液温度传感器用以检测发动机冷却液的温度、修正喷油量。其外部多用金属制造，安装在水道上，其结构如图 5-48 所示。其工作原理与进气温度传感器相同。

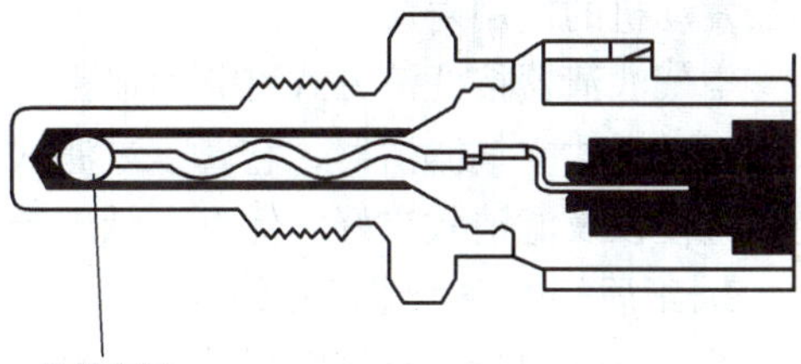

图 5-48　冷却液温度传感器

桑塔纳 2000 发动机的冷却液温度传感器与 ECU 的连接电路如图 5-49 所示，通过两根导线和电控单元相连，其中一根为底线，另一根的对地电压随热敏电阻阻值的变化而变化。ECU 根据这一电压的变化测得发动机的冷却液温度，和其他传感器产生的信号一起，用来确定喷油器脉冲宽度和点火时刻等。

如果冷却液温度传感器本身或其线路故障，将导致发动机冷车或热车起动困难、怠速不稳、耗油量和废气排放量增加。因此，当混合气过浓或过稀时，应检测冷却液温度传感器及其控制电路。

冷却液温度传感器的检测内容如下：

（1）检测传感器的电源电压

第一步：关闭点火开关；

第二步：拔下传感器的 4 芯插头；

第三步：打开点火开关；

第四步：用万用表测量 1 号端子与 3 号端子间的电压，应为 5V。否则，说明线束有短路或断路故障。

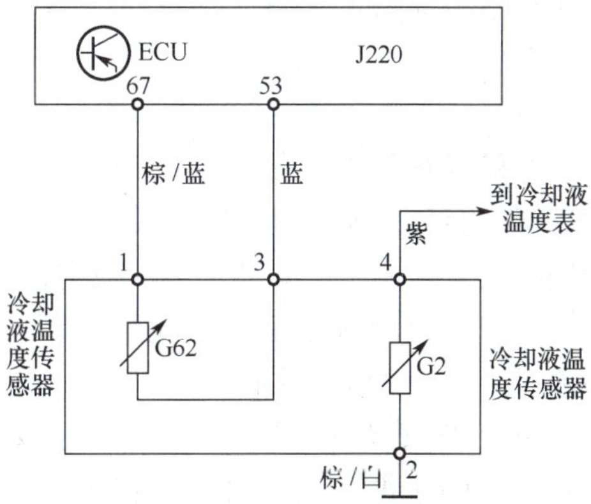

图 5-49　桑塔纳 2000 发动机冷却液温度传感器与 ECU 的连接电路

（2）检测传感器的信号电压

第一步：起动发动机；

第二步：用万用表测量传感器的信号线与搭铁线即端子 1 与 3 的电压，应为 0.5～3V，随发动机冷却液温度升高，电压值逐渐下降。

（3）检测传感器的电阻　拔下传感器的线束插头，拆下冷却液温度传感器，将传感器置于烧杯中的水中，加热杯中的水，同时测量在不同温度下冷却液温度传感器端子 1 与 3 之间的电阻值。其检测条件与标准参数见表 5-3。

表 5-3　冷却液温度传感器的检测条件与标准参数

温度/℃	电阻值/Ω	温度/℃	电阻值/Ω	温度/℃	电阻值/Ω
50	700～950	70	400～500	90	200～290
60	540～675	80	275～375	100	150～225

5.3.6　空气滤清器

1. 作用和类型

空气滤清器的作用是滤去空气中的灰尘和沙粒，以减少气缸、活塞和活塞环的磨损，延长发动机的使用寿命。

空气滤清器按滤清方式可分为惯性式、过滤式和综合式三种。目前，汽车发动机广泛采用纸质干式空气滤清器，它属于过滤式。这种滤清器具有结构简单、质量轻、成本低、使用方便以及滤清效果好的优点。纸质干式滤清器的滤清效率可达99.5%以上。

2. 纸质干式空气滤清器的结构

纸质空气滤清器有许多形式和形状，如图5-50所示，其滤芯是用树脂处理的微孔滤纸制成的。滤芯呈波折形状，具有较大的过滤面积。滤芯的上下两端有塑料密封圈，以保证滤芯两端的密封。发动机工作时，空气由盖和外壳之间的空隙进入空气滤清器，经纸质滤芯被滤清后，通过外壳下端的进气口进入气缸。

3. 空气滤清器的维护

汽车发动机是非常精密的机件，极小的杂质都会损伤发动机。因此，空气在进入气缸之前，必须先经过空气滤清器的细密的过滤，才能进入气缸。空气滤清器是发动机的守护神，其状态的好坏关系着发动机的寿命。

如果汽车行驶中使用过脏的空气滤清器，会使发动机进气不足，燃油燃烧不完全，导致发动机工作不稳定，动力下降、耗油量增加。因此，汽车必须保持空气滤清器的清洁。

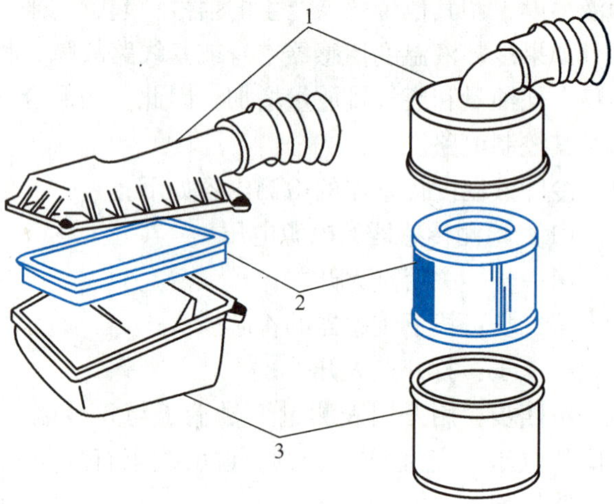

图5-50 纸质干式空气滤清器

1—滤清器盖 2—滤芯 3—空气滤清器壳

在一般道路情况下，汽车行驶7500~8000km必须对空气滤清器进行清洁维护。在砂尘程度较大的地区，维护的间隔应相应缩短。

清洁干式空气滤清器时，应将滤芯拿到室外，用压缩空气从滤芯内侧向外吹气，同时转动滤芯，并使吹管沿滤纸折痕方向移动，彻底吹掉滤芯中积存的灰尘。吹洗时，注意不要使吹管离滤纸太近，以免吹破滤纸；也不要用敲打滤芯的办法来清除灰尘，因为这样会使滤芯损坏或变形。滤芯外部的污物可以用干抹布擦去，滤清器壳体表面及密封安装平面上的尘土，用干净的湿抹布即可擦拭干净。

空气滤清器的使用寿命，轿车为3万公里，商务车为8万公里。通常建议客户每行驶1.5万公里更换一次空气滤清器。经常在恶劣环境中工作的车辆，应当不超过1万公里更换一次。

5.3.7 进气管

进气管的功用是将可燃混合气(汽油机)或空气(柴油机)分送到各个气缸中。进气管必须保证足够的流通面积，避免转弯及截面突变，还应降低管道表面的粗糙度值等，以减小阻力。为此，在高性能的汽油机上采用了直线型进气系统。在进气系统直线化的同时，还应合理设计气道节流和进气管长度，布置适当的稳压腔容积等，以期达到高转速、高功率的目的。

发动机除要求动力性外，还必须有好的经济性和排放性能。在汽油机上，进气管还必须考虑燃烧的雾化、蒸发、分配以及压力波的利用等问题。在柴油机上，还要求气流通过进气道在气缸中形成进气涡流，以改善混合气形成和燃烧的条件。这些要求往往互相矛盾，如为得到高速、高功率，进气管直径宜选大些，而为中、低速经济考虑，进气管宜选小些，故必须根据用途协调处理。

进气总管是指空气滤清器至进气歧管之间的管道。在电控发动机的总管上，装有空气流量传感器（或进气压力传感器），以便对进入气缸的空气进行计量。为提高发动机的充气效率，通常按有效利用进气压力的原理设计进气管的长度、形状和结构。

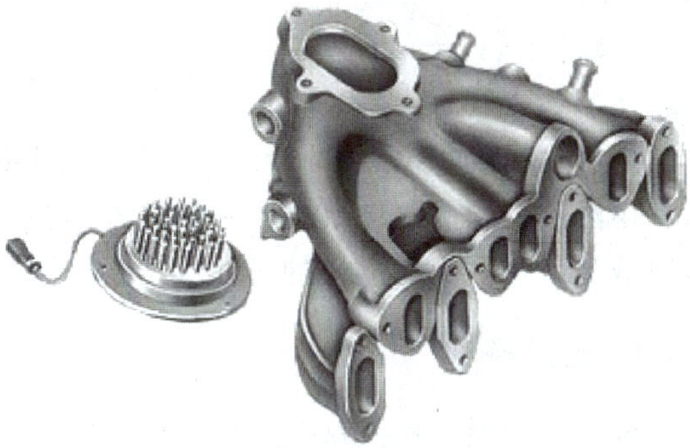

图5-51　进气歧管的结构

进气歧管是指进气总管后向各气缸分配空气的支管，如图5-51所示。进气歧管一般由铸铁或铝合金铸造，轿车发动机多用铝合金制造。进气歧管用螺栓固定在气缸体或气缸盖上，其接合面处装有衬垫，以防漏气。

5.3.8　空气供给系统的检修

空气供给系统的基本组成元件工作可靠性都比较高，一般很少发生故障，但在汽车维修时，应注意以下检查：

1）检查空气滤清器滤芯是否脏污，必要时用压缩空气吹净或更换。

2）进气系统的漏气对发动机性能的影响很大，因此进气软管不能有破裂，箍固要安装紧固，因为漏气会影响空气流量计或进气压力传感器信号，从而影响喷油量，发动机容易熄火，动力性和加速性变差；真空管不能破裂、扭结，也不能插错，否则会使发动机怠速不稳；密封垫应完好。

3）检查节气门体内腔的积垢和结胶情况，必要时用清洗剂进行清洗。

注意：绝对不允许用砂纸或刮刀等清理积垢和结胶，以免损伤节气门体内腔，导致节气门关闭不严或改变怠速空气道尺寸，影响发动机正常工作。

课题4　燃油供给系统主要元件的构造与维修

发动机燃油供给系统的作用是贮存并滤清汽油，根据发动机各工况的要求向发动机供给清洁的、具有适当压力并经精确计量的汽油。

燃油供给系统主要由油箱、电动燃油泵、燃油滤清器、输油管、回油管、油压缓冲器、分配油管、燃油压力调节器和喷油器等组成，其流程图如图5-52所示。电动燃油泵将汽油从汽油箱中吸出并加压后，经燃油滤清器、燃油分配管输送给各个喷油器，在ECU的控制下向各进气管中喷射，多余的汽油经燃油压力调节器流回油箱。

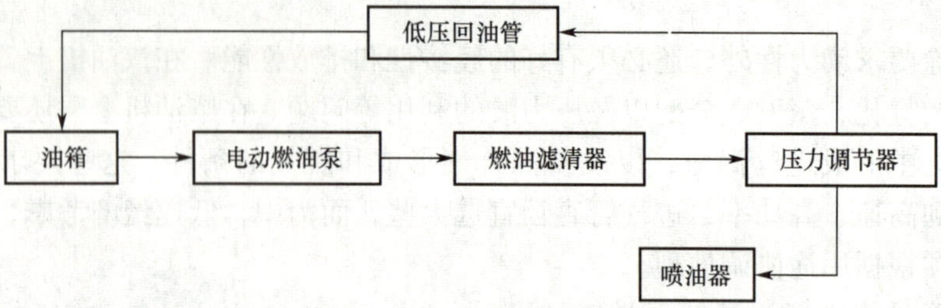

图 5-52 燃油供给系统流程图

有些发动机的燃油供给系统采用了无回油管系统来减少燃油的蒸发排放，将燃油滤清器、燃油压力调节器与燃油泵一起装入油箱，形成了单管路燃油系统。如图 5-53 所示为丰田威驰 5A-FE 型发动机的燃油供给系统示意图。

5.4.1 燃油箱

燃油箱的作用是贮存汽油，其容量通常可供汽车行驶 300 ~ 600km。普通汽车只有一个燃油箱，越野汽车则常有主、副两个燃油箱。在货车上，油箱通常装在车架外侧、驾驶人座下或货台下面，而轿车的油箱则装在车架的后部。

如图 5-54 所示是货车燃油箱的结构，其箱体是用薄钢板冲压件焊成的，上部设有加油管，管内带有可拉出的延伸管，延伸管底部有滤网，加油时可滤去杂质。加油管上部由油箱盖盖住。油箱上表面装有油量表传感器和出油开关。出油管上端经出油开关用油管与燃油滤清器相通，出油管下端伸入油箱底部但距箱底部有一段距离，以防吸出沉淀的杂质和水分。箱内装有隔板，可减轻汽车行驶时汽油的振荡。油箱底部有放油螺塞，用以排除

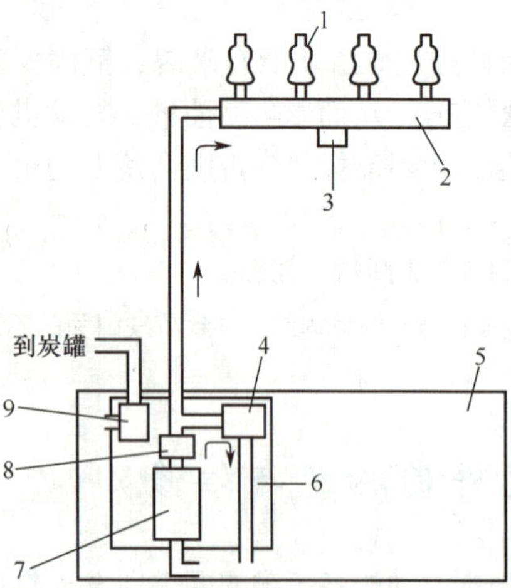

图 5-53 丰田威驰 5A-FE 型发动机的燃油供给系统示意图

1—喷油器 2—分配管 3—脉冲减振器 4—压力调节器 5—油箱 6—燃油泵总成 7—燃油泵 8—燃油滤清器 9—燃油切断阀

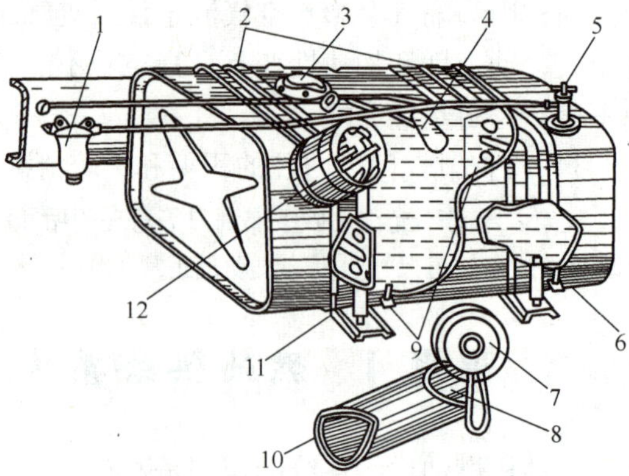

图 5-54 货车燃油箱的结构

1—燃油滤清器 2—油箱固定箍带 3—油量指示表传感器 4—传感器浮子 5—出油开关 6—放油螺塞 7—油箱盖 8—加油延伸管 9—隔板 10—滤网 11—燃油箱支架 12—加油管

箱内的积水和污物。

如图5-55所示为轿车的燃油箱结构。

5.4.2　电动燃油泵

电动燃油泵的作用是将汽油从油箱中吸出，加压后送给喷油器。

1. 电动燃油泵的结构类型

电动燃油泵按其安装位置不同，可分为内装式和外装式两种。

(1) 内装式电动燃油泵　内装式燃油泵装在油箱内，不易泄漏燃油和产生气阻，运转噪声小，因此现在大多数电控汽油喷射系统都采用内装泵。内装泵在油箱中的位置如图5-56所示。

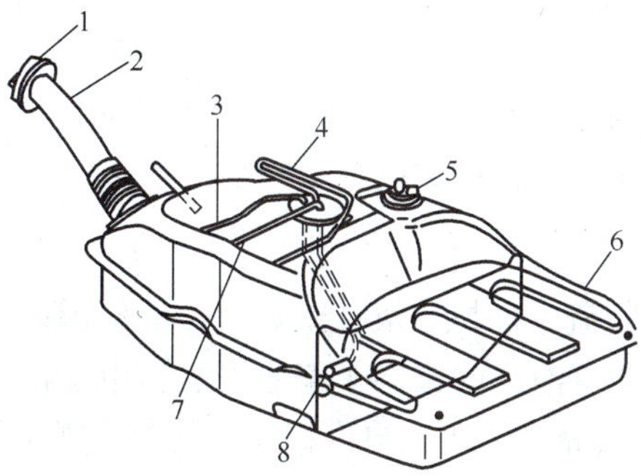

图5-55　轿车燃油箱的结构

1—油箱盖　2—加油管　3—燃油管　4—输油管　5—油量传感器　6—油箱体　7—回油管　8—浮子

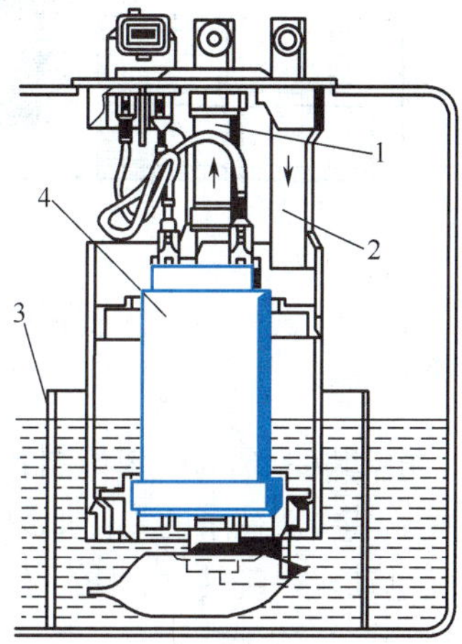

图5-56　内装式电动燃油泵

1—出油管　2—回油管　3—小油罐　4—电动燃油泵

常用的内装式电动燃油泵为涡轮式，其结构如图5-57所示，由直流电动机、涡轮泵、单向阀、限压阀和滤网等组成，泵壳一侧有进油口，另一侧有出油口，进油口外装有滤网，以防杂质进入。

涡轮泵由电动机带动，其涡轮实际上是一块圆形平板，平板外沿开有小槽，形成泵油叶片。叶片高速旋转时，将油甩到壳体内壁而使油压升高，出油口就连接于此，升高压力的油经出油口被送出；而在叶片的中间，由于油被甩出形成真空，进油口就连接于此，汽油由真空吸力被吸入。油泵的出油口装有单向阀，其作用是阻止汽油回流，并在发动机不工作时保持一定的燃油压力，以便再次起动。油泵的出油口附近有一限压阀，当出油口或燃油滤清器等堵塞而引起油压过高时，限压阀开启卸压。

(2) 外装式电动燃油泵　外装式电动燃油泵安装在油箱外，串联在输油管上，大多为容积式，泵内腔容积变大处连着进油口，泵内腔容积变小处连着出油口。泵内腔容积变大时，形成一定的真空度而将汽油吸入；泵内腔容积减小时，油压升高，汽油被压出。常见的外装式燃油泵是滚柱式电动燃油泵。

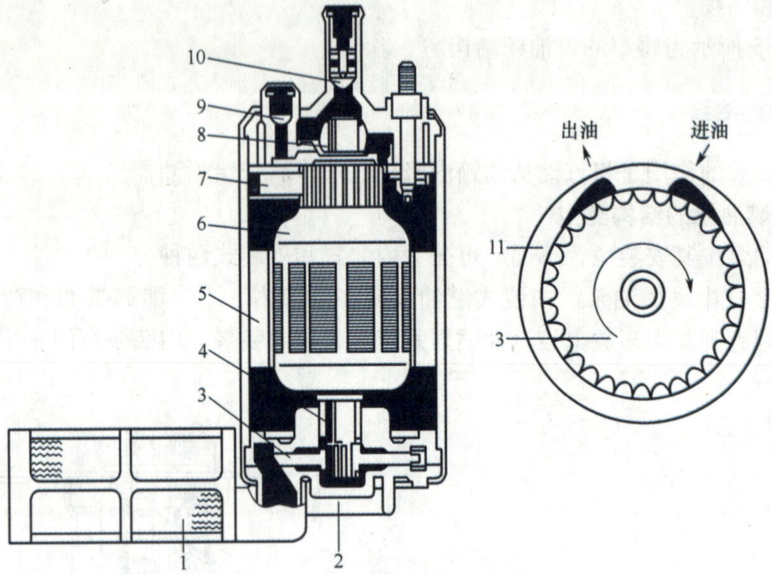

图 5-57　涡轮式电动燃油泵

1—滤网　2—橡胶缓冲垫　3—转子　4—轴承　5—磁铁　6—电枢　7—电刷
8—轴承　9—限压阀　10—单向阀　11—泵体

滚柱式电动燃油泵的结构如图 5-58 所示，由直流电动机、滚柱式油泵、单向阀以及限压阀等组成，其中滚柱泵的结构如图 5-59 所示。装有滚柱的泵转子偏心安装在电动机的电枢轴上，随电动机一起转动，滚柱安装在泵转子的凹槽内，可以自由移动，泵壳体侧面制有进油口和出油口。转子旋转时，位于转子凹槽内的滚柱在离心力的作用下压靠在泵壳体的内表面上，两个相邻的滚柱之间形成一个封闭的空腔。由于转子被偏心安装，腔室的容积在转动过程中不断变化，在腔室容积增大的一侧设有进油口，而在腔室容积变小的一侧设有出油口。当腔室容积变大时，其内部形成低压，将燃油吸入；当腔室容积变小时，其内部压力增大，将燃油压出，这样就可以将燃油从油箱吸出并加压后供到供油管路中。

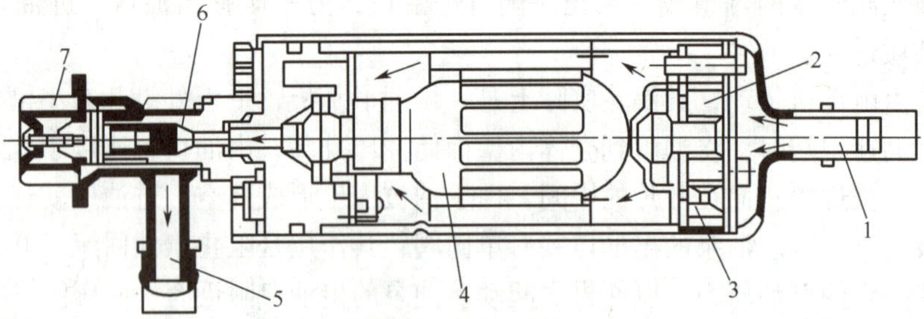

图 5-58　滚柱式电动燃油泵的结构

1—进油口　2—滚柱泵　3—限压阀　4—电动机　5—出油口　6—单向阀　7—阻尼稳压器

2. 电动燃油泵的控制

电动燃油泵的控制包括以下功能：

1）预运转功能。即当点火开关打开而不起动发动机时，油泵能预先运转 3 ~ 5s，向油管中预先冲入压力燃油，保证顺利起动。

2）起动运转功能。即在发动机起动运转过程中，油泵能同时运转，保证起动供油。

3）恒速运转功能。即在发动机正常运转过程中，油泵能始终恒速运转，保证正常的泵油压力和泵油量。

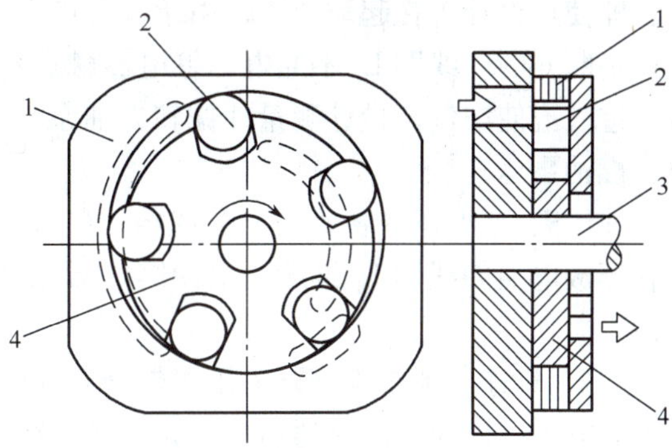

图5-59　滚柱泵的结构

1—泵壳体　2—滚柱　3—转子轴　4—转子

4）变速运转功能。即根据发动机工况的变化控制油泵高、低速运转变换。发动机高速、大负荷工况下耗油较多时，燃油泵以高速运转；发动机在低速、中小负荷工况工作时，使燃油泵以低速运转，以减少不必要的燃油泵磨损和电能消耗。

5）自动停转保护功能。发动机熄火后，即使点火开关仍处于接通状态，油泵也能自动停转。这一功能可防止汽车因碰撞等事故造成油管破裂时的燃油大量外溢，避免因点火开关处于接通位置而引起火灾。

总之，对油泵控制的基本要求是：只有当发动机处于运转状态时，油泵才工作；若发动机不运转，即使接通点火开关，油泵也不工作。电控汽油泵常见的控制电路有油泵开关控制式、ECU控制式和油泵继电器控制式等形式。

（1）油泵开关控制式　油泵开关控制式系统的油泵控制电路如图5-60所示。这种控制方式使用在博世L型燃油喷射系统、采用叶片式空气流量计的汽车发动机上，适用油泵转速不变、输油量恒定的控制系统。

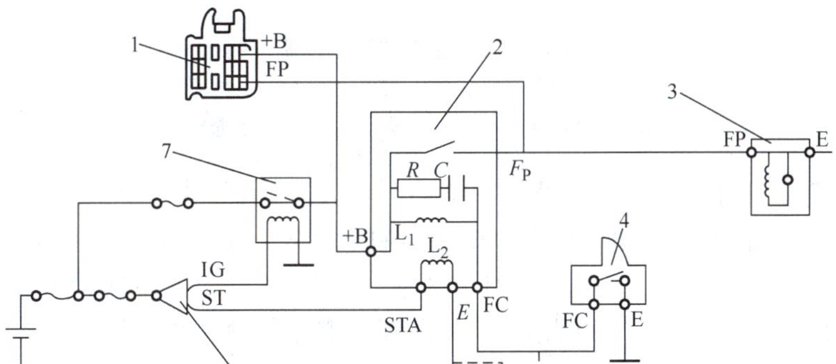

图5-60　油泵开关控制的油泵控制电路

1—检查插座　2—断路继电器　3—油泵　4—空气流量计油泵开关

5—油泵检查开关　6—点火开关　7—主继电器

在油泵的控制电路中，控制燃油泵电源的继电器有两组互相并联的电磁线圈，任一组电磁线圈通电都可以使继电器触点闭合。线圈 L_1 的一端与点火开关的IG位置相连，另一端与叶片式空气流量计相连，通过叶片式空气流量计中的油泵开关搭铁。发动机不运转时，即使点火开关在起动位置，由于没有进气，空气流量计的测量片没有偏转，油泵开关触点是断开的，线圈 L_1 不通电，继电器触点不闭合，电动燃油泵也不运转；发动机运转时，进气流使空气流量计测量片偏转，油泵开关触点闭合，线圈 L_1 通电，继电器触点闭合，燃油泵运转。

在线圈 L_1 上还并联着一个电容器，它用于由于某种原因而导致油泵开关触点断开时，电容器放电而使线圈 L_1 继续通电使继电器触点保持闭合，防止油泵停转，继续保持稳定供油。

与 L_2 相连的油泵检查开关用于检查电动燃油泵的控制电路。将接头搭铁后，只要打开点火开关，油泵电路接通后即开始运转。线圈 L_2 的一端与点火开关 ST 起动位置相连，另一端搭铁。当点火开关转至起动位置，线圈 L_2 通电，继电器触点闭合。这时，燃油泵运转，向发动机提供压力油。

（2）ECU 控制式　采用 ECU 控制的油泵控制电路如图 5-61 所示。该控制电路由 ECU 和电路断开继电器对油泵工作进行控制。

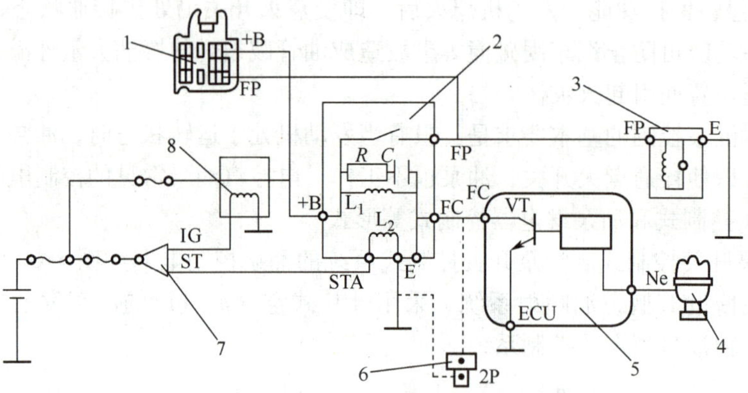

图 5-61　ECU 控制的油泵控制电路

1—检查插座　2—电路断路继电器　3—油泵　4—分电器　5—ECU

6—油泵检测开关　7—点火开关　8—主继电器

1）起动发动机时，点火开关处于起动挡，点火开关 ST 端子通电，电路断开继电器 L_2 线圈通电，使电路断开继电器闭合，电源向油泵供电，油泵工作，处于起动供油状态。

2）发动机起动后进入正常运转时，转速传感器将发动机转速信号 Ne 输入 ECU，ECU 控制晶体管 VT 导通，L_1 线圈通电，电路断开继电器触点继续保持闭合状态，油泵继续工作。

3）发动机停止运转时，ECU 接收不到转速传感器发出的 Ne 信号而使晶体管 VT 截止，线圈 L_1 断电，电路断开继电器触点打开，油泵供电线路中断，油泵停止工作。

这种控制方式还具有预运转功能，即点火开关由“OFF”挡转至“ON”挡，但不起动发动机时，ECU 会控制油泵运转 3 ~ 5s，使油路中的油压提高，从而方便起动。

（3）油泵继电器控制式　这种控制方法适用于两级转速燃油泵控制系统，ECU 根据发动机负荷和转速信号控制燃油泵低速或高速运转，以输出不同的燃油量，适用发动机负荷的需要，其电路控制系统如图 5-62 所示。

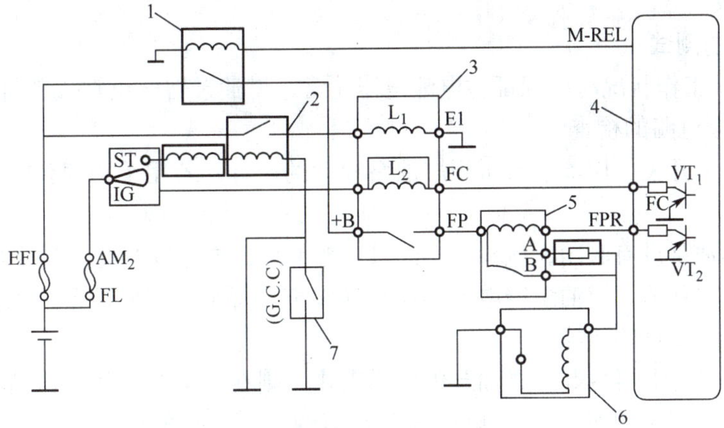

图 5-62　油泵继电器控制式系统电路

1—主继电器　2—起动继电器　3—开路继电器　4—ECU

5—燃油泵继电器　6—燃油泵　7—空挡起动开关

为实现油泵转速可变控制，该电路由 ECU、油泵继电器、电阻器、燃油泵断路继电器、主继电器等组成。当发动机工况处于起动、大负荷高速运转时，ECU 内的晶体管是截止的，燃油泵继电器触点 B 闭合，电流经点火开关、断路继电器、触点 B 直接加到燃油泵上，使燃油泵高速运转。当发动机处在小负荷工况运转时，ECU 内的晶体管导通，油泵继电器中的触点 A 闭合，电流要流经电阻器产生电压降后再流到燃油泵电路中，这时燃油泵低速运转，输出较少的燃油。

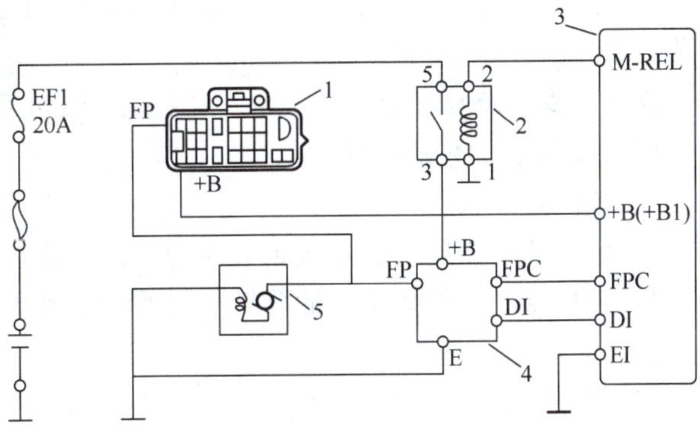

图 5-63　油泵 ECU 控制式系统电路

1—检测连接器　2—EFI 主继电器　3—ECU

4—燃油泵控制 ECU　5—燃油泵

此外，还有一种油泵 ECU 控制式系统电路，如图 5-63 所示。这种控制方式也用于两级转速燃油泵控制系统，主要由发动机 ECU、电动燃油泵 ECU、主继电器等元件组成。发动机 ECU 对燃油泵转速的控制是根据发动机起动信号、节气门位置信号和发动机转速信号进行的。

当发动机低于最低转速(120r/min)时，电动燃油泵 ECU 断开油泵电路，即使点火开关接通，电动燃油泵也不工作。

当发动机在起动或高速、大负荷工况时，发动机 ECU 给油泵 ECU 的“FPC”端输入一个高电平信号(5V)，燃油泵 ECU 的“FP”端向驱动电动机提供较高的电压(约 12 ~ 14V)，使燃油泵高速运转。

当发动机在怠速或小负荷工况时，发动机 ECU 向燃油泵 ECU 的“FPC”端输入一个低电平信号(2.5V)，此时燃油泵 ECU 的 FP 端向油泵供给低于蓄电池电压的电压(9V)，使油泵低速运转。

3. 燃油泵的测试

测试燃油泵工作状况时应保证蓄电池电压正常，燃油泵熔丝正常，燃油滤清器正常。

（1）燃油泵电路的检查

1）接通点火开关，应该能够听到燃油泵起动的声音，若用手指捏住输油管应能感到油压。

2）如果燃油泵没有起动，应检查燃油泵、燃油泵继电器以及燃油泵控制电路。

3）关闭点火开关，燃油泵继电器必须有动作声，否则检查燃油泵继电器线路。如果线路正常，更换燃油泵继电器。

4）如果油泵继电器良好，燃油泵仍然不工作，则在点火开关接通的情况下，用万用表测量燃油泵导线上的供电电压。电压的正常值约为蓄电池的电压（12V 左右），如果电压没有达到规定值，则需要根据电路图查找并排出燃油泵电路故障；如果电压达到了规定值，同时燃油泵处的搭铁导线没有发现断路情况，说明电动燃油泵有故障，应检查更换燃油泵。

（2）燃油泵的检验

1）关闭燃油泵开关，脱开燃油泵电插头。

2）用万用表测燃油泵线圈电阻，如果不在规定范围，则更换燃油泵总成。

3）给燃油泵加上 12V 电源，检查燃油泵的运转情况。如不正常，则更换燃油泵总成。

注意：本实验应在 10s 内完成，以免烧毁燃油泵线圈，同时使燃油泵远离蓄电池。

（3）测量燃油泵的供油量

1）关闭点火开关。

2）泄压后，将压力表连接到输油管上，将软管接到回油管上，并伸到量杯内。

3）使用接头导线短接燃油泵继电器的触点和蓄电池正极端子，使燃油泵运转，建立系统油压后断电。

4）倒空量杯。

5）接通燃油泵，使之运转。测量规定时间内的泵油量，与规定值进行比较。如果没有达到最低的输油量，故障原因可能为输油管弯曲或阻塞、燃油滤清器阻塞、燃油泵自身故障等。

5.4.3 燃油滤清器

燃油滤清器安装在燃油泵之后的油路中，用来滤掉燃油中的杂质，减小系统内的机械磨损，防止堵塞，提高工作可靠性。一般采用纸质滤芯、一次性燃油滤清器，其结构如图 5-64

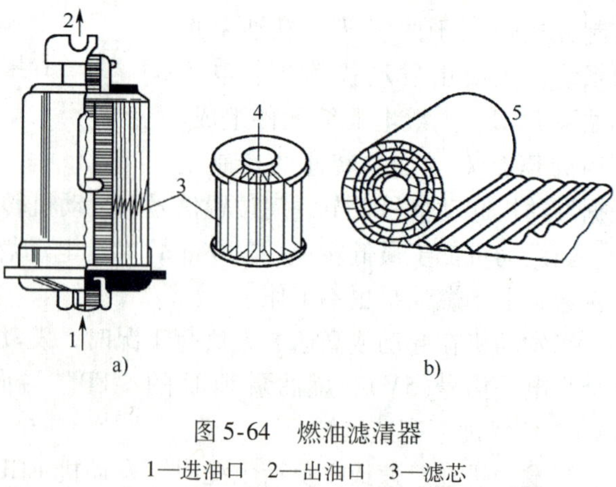

图 5-64 燃油滤清器

1—进油口 2—出油口 3—滤芯

4—菊花形滤芯 5—盘簧形滤芯

所示。

汽油从入口进入滤清器，经过壳体内的滤芯过滤后，清洁的汽油从出口流出。安装时注意燃油滤清器壳体上的箭头标记为汽油流动方向。

燃油滤清器阻塞后会导致供油压力和供油量不足，影响发动机的动力性，因此要定期进行维护。一般每行驶 30 000 ~ 40 000km 或每两个二级维护作业周期更换一次燃油滤清器。若使用的燃油含杂质较多时，应缩短更换周期。

5.4.4　油压缓冲器

油压缓冲器用来减小或清除喷油器和油压调节器在开启和关闭时油压变动而产生的脉动和噪声。

如图 5-65 所示为一装在供油总管上的膜片弹簧式油压缓冲器的结构图。膜片将油压缓冲器的内腔一分为二，膜片上方装有弹簧，下方接燃油管路，当管路内油压升高时，膜片上抬压缩弹簧，使膜片下方空间增大，油压降低；当管路油压下降时，弹簧回位，膜片下方空间减小，油压回升。

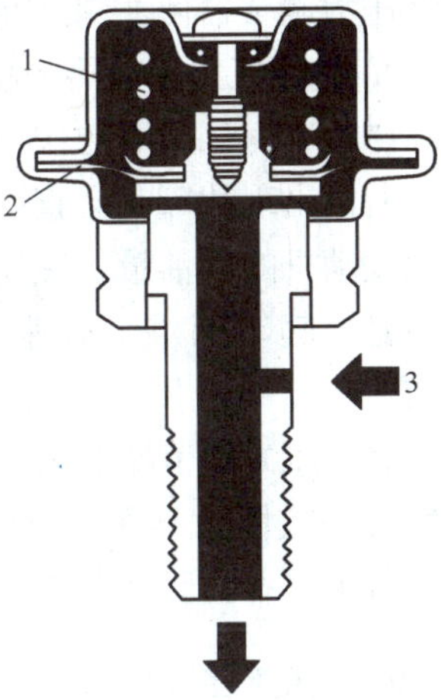

图 5-65　油压缓冲器

1—弹簧　2—膜片　3—燃油

5.4.5　燃油压力调节器

1. 作用

燃油压力调节器是一个调压阀，其作用是根据进气歧管压力的变化来调节系统油压，使两者的压力差保持恒定，一般为 250 ~ 300kPa。由于供给喷油器的燃油压力与进气管的压力差值是恒定的，使喷油器的喷油量唯一地取决于喷油器的开启时间，故电控单元只需通过控制喷油器的开启时间就可以达到精确控制喷油器喷油量的目的。

2. 结构与工作原理

燃油压力调节器的结构如图 5-66 所示。它由金属壳体、弹簧、膜片和回油阀等组成，一般安装在燃油分配管上。膜片将金属壳体的内腔分成两个腔室：一个是弹簧室，内装一个具有一定预紧力的螺旋弹簧，弹簧预紧力作用在膜片上，弹簧室通过软管引入进气管的负压；另一个是燃油室，通过两个管接头与燃油分配管及回油管相连。发动机运转时，进气歧管的负压和弹簧预紧力共同作用在膜片上，燃油泵供给的燃油同时输送到喷油器和压力调节器的燃油室，若油压低于预定值，球阀将回油孔关闭，燃油不再进一步流动；当压力超过预定值时，燃油压力推动膜片使阀向上移动，回油孔打开，燃油经回油管流回油箱，同时弹簧室的弹簧被进一步压缩。

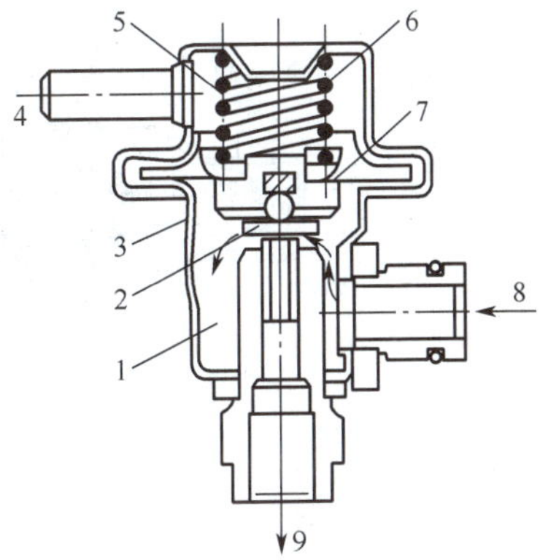

图 5-66　燃油压力调节器

1—燃油室　2—回油阀　3—壳体　4—真空接口　5—弹簧室　6—弹簧　7—膜片　8—进油残余压力　9—出油口

燃油压力调节器的压力调节特性曲线如图 5-67 所示。当进气歧管内的气体压力下降（真空度增大）时，膜片向上移动，使回油阀开度增大，回油量增加，从而使燃油分配管内油压下降，保持与变化了的歧管压力差值恒定；反之，当进气歧管内的压力升高(真空度降低)时，膜片带动回油阀向下移动，回油阀开度减少，回油量减少，同时燃油分配管内油压升高。发动机停止工作时，燃油分配管内压力下降，回油阀在弹簧作用下逐渐关闭，使燃油泵单向阀与燃油压力调节器回油阀之间的油路内保持一定的压力。

3. 燃油压力调节器的检修

燃油压力调节器的作用是调节喷油压差恒定，所以出现故障时会直接影响喷油压差的高低和发动机的供油量，使发动机供油不稳、怠速不稳、起动困难、加速无力、排放及油耗增加。

燃油压力调节器的主要故障是弹簧张力疲劳后变小或膜片破裂，而且它是不可调节器件，若工作不良时，应进行更换。

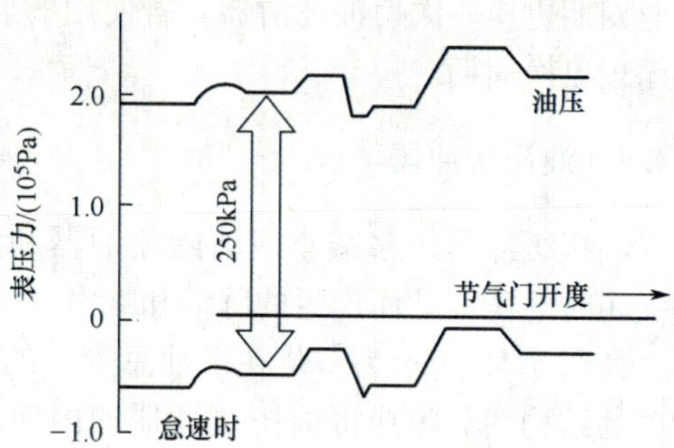

图 5-67 压力调节特性曲线

5.4.6 电磁喷油器

喷油器是电控燃油喷射系统中一个重要的执行元件，实际上是一电磁阀，由 ECU 控制通电时间，定时定量地将汽油喷入进气歧管或进气管内。它安装在各进气歧管或进气道附近的缸盖上，并用燃油分配管固定。

1. 喷油器的结构与工作原理

按喷口的结构不同，喷油器可分为轴针式和孔式两种，如图 5-68 所示。喷油器主要由电磁线圈、电磁衔铁和针阀等组成。轴针式喷油器的针阀下部有轴针伸入喷口。喷油器

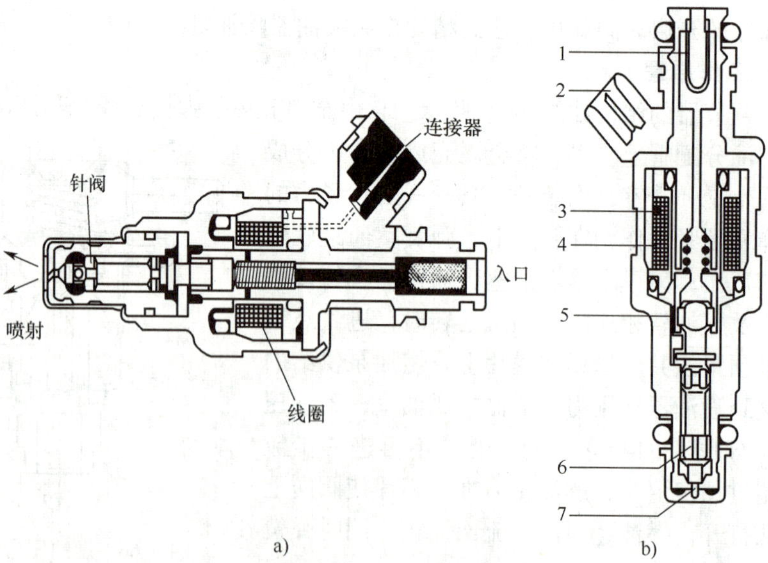

图 5-68 喷油器的结构

a）孔式喷油器 b）轴针式喷油器

1—滤网 2—接线插座 3—电磁线圈 4—弹簧 5—衔铁 6—针阀 7—轴针

内部的电磁线圈经线束与微处理器连接，喷油器头部的针阀与衔铁连接为一体。喷油器的一端为进油口，与燃油分配管连接；另一端为喷油口，插入进气歧管中，两端分别用O型密封圈密封。

喷油器不喷油时，回位弹簧通过衔铁使针阀紧压在阀座上，防止滴油。当ECU传来信号时，电磁线圈通电，电磁衔铁被吸引，针阀被开启，汽油从针阀头部的环状间隙中喷出。当电磁线圈断电时，电磁吸力消失，回位弹簧迅速使针阀关闭，喷油器停止喷油。针阀升程约为0.1mm，针阀每次的开启时间在2～10ms的范围内，喷油的多少取决于针阀的开启时间，即电磁线圈通电时间的长短。

2. 喷油器的驱动

按电磁线圈的控制方式不同，喷油器可分为电压驱动式和电流驱动式两种，如图5-69所示。

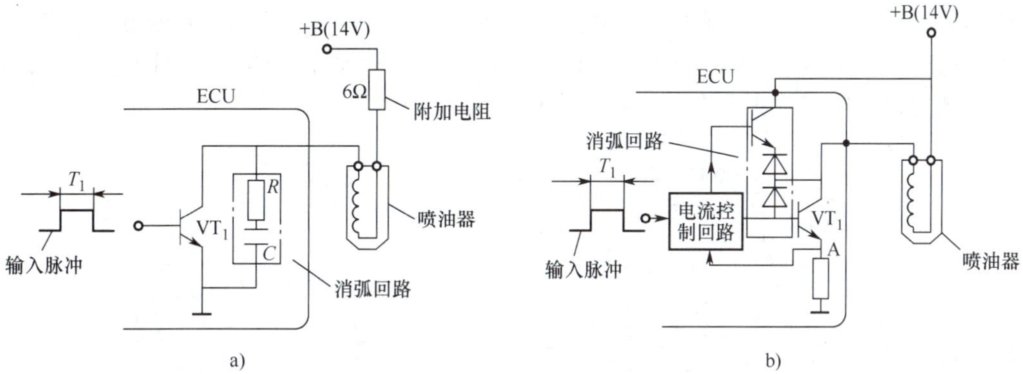

图5-69 喷油器的驱动电路

a）电压驱动回路 b）电流驱动回路

（1）电压驱动方式 电压驱动是指ECU驱动喷油器喷油的电脉冲电压是恒定的，如图5-69a所示。在电压驱动电路中，使用高阻值喷油器时，可将蓄电池的电压直接加在喷油器上；而使用低阻值喷油器时，则应在电路中串入附加电阻，将蓄电池电压分压后加在喷油器上。这是因为低阻值喷油器电磁线圈匝数少、电阻小，如果直接和蓄电池电源连接，则电流大、发热快、易烧坏电磁线圈，故串入附加电阻可保护低阻值喷油器。附加电阻与喷油器的连接方式如图5-70所示。

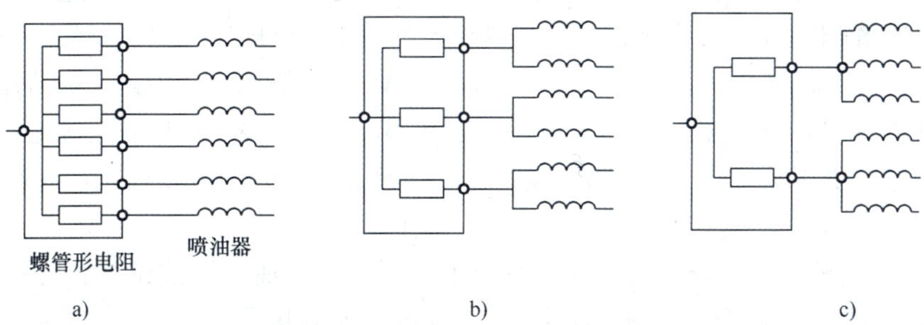

图5-70 附加电阻与喷油器的连接方式

（2）电流驱动方式　电流驱动是指通过控制喷油器的工作电流来控制喷油器的工作，如图 5-69b 所示，即喷油器的驱动脉冲信号开始用一个较大的电流，使电磁线圈产生较大的电磁吸力，以迅速打开喷口，随后用较小的电流保持喷口的开启状态，从而防止电磁线圈过热，因此驱动效果好。电流驱动方式只适用于低阻值喷油器，蓄电池电压直接加在喷油器上，由于喷油器的阻值小，驱动电路接通时，通过喷油器电磁线圈的电流很快上升，使针阀迅速打开。随着电流的上升，检测点 A 的电位也很快升高。当 A 点电位上升到设定值时，电流控制回路会控制晶体管 VT_1 以 20MHz 的频率交替接通和截至，使通过喷油器电磁线圈的平均电流保持在 1 ~ 2A，保持针阀的开启状态。

（3）喷油器的控制电路　各种喷油器的控制电路大同小异，其基本控制电路如图 5-71 所示。各种传感器的信号输入 ECU 后，ECU 根据数学计算和逻辑判断的结果，发出脉冲信号指令控制喷油器喷油。当脉冲信号的高电平加到驱动晶体管 VT 的基极时，VT 导通，喷油器的电磁线圈电流接通，产生电磁吸力将针阀吸开，喷油器开始喷油；当脉冲信号的低电平加到驱动晶体管 VT 的基极时，VT 截止，喷油器的电磁线圈电流切断，在回位弹簧的弹力作用下针阀关闭，喷油器停止喷油。

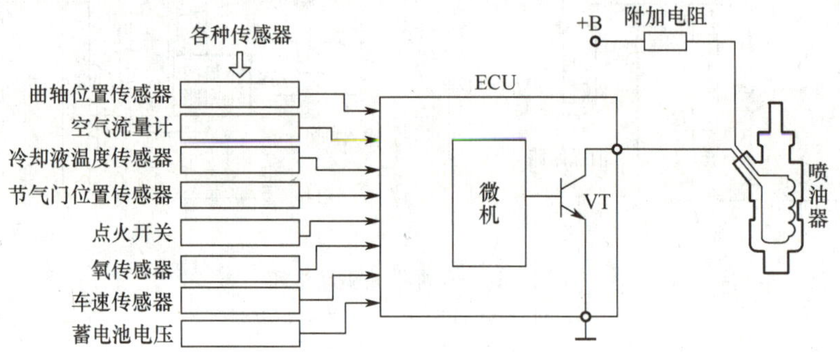

图 5-71　喷油器的基本控制电路

3. 喷油器的检查

（1）喷油器的就车检查

1）检查喷油器的工作情况。在发动机的运转过程中，用听诊器或手指接触喷油器时，可听到或感觉到与发动机转速成正比的喷油频率。若各缸喷油器工作声音清脆则说明各喷油器工作正常；若某缸喷油器工作声音很小则可能是针阀卡滞，应做进一步检查；若听不见某缸喷油器的工作声音则说明该缸喷油器不工作，应检查喷油器及其控制电路。

2）检查喷油器的供电电压。当点火开关置于“ON”位置时，用万用表的直流电压挡测量线束连接器的 +B 端子与搭铁之间的电压，应为 12V，若不正常，则检查控制电路及 ECU。

3）检查喷油器的电阻。拆下喷油器的导线插接器，用万用表欧姆挡测量喷油器的电阻值。若不符合要求，应更换喷油器。

（2）喷油器的车下检查　将喷油器从车上拆下，在喷油器清洗试验台上按照使用说明书的操作步骤，检查喷油器的喷油量、雾化情况和泄漏状况。喷油器在正常工作压力下 15s 常开喷油量一般为 45 ~ 75mL，各缸喷油量误差不得超过平均喷油量的 5%。喷油器关闭后，在正常工作压力下，1min 内喷油器不得有两滴以上的滴漏。

5.4.7　燃油系统的检修

1. 燃油系统的压力释放

汽油喷射发动机为便于再次起动，在发动机熄火后，燃油系统内仍保持有较高的残余压力。在拆检燃油系统的任何元件时，都必须首先释放燃油系统的压力，以免系统内的压力油喷出，造成人身伤害或火灾。燃油系统压力的释放方法如下：

1）起动发动机，维持发动机怠速运转。

2）在发动机运转时，拔下油泵继电器或电动燃油泵的电源接线，使发动机自行熄火。

3）在发动机熄火后，再起动发动机2～3次，确保完全泄压。

4）关闭点火开关，装上油泵继电器或电动燃油泵电源接线。

2. 燃油系统的压力预置

在拆开燃油系统进行维修之后，为避免首次起动发动机时因系统内无压力而导致起动时间过长，应预置燃油系统压力。燃油系统压力预置可通过反复打开和关闭点火开关数次来完成，也可按下述方法进行：

1）检查燃油系统所有元件和油管接头是否安装良好。

2）用专用导线将诊断座上的燃油泵测试端子跨接到12V电源上。

3）将点火开关转至“ON”位置，使电动燃油泵工作约10s。

4）关闭点火开关，拆下诊断座上的专用导线。

3. 燃油系统的压力测试

通过检测燃油系统压力，可诊断燃油系统是否有故障，进而根据检测结果确定故障性质和部位。检测时需用专用油压表和管接头，检测方法如下：

1）卸除燃油系统的压力。

2）拆下蓄电池负极搭铁线，安装汽车专用燃油压力表。压力表一般安装在燃油滤清器的出油口或燃油分配管的进油口处，安装好后重新接好蓄电池负极电缆线。

3）检测静态油压。拔下电动燃油泵继电器，用导线将电动燃油泵继电器供电端子短接，打开点火开关但不起动发动机，使电动燃油泵运转，此时的燃油压力应符合技术要求，一般应在300kPa左右摆动。

如果静态油压偏高，多是由于回油管变形或油压调节器损坏造成的，应先仔细检查回油管。变形的回油管会阻碍燃油的流动，导致静态油压升高。若回油管完好，应更换燃油压力调节器。

如果静态油压偏低，多是由于油泵进油滤网脏污、电动燃油泵内部磨损、电动燃油泵限压阀损坏、燃油滤清器脏堵、燃油压力调节器调压弹簧过软或喷油器喷孔卡滞常喷油造成的，可更换燃油滤清器试一下。

4）检测怠速工作压力。起动发动机怠速运转时，油压表读数即为燃油供给系统的怠速工作压力，一般为250kPa或符合车型技术要求。怠速工作油压偏高多是由于燃油压力调节器真空管错装、漏装或漏气造成的，此时应先检视真空管安装是否正确、是否存在漏气部位，必要时进行更换。

检测怠速工作压力时，拔下真空管时油压应上升至300kPa，与节气门全开时的加速油压基本相等，否则应更换燃油压力调节器。

5）检测急加速压力。急加速至节气门全开时油压表读数即为燃油供给系统的急加速油压。一般急加速时油压应迅速由怠速工作时的250kPa上升到300kPa，或符合车型技术要求。

若急加速油压无变化，则可能是真空管插在了有单向阀的真空储气罐上，应予以恢复；若急加速油压与怠速工作油压差值小于50kPa，则说明在节气门全开时进气系统仍存在真空节流，应予以检修。

6）检测油泵最大供油压力。在发动机怠速运转过程中，用包有软布的钳子将回油管夹住，此时油压表读数即为油泵最大供油压力，其值应符合要求，一般为工作油压的2～3倍，即500～700 kPa。

油泵的最大供油压力偏高是由于油泵限压阀卡滞造成的，应更换电动燃油泵；油泵的最大供油压力偏低是由于燃油滤清器堵塞、油泵进油滤网脏污、油泵磨损、限压阀关闭不严等原因造成的，应更换燃油滤清器后重新进行检验。

7）检测调节压力。在发动机怠速运转中，将油压调节器真空管拆开后，燃油系统升高后的油压与怠速工作油压的差值应符合车型要求，一般为28～70kPa。

8）检查燃油系统的保持压力。松开油管夹钳，恢复静态油压，取下油泵继电器跨接线，使油泵停止运转，并等待一定时间，此时压力表的读数即为燃油供给系统的保持压力，应符合要求。

保持压力过低是由于电动燃油泵止回阀关闭不严、油压调节器回油口关闭不严或喷油器滴漏造成的，应进行相应的检查。

课题5 排气系统主要零件的构造与维修

5.5.1 排气歧管

排气歧管一般由铸铁铸造，为了不使各缸排气互相干扰及不出现排气倒流的现象，并尽可能地利用惯性排气，应该将排气歧管做得尽可能长，且各缸支管相互独立、长度相等。

排气歧管用螺栓固定在气缸体或气缸盖上，在接合面处装有金属片包的石棉衬垫，以防漏气。排气歧管的各个支管分别与各缸排气门的通道相接。柴油机的进排气管大多不在气缸的同一侧，以免因排气管的高温对进气管的影响而降低充气效率。

排气歧管的结构如图5-72所示。

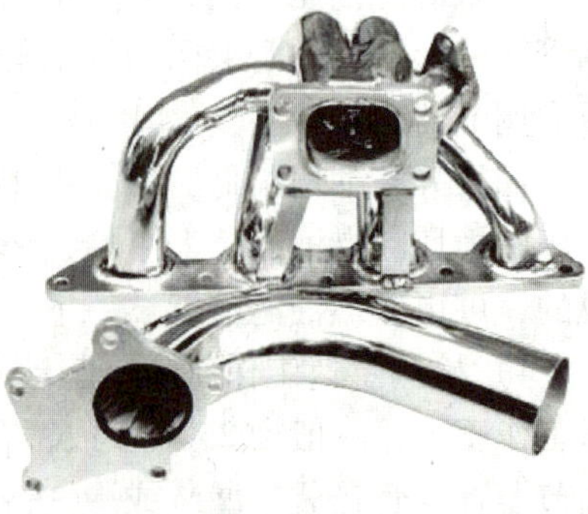

图5-72 排气歧管

5.5.2 排气消声器

为了减轻噪声和消除废气中的火焰及火星，在排气管出口处装有排气消声器，使废气经排气消声器后进入大气。消声器的基本原理是：消耗废气流的能量，平衡气流的压力波动，其常用方法有以下几种：

1）多次地改变气流方向。

2）重复地使气流通过收缩而又扩大的断面。

3）将气流分割为很多小的支流并沿着不平滑的平面流动。

4）将气流冷却。

排气消声器的结构和原理如图 5-73 所示。

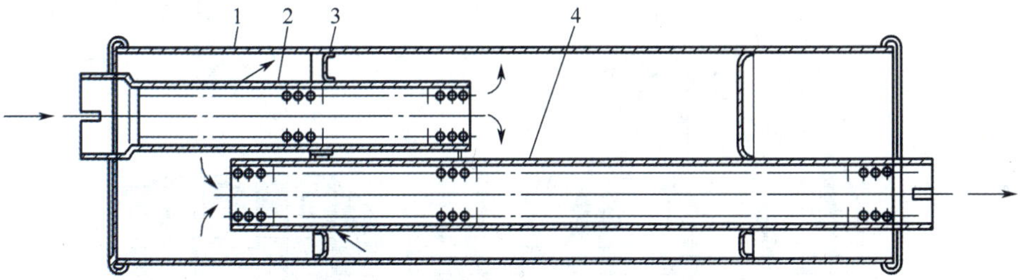

图 5-73　排气消声器的结构和原理

1—外壳　2、4—多孔管　3—隔板

排气消声器一般由外壳、多孔管和隔板组成。隔板在外壳内隔成几个尺寸不同的滤声室。

废气进入多孔管后，再进入多孔管与外壳间的滤声室，受到反射，并在这里膨胀冷却，又经过多次与壁碰撞消耗能量，使废气的温度、压力和流速都显著降低，从而消减了排气噪声，消除了火焰和火星。

为了有效地降低轿车排气噪声，现代轿车大多采用几个消声器串联，如图 5-74 所示为轿车用排气消声器的结构，由第一道消声器 3、中间消声器 4 和主消声器 5 组成。

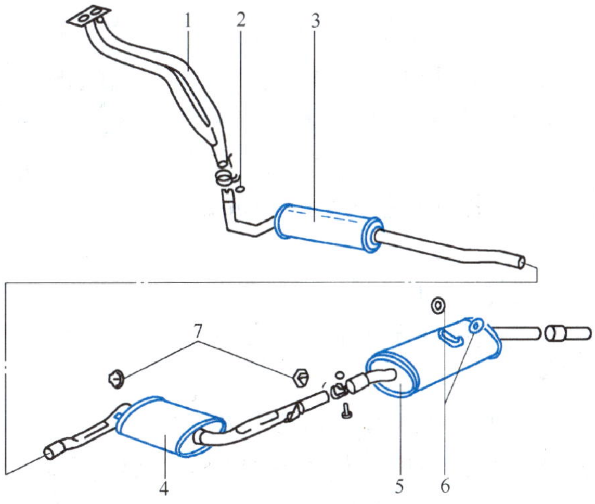

图 5-74　轿车排气消声器

1—双出口排气管　2—螺母　3—第一道消声器　4—中间消声器　5—主消声器　6、7—吊环

5.5.3 三元催化转化器

1. 功用

三元催化转化器(国际上常用TWC即Three Way Catalytic Converter表示)是指在发动机的排气系统中的专门催化装置。它能够将排气中90%以上的碳氢化合物和一氧化碳氧化，同时也能够将排气中的氮氧化物还原成无害的氮气和氧气。它位于车底中央，安装在排气消声器的前面，如图5-75所示。

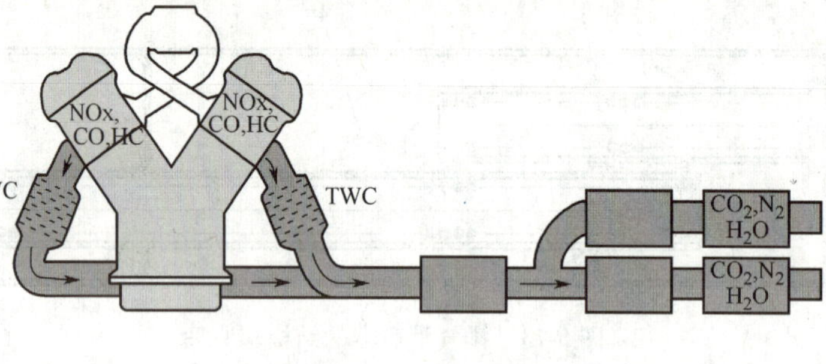

图5-75 催化转换器

2. 结构

早期的催化转化器只对CO和HC起催化作用，使其转化成CO_2和水蒸气，这样的催化转化器称为氧化催化转化器，用的催化剂是铂或钯。为了减少氮氧化合物的排放，现在的催化转化器都是三元催化转化器，是由一个金属壳、一个陶瓷格栅衬底和铂铑合金涂层构成的，活性金属物即是约2g的铂/铑金属，如图5-76所示。三元催化转化器的催化剂是铂和铑，它不仅能够把CO、HC氧化成CO_2和水蒸气，而且能使NO_x还原成N_2。

3. 工作过程

当含有HC和CO的废气在有氧的情况下通过转换器时，铂催化剂开始氧化，HC和CO与氧化合生成水蒸气和CO_2。此次氧化反应对NO_x的减少无影响，要减少氮氧化合物(NO_x)，需进行一次还原反应。在三元催化反应器中，用铑作催化剂，将NO_x分解成氮、氧元素。

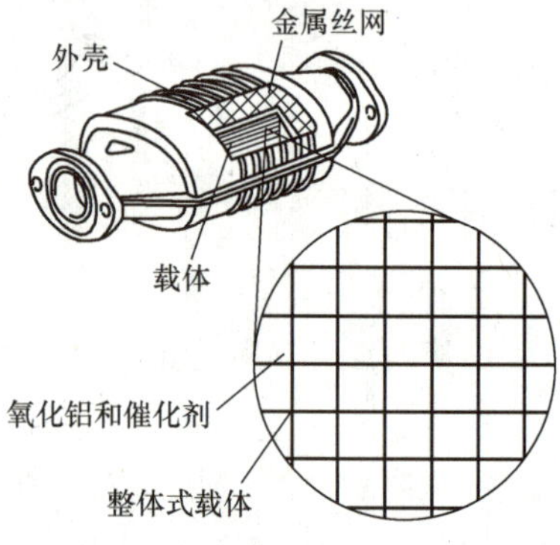

图5-76 催化转换器的结构

污染物的高效转换是在大约250℃的工作温度下开始的。最高的转化效率和使催化剂保持最长工作寿命的理想工作温度是400～800℃。

当发动机出现故障时，如点火不良会导致转换器升温达到1400℃以上。这样高的温度会使衬底材料熔化而导致转化器彻底损坏。同时，应避免使用含铅燃油，因为含铅燃油中的铅化合物会沉积在催化转换器的细孔内和催化剂的表面，减少转换器与废气的接触，使催化剂失去催化作用(常称催化剂“中毒”)，导致转化器的永久性失效，过量的机油残留物也会污染催化转换器。

三元催化转化器的转化效率受空燃比影响，如图5-77所示。当空燃比小于14.7时，CO、HC转化效率低而NO_x的转化效率将近90%以上；当空燃比大于14.7时，结果相反；只有当发动机在标准的理论空燃比14.7附近工作时，三元催化转化器的转化效率最佳，为此必须精确控制空燃比，使之在理论空燃比附近很窄的范围内工作。

4. 使用注意事项

现在汽车都配设了三元催化转化器。由于不能正确使用，常出现催化转化器过早失效的现象，这一方面造成浪费，另一方面又使汽车尾气排放得不到控制，严重污染环境。在使用和维修的过程中，应注意以下几个方面的问题：

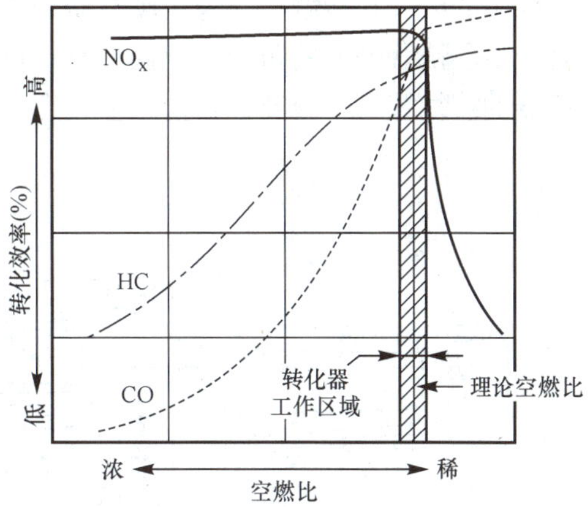

图5-77　转化效率与空燃比的关系

1）保持发动机良好的工作状态，即理想的空燃比和安全燃烧，避免安装前排气污染物浓度过大（CO≥8%、CH≥0.5%）。

2）禁止使用含铅汽油，以免降低催化剂的活性。

3）催化剂最适合的工作温度是400～800℃，不能超过1000℃，否则会促进催化剂过早老化，缩短使用寿命。

4）装用蜂巢型转化器的汽车，一般汽车每行驶80 000km应更换转化器芯体；装用颗粒型转化器的汽车，其颗粒形催化剂的重量低于规定值时，应更换。

5）行驶中应注意避免撞击，因为三元催化器大多数内部都是蜂窝陶器形成的催化剂承载体，碰撞后容易破碎，使催化器和排气系统堵塞；避免灌水、浸水，否则将会大幅度降低催化器的净化效果。

6）尽量将热车状态的三元催化转换器远离易燃物，以免引起火灾。

5.5.4　氧传感器

1. 作用

氧传感器是排气氧传感器（Exhaust Gas Oxygen Sensor，缩写为EGO）的简称。为了能够精确控制空燃比，使三元催化转化器的转化效率最佳，一般在三元催化转化器前面的排气歧管或排气管内装有氧传感器，如图5-78所示，用来检测废气中氧的浓度，以确定实际的空燃比比理论值大还是小，并把信号输送给ECU，ECU根据氧传感器反馈的此信号，对喷油量进行修正，使实际的空燃比A/F约为14.7，过量空气系数α控制在0.98～1.02范围内。

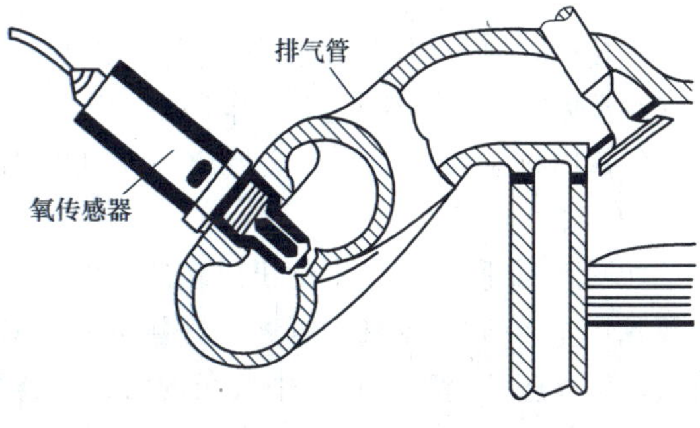

图5-78　氧传感器的安装位置

2. 氧传感器的类型

目前使用的氧传感器有氧化锆式和氧

化钛式两种，其中应用最多的是氧化锆式氧传感器。

（1）氧化锆式氧传感器（ZrO_2） 氧化锆式氧传感器的主要元件是氧化锆烧结的多孔性试管状陶瓷体，也称锆管，其基本结构如图5-79a所示。锆管固定在带有安装螺纹的固定钢套中，锆管的内外表面都镀覆一层多孔铂膜作为电极，内表面与大气相通，外表面与排气管中的废气相接触。为防止废气对铂膜的腐蚀，锆管外表面的铂膜上覆盖有一层多孔性陶瓷层。锆管外面的防护缸套上开有槽口或圆孔，废气通过槽口与锆管外表面接触。氧传感器的接线端有一金属护套，其上开有一个孔，使锆管内表面与大气相通。

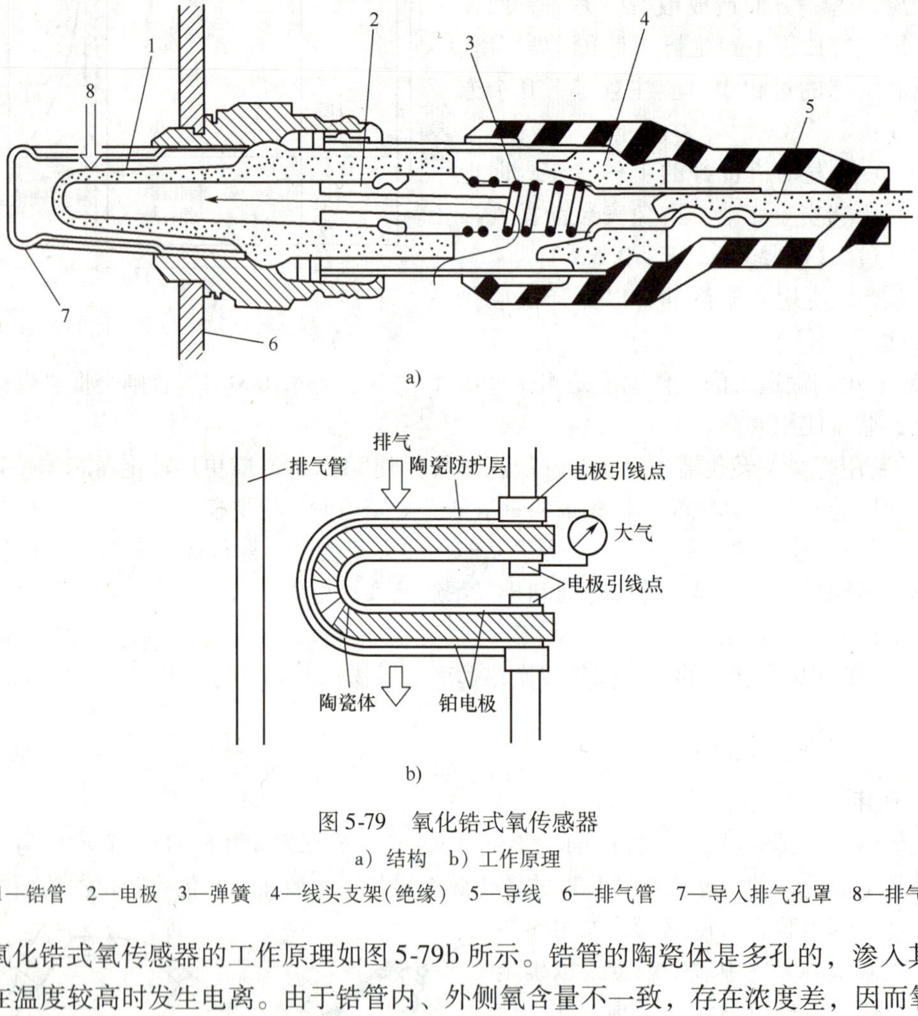

图5-79 氧化锆式氧传感器

a）结构 b）工作原理

1—锆管 2—电极 3—弹簧 4—线头支架（绝缘） 5—导线 6—排气管 7—导入排气孔罩 8—排气

氧化锆式氧传感器的工作原理如图5-79b所示。锆管的陶瓷体是多孔的，渗入其中的氧气在温度较高时发生电离。由于锆管内、外侧氧含量不一致，存在浓度差，因而氧离子从大气侧向排气一侧扩散，当氧离子移动时即会产生电动势，从而使锆管成为一个微电池，在两铂极间产生电压。

如图5-80所示，当发动机以较浓的混合气运转时（即空燃比A/F小于14.7、过量空气系数α小于1）时，排气中氧离子含量少，但CO较多，CO在锆管外表面的铂催化作用下与氧发生反应，将耗尽排气中残余的氧，使锆管外表面氧离子浓度变为零。由于锆管内表面与大气相通，氧离子浓度很大，这就使得锆管内、外侧氧浓度差较大，两个铂电极之间的电位差较高，约为0.9V。

当发动机以较稀的混合气运转时（A/F大于14.7、α大于1）时，排气中氧离子含量较多，但CO较少，在锆管外表面的铅催化作用下，即使CO全部与氧离子反应，锆管外表面还有富余的氧离子存在，因此锆管内、外侧氧浓差较小，两个铂电极之间的电位差较低，约为0.1V。

当空燃比A/F接近于理论值14.7、过量空气系数α接近于1时，排气中氧离子和CO含量都很少。在锆管外表面的铅催化作用下，氧离子与CO发生反应从缺氧状态急剧变化为富氧状态。由于氧离子浓度差急剧变化，两个铂电极之间的电位差也随之急剧变化，使传感器输出电压从0.9V变化到0.1V。

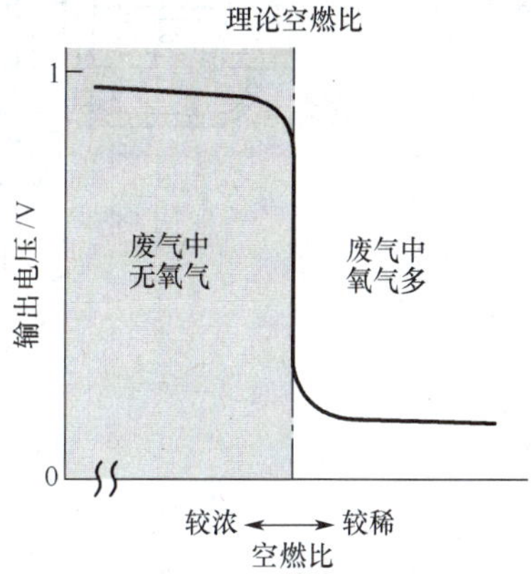

图5-80 氧化锆式氧传感器输出电压与空燃比的关系

要准确地保持混合气浓度为理论空燃比是不可能的。实际上的反馈控制只能使混合气在理论空燃比附近一个狭小的范围内波动，故氧传感器的输出电压在0.1~0.8V之间不断变化（通常每10s内变化8次以上）。如果氧传感器输出电压变化过缓（每10s少于8次）或电压保持不变（不论保持在高电位或低电位），则表明氧传感器有故障，需检修。

氧化锆式传感器必须满足发动机温度高于60℃、传感器自身温度高于400℃以及发动机在怠速工况或部分负荷时，才能进行正常工作。早期使用的氧传感器靠排气加热，这种传感器必须在发动机起动运转数分钟后才能开始工作，它只有一根接线与ECU相连。现在，大部分汽车使用带加热器的氧传感器（加热型氧传感器），这种传感器内有一个电加热元件，可在发动机起动后的20~30s内迅速将氧传感器加热至工作温度，使发动机在较低的温度下，氧传感器就开始工作。

（2）氧化钛氧传感器 氧化钛氧传感器是利用二氧化钛材料的电阻值随排气中氧含量的变化而变化的特性制成的，故又称电阻型氧传感器。二氧化钛式氧传感器的外形和氧化锆式氧传感器相似，在传感器前端的护罩内是一个二氧化钛厚膜元件。二氧化钛厚膜元件的电阻值与元件周围氧离子的浓度有关，同时二氧化钛的电阻也随温度不同而变化，因此，在二氧化钛氧传感器内部也有一个电加热器，以保持氧化钛氧传感器在发动机工作过程中的温度恒定不变。传感器的密封与防水十分方便，利用玻璃或滑石粉等密封即可达到使用要求。此外，在电极引线与护套之间设置一个硅橡胶密封圈，可以防止水汽浸入传感器内部而腐蚀电极，其结构如图5-81所示。

当发动机以较稀的混合气运转（A/F大于14.7、α大于1）时，排气中氧离子含量较多，传感器元件周围的氧离子浓度较大，二氧化钛呈现低阻状态。当发动机以较浓的混合气运转（A/F小于14.7、α小于1）时，排气中氧离子含量少，传感器元件周围的氧离子浓度较小，二氧化钛呈现高阻状态，从而大大提高了传感器灵敏度。由此可见，氧化钛氧传感器在混合气的空燃比A/F接近于理论值时，电阻值产生突变，如图5-82所示。当给氧传感器施加一个稳定的工作电压时，便可得到一个交替变化的信号电压。

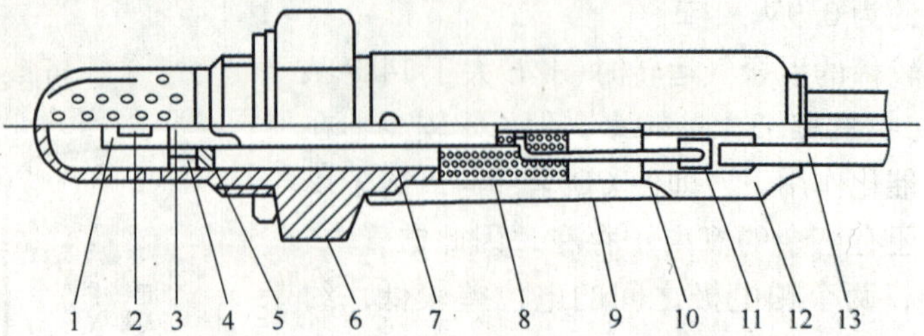

图 5-81 氧化钛氧传感器的结构

1—加热元件 2—二氧化钛元件 3—基片 4—垫圈 5—密封圈
6—壳体 7—滑石粉填料 8—密封釉 9—护套
10—电极引线 11—连接焊点 12—密封衬垫 13—传感器引线

稳定的工作电压一般由 ECU 内部的稳压电路提供。氧化钛氧传感器的工作电路如图 5-83 所示。ECU2 号端子将一个恒定的 1V 工作电压加在氧化钛氧传感器的一端上，传感器的另一端与 ECU4 号端子相接。当排出的废气中氧浓度随发动机混合气浓度变化而变化时，氧传感器的电阻随之改变，ECU4 号端子上的电压降也随着变化。当 4 号端子上的电压高于参考电压时，ECU 判定混合气过浓；当 4 号端子上的电压低于参考电压时，ECU 判定混合气过稀。通过 ECU 的反馈控制，可保持混合气的浓度在理论空燃比附近。在实际的反馈控制过程中，二氧化钛式氧传感器与 ECU 连接的 4 号端子上的电压也是在 0.1 ~ 0.9V 不断变化，这一点与氧化锆式氧传感器是相似的。

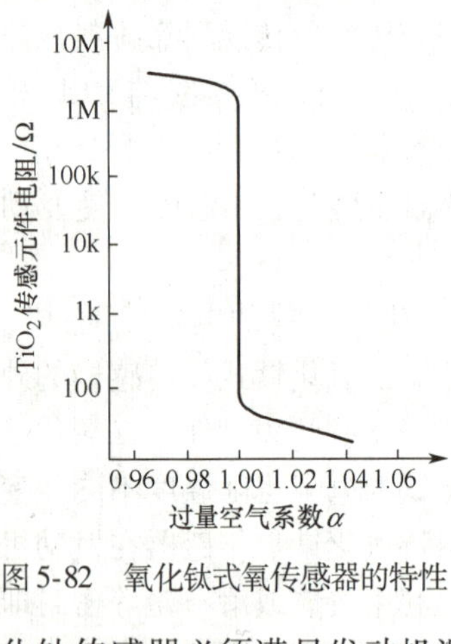

图 5-82 氧化钛式氧传感器的特性

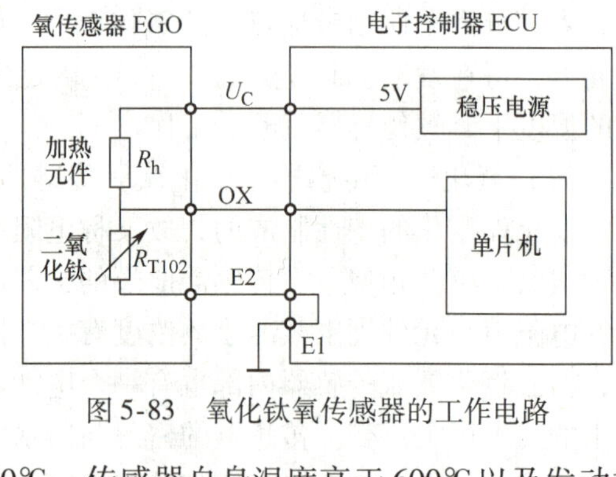

图 5-83 氧化钛氧传感器的工作电路

氧化钛传感器必须满足发动机温度高于 60℃、传感器自身温度高于 600℃以及发动机在怠速工况或部分负荷条件时，才能进行正常工作，调节混合气的浓度。大部分三元催化转化器使用带加热器的氧传感器(加热型氧传感器)，这种传感器内有一个电加热元件，可在发动机起动后迅速将氧传感器加热至工作温度而投入工作。

现在多数中高级轿车在三元催化转化器前后各装有一个氧传感器，分别提供了表示催化净化前和后的排气中氧的含量的输出电压，前(主)氧传感器用作空燃比反馈控制信号，后(副)氧传感器信号输入给 ECU，以测试催化转化的效率。通过两个传感器的电压之差就可以测量出三元催化转化器的工作状态是否正常。

3. 空燃比反馈控制

为了最有效地利用三元催化转化器对排气的催化净化作用，需采用氧传感器的反馈信号，对空燃比进行精确的反馈控制。

在反馈控制过程中，空燃比、氧传感器输出的电压信号和空燃比反馈控制信号三者之间有一定的变化关系。假定开始时混合气的实际空燃比偏浓，此时氧传感器输出高电平信号。ECU 收到这一信号后，通过减小(开始骤降,然后缓降)反馈修正系数，使喷油持续时间缩短，喷油器的喷油量减少。由于喷油量减少，混合气很快变稀。当混合气浓度低于理论空燃比时，氧传感器输出低电平信号。ECU 接收到这一信号后，又使反馈修正系数增大(开始快升,然后缓升)，结果使喷油持续时间延长，喷油器的喷油量增加，致使混合气又很快变浓。如此反复循环，不断地对空燃比进行反馈控制，最终使混合气的实际空燃比稳定在理论值附近。

当汽油机电控系统对混合气空燃比采用反馈控制时，混合气的浓度基本上在理论空燃比附近。但这种空燃比对发动机某些工况是不适宜的，如发动机起动以及刚起动未暖机时，发动机冷却液温度低，这时需要较浓的混合气，如进行反馈控制，供给理论空燃比浓度的混合气，则发动机可能会熄火；又如发动机在大负荷或高转速工况时，也需要较浓的混合气，如进行反馈控制，供给的混合气也在理论空燃比附近，则会使发动机动力不足。所以，ECU 对空燃比的控制还包括在下列状态下是否需要进行反馈控制的判定：①一般在发动机起动时；②起动后燃油量修正(加浓)时；③冷却液温度使燃油量修正时；④节气门全开(大负荷、高转速)时；⑤加减速燃油量修正时；⑥燃油中断停供时；⑦从氧传感器输入的空燃比过稀信号持续时间大于规定值时；⑧从氧传感器送来的空燃比过浓信号持续时间大于规定值时。

4. 氧传感器的使用与检修注意事项

氧传感器使用时需要按照规定里程或时间间隔定期检测或更换，新型的能保证行驶8 万 ~ 11 万 km。氧传感器失效会导致混合气过浓或过稀，产生怠速不稳、油耗过大、排放过高等故障，此时发动机故障自诊断系统将点亮汽车仪表板上的发动机警告灯，提示要立即检修。氧传感器失效多数是由炭烟、铅化物、硅胶、机油等物质沉积在氧传感器上，造成失效，更换时应清除排气管上安装螺纹孔内的沉积物，在安装时还需用专用的防粘剂，该防粘剂含有石墨和玻璃粉，石墨烧掉后留下玻璃粉在螺纹上易于拆卸。

在维修保养的过程中，应避免在氧传感器附近使用橡胶润滑剂、传动带油或者含硅的喷剂。硅化合物会堆集在传感器通大气一侧，造成不正确的电压信号，使电脑误以为是稀混合气信号，而将混合气调整过浓。使用含铅汽油则效果正相反，铅化合物堆集在传感器通废气一侧，使电脑误以为是浓混合气信号，而将混合气调整过稀。

氧传感器检测时，可用各类扫描仪器、数字电压表来测量氧传感器的信号电压随混合气浓度变化的情况以及 ECU 对电压信号的反应。发动机在正常工作温度时，氧传感器如不能随混合气的浓度输出相应的电压，一般可证明已失效需更换。在检测时不要用模拟(指针)式电压表，因其内阻小，通过的检测电流足以烧坏传感器；不要使用电阻表，以防输入检测电流而烧坏传感器；不要短接二线式氧传感器的两接柱或将单线式氧传感器的输出导线接地，以免造成损坏。

课题6 燃油喷射控制系统主要元件的构造和控制原理

燃油喷射控制系统主要由各传感器、执行器和控制单元组成。在电控发动机的燃油供给系统中，电子控制系统要根据发动机的工况要求控制喷油器定时、定量地将燃油喷入进气歧管，并且在某些特定的情况下还要控制喷油器停止喷油。因此，对燃油喷射的精确控制成为电控发动机的重要控制内容。

5.6.1 控制系统中的其他传感器

电子控制系统中，传感器的数量随车型的不同而不同，即使具有相同作用的传感器也会具有不同的结构形式。有些传感器在前面已经介绍过了，在此将常用的另外一些传感器介绍如下：

1. 曲轴和凸轮轴位置传感器

曲轴位置传感器是发动机集中控制系统中最重要的传感器之一，可提供发动机的转速、曲轴转角位置及曲轴转角基准位置信号，作为发动机喷油及点火控制的主控信号。空气流量计只能检测单位时间内的进气量，ECU必须根据发动机转速确定每循环的进气量，以便实现对循环喷油量的精确控制。同时，ECU根据曲轴转角基准位置和曲轴转角才能确定各缸工作位置，以控制最佳的喷油时刻和最佳的点火提前角。

凸轮轴位置传感器给ECU提供曲轴转角基准位置（第1缸压缩上止点）信号，一般称为判缸信号。在采用顺序喷射方式的电控汽油喷射系统中，表明基准气缸所处工作行程和活塞位置的判缸信号是ECU进行喷油正时和顺序控制的唯一依据。

常用的曲轴和凸轮轴位置传感器有三类，即磁感应式、霍尔式和光电式。目前大多采用磁感应式和霍尔式曲轴位置传感器，光电式应用较少。

（1）磁感应式曲轴位置传感器　磁感应式曲轴位置传感器的工作原理和交流发动机类似，其基本结构和工作原理如图5-84所示。它由齿轮式的信号轮和永久磁铁与铁心构成的感应头以及绕在铁心外的感应线圈组成。曲轴转动时，信号轮上的每一个齿就会依次靠近和离开传感器的感应头，使感应线圈中的磁通量产生周期性的变化，从而在感应线圈中产生交变的电动势，信号轮转一周，感应线圈将输出与信号轮齿数相同的交流电压信号。ECU根据输出信号的个数、周期和发动机转速的关系，就能计算出发动机转速和曲轴转角。

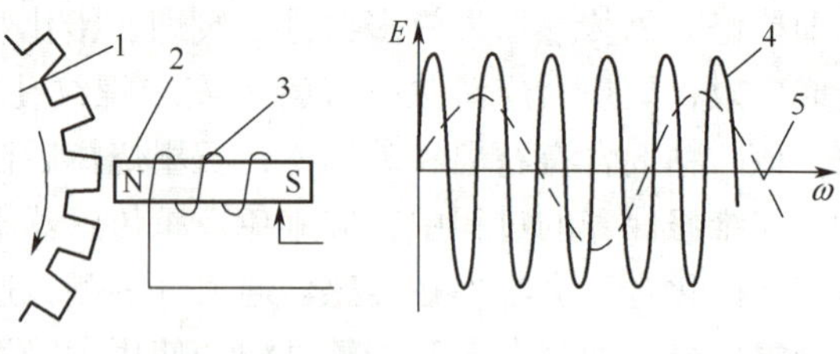

图5-84　电磁感应式传感器的基本结构工作原理图

1—信号轮　2—感应头　3—感应线圈

4—高速时的输出信号　5—低速时的输出信号

桑塔纳时代超人发动机所用的磁感应式曲轴位置传感器如图5-85所示。它广泛用于中高档轿车的电控汽油机中。此曲轴位置传感器由电磁感应式传感器和脉冲盘等组成，如图5-85a所示。电磁感应传感器安装在机体一侧靠近飞轮处，用来检测曲轴转角和发动机转速。脉冲盘安装在曲轴后端，位于曲轴与飞轮之间，脉冲盘在圆周上等分地布置 60 个轮子齿，其中空缺两个轮子齿，供 ECU 识别曲轴位置，作为点火时的参照基准。发动机运转时，脉冲盘上的轮子齿每通过电磁感应式传感器一次，便在传感器的感应线圈中感应出一个交变电压信号，而在缺齿处产生一个畸变的交变电压信号，如图 5-85b 所示。ECU 根据这些交变电压信号和畸变的电压信号就可以计算出曲轴位置和发动机转速。

（2）霍尔式曲轴位置传感器　霍尔式曲轴位置传感器是利用霍尔效应的原理来工作的。因为在垂直于电流方向的磁场中受到洛仑兹力的作用，正负电荷分别向两侧偏移，在半导体电基片上建立一个与电流方向和磁场方向都垂直的霍尔电压。在通过电流不变的情况下，霍尔电压与磁场强度成正比。霍尔式曲轴位置传感器就是利用触发叶片或触发轮改变通过霍尔元件的磁场强度，来使其产生脉冲信号的。

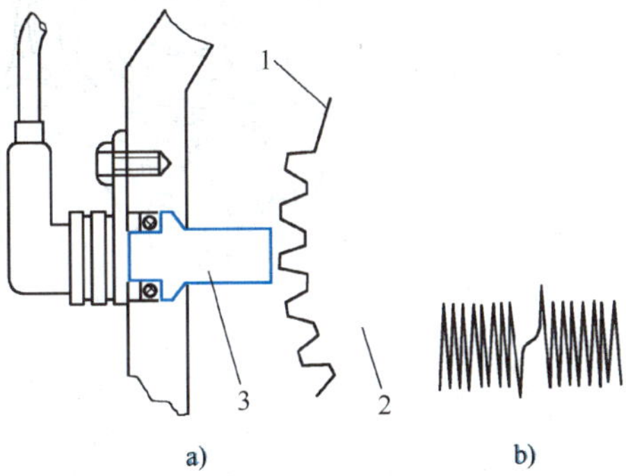

图 5-85　桑塔纳时代超人发动机用曲轴位置传感器
1—缺齿　2—信号轮　3—感应头

安装在分电器内的霍尔式曲轴位置传感器的基本结构和工作原理如图 5-86 所示。霍尔元件固定在陶瓷架上，条形永久磁铁放置在霍尔元件的对面，磁铁和霍尔元件之间留有一间隙，电流由 *A* 端流入，*B* 端流出，在磁场作用下，霍尔元件 *C* 端与 *D* 端之间产生霍尔电压。一个带缺口有圆盖形触发叶片的转子装在分电器轴上，随分电器轴转动，其叶片和缺口数与气缸数相同。当叶片转入磁铁和霍尔元件之间的间隙时，磁感线圈被隔断，霍尔电压下降为零，当叶片转离磁铁和霍尔元件之间的间隙时，磁感线圈通过霍尔元件，*C* 端与 *D* 端之间产生霍尔电压。触发叶片转一周，*C*、*D* 端可输出与气缸数相同的矩形脉冲信号，对此矩形脉冲信号计数可算出发动机转速。因霍尔式曲轴位置传感器送出的信号为矩形脉冲信号，ECU 不需要对其进行整形便可对其计数。

美国 GM 公司的霍尔式曲轴位置传感器的结构如图 5-87 所示。

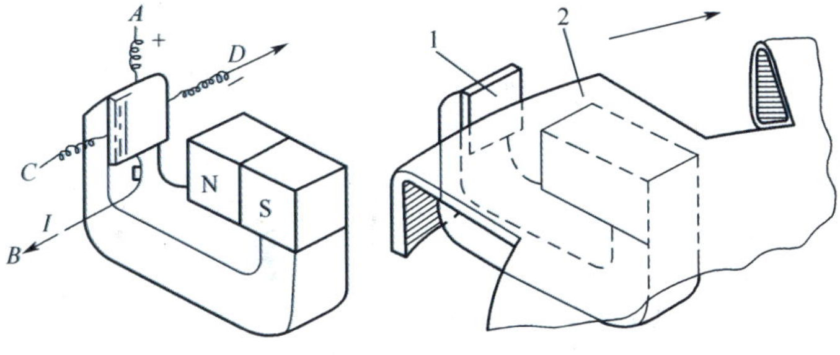

图 5-86　霍尔式传感器的工作原理
I—霍尔元件上所加的电流
1—霍尔组件　2—叶轮

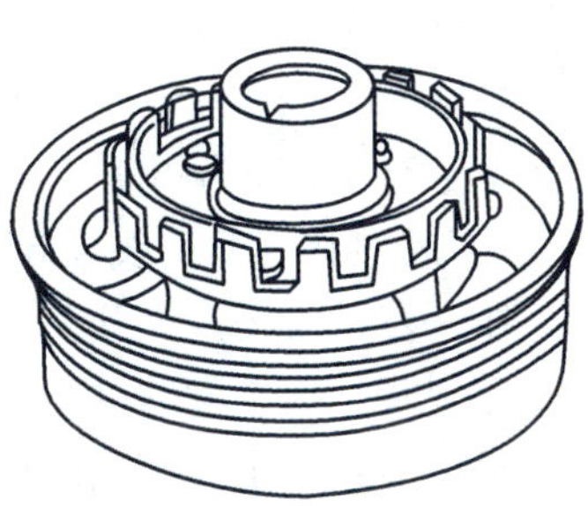

图 5-87　美国 GM 公司的霍尔式曲轴位置传感器

（3）光电式曲轴位置传感器　光电式曲轴位置传感器主要由发光二极管、感光二极管、光栅盘和控制电路组成。如图 5-88 所示为日产汽车光电式曲轴位置传感器。

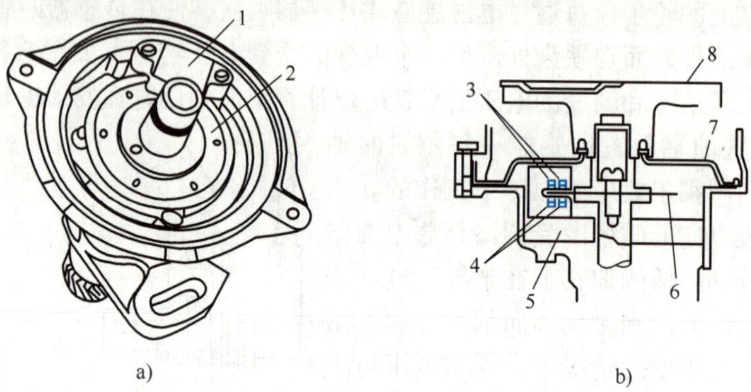

图 5-88　光电式曲轴位置传感器

a）安装位置　b）结构

1—发光源装置　2、6—光栅盘　3—发光二极管　4—感光二极管　5—放大电路　7—密封盖　8—分火头

光栅盘上制有一定数量的透光孔，利用发光二极管作为信号源，随光栅盘转动。当透光孔与发光二极管对正时，光线照射到光敏二极管上产生电压信号，经放大电路放大后输送给 ECU。由于光栅盘外围有 360 条光孔，产生 1°曲轴转角信号。外围稍靠内间隔 60°刻有 6 条光孔，产生 120°信号（判缸信号），其中有一个光孔较宽，它与基准缸第 1 缸压缩行程活塞的某一位置相对应。

2. 曲轴位置传感器的检测

（1）磁感应式曲轴位置传感器的检测　以桑塔纳 2000GSi 发动机为例，其传感器与电脑的连接如图 5-89 所示。

1）电阻测试。

第一步：关闭点火开关；

第二步：拔下转速传感器的三芯插头；

第三步：用万用表测量 3 芯插头的各端子之间的电阻值，应如下：

1 与 2 端子间为∞；

1 与 3 端子间为∞；

2 与 3 端子间为 480～1000Ω。

2）检测传感器的线束导通性。

第一步：关闭点火开关；

第二步：拔下发动机控制单元的连接插头；

第三步：拔下发动机传感器的 3 芯插头。

测量：56 端子与 3 端子间的电阻小于 1Ω；

63 端子与 2 端子间的电阻小于 1Ω；

1 端子与搭铁间的电阻小于 1Ω。

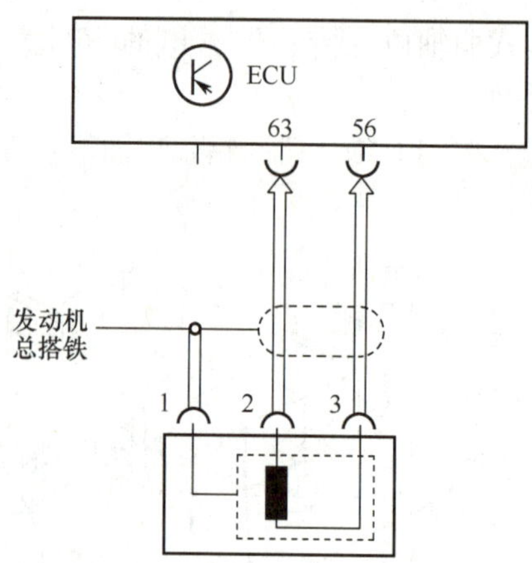

图 5-89　桑塔纳 2000GSi 发动机曲轴位置传感器与 ECU 的连接

3）电压测试与波形测试。检查传感器输出信号：用万用表交流电压挡或示波器，在发动机转动时测量电磁感应式发动机曲轴位置传感器的输出电压情况。用电压表测量时，电压应在一定范围内摆动；用示波器检查时，波形应均匀无缺陷。

4）数据流测试。本课题的数据流测试是使用进口或国产的汽车故障诊断仪，登录发动机控制单元直接读取曲轴位置传感器的各项参数，测试条件是发动机在运行中并达到工作温度。

（2）霍尔式曲轴位置传感器的检测

1）测传感器的工作情况，如图5-90所示。用发光二极管检测灯VAG2637从传感器插头背面连接端子2和3，短时起动发动机几秒钟，发动机每转两圈检测灯必须闪亮一次。如检测灯不闪亮，则进行电源电压及线束的检测。

2）检测传感器电源电压。如图5-90所示，断开点火开关，拔下霍尔传感器插座上的线束插头，将万用表的正、负表笔分别连接插头端子1与3；接通点火开关，测得电压标准值应当高于4.5V。如电压为零，说明线束断路、短路或控制单元ECU有故障；断开点火开关，继续检查导线是否断路或短路。

3）检测线束导线有无断路故障。如图5-90所示，在断开点火开关的情况下拔下控制单元线束插头，将万用表拨到电阻挡，两只表笔分别连接传感器插头端子1与控制单元插头端子62、传感器插头端子2与控制单元插头端子76、传感器插头端子3与控制单元插头端子67，测得各导线的电阻值应大于1.5Ω。如阻值过大或为无穷大，说明线束与端子接触不良或导线断路，应予修理或更换线束。

4）检测线束导线有无短路故障，如图5-90所示。在断开点火开关的情况下拔下控制单元线束插头，万用表仍拨到电阻挡，一支表笔连接传感器插头端子1（或控制单元插头端子62），另一支表笔分别连接传感器插头端子2和3（或连接控制单元插头端子76和67），测得电阻值应为无穷大。如阻值不是无穷大，说明线束导线短路，应予更换。

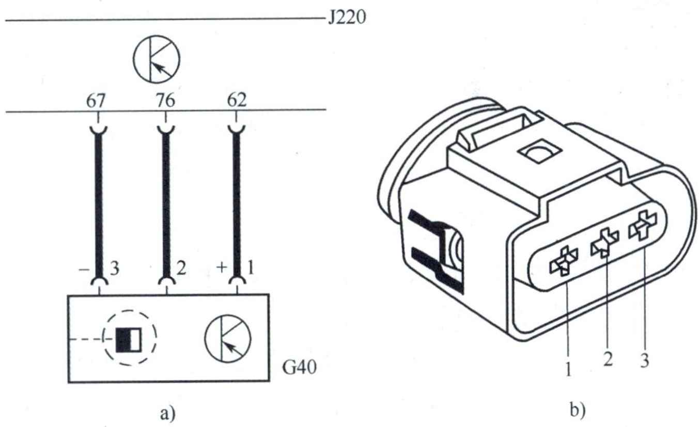

图5-90　霍尔式曲轴位置传感器端子接线

a）接线　b）端子

5）根据检测结果判断故障部位。如线束导线无短路或断路故障，且传感器电源电压高于4.5V，说明霍尔式凸轮轴位置传感器故障，应予修理或更换传感器；如线束导线无短路或断路故障，但传感器电源电压为零，说明控制单元故障，需要更换电子控制单元ECU。

当霍尔传感器信号中断时，控制单元ECU能够检测到故障信息，用V. A. G1551或V. A. G1552故障阅读仪可以读取传感器故障等有关信息。如故障码显示霍尔传感器有故障，可用万用表检测传感器的电源电压和导线电阻值进行判断。

3. 车速传感器

车速传感器用来检测汽车的行驶速度，给ECU提供车速信号(SPD信号)，用于巡航控制和限速断油控制，在汽车集中控制系统中，也是自动变速器的主控制信号。车速传感器通常安装在组合仪表内或变速器输出轴上。

车速传感器有舌簧开关式和光电式两种类型。舌簧开关式车速传感器的结构如图5-91所示。车速表软轴由安装在变速器输出轴上的齿轮驱动，车速表软轴驱动磁铁旋转，每转一圈磁铁的极性变换四次，从而使舌簧开关触点闭合或断开，ECU根据触点开闭的频率即可确定车速。

舌簧开关式车速传感器的电路如图5-92所示，ECU给车速传感器提供12V标准电压并进行监控，舌簧开关控制搭铁。当舌簧开关闭合使电路接通时，传感器便产生一个脉冲信号输送给ECU。在维修时，检查车速传感器电源电压应正常，然后转动驱动车轮，测量车速传感器的输出信号电压，车速表每转一圈应产生四个脉冲信号，信号电压约为12V蓄电池电压。

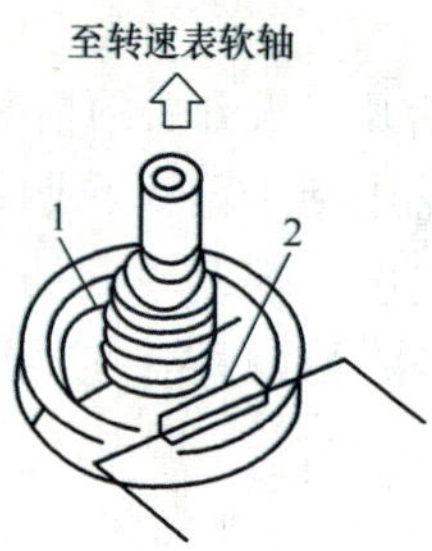

图5-91 舌簧开关式车速传感器

1—磁铁 2—舌簧开关

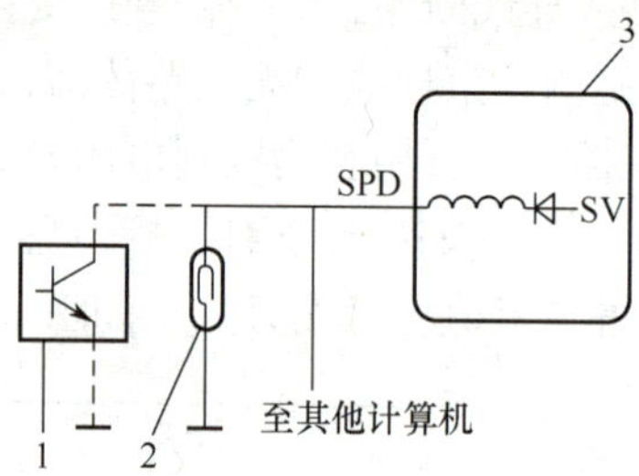

图5-92 舌簧开关式车速传感器的电路

1—组合仪表计算机 2—舌簧开关 3—ECU

5.6.2 电子控制装置(ECU)

在发动机控制系统中，ECU的主要功能是根据发动机运转状况和车辆运行状态确定燃油最佳喷射量，以此控制发动机的最佳空燃比。

通常，ECU首先根据进气歧管压力传感器(D型)或空气流量计(L型)的进气量信号及发动机的转速信号计算基本喷油时间，然后再根据发动机的冷却液温度、节气门开度等工作参数信号对其进行修正，确定出当前工况下的最佳喷油持续时间，从而控制发动机的空燃比。此外，根据发动机的要求，ECU还具有点火提前角的控制、怠速控制、排放控制、进气控制、增压控制、故障自诊断及备用控制系统等多项控制功能。

现代发动机电子控制装置的主要部件是微型计算机，所以人们一般都习惯把整个控制装置称为微机或电脑。由于使用了微机，与以往的模拟电路控制相比，信号处理的速度和容量都大大提高，因此可实现多功能的高精度集中控制。发动机电中控制装置(ECU)的基本结构如图 5-93 所示，主要由输入回路、A/D 转换器、微型计算机和输出回路组成。

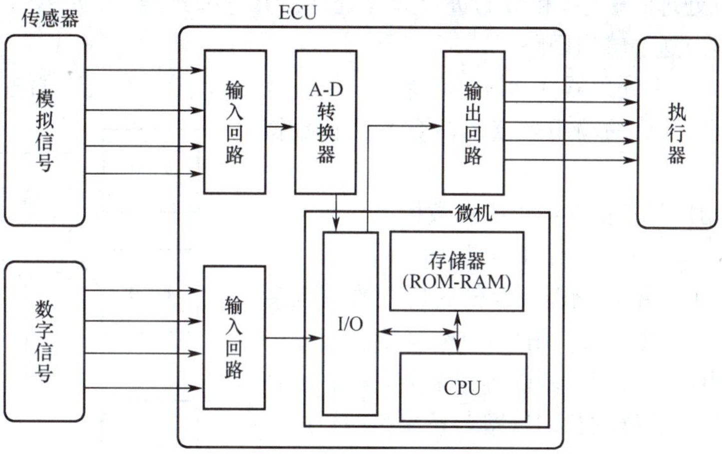

图 5-93　电子控制装置的基本结构

1. 输入回路

从传感器传递的输入信号一般都要经过输入回路滤波、整形、放大等处理后，才能送至中央处理器进行运算控制，如图 5-94 所示为输入回路的作用示意图。

2. A-D 转换器

传感器的输出信号根据其信号特征一般可分为模拟信号、开关量信号和连续脉冲信号等类型，如冷却液温度信号(模拟)、怠速信号(开关量)及发动机转速信号(连续脉冲)。信号的性质不同时，输入 ECU 后处理的方法也不相同。

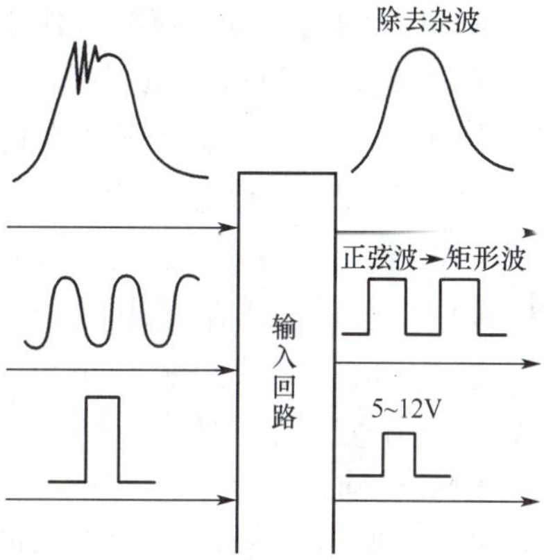

图 5-94　输入回路的作用示意图

由于 CPU 只能识别数字信号，故当传感器的输出信号为数字信号时，可直接送至 CPU；而传感器的输出信号为模拟信号时，必须通过 A-D 转换器将其转换成数字后，才能输至 CPU 中进行运算处理，进而控制各种执行器的动作。例如，空气流量计的输出信号随发动机的负荷变化而连续变化，其信号变化范围为 0～5V，将该信号通过 A-D 转换器转换后即可变成数字信号送至 CPU 中进行运算处理。A-D 转换器的工作过程如图 5-95 所示。

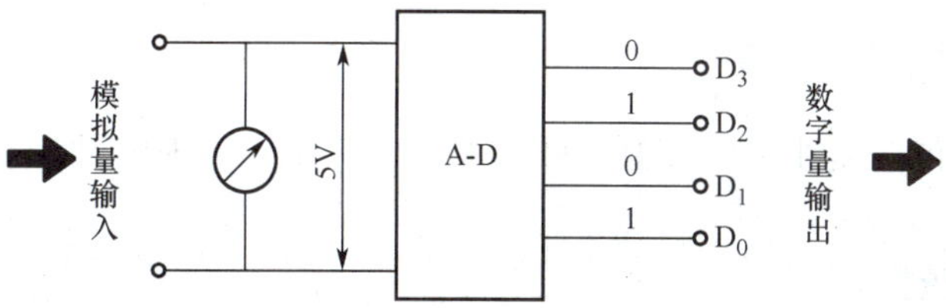

图 5-95　A-D 转换器的工作过程示意图

3. 微型计算机

微型计算机(微机)的功能是根据发动机工作的需要，把各种传感器送来的信号用内存的程序(微机处理的顺序)和数据进行运算处理，并把处理结果(如燃油喷射控制信号、点火控制信号等)送往输出回路。

微机主要由中央处理器(CPU)、存储器、输入/输出装置等组成，如图5-96所示。

中央处理器CPU的功用是读出命令并执行数据处理任务。

存储器的功用是记忆存储程序和数据，一般由只读存储器ROM和随机存储器RAM组成。

ROM是读出专用存储器，存储内容一次写入后就不能改变，但可以调出使用。ROM存储器存储的内容即使切断电源，其记忆的内容也不会丢失，故适用于对各种程序和数据的长期保留。只读存储器中存储的大量程序和数据，是计算机进行操作和控制的重要依据，它们都是通过大量试验获得的。存入只读存储器中的数据，如各种工况下和各种因素影响下发动机的喷油控制数据、点火控制数据等，其精确性是满足微机控制发动机的动力性、经济性和排放性等的重要保证。

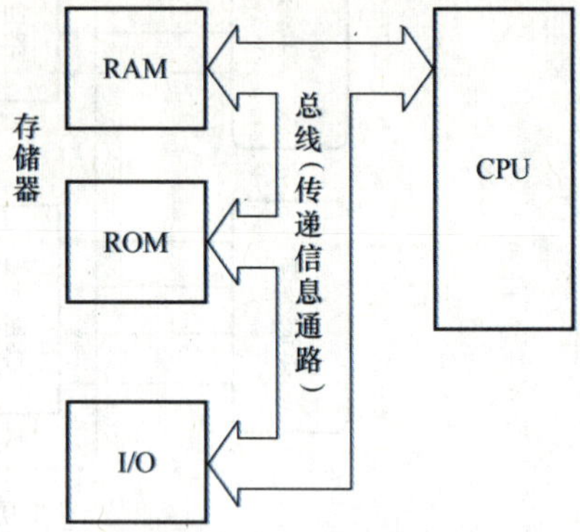

图5-96 微机的基本组成

RAM可随时存取计算机工作中产生的过程参数，如发动机运行时的故障码、空燃比学习修正值及怠速学习修正值等。一般这些RAM都用专用的后备电路与蓄电池的电源线直接相连，使它不受点火开关控制，但当电源专用后备电路断开时或蓄电池电源线拔掉时，存入RAM中的数据将会丢失。

输入/输出装置一般称为I/O接口。根据CPU的命令，输入信号以所需要的频率通过I/O接口接收，输出信号则按发出控制信号的形式和要求通过I/O接口，以最佳的速度送出或送入中间存储器。输入/输出装置一般都通过I/O接口才能与微机连接，它是微机与外界进行信息交换的纽带。

4. 输出回路

输出回路由微机输出的是电压很低的数字信号，用这种信号一般不能直接驱动执行元件。输出回路的功用是将微机输出的数字信号转换成可以驱动执行元件的输出信号。输出回路多采用大功率晶体管，由微机输出的信号控制其导通和截止，从而控制执行元件的搭铁回路。

随着电子技术的发展，发动机集中控制系统除了一些基本控制装置外，还增设了抗电磁干扰的保护装置、自检装置和后备系统等，组装成电子控制盒，安装在汽车上。

5.6.3 电控燃油喷射系统的功能

汽油喷射控制包括喷油正时控制、喷油持续时间控制(即喷油量控制)、断油控制和燃油泵控制等内容。

1. 喷油正时控制

所谓喷油正时控制就是对喷油器开始喷油的时刻进行控制。

喷油器的喷油可分为同步喷油和异步喷油两种类型。同步是指根据发动机各缸工作循环，在既定的曲轴位置进行喷油，同步喷油有规律性。

（1）同步喷射　同步喷射分为顺序喷射、分组喷射和同时喷射三种。

1）顺序喷射。在采用顺序喷射的发动机上，ECU 根据凸轮轴位置传感器信号（G 信号）、曲轴位置传感器信号（Ne 信号）和发动机的工作顺序确定各缸工作位置。当确定某缸活塞运行至排气行程上止点前某一位置时，ECU 输出喷油控制信号，接通喷油器电磁线圈电路，该缸即开始喷油。如图 5-97 所示为同步顺序喷射正时图。

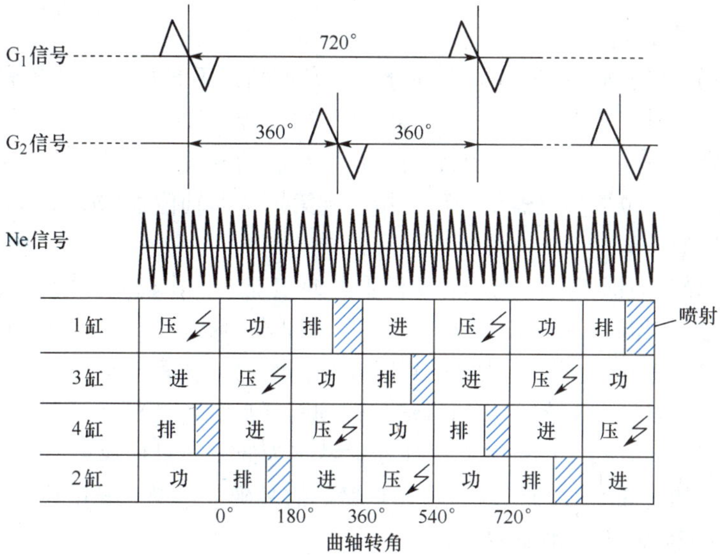

图 5-97　为同步顺序喷射正时图

2）分组喷射。其喷油正时的控制是以各组最先进入做功行程的气缸为基准，在该缸排气行程上止点前某一位置，ECU 输出指令信号，接通该组喷油器的电磁线圈电路，该组喷油器即开始喷油，其喷油正时控制如图 5-98 所示。

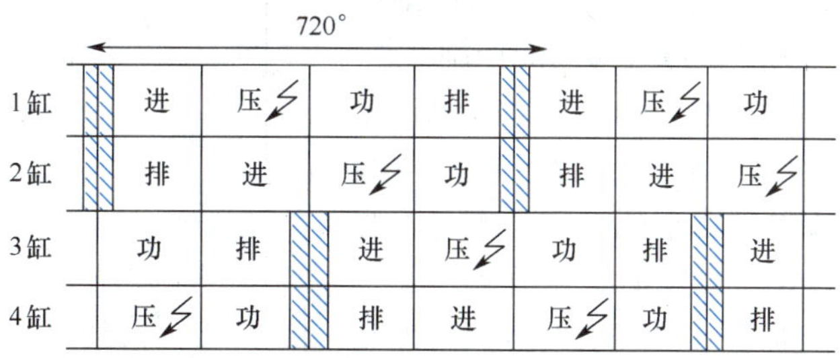

图 5-98　分组喷射正时图

3）同时喷射。其喷油正时的控制是以发动机最先进入做功行程的气缸为基准，在该缸排气行程上止点前某一位置，ECU 输出指令信号，接通所有喷油器电磁线圈电路，各缸喷油器即开始喷油，其喷油正时控制如图 5-99 所示。

（2）异步喷射　异步喷射是在同步喷射的基础上，为改善发动机的性能额外增加的喷油。异步喷射与发动机的工作不同步，无规律性，是一种临时的补偿喷射，主要有起动

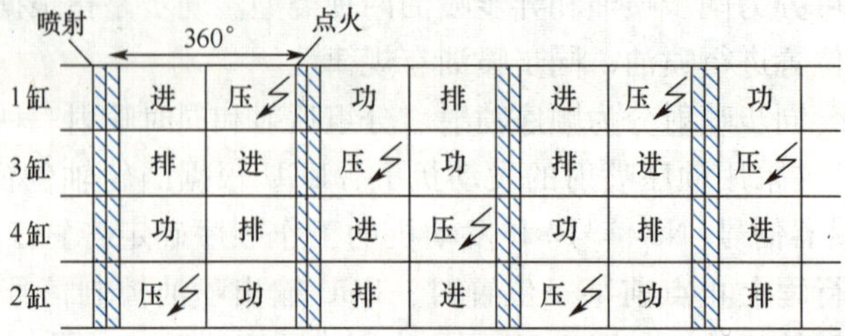

图 5-99 同时喷射正时图

异步喷油和加速异步喷油。

1）起动时异步喷油正时控制。在部分电控燃油喷射系统中，为改善发动机的起动性能，在发动机起动时，除同步喷油外，再增加一次异步喷油。

具有起动异步喷油功能的电控燃油喷射系统在起动开关(STA)处于接通状态时，ECU接收到第一个凸轮轴位置传感器信号后，接收到第一个曲轴位置传感器信号时，开始进行起动时的异步喷油。

2）加速时异步喷油正时控制。发动机由怠速工况向汽车起步工况过渡时，由于燃油惯性等原因，会出现混合气稀的现象。为了改善起步加速性能，ECU 根据节气门位置传感器中怠速触点输送的怠速信号从接通到断开时，增加一次固定量的喷油。在有些电控燃油喷射系统中，ECU 接收到的怠速信号从接通到断开后，检测到第一个 Ne 信号时，增加一次固定量的喷油。有些发动机电控燃油喷射系统为使发动机加速更灵敏，当节气门迅速开启或进气量突然增加(急加速)时，在同步喷射的基础上再增加异步喷射。

2. 喷油持续时间(即喷油量)控制

喷油量控制是电控燃油喷射系统最主要的控制功能之一，其目的是使发动机在各种运行工况下，都能获得最佳的混合气浓度，以提高发动机的经济性，降低排放污染。

电控燃油喷射系统对喷油量控制的核心是精确地确定和控制喷油的持续时间。根据发动机的运行特点，喷油持续时间控制分为起动时喷射持续时间的控制和起动后喷油持续时间的控制。

（1）起动时喷油持续时间的控制　发动机起动时，由于转速很低且波动很大，无论是进气歧管绝对压力或空气流量计都不能准确地测出实际的进气量。因此，发动机起动时，ECU 不能用进气量来计算喷油量，而是采用其他的方式。发动机起动时，ECU 根据冷却液的温度，从预存的温度—喷油时间数据表中找出相应的基本喷油持续时间，如图 5-100 所示，然后再根据进气温度和蓄电池电压对基本喷油时间进行修正，得到起动过程实际的喷油持续时间，作为起动工况的主喷油量。

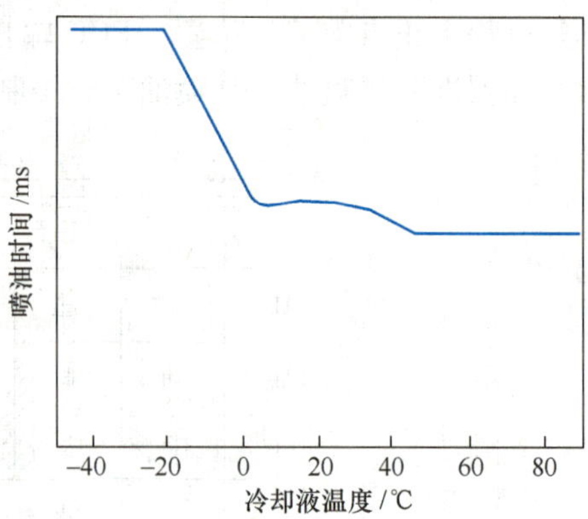

图 5-100 冷却液温度—喷油时间

（2）起动后喷油持续时间的控制　起动后喷油持续时间的确定如下所示：

$$喷油持续时间 = 基本喷油持续时间 \times 喷油修正系数 + 电压修正值$$

发动机起动后，ECU首先根据空气流量计和曲轴位置传感器传来的信号确定基本喷油时间，这个基本喷油时间是实现既定空燃比的喷射时间。ECU在确定基本喷油时间的同时，还要根据各种传感器送来的发动机运行工况信息对基本喷油时间进行修正，具体修正如下：

1）起动后暖机过程修正。发动机起动后，转速逐渐升高并趋于稳定，ECU便可转入正常控制喷油量，但由于发动机温度还比较低，仍存在汽油汽化不良的情况，因此需要继续提供较浓的混合气。这种油量的增加由ECU根据发动机温度进行喷油持续时间暖机修正，如图5-101所示。

2）怠速稳定性修正。在采用D-Jetronic系统的汽油机中，决定基本喷油持续时间的进气歧管压力在怠速工况时相对发动机的转速有一个滞后，节气门后进气歧管的体积越大，怠速转速越低，滞后时间越长，导致怠速转速周期性地波动。为了提高发动机怠速运转的稳定性，ECU根据进气歧管压力和发动机转速的变化，采取与转矩变动相反的反向修正，以提高发动机的怠速稳定性。

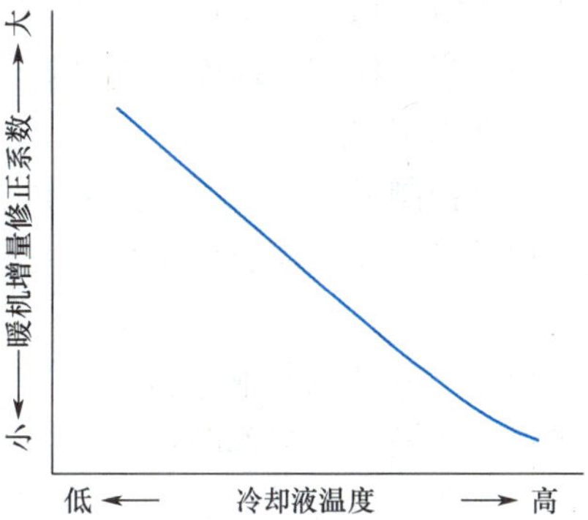

图5-101　暖机时燃油增量修正系数的变化

3）大负荷工况的喷油量修正。发动机在中小负荷工况下运行时，ECU对混合气浓度调整的原则是：在保持一定排放性能的前提下，尽量提供经济成分混合气，但发动机在大负荷工况下工作时，要求较浓的混合气以获得最大功率。此时，ECU首先根据节气门位置传感器信号和进气量信号的大小，判断发动机是否处于大负荷工况。若处于大负荷工况，则增加喷油量，大负荷的加浓量约为正常喷油量的10%～30%。有些发动机大负荷加浓量还与冷却液温度信号有关。

4）加速工况时的喷油量修正。为保证发动机具有良好的加速性能，在加速时需要额外地增加喷油量，以增大发动机的输出功率。对加速工况，ECU根据一定时间内节气门开度的变化或者空气流量的变化来判断。当ECU确认汽车正处于加速工况，则除了根据空气流量增加同步喷射的喷油量外，还立即进行异步喷射，以满足加速工况对喷油量的特殊要求。

5）进气温度修正。发动机进气温度影响进气密度，ECU根据进气温度传感器提供的进气温度信号，对喷油时间进行修正。通常20℃为进气温度信息的标准温度，低于20℃时空气密度大，ECU适当延长喷油时间，使混合气不致过稀；进气温度高于20℃时，空气密度减小，ECU适当减少喷油时间，以防混合气偏浓。进气温度修正系数的确定如图5-102所示。

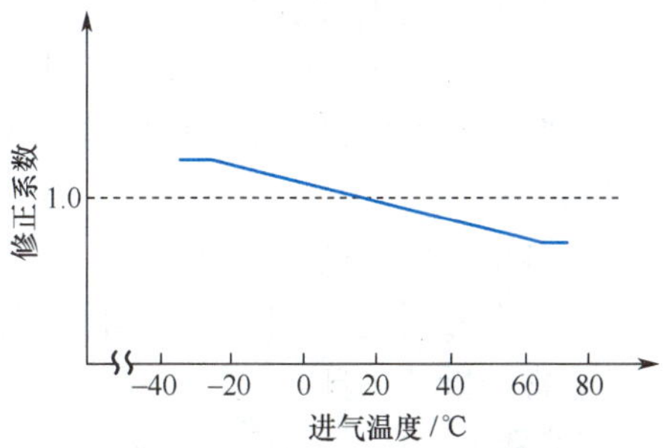

图5-102　进气温度修正系数的确定

6）电源电压修正。在电控汽油喷射系统中，

ECU 发出喷油信号，喷油器电磁线圈通电，但喷油器针阀实际的开启时刻(开始喷油)相对喷油信号有一个动作滞后，使喷油器喷油的实际时间比 ECU 确定的喷油时间短，导致喷油量不足，使实际的空燃比高于发动机要求的空燃比。蓄电池电压越低，滞后时间越长。因此，ECU 需根据蓄电池电压适当延长喷油时间，以提高喷油量控制的精度。蓄电池电压低，修正时间长；蓄电池电压高，修正时间短。修正时间随蓄电池电压的变化规律如图 5-103 所示。

7）空燃比反馈修正。在装有三元催化转化器的电控汽油机中，用氧传感器对排气中的氧含量进行检测，ECU 根据检测结果对空燃比进行修正，将空燃比控制在理论空燃比附近。

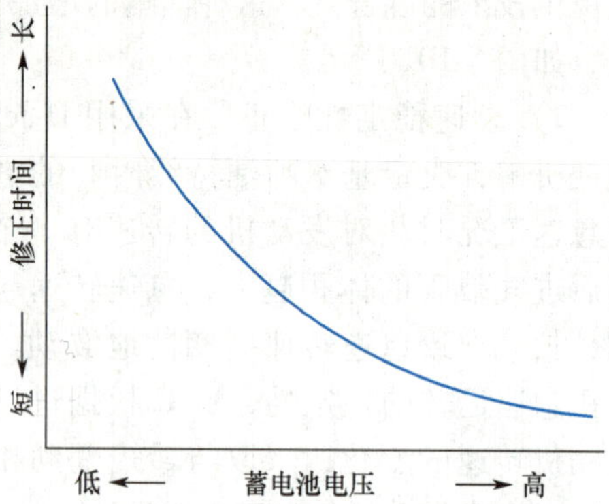

图 5-103　修正时间与蓄电池电压的关系

3. 断油控制

断油控制是指 ECU 停止向喷油器驱动电路发送喷射信号，喷油器暂停工作。它包括以下两种情况：

（1）减速断油控制　汽车行驶中，驾驶人快收加速踏板使汽车减速时，发动机不再需要供应燃油，为避免混合气过浓、经济性和排放性变差，ECU 将会切断燃油喷射控制电路，停止喷油。当发动机转速降至预设转速或节气门重新打开时，ECU 才使喷油器恢复喷油。

（2）超速断油控制　当发动机转速过高时，可能引起发动机损坏，因此当发动机转速超过安全转速或汽车车速超过设定的最高车速时，ECU 将切断燃油喷射控制电路，停止喷油，防止超速。

能 力 训 练

训练 1　电控发动机空气供给系统的认识与检测

1. 目的及能力要求

1）掌握空气供给系统的组成及各工况下的进气路线，熟悉各元件的安装位置。

2）掌握仪器操作要点，能正确使用检测用的仪器设备。

3）掌握空气供给系统的传感器、执行器的工作原理，并能够对其性能进行检测。

2. 准备

1）各型号发动机试验台架。

2）汽车万用表、诊断仪、维修手册等。

3）常用拆装工具。

3. 步骤

1）认识电控发动机空气供给系统的总体布置及各元件的安装位置。

2）观察电控发动机的进气流向，注意怠速和非怠速时进气流向的区别。

3）对进气系统的传感器和执行器进行检测。

4. 注意事项

1）连接诊断仪时一定要按照操作规范执行。

2）起动发动机时要离开风扇部位。

5. 讨论

1）翼片式、热线式、热膜式空气流量计的结构特点有何不同？

2）发动机在怠速和非怠速时的进气路线有何区别？

训练2 电控发动机燃油供给系统的认识与检测

1. 目的及能力要求

1）熟悉燃油供给系统的组成及油路流向，熟悉各元件的安装位置。

2）掌握燃油供给系统各部件的结构特点、检测和拆装方法。

3）掌握仪器的操作要点，正确使用仪器。

4）完成燃油系统压力的检测。

2. 准备

1）发动机试验台架、汽车专用万用表、车辆维修手册等。

2）常用拆装工具。

3. 步骤

1）观察电控发动机燃油系统的总体布置及各元件的安装位置，知道燃油的流动路线。

2）燃油供给系统各部件的检测。

3）燃油系统压力的检测。观察发动机起动后、怠速、加速和减速工况下的系统油压和熄火后的残余油压。

4. 注意事项

1）拆卸和安装燃油系统部件时，操作前应准备好一个灭火器。

2）电控燃油系统内是有压力的，在拆卸和维修前应先进行泄压。

3）观察电路时，发动机应熄火，不要拆断线路。

5. 讨论

发动机熄火后，燃油系统为什么仍保持有较高的残余压力？

训练3 电控发动机排气系统的认识与检测

1. 目的及能力要求

1）熟悉排气系统各组成元件，熟悉各元件的安装位置、结构及工作原理。

2）能够对氧传感器和三元催化器进行检测。

2. 准备

1）发动机试验台架、汽车专用万用表、车辆维修手册等。

2）常用拆装工具。

3. 步骤

1）观察电控发动机排气系统的总体布置及各元件的安装位置。

2）氧传感器、三元催化器的检测。

4. 注意事项

1）如果发动机一直运转，三元催化器会过热，在检修时应戴防护手套，以免烧伤。

2）在拆卸氧传感器之前，应断开蓄电池负极。

5. 讨论

前氧传感器和后氧传感器各有什么作用？如果它们损坏会对发动机产生什么影响？

复习思考题

一、判断题（正确的打"√"错的打"×"）

1. 柴油机的进、排气管多分开安装，不在缸盖的同一侧，这可以避免排气管高温对进气管的影响，以降低充气效率。（ ）

2. 过量空气系数 α 为 1 时，不论从理论上或实际上来说，混合气燃烧均最完全，发动机的经济性最好。（ ）

3. 混合气浓度越浓，发动机产生的功率越大。（ ）

4. 怠速工况需要供给多而浓的混合气。（ ）

5. 空气流量计的作用是测量发动机的进气量，ECU 根据空气流量计的信号确定基本喷油量。（ ）

6. 现代汽车采用电控汽油喷射系统的主要目的是使发动机有最佳的空燃比和点火正时。（ ）

7. 进气歧管绝对压力传感器与空气流量计的作用是相当的，所以一般车上，这两种传感器只装一种。（ ）

8. 采用顺序喷射时，必须要有发动机的工作顺序和各缸的工作位置信号。（ ）

9. 开关量输出型节气门位置传感器既能测出发动机怠速工况和大负荷工况，又能测出发动机加速工况。（ ）

10. 目前大多数电动燃油泵是装在油箱内部的。（ ）

11. 电控燃油喷射系统一般都采用连续喷油方式。（ ）

12. 冷却液温度传感器和进气温度传感器的主体是具有正温度系数的半导体电阻。（ ）

13. 当发动机高速运行下节气门突然关闭时，ECU 将切断喷油。（ ）

14. 在发动机起动后的暖机过程中，发动机温度越高，燃油增量修正系数越大。（ ）

15. 氧传感器失效会导致混合气过稀，不会导致混合气过浓。（ ）

16. 在使用三元催化转换器来降低排放污染的发动机上，氧传感器是必不可少的。（ ）

17. 一般氧传感器安装在排气管处、三元催化装置的前面。 ( )

二、选择题

1. 经济混合气的成分应是( )。

A. $\alpha=1.05\sim1.15$ B. $\alpha=1$ C. $\alpha=0.85\sim0.95$

2. 为保证发动机正常工作，混合气浓度应控制在( )范围。

A. $\alpha=1.05\sim1.15$ B. $\alpha=0.85\sim0.95$ C. $\alpha=0.88\sim1.11$

3. 对喷油量起决定性作用的是( )。

A. 空气流量计 B. 冷却液温度传感器 C. 氧传感器 D. 节气门位置传感器

4. 当节气门开度突然加大时，燃油分配管内油压( )。

A. 升高 B. 降低 C. 不变 D. 先低后高

5. 在( )空气流量计中，还装有进气温度传感器和油泵控制触点。

A. 翼片式 B. 卡门漩涡式 C. 热线式 D. 热膜式

6. 在多点电控汽油喷射系统中，喷油器的喷油量取决于喷油器的( )。

A. 针阀升程 B. 喷孔大小 C. 内外压力差 D. 针阀开启的持续时间

7. 在下列元件中，哪一个不是电控汽油喷射系统中的执行器( )。

A. 怠速控制阀 B. 电磁喷油器 C. 油压缓冲器 D. 电动燃油泵

8. 在下列空气流量计中，测量空气质量流量的是( )空气流量计。

A. 压力式 B. 翼片式 C. 卡门漩涡式 D. 热线式

9. 装有( )的电控汽油喷射系统中，其控制方式属于闭环控制方式。

A. 氧传感器 B. 节气门位置传感器

C. 进气温度传感器 D. 曲轴位置传感器

10. 汽油喷射控制的内容有( )。

A. 喷油正时控制 B. 喷油持续时间控制

C. 断油控制 D. 燃油泵控制

11. 如果汽车上装有主、副两个传感器，用于监测三元催化器净化效率的是( )。

A. 其中任何一个 B. 主氧传感器 C. 副氧传感器 D. 两个都不是

12. 负温度系数的热敏电阻其阻值随温度的升高而( )。

A. 升高 B. 降低 C. 不受影响 D. 先高后低

13. 使燃油压力与进气歧管压力之差保持恒定的是( )。

A. 气门体 B. 油压缓冲器

C. 燃油压力调节器 D. 电动燃油泵

14. 发动机起动后ECU根据( )和( )的信号确定基本喷油时间。

A. 空气流量计 B. 曲轴位置传感器

C. 凸轮轴位置传感器 D. 冷却液温度传感器

15. 在闭环控制过程中，当实际的空燃比小于理论空燃比时，ECU会( )喷油量。

A. 增加 B. 减少 C. 不改变

三、问答题

1. 发动机在怠速和小负荷工况时要供给什么样的混合气？为什么？

2. 电控燃油喷射系统有何优点?

3. 电控发动机的进气系统由哪些部件组成? 它们的作用是什么?

4. 体积流量型空气流量计有哪几种类型? 各有什么特点 ?

5. 节气门位置传感器有几种类型? 各有什么特点 ?

6. 燃油供给系统由哪些部件构成? 它们的作用各是什么?

7. 燃油压力调节器的作用是什么? 为什么要使燃油分配管内的油压与进气歧管内气压的差值保持为常数 ?

8. 简述磁感应式曲轴位置传感器的工作原理。

9. 氧化锆式氧传感器是怎样检测排气中的氧含量的?

10. 电控系统 ECU 由哪几部分组成?

11. 电控燃油喷射系统有哪些功能? 是如何控制的?

12. 什么情况下 ECU 执行断油控制?

13. 什么是高阻喷油器? 什么是低阻喷油器? 它们各有什么特点?

14. 简述霍尔式曲轴位置传感器的工作原理。

15. 起动后的同步喷射的基本喷油持续时间是如何确定的?

16. 简述三元催化转化器的组成和工作原理。

17. 空气滤清器的作用是什么?

单元6　柴油机燃油供给系统的构造与维修

应知应会：

1. 掌握柴油机燃油供给系统的功用和组成。
2. 掌握柴油机燃油供给系统各零部件的结构和工作原理。
3. 掌握输油泵、喷油泵、调速器、喷油器的检修和调试方法。
4. 能够对柴油机燃油供给系统进行正确的拆装。

课题1　概　　述

6.1.1　柴油机的特点

柴油机与汽油机相比，具有燃油经济性好、功率范围广、排气污染小、使用寿命长等优点，广泛用于大客车和重型汽车，有些轿车也逐渐使用柴油机。由于柴油粘度大，不易蒸发，也决定了其组成、结构和工作原理等与汽油机有很大的区别。

1. 柴油机的工作特点

柴油机与汽油机的区别主要是混合气形成方式和燃烧方式不同。

（1）内部形成混合气　柴油机在进气行程中，吸入气缸的是空气，在压缩行程接近上止点时，才将柴油以雾状直接喷入燃烧室中，即混合气是在气缸内部形成的。

（2）压缩自燃　柴油自燃温度较汽油低，所以柴油机采用压缩空气达到柴油自燃温度自行着火燃烧。因此，柴油机没有点火系统。

2. 柴油机的性能特点

由于柴油机的燃烧方式与汽油机不同，决定了其性能有以下主要特点：

1）故障少。柴油机无点火系统，所以工作比较可靠，故障较少。

2）经济性好。柴油机压缩比大，所以热量利用率高；由于进入气缸的空气量多，保证了喷入的柴油能充分燃烧。这两方面原因，使柴油机的燃油消耗率比汽油机低（约低30%），所以柴油机的经济性比汽油机好。

3）排放污染小。由于柴油机空气供给充足，所以燃烧后生成的CO和HC比汽油机少得多，但生成氮氧化合物和炭烟多。

4）燃油供给系统结构复杂、精度要求高。为保证混合气的形成质量，必须将柴油以高压、高速直接喷入气缸，所以柴油机燃油供给系统零部件的结构复杂，配合精度要求高。柴油机的压缩比大，所以零件承受的机械负荷和热负荷均较大，柴油机的机械部分比汽油机笨重。

5）柴油机工作粗暴，噪声和振动较大。

6.1.2 柴油机燃油供给系统的功用与组成

1. 功用

柴油机燃油供给系统是柴油机的重要组成部分，其主要功用是：不断供给发动机清洁的燃油和空气，根据柴油机不同工况的要求，定时、定量、定压地将柴油以一定喷油质量喷入燃烧室，使其与空气迅速混合并燃烧，做功后将燃烧的废气排出气缸。

2. 基本组成

柴油机燃油供给系统的基本组成如图 6-1 所示，主要由燃油供给装置、空气供给装置、混合气形成装置和废气排出装置四部分组成。

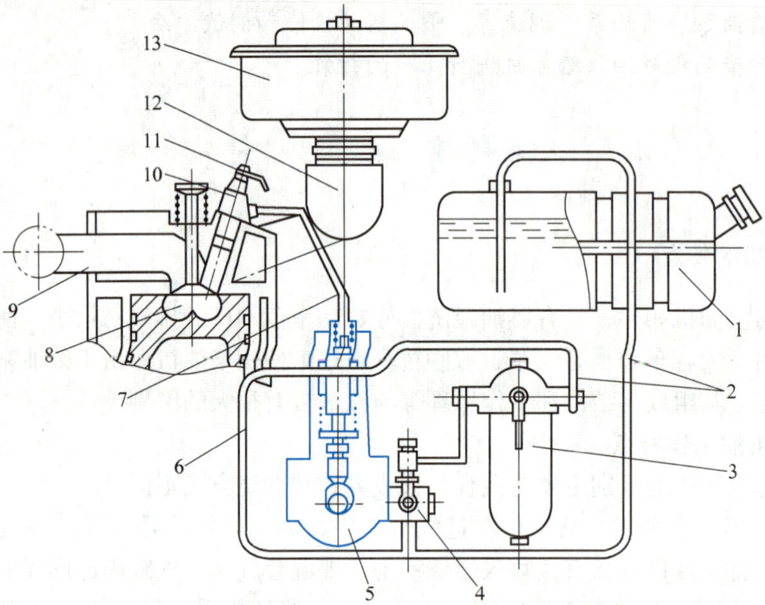

图 6-1 柴油机燃油供给系统的组成

1—油箱 2—低压油管 3—柴油滤清器 4—输油泵 5—喷油泵 6—喷油泵回油管 7—高压油管 8—燃烧室 9—排气管 10—喷油器 11—喷油器回油管 12—进气管 13—空气滤清器

（1）燃油供给装置 主要功用是完成燃油的贮存、滤清和输送工作，并将燃油以一定压力和喷油质量定时、定量地喷入燃烧室。根据发动机工作时的燃油压力不同，燃油供给装置可分为低压油路和高压油路两部分。低压油路主要包括油箱、输油泵、柴油滤清器和低压油管等，高压油路主要包括喷油泵、喷油器和高压油管等。

（2）空气供给装置 主要功用是供给发动机清洁的空气，包括空气滤清器和进气管等。为增加进气量，提高经济性，许多柴油发动机还装有进气增压装置。

（3）混合气形成装置 主要功用是使燃油与空气混合形成混合气。柴油机的混合气形成装置就是燃烧室。

（4）废气排出装置 主要功用是将燃烧废气排出气缸，包括排气管和排气消声器等。

柴油机的空气供给装置和排气装置与汽油机基本相同。

3. 工作过程

柴油机工作时，输油泵将柴油从油箱内吸出，经柴油滤清器滤清后，以 0.15～0.30MPa 的低压经低压油管送入喷油泵；喷油泵将柴油压力提高到 10MPa 以上，按不同工况所需的柴油量经高压油管输送给喷油器；喷油器将柴油以雾状喷入燃烧室，与高温空气混合后自行着火燃烧。输油泵提供的多余部分柴油经喷油泵回油管流回油箱；喷油器多余的少量柴油经喷油器回油管流回油箱。

课题 2　可燃混合气的形成与燃烧室

6.2.1　可燃混合气的形成与燃烧

与汽油机相比，柴油机混合气的形成时间短、空间小，很不均匀。因此，现代柴油机通常采用适当的燃烧室形状、加强空气流运动强度和提高燃料的雾化程度等措施来保证形成良好的混合气，进一步提高柴油机的动力性和经济性。

目前柴油机可燃混合气的形成方法基本上有两种：

1. 空间雾化混合

将柴油以雾状喷向燃烧室空间，并在空间蒸发形成混合气。为使混合均匀，要求柴油从喷油器中喷出时与燃烧室形状相适应，并利用燃烧室中的空气运动促进混合。

2. 油膜蒸发混合

将柴油大部分喷到燃烧室壁面上形成油膜，油膜受热并在强烈的旋转气流作用下逐渐蒸发，与空气形成比较均匀的可燃混合气。

在中小型高速柴油机中，使用空间雾化和油膜蒸发兼用的混合方法，只是多少、主次各有不同。目前，多数柴油机仍以空间雾化混合为主，仅球形燃烧室以油膜蒸发混合为主。

6.2.2　柴油机燃烧室

柴油机燃烧室的形状对可燃混合气的形成和燃烧有着直接的影响，燃烧室按结构形式分为两大类，统一式燃烧室和分隔式燃烧室。

1. 统一式燃烧室

统一式燃烧室是由气缸盖底平面和活塞顶内的凹坑及气缸壁组成的。凹坑的形状多采用 ω 形和球形，如图 6-2 所示。

采用统一式燃烧室时，喷油器直接向燃烧室内喷射柴油，借助油束形状与燃烧室形状的合理匹配以及空气的涡流运动，迅速形成可燃混合气，故这种燃烧室又称为直接喷射式燃烧室。这类燃烧室的特点是结构简单紧凑，散热面积小，热效率高，易于加工，但对喷油压力和喷雾质量要求高，喷油压力一般为 17～22MPa，必须采用小孔径的多孔喷油器。同时由于在备燃期内形成的混合气量较多，易产生工作粗暴。近年来，由于燃烧过程控制技术以及机内和机外净化技术的发展，废气排放问题得到解决，这让以经济性为主要特征的统一燃烧室在轿车柴油机上得到广泛应用。

2. 分隔式燃烧室

分隔式燃烧室由两部分组成，即主燃烧室和副燃烧室。主燃烧室位于活塞顶与气缸盖底面之间，副燃烧室位于气缸盖内。主、副燃烧室之间用一个或几个直径较小的通道相连，燃油先喷入到副燃烧室内，燃烧后再进入主燃烧室。分隔式燃烧室的结构形式有涡流室式和预燃室式两种，如图 6-3 所示。

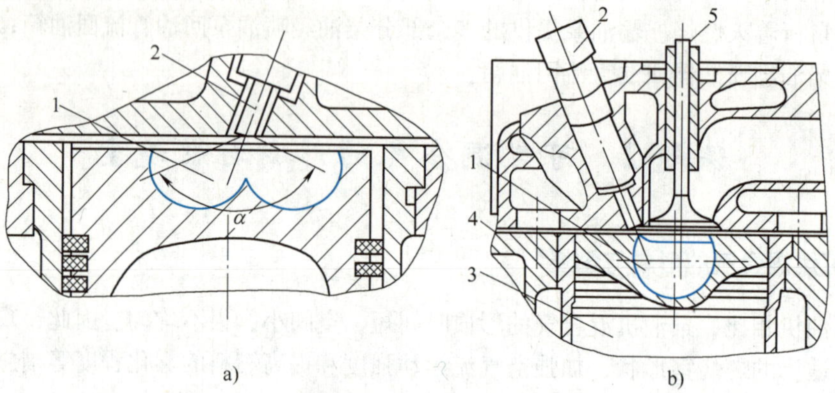

图 6-2 统一式燃烧室

a）ω 形 b）球形

1—燃烧室 2—喷油器 3—活塞 4—气缸体 5—气门

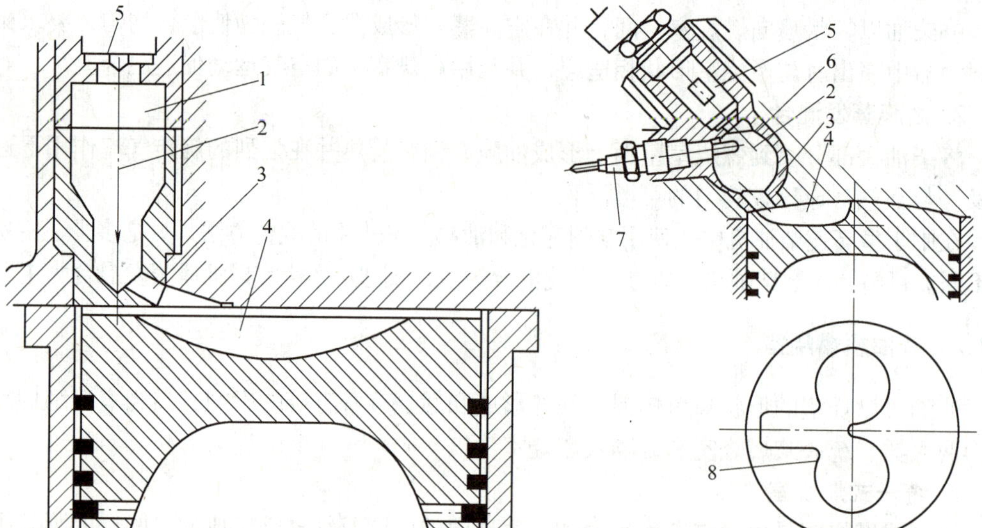

图 6-3 分隔式柴油机燃烧室

a）预燃室式燃烧室 b）涡流室式燃烧室

1—预燃烧室 2—油束 3—通道 4—主燃烧室 5—喷油器 6—副燃烧室 7—预热塞 8—气流运动轨迹

采用分隔式燃烧室将燃油喷入副燃烧室（涡流室或预燃室），燃烧次序为先副燃烧室后主燃烧室，发动机工作比较柔和，零部件承受的机械负荷较小。分隔式燃烧室的发动机高速性能较好，但低速性能和起动性能较差，燃料经济性也较差，所以一般采用的压缩比较大，且在副燃烧室内装有预热装置。此种燃烧室多用于工程机械等低速柴油机。

课题3 柴油机低压供油装置的构造与维修

柴油机低压供油装置由油箱、滤清器、低压油管和输油泵等组成，作用是给高压油路提供较低压力的柴油。

柴油箱与汽油箱的作用和结构基本相同，有些油箱内安装有燃油加热器和柴油滤清器。柴油箱的材料比汽油箱更坚固。

6.3.1 柴油滤清器的构造与维修

柴油滤清器的功用是：滤除柴油中的杂质、水分和石蜡，减小各精密偶件的磨损。柴油滤清器有粗细之分，柴油粗滤器用来清除柴油中颗粒较大的杂质，滤芯常用纸质；柴油细滤器用来清除柴油中微小的杂质，滤芯用毛毡或纸质。目前很多柴油机设有双级滤清器，也有的只设单级滤清器。

1. 双级柴油滤清器的构造

常用的双级柴油滤清器如图6-4所示，滤清器由两个结构基本相同的滤清器串联成一体，第一级粗滤器采用纸质滤芯，第二级细滤器采用毛毡滤芯或纸质滤芯。柴油经第一级滤清器过滤后，由滤清器内部油道进入第二级滤清器。滤清器盖上设有一个放气螺钉和一个限压阀。放气螺钉用于排除低压油路内的空气。当滤清器内压力超过限压阀开启压力(0.1～0.15MPa)时，限压阀开启，使多余的柴油流回油箱。

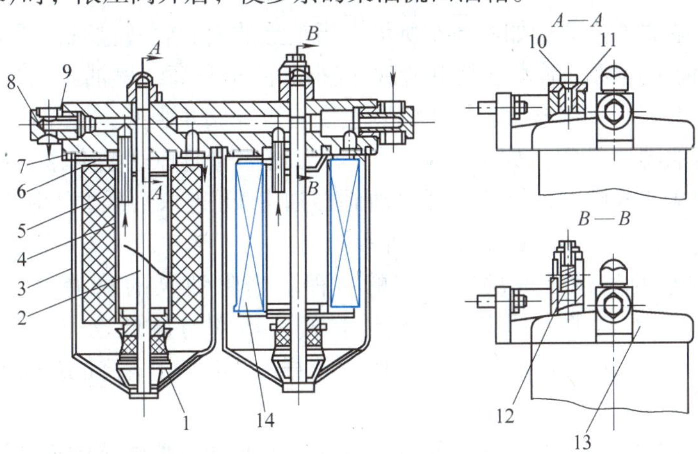

图6-4 常用的双级柴油滤清器

1—滤芯衬垫 2—中心螺栓 3—壳体 4—滤芯内筒 5—毛毡滤芯 6—滤芯密封圈 7—壳体密封圈 8—油管接头 9—油管接头垫 10—放气螺钉 11—螺塞 12—限压阀 13—滤清器盖 14—纸质滤芯

单级柴油滤清器比双级少一个滤芯，结构更加简单。

2. 柴油滤清器的维修

在使用过程中，汽车每行驶3000km，应维护一次柴油滤清器。维护的方法是：拧掉滤清器中心螺栓螺母，拆下滤清器壳体和滤芯，倒出沉积在壳体内的水分和杂质，清洗壳体和滤芯，必要时更换滤芯。

维护柴油滤清器时应注意：

1）清洗纸质滤芯时，应将纸质滤芯上下端面的中心孔堵住，以防清洗中脏物或脏油进入滤芯内腔，清洗后用压缩空气吹干。有些发动机的柴油滤清器滤芯为一次性的，定期更换即可。

2）应检查柴油滤清器接头是否有渗漏、各密封圈是否损坏，若有损坏应更换。

3）检查限压阀，球阀应在导孔内移动灵活，球阀弹簧不应有变形或损坏。

4）组装滤清器时，各密封圈必须完好齐全，并安装到位。各螺纹件的拧紧以不发生渗漏为准，过度拧紧易造成损坏。

5）滤清器安装回燃油系统后，应松开滤清器上的放气螺钉，用手油泵泵油，直到放气螺钉处不再有泡沫油流出时，拧紧放气螺钉，继续用手油泵泵油，直到低压油路充满柴油为止，最后应拧紧手泵柄螺塞，以防柴油机工作时再吸入空气。

6.3.2 活塞式输油泵的构造与维修

输油泵的功用是克服油路中的各种阻力，将柴油从油箱内吸出并以足够量和一定压力输送给喷油泵。

1. 活塞式输油泵的构造

活塞式输油泵的构造如图6-5所示，主要由泵体、活塞、进油阀、出油阀和手油泵等组成。活塞式输油泵安装在喷油泵壳体或安装在气缸体上，由喷油泵凸轮轴上的偏心轮驱动。

活塞式输油泵的工作原理如图6-6所示。当轴上的偏心轮转过时，活塞1在活塞弹簧2的弹力作用下向下运动，活塞下腔10容积减小，油压升高，燃油经油道11压出，实现泵油，同时活塞上腔9容积增大，产生的真空度将进油阀8吸开，油箱内的燃油被吸入活塞上腔，此时出油阀3关闭，如图6-6a所示。当轴上的偏心轮经滚轮架6推动活塞1上行时，活塞上腔9油压增大，燃油推开出油阀经油道11进入到活塞下腔，为下一次泵油做准备，此时进油阀被关闭，如图6-6b所示。

活塞式输油泵的输油量取决于活塞的行程。当输油泵的输油量大于喷油泵需要的油量时，活塞下腔内的油压升高，压缩弹簧，活塞与推杆之间产生空行程，活塞的有效行程减小，输油泵输油量减少，这样就实现了输油量的自动调节，如图6-6c所示。

手油泵的功用是排除燃油系统内的空气或保证冷起动前喷油泵内充满燃油。当柴油机长期停放后重新起动时，先将喷油泵的放气螺钉拧开，再将手油泵的手柄旋开，往复抽按，可以向出油管供油，并将油道中的空气排除。拧紧放气螺钉，旋紧手油泵手柄，再起动发动机。

2. 活塞式输油泵的维修

（1）二级维护时，应清洗检查输油泵　检查时，用手指压下推杆，应将活塞完全压进；松开手油泵手柄，手柄应完全弹出。否则，应拆检活塞、推杆。

（2）检查进、出油阀　进、出油阀若密封不严，可将阀与阀座进行研磨；若有损坏，应更换新件；更换新阀后，新阀与阀座也应进行研磨。

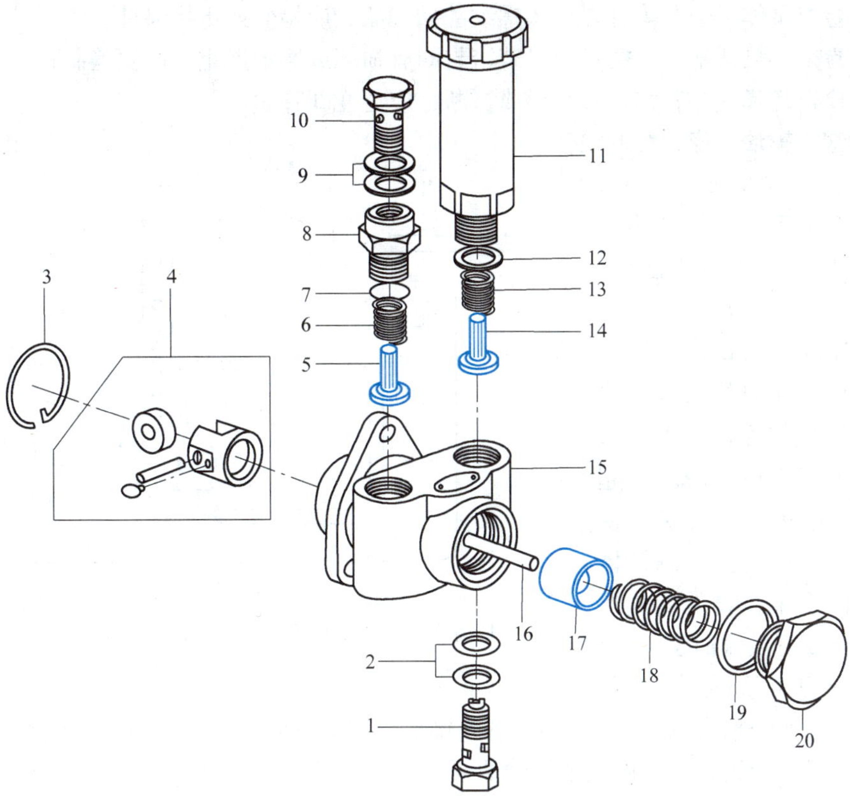

图 6-5 柴油机输油泵的构造（解放 CA6110A 型）

1—进油空心螺栓 2、9、19—垫圈 3—弹簧挡圈 4—挺柱总成
5—出油止回阀 6、13、18—弹簧 7—O 形密封圈 8—管接头 10—出油空心螺栓
11—手油泵 12—O 形密封圈 14—进油止回阀 15—输油泵体 16—推杆 17—活塞 20—螺塞

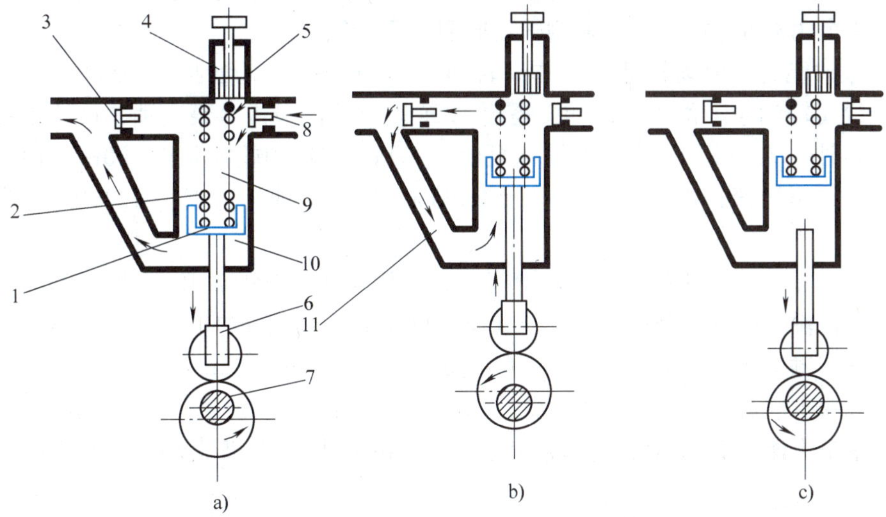

图 6-6 活塞式输油泵的工作原理图

a）泵油 b）吸油 c）泵油量大于吸油量

1—活塞 2—活塞弹簧 3—出油阀 4—手泵腔 5—手泵活塞 6—滚轮架 7—凸轮轴
8—进油阀 9—活塞上腔 10—活塞下腔 11—油道

（3）检查泵体　若泵体有裂纹和螺纹乱扣现象，应检修或更换泵体。

（4）检查手泵活塞上的密封圈　若密封圈有损坏或磨损严重，应更换新件。

（5）检查各弹簧　若弹簧有变形或折断，应更换新弹簧。

3. 活塞式输油泵密封性的检查

检查输油泵的密封性时，旋紧手油泵的手柄，堵住出油口，将其浸入清洁的柴油中，如图 6-7 所示。

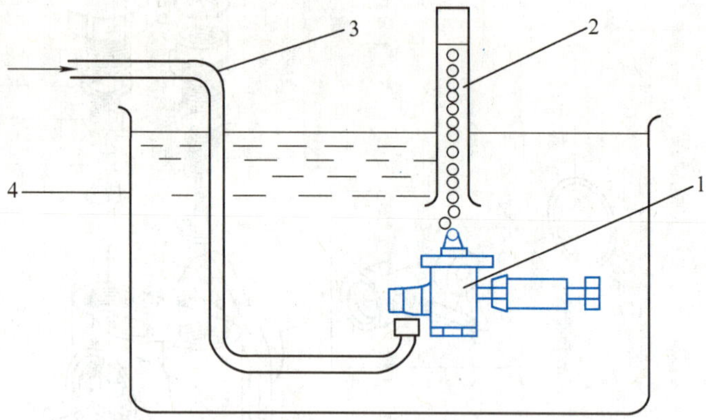

图 6-7　输油泵密封性的检查

1—输油泵　2—玻璃量杯　3—压缩空气软管　4—容器

从进油口通入 150 ~ 200kPa 的压缩空气，在泵体与推杆之间的缝隙处有直径很小的气泡，将气泡用量杯收集，1min 不超过 50mL，说明输油泵密封良好。若进、出油管接头或泵体与推杆之间手泵接口处漏气严重，应检修或更换输油泵。

输油泵也可就车进行密封性检验：装车起动磨合 10min，输油泵各连接部位不能有滴漏现象，溢油孔滴油量每分钟不能多于 3 滴。否则，应检修或更换输油泵。

4. 活塞式输油泵性能的检验

输油泵的性能一般在喷油泵试验台上进行，如图 6-8 所示。

将输油泵安装到喷油泵上，在进油口和出油口上分别接一直径为 8 ~ 10mm、长为 2m 的软管，进油口软管的另一端放入距输油泵 1m 以下装满柴油的油箱内，出油口软管的另一端插入一个比输油泵高 1m 的量筒内，进行以下检验：

（1）吸油能力　驱动输油泵工作，转速为 100r/min 时，如果在 40s 以内能吸进并泵出油，说明输油泵工作正常；如果需要 120s 以上才能吸进并泵出油，应检修输油泵。

（2）供油压力　将压力表装在输油泵出口一侧，然后使输油泵以 600r/min 的速度运转，观察出油压力值，正常压力值应为 160kPa。如果出油压力低于 120kPa，应检修输油泵。

（3）供油量　让喷油泵以规定转速运转，并用调压阀将输油压力调到规定值，检验其输油量。若输油量不符合规定标准，应检修输油泵。如 CA6110A 柴油机输油泵，转速为 100r/min、输油压力为 160kPa 时，输油量应不低于 0. 12L/min。

（4）手油泵性能　停止发动机运转，将手泵柄拧出，以 60 ~ 100 次/min 的速度压动手柄，观察是否能在 25 次前吸进和泵出油。如果在泵动 60 次仍不能吸进和泵出油，应检修手油泵。

5. 输油泵的安装

输油泵安装时，必须注意输油泵体和喷油泵体之间垫片的厚度。垫片过薄，输油泵推杆行程小，泵油量减少；垫片过厚，推杆与活塞将发生干涉。

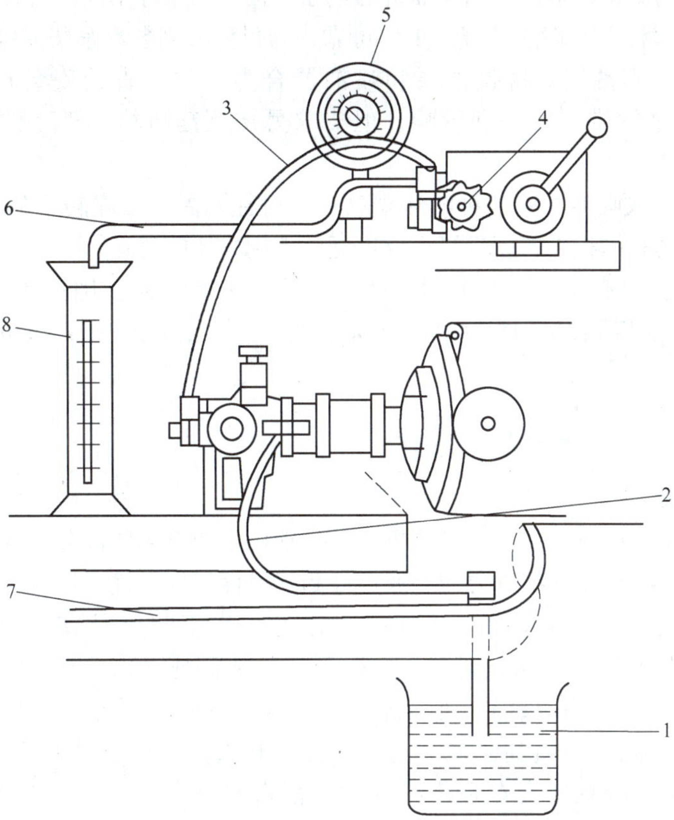

图6-8　活塞式输油泵性能的检验

1—油箱　2—进油口软管　3—出油口软管　4—调压阀　5　压力表
6—回油管　7—塑料软管　8—量杯

课题4　柴油机高压供油装置的构造与维修

高压供油装置中的喷油泵又称高压油泵，是柴油机燃油供给系统中最重要的一个总成。它的功用是根据发动机的不同工况，定时、定量地向喷油器输送高压柴油。

喷油泵一般固定在柴油机机体一侧的支架上，由柴油机曲轴通过齿轮驱动，曲轴转两周，喷油泵的齿轮轴转一周。喷油泵的齿轮轴和凸轮轴用联轴器连接，调速器安装在喷油泵的后端。

多缸柴油机的喷油泵是将与发动机缸数相同的几个泵油机构装在同一泵体上，其中每组泵油机构称为分泵，应满足如下要求：

1）按发动机工作顺序供油，在低、中、高转速，各缸供油量应均匀，不均匀度在标定供油量时应不大于3%~4%。

2）各缸供油提前角和供油延续时间应相等，相差不得大于0.5°曲轴转角。

3）各缸供油的开始和停止都必须迅速，防止出现滴漏现象。

喷油泵的结构形式较多，车用柴油机的喷油泵按作用原理不同，可分为三类：

（1）柱塞式喷油泵　性能良好，工作可靠，为目前大多数汽车柴油机所采用。

（2）喷油泵—喷油器　将喷油泵和喷油器合为一体，直接安装在发动机气缸盖上，消除了高压油管带来的不利影响，但要求另加驱动机构。PT燃油供给系统即属此类。

（3）转子分配式喷油泵　这种喷油泵只有一对柱塞副，依靠转子的转动实现燃油的增压与分配。它具有体积小、质量轻、成本低、使用方便等优点。

国产喷油泵主要有Ⅰ、Ⅱ、Ⅲ号和A、B、P、Z等系列。国产Ⅰ、Ⅱ、Ⅲ号系列喷油泵的结构大致相同，泵体为上、下体分开式。A、B、P、Z系列泵的泵体为整体式。

6.4.1　柱塞式喷油泵的构造与工作原理

1. 国产Ⅱ号喷油泵

国产Ⅱ号喷油泵由分泵、油量调节机构、传动机构和泵体四部分组成，它具有结构紧凑、体积小、零件数目少、维修方便、通用性和互换性较好等优点。

（1）分泵　分泵的结构如图6-9所示，主要由柱塞偶件（柱塞7和柱塞套6）、柱塞弹簧8、弹簧座9、出油阀偶件（出油阀3和出油阀座4）、出油阀弹簧2等组成。柱塞7的圆柱表面上铣有直线形（或螺旋形）斜槽，斜槽底部与柱塞顶面有孔道相通。柱塞套6上有两个圆孔与喷油泵体上的低压油腔相通，为防止柱塞套转动，用定位螺钉18固定。柱塞7与柱塞套6是喷油泵中的精密偶件，用优质合金钢制造，两者以0.0015～0.0025mm的间隙高精度配合，经研磨选配，以保证燃油的增压和柱塞偶件的润滑，不能互换。柱塞由喷油泵凸轮轴上的凸轮11驱动，在柱塞套内做往复运动，同时还可绕自身轴线在一定角度范围内转动。

喷油泵的工作过程可分为进油、压油和回油过程，如图6-10所示。

进油过程——当柱塞1向下移动时，燃油自低压油腔经柱塞套2上的油孔8被吸入并充满泵腔，如图6-10a所示。

压油过程——在柱塞自下止点向上移的过程中，开始有一部分燃油被从泵腔挤回低压油腔，直到柱塞上部的圆柱面将两个油孔完全封闭为止，此后柱塞继续上升，泵腔内的燃油压力迅速增高。当此压力增高到足以克服出油阀弹簧7的作用力时，出油阀6开始上移。当出油阀的圆柱形环带离开出油阀座5时，高压燃油便自泵腔通过高压油管流向喷油器。当燃油压力超过喷油器的喷油压力时，喷油器开始向气缸内喷油，如图6-10b所示。

回油过程——当柱塞继续上移至图6-10c所示位置时，斜槽3同油孔8开始接通，于是泵腔内的油压迅速下降，出油阀6在出油阀弹簧7的作用下迅速回位，喷油泵停止供油，柱塞继续上行到上止点为止，但不再泵油。

柱塞由下止点到上止点所经历的行程为柱塞全行程h，其大小取决于凸轮的升程。而喷油泵每次泵出的油量取决于有效行程h_g的长短。因此，要使喷油泵能随发动机工况不同而改变供油量，只需改变有效行程，一般由改变柱塞斜槽与柱塞套上进油孔的相对角位

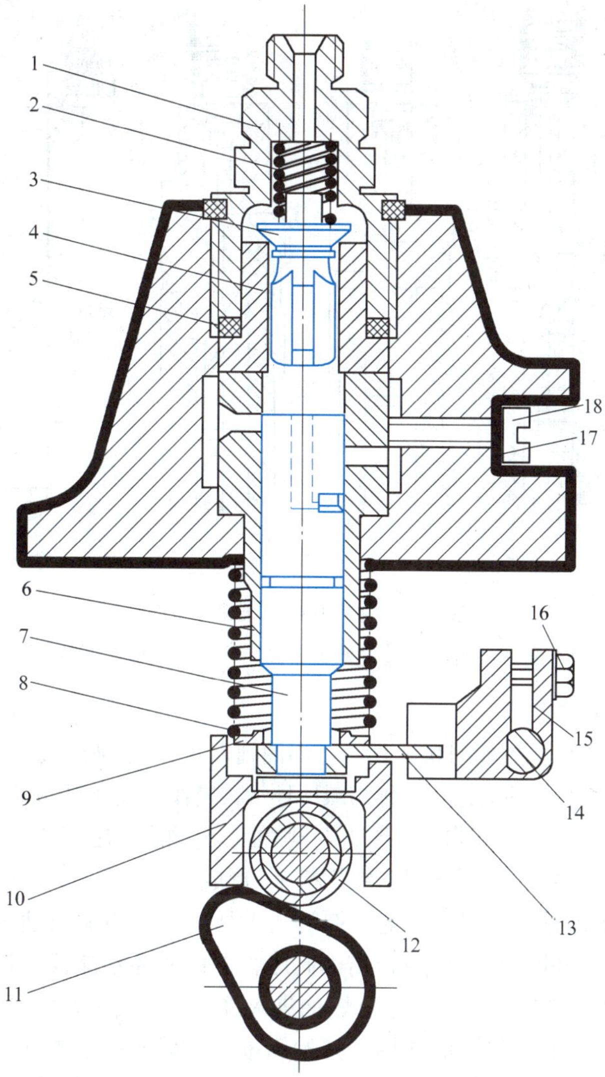

图 6-9　Ⅱ号喷油泵分泵的结构

1—出油阀压紧座　2—出油阀弹簧　3—出油阀　4—出油阀座　5—压紧垫片　6—柱塞套　7—柱塞　8—柱塞弹簧　9—弹簧座　10—滚轮架　11—凸轮　12—滚轮　13—调节臂　14—供油拉杆　15—调节叉　16—夹紧螺钉　17—垫片　18—定位螺钉

置来实现。将柱塞按图 6-10e 中箭头所示的方向转动一个角度，有效行程和供油量即增加，反之则减少。当柱塞转到图 6-10d 所示位置时，柱塞根本不可能完全封闭油孔，因而有效行程为零，即喷油泵处于不泵油的状态。

出油阀和出油阀座也是喷油泵的精密偶件，两者的配合间隙约为 0.001mm 左右，其密封锥面经配对研磨，不能互换。出油阀偶件位于柱塞套的上面，两者接合平面要求密封。如图 6-9 所示拧入出油阀压紧座 1，通过垫片 5 将出油阀座 4 压紧在柱塞套 6 上，同时又使出油阀弹簧 2 将出油阀 3 压紧在出油阀座 4 上。为保证供油压力，出油阀弹簧在装

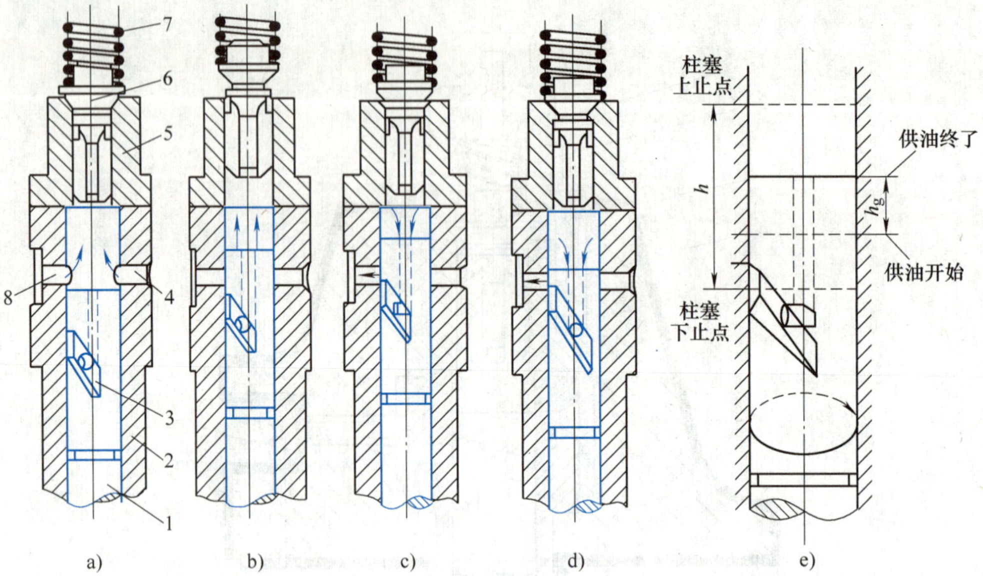

图 6-10 柱塞式喷油泵泵油原理

1—柱塞 2—柱塞套 3—斜槽 4、8—油孔 5—出油阀座 6—出油阀 7—出油阀弹簧

配时应具有一定的预紧力。

出油阀的结构与工作原理如图 6-11 所示。出油阀 2 的上部呈圆锥形，与出油阀座 5 相应的锥面配合。锥面下有一个短的圆柱面，称为减压环带，其作用是在喷油泵停止供油后迅速降低高压油管中的燃油压力，使喷油器能够立即停止喷油。出油阀的尾部与出油阀座 5 内孔作滑动配合，为出油阀 2 的运动导向，尾部开有纵切槽 4，形成十字形断面，以构成油流通路。

当柱塞上升到封闭柱塞套进油孔时，泵腔内油压升高，克服出油阀弹簧预紧力后，出油阀开始上升，出油阀的密封锥面离开出油阀座，但此时还不能立即供油，直到减压环带 3 完全离开出油阀座 5 的导向孔时，才有燃油进入高压管路，使管路油压升高；当柱塞下落时，出油阀 2 在出油阀弹簧 1 的作用下开始回位，当减压环带 3 刚进入导向孔时，泵腔与出油孔便被切断，于是燃油停止进入高压油管；出油阀再继续下降到密封锥面贴合时，由于出油阀体本身所让出的容积，使高压油管内的压力迅速降低，喷油立即停止，故避免了喷油发生滴漏的现象。

（2）油量调节机构　油量调节机构的作用是根据柴油机负荷和转速的变化相应改变喷油泵的供油量，并保证各缸的供油量一致。

国产Ⅱ号喷油泵采用拨叉式油量调节机构，它由调节臂 3、调节叉 2 和供油拉杆 1 等零件组成，如图 6-12 所示。在柱塞 4 的下端压装着调节臂 3，调节臂的端头插在调节叉 2 的凹槽内，调节叉用螺钉 6 固定在供油拉杆 1 上，供油拉杆两端支承在壳体的衬套中，并用定位导向槽防止转动。若移动供油拉杆时，调节叉就带动调节臂及柱塞相对柱塞套转动，从而改变了柱塞的有效行程，调节了供油量。因各分泵的调节叉均用螺钉固定在同一个供油拉杆上，所以保证了各缸供油量的均匀性。当各缸供油量不等时，可以通过松开固定螺钉改变调节叉在供油拉杆上的位置来调整。

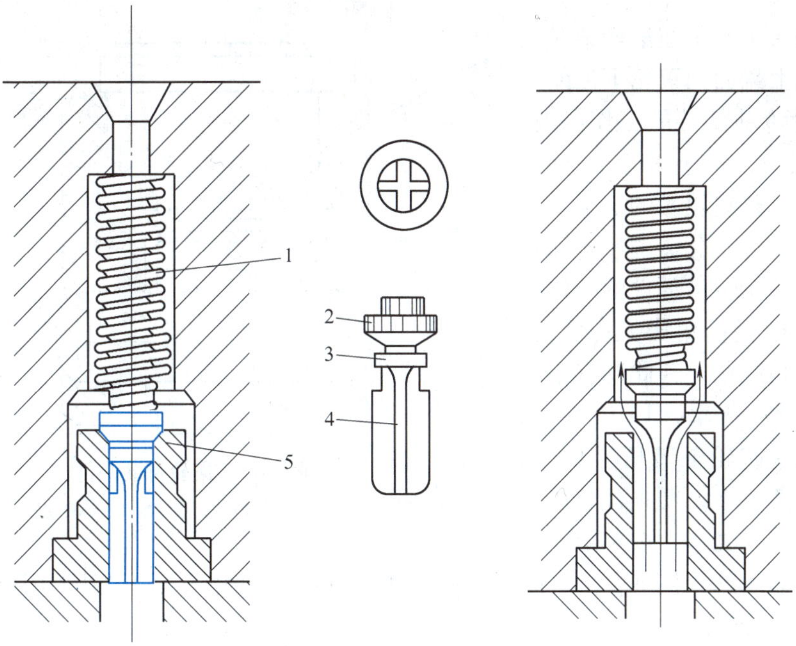

图6-11　出油阀的结构与工作原理

1—出油阀弹簧　2—出油阀　3—减压环带　4—纵切槽　5—出油阀座

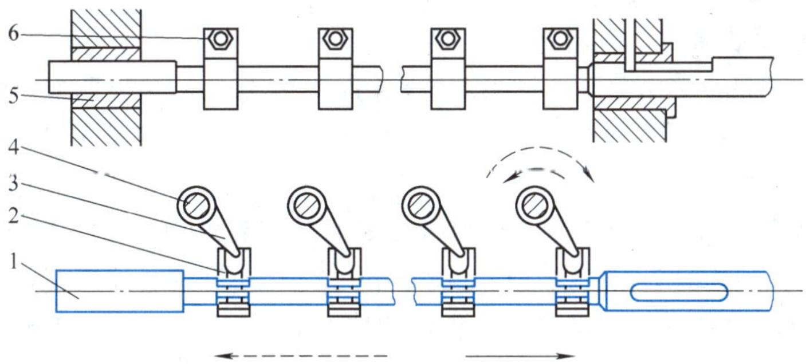

图6-12　拨叉式油量调节机构

--------→加油　——→减油

1—供油拉杆　2—调节叉　3—调节臂　4—柱塞　5—衬套　6—螺钉

这种调节机构结构简单，制造方便，易于修理，适用于柴油机功率增大的需要。

（3）传动机构　传动机构由喷油泵凸轮轴和滚轮传动部件组成。喷油泵凸轮轴的两端通过圆锥滚子轴承支承在喷油泵壳体上，前端装有联轴器和喷油提前角自动调节器，后部与调速器相连。滚轮传动部件的功用是将凸轮的旋转运动转变为自身的往复直线运动，推动柱塞上行供油，此外，通过调整滚轮传动部件的高度，可以保证各分泵供油提前角的正确性。

国产Ⅱ号喷油泵滚轮传动部件如图6-13所示。滚轮2内有滚轮衬套3，3松套在滚轮轴4上，4支承在滚轮架5的座孔中。滚轮传动部件在喷油泵壳体内要求只能上下运动，不能转动。

调整垫块1安装在滚轮架5的座孔中，其上端面到滚轮下沿的距离称为滚轮传动部件的工作高度。在使用过程中，由于滚轮、凸轮、柱塞下端和调整垫块间的磨损，供油提前角会发生变化。调整增加垫块厚度可使滚轮传动部件的工作高度增大，供油提前角增大；反之，则供油提前角减小。为此制有不同厚度的调整垫块，厚度差为0.1mm，相应凸轮轴转角为0.5°，对应曲轴转角为1°。更换调整垫块时需拆开喷油泵壳体，按规定的高度选用相应厚度的调整垫块。调整垫块用较好的耐磨材料制成，硬度达60HRC以上，磨损后可将垫块翻转继续使用。

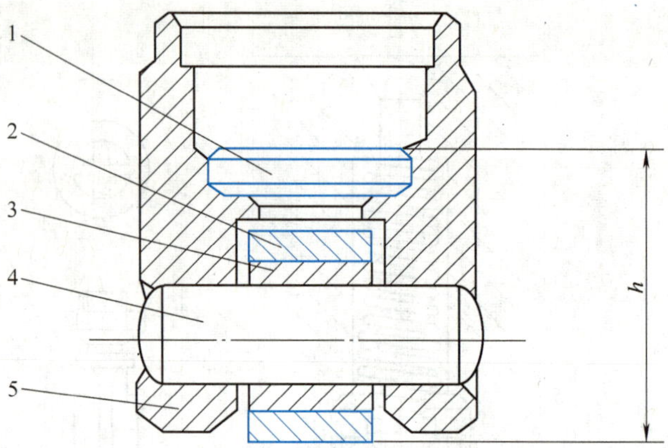

图6-13 滚轮传动部件

1—调整垫块 2—滚轮 3—滚轮衬套 4—滚轮轴 5—滚轮架

（4）泵体 Ⅱ号喷油泵泵体为组合式，上体由灰铸铁铸成，下体为铝合金铸成。上体使用灰铸铁材料不仅增大了壳体的刚度和强度，同时使出油阀压紧座处的螺纹强度增加，同时也具有更好的耐蚀性。

2. 国产A型喷油泵

国产A型喷油泵也是由分泵、油量调节机构、传动机构和泵体四部分组成的。

（1）分泵 A型喷油泵分泵的工作原理与Ⅱ号喷油泵分泵基本相同，其结构如图6-14所示。

（2）油量调节机构 A型喷油泵采用齿杆式油量调节机构，如图6-15所示。柱塞12下端的榫舌嵌入控制套筒7相应的切槽中，控制套筒7松套在柱塞套15上，在控制套筒上部套装一个可调齿圈13并用螺钉锁紧，可调齿圈13和油量调节齿杆6相啮合，油量调节齿杆的轴向位置由驾驶人或调速器控制。

柱塞旋转机构的工作情况如图6-16所示。移动油量调节齿杆6时，可调齿圈13连同控制套筒7带动柱塞12相对于固定不动的柱塞套15转动，这样就改变了柱塞圆柱表面上螺旋槽与进油孔的相对角位置，即改变了柱塞的有效行程，实现了供油量的调节。各缸供油均匀性可通过改变可调齿圈13与控制套筒7的相对角位置来调整，即松开可调齿圈，使控制套筒7与柱塞12一起相对于可调齿圈转过调整需要的角度，再将可调齿圈锁紧在控制套筒上。

齿杆式油量调节机构的特点是传动平稳，但制造成本高。

（3）传动机构 滚轮传动部件的结构如图6-17所示，其特点是在滚轮架6的上端装有调整螺钉8，拧出螺钉，h值增大，供油提前角即增大；相反，拧入螺钉，h值减小，供油提前角减小。调整时不需拆散壳体，但因为柱塞上止点距出油阀座只有0.4～1.0mm的空隙，必须注意螺钉不能拧出太多，以防碰撞损坏。另外，调整合适后应及时将螺钉锁紧。

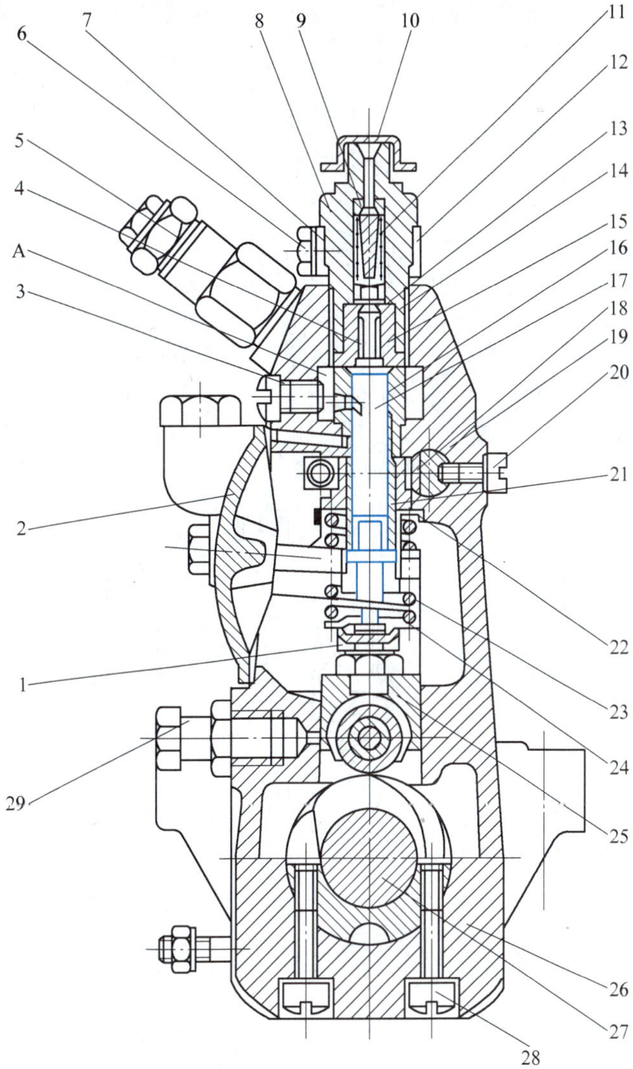

图 6-14　A 型喷油泵分泵的结构

1—调整螺钉　2—检查窗盖　3—挡油螺钉　4—出油阀　5—限压阀部件　6—槽形螺钉　7—前夹板　8—出油阀压紧座　9—减容器　10—护帽　11—出油阀弹簧　12—后夹板　13—O 形密封圈　14—垫圈　15—出油阀座　16—柱塞套　17—柱塞　18—可调齿圈　19—调节齿杆　20—齿杆限位螺钉　21—控制套筒　22—弹簧上支座　23—柱塞弹簧　24—弹簧下支座　25—滚轮架　26—泵体　27—凸轮轴　28—紧固螺钉　29—润滑油进油空心螺栓　A—低压油腔

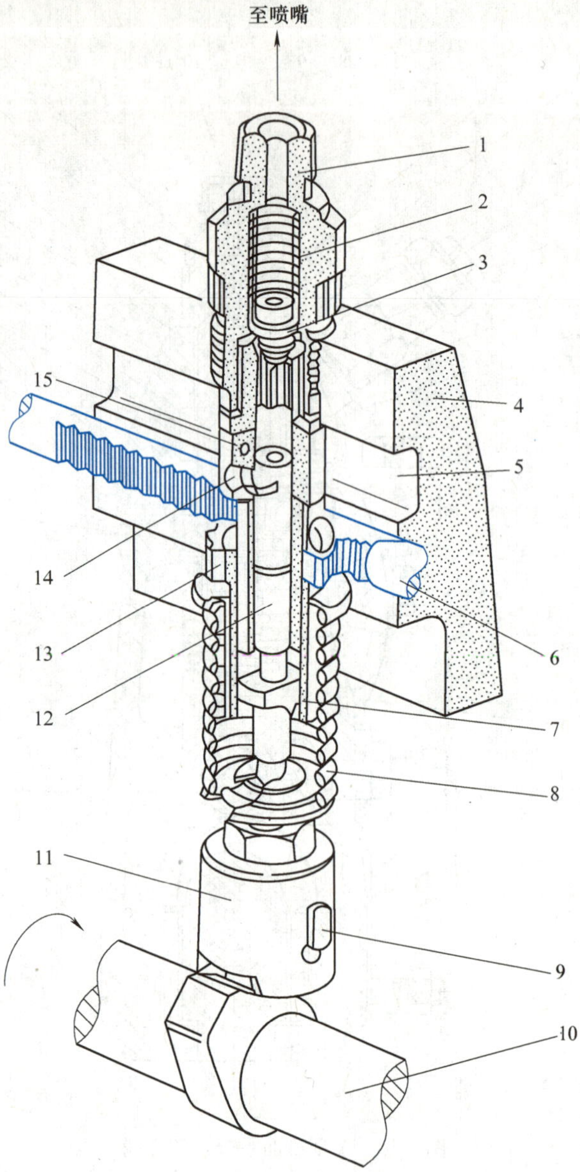

图 6-15 齿杆式油量调节机构

1—出油阀压紧座 2—出油阀弹簧 3—出油阀 4—喷油泵壳体 5—低压油腔 6—油量调节齿杆 7—控制套筒 8—柱塞弹簧 9—导板 10—凸轮轴 11—滚轮架 12—柱塞 13—可调齿圈 14—进油口 15—柱塞套

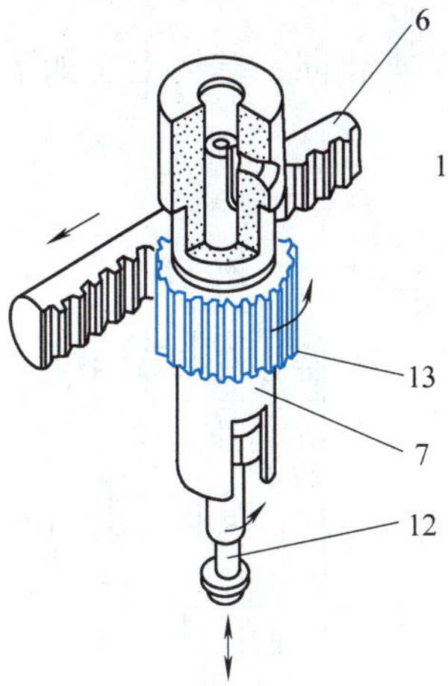

图 6-16　柱塞旋转机构

a）不供油　b）部分供油　c）供油量最大

6—油量调节齿杆　7—控制套筒　12—柱塞　13—可调齿圈　15—柱塞套

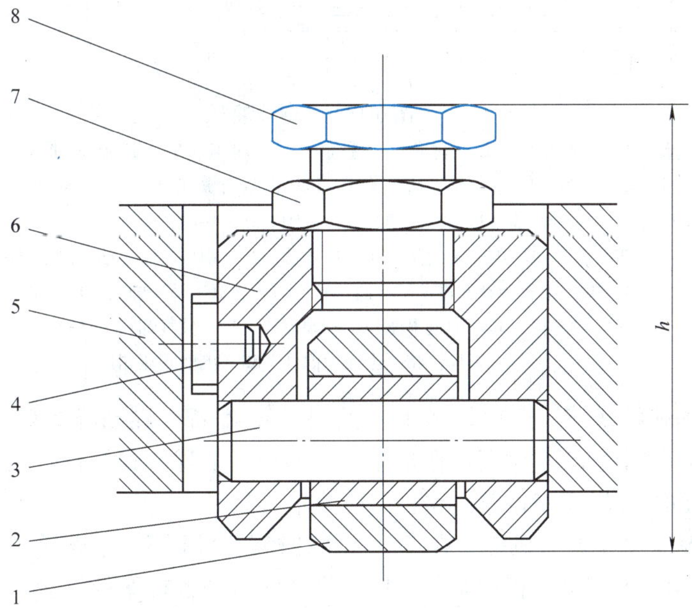

图 6-17　滚轮传动部件的结构

1—滚轮　2—滚轮衬套　3—滚轮轴　4—导向块　5—泵体　6—滚轮架　7—锁紧螺母　8—调整螺钉

（4）泵体　A 型喷油泵采用整体式泵体，可增加壳体的刚度，由铝合金铸成，分泵、油量调节机构及传动机构都装在泵体内。分泵和驱动机构等零件从壳体下部装入，因此在壳体底部设有大螺塞。有的壳体下底用盖板封住，为了拆装的需要，侧面也由窗口盖板封住。

3. P 型喷油泵

P 型喷油泵如图 6-18 所示，其工作原理与Ⅱ号喷油泵基本相同，结构上有如下一些特点：

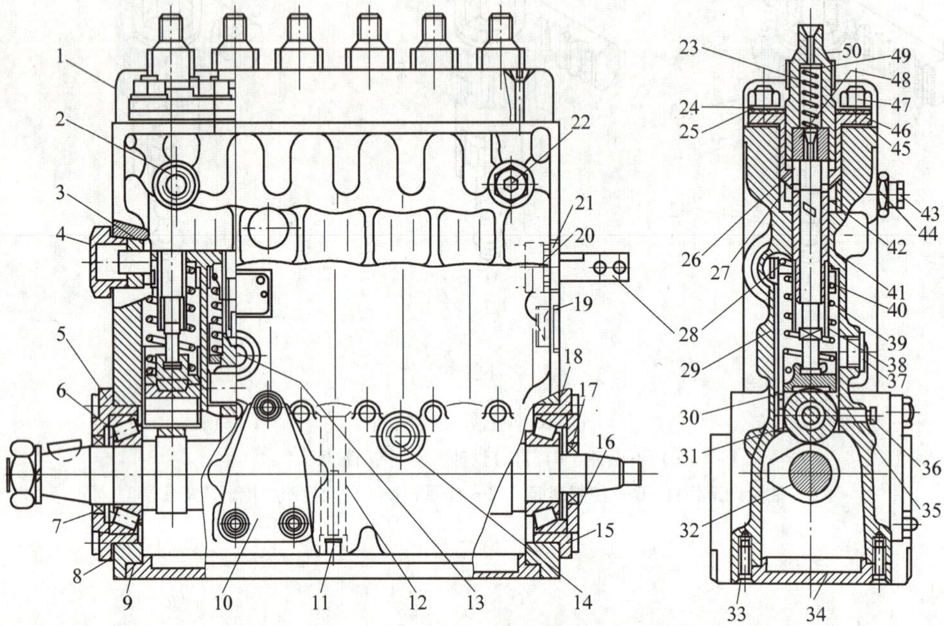

图 6-18　P 型喷油泵

1—顶盖　2—进油孔　3、15—衬套　4—护盖　5—轴承盖　6—圆锥滚子轴承　7、17—油封　8、18、45、49—衬垫　9—密封垫　10—盖板　11—内六角螺钉　12—中间轴承　13—机油进油孔　14—机油回油孔　16—轴承盖　19、37—螺塞　20—销　21—螺纹衬套　22—放气螺钉　23、39—弹簧　24—垫圈　25、33、41、44—密封圈　26—柱塞套　27—钢环　28—油量调节拉杆　29—泵体　30—滑块　31—滚轮传动部件　32—凸轮轴　34—底盘　35—弹簧下座　36—定位螺钉　38—控制套筒　40—弹簧上座　42—导流环　43—放气螺钉　46—凸缘套筒　47—螺栓　48—出油阀偶件　50—出油阀压紧座

（1）悬挂式柱塞套　柱塞套 26 和出油阀偶件 48 都装在凸缘套筒 46 中，组成一个总成部件，用两个螺栓 47 直接固定在泵体上，形成一个悬挂式结构，供油时刻可通过增减凸缘套筒下面的衬垫 45 来调整。这种结构简单可靠。

（2）钢球式油量调节机构　在每个柱塞的控制套筒 38 上都装有一个小钢球，在调节拉杆 28 上有相应的凹槽，移动调节齿杆，钢球便带动各柱塞控制套筒使柱塞转动，从而实现供油量的调节。P 型喷油泵各缸供油均匀性的调整是通过转动柱塞套的方法来改变柱塞的有效行程的，调整范围为 10°左右。

（3）压力式润滑　滚轮传动部件 31、调速器等均采用发动机润滑系统主油道中具有一定压力的机油进行润滑，润滑方式简单可靠。

（4）全封闭式泵体　全封闭式泵体刚度大，不易变形，还可起到防尘作用。

P 型喷油泵的最大缺点是拆装不便。

4. 喷油泵的驱动与喷油提前角调节装置

（1）喷油泵的驱动　喷油泵通常由柴油机曲轴前端的正时齿轮带动一组齿轮来驱动，如图6-19所示。喷油泵通常靠底部定位装在托板7上，用联轴器4把驱动齿轮2和喷油泵的凸轮轴连起来。有的柴油机在其间又串联了空气压缩机3和供油提前角自动调节器5。

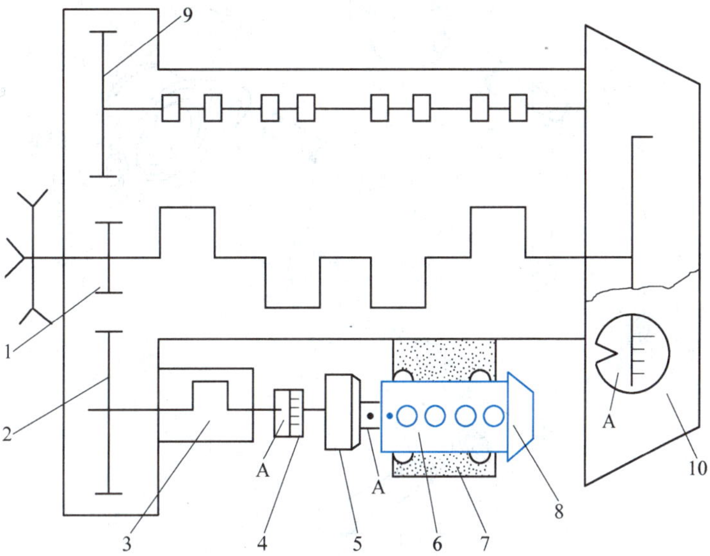

图6-19　喷油泵的驱动方式

1—曲轴正时齿轮　2—喷油泵驱动齿轮　3—空气压缩机　4—联轴器　5—供油提前角自动调节器　6—喷油泵　7—托板　8—调速器　9—配气机构驱动齿轮　10—飞轮上的喷油正时标记　A—各处正时标记

为保证供油正时，在正时齿轮、中间齿轮和喷油泵驱动齿轮上都刻有正时记号，安装时各处的正时标记都必须相应，才能保证喷油系统有正确的喷油时刻。

喷油提前角是指喷油器开始喷油至活塞到达上止点之间的曲轴转角。喷油提前角过大，导致发动机工作粗暴；喷油提前角过小，导致发动机功率降低，排气冒黑烟。因此，必须选择最佳的喷油提前角。

喷油提前角是由喷油泵的供油提前角来保证的，而整个喷油泵的供油提前角可以通过改变发动机曲轴和喷油泵凸轮轴之间的相位角来调整。

供油提前角的调整方法共有两项：一是对单个分泵进行调整，使分泵供油提前角一致，供油间隔角相等，它是通过改变滚轮传动部件的高度或改变各泵柱塞在供油拉杆上的位置来实现的；二是对所有分泵进行统一调整，达到规定的供油提前角，调节方式有两种，静态时通过调整联轴器，使喷油泵凸轮轴与柴油机曲轴的相对角位置发生改变，保证常用工况范围内能获得最大的功率和最小的燃油消耗率；或在柴油机运转时，通过喷油提前角自动调节器自动调节，保证随转速变化自动改变提前角。

（2）联轴器　联轴器用来连接喷油泵凸轮轴与其驱动轴。解放CA6110—2型柴油机联轴器的结构如图6-20所示。长螺栓17把主动凸缘盘11固定在驱动轴上。螺栓13把主动传动圆盘12与主动凸缘盘相连，主动凸缘盘上的螺孔为弧形孔。螺栓21又把主动传动

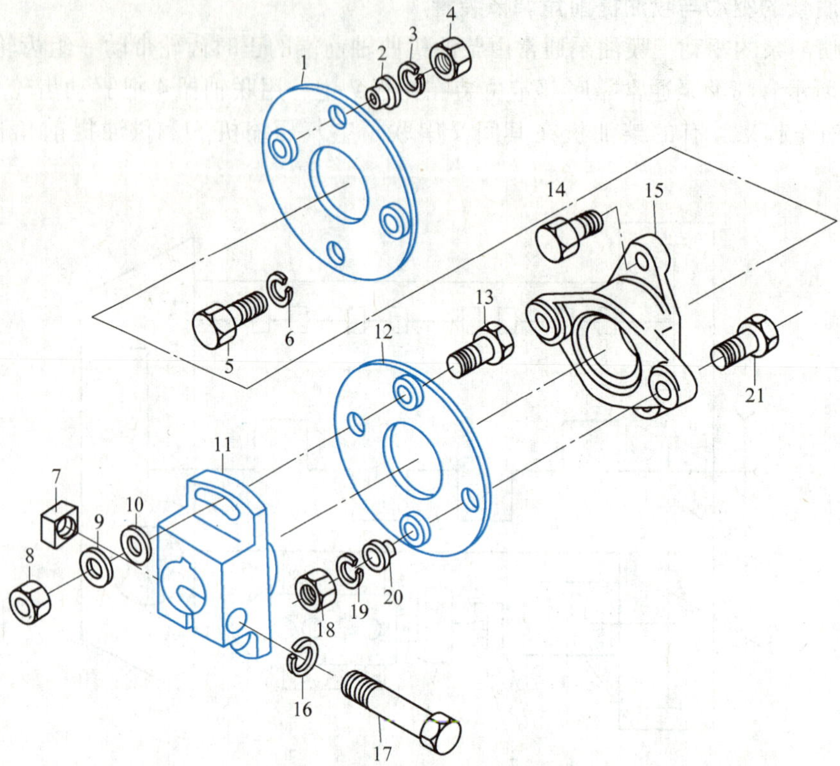

图 6-20　解放 CA6110—2 型柴油机联轴器

1—从动传动圆盘　2—衬套　3、6、9、10、16、19—衬垫　4、7、8、18—螺母　5、13、14、17、21—螺栓　11—主动凸缘盘　12—主动传动圆盘　15—十字接盘　20—衬套

圆盘与十字接盘 15 连接。螺栓 14 把十字接盘 15 与从动传动圆盘 1 相连，螺栓 5 将从动传动圆盘与喷油提前角自动调节器(后接喷油泵凸轮轴)连接在一起。由此，驱动轴上的动力通过上述各零件传递到了喷油提前角自动调节器上。

喷油提前角的调整：将喷油泵固定在发动机气缸体的托架上后，转动曲轴，使第一缸活塞处在上止点位置，旋松螺栓 13 可使主动传动圆盘 12 相对于主动凸缘盘 11 沿弧形孔转过一个角度，改变了喷油泵凸轮轴与发动机曲轴之间的相位关系，即改变了各缸的喷油时刻(即初始供油提前角)；再将喷油泵凸轮轴与壳体上的记号对准，最后将螺栓拧紧。解放 CA6110—2 型柴油机喷油提前角为 14°。

(3) 喷油提前角自动调节器　喷油提前角自动调节器能随发动机转速的变化自动改变喷油提前角。它位于联轴器和喷油泵之间。

柴油机机械离心式喷油提前角自动调节器的结构如图 6-21 所示。调节器壳体 1 用螺栓与联轴器相连，为主动元件。两个飞块 7 套在调节器壳体 1 端面的两个销钉上，外面还套装两个弹簧座 13，飞块的另一端各压装一个销钉，每个销钉上各松套着一个滚轮 9 和滚轮内座圈 8。从动盘 19 与喷油泵凸轮轴相连接。如图 6-22 所示，从动盘 19 的弧形侧面 E 与滚轮 9 接触，平侧面 F 则压在两个弹簧 11 上，弹簧的另一端支于弹簧座 13 上。整个调节器为一密封体，内腔充有机油保证润滑。

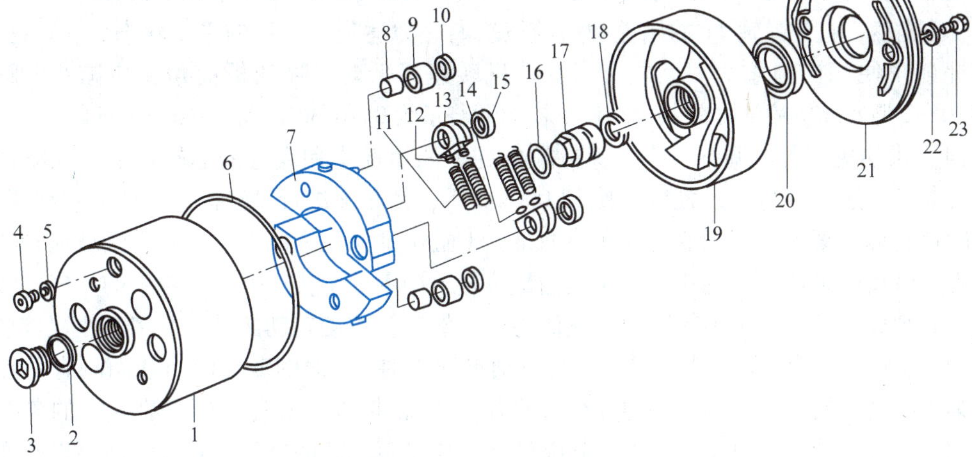

图6-21 柴油机机械离心式喷油提前角自动调节器

1—调节器壳体 2、10—垫圈 3—放油螺塞 4—丝堵 5、22—垫片 6、16—O形密封圈 7—飞块 8—滚轮内座圈 9—滚轮 11—弹簧 12、14、18—弹簧垫圈 13—弹簧座 15—定位圈 17—螺母 19—从动盘 20—油封 21—盖 23—螺栓

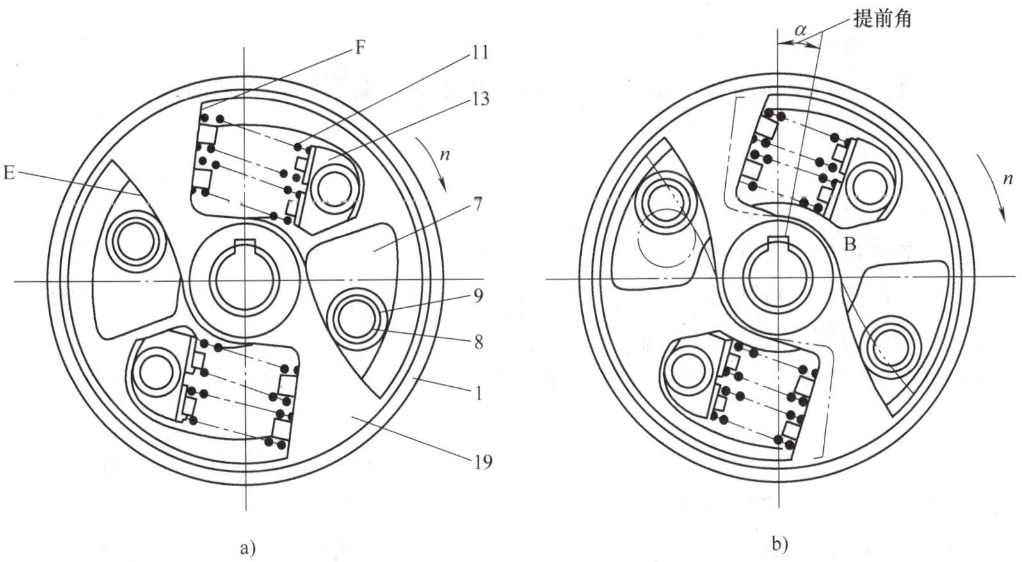

图6-22 喷油提前角自动调节器的工作原理

a）静止状态 b）提前状态

1—调节器壳体 7—飞块 8—滚轮内座圈 9—滚轮 11—弹簧 13—弹簧座 19—从动盘

喷油提前角自动调节器的工作原理如图6-22所示。发动机工作时，在曲轴的驱动下，调节器壳体1及飞块7沿图中箭头方向旋转，在离心力的作用下，两个飞块的活动端向外甩开，滚轮9对从动盘19的两个弧形侧面E产生推力，迫使从动盘19沿箭头所示方向相对于调节器壳体超前转过一个角度α，直到弹簧11作用在F侧面上的压缩弹力与飞块离心力相

平衡为止，于是从动盘19与调节器壳体1同步旋转。当转速升高时，飞块离心力增大，其活动端进一步向外甩出，滚轮9迫使从动盘19沿箭头所示方向相对于调节器壳体1再超前转过一个角度，直到弹簧11的压缩弹力与飞块离心力达到一个新的平衡状态为止。这样，喷油提前角便相应地增大。反之，当发动机转速降低时，喷油提前角相应减小。解放CA6110—2型发动机喷油提前角自动调节器的调节量为0～6°30′(500～1650r/min)。

（4）供油提前角的调整　为了保持较低的燃油消耗率和良好的运转性能，在柴油机经过拆装后及运行1000h或装车行驶18 000km后，都必须进行供油提前角的检查和调整。调整时可先拆下第1缸高压油管，在喷油泵第1缸出油阀压紧座上装一根带细玻璃管的高压油管，将喷油泵调速手柄置于最大供油量位置，用手油泵排净燃油系统中的空气，转动曲轴直到细玻璃管口流出不带气泡的燃油为止。然后，慢慢转动曲轴，并密切注视玻璃管口或喷油泵第1缸出油阀压紧座处(当没有细玻璃管时)油面的变化。当油面刚有一点上升即第1缸刚开始供油时，立即停止转动曲轴，观察带轮轮缘上刻有“油”字的刻线与齿轮室盖上的指针的相对位置。可松开喷油泵与齿轮室联接的螺栓，转动喷油泵以改变供油提前角，在喷油泵上部向柴油机机体方向转动，则供油提前角增大；反之，供油提前角减小。

5. 喷油泵的解体

（1）喷油泵解体之前的工作　应先用煤油或柴油认真清洗喷油泵外部，并进行以下检查：

1）观察泵体有无裂纹和损坏。

2）检查出油阀压紧座处、柱塞套筒周围及输油泵与泵壳间是否漏油。

3）检查凸轮轴转动是否灵活。

4）拆开检查窗盖，检查喷油泵内部是否积水，机油是否被柴油严重污染或变质。

（2）喷油泵解体时应注意的问题

1）尽量使用专用工具拆卸。

2）零件拆卸后，要按部位顺序摆放整齐。柱塞副和出油阀等精密偶件，在解体和以后的清洗时应该非常仔细，不许磕碰，并绝对不允许互换。

3）对有装配位置要求的零件，如齿条、齿扇、柱塞套等零件，必须做装配标记，确保原装配位置不变。

4）喷油泵总成包括分泵、输油泵、调速器、供油提前角自动调节装置等部件，在解体时应先分解成部件，然后视情分解。

（3）喷油泵解体后的工作　认真清洗各零件，进行以下检查(以A型泵为例)：

1）检查凸轮轴键槽与半圆键的配合情况，如有松动，应更换键或凸轮轴。

2）检查凸轮轴端锥面和螺纹，如毛糙或损坏，应用油石修磨或更换凸轮轴。

3）检查凸轮轴上的凸轮，如有损伤、变形或严重磨损，应更换凸轮轴。凸轮磨损量一般应不超过0.5mm。

4）检查凸轮轴的径向圆跳动量，若超过0.5mm，应进行冷压校直。

5）检查凸轮轴轴向间隙，若超过0.15mm，应调整或更换凸轮轴。

6）检查滚轮体和滚轮，若磨损严重或损坏，应更换；检查滚轮与销的配合间隙，若超过0.2mm，应更换；检查滚轮体与导孔的配合间隙，若超过0.2mm，应更换。

7）检查柱塞弹簧，若有变形或折断，应更换。

8）检查传动套筒有无裂纹，并检查柱塞凸块与传动套筒槽的配合间隙，若传动套筒有裂纹或与柱塞凸块配合间隙超过0.2mm，应更换。

9）检查油量调节齿条与齿圈的齿隙，若齿隙超过0.3mm，应更换；检查齿杆，若有弯曲变形，应更换。

（4）柱塞偶件的检查

1）柱塞副的外观检验。柱塞副外观检验的内容有：柱塞表面有明显的磨损痕迹、柱塞弯曲或头部变形、柱塞或柱塞套有裂纹、柱塞头部斜槽二直槽及环槽边缘有剥落或锈蚀等现象、柱塞套端面及内孔表面有锈蚀或显著的刻痕。发现有以上情况之一时，应更换。

2）柱塞的滑动性试验。先用洁净的柴油仔细清洗柱塞偶件，涂上干净的柴油后进行试验。将柱塞套倾斜60°左右，将柱塞拉出约1/3全行程；放手后，柱塞应在自重作用下平稳地滑入套筒内。转动柱塞后重复上述试验，柱塞均应平稳地滑入套筒内，如图6-23所示。

3）柱塞偶件的密封性试验。如图6-24所示，用手指堵住套筒上端孔和侧面进油孔，另一手向外拉柱塞，应感觉有吸力；放松柱塞时，柱塞应能迅速回位。将柱塞转动几个不同位置，反复试验几次，每次都能符合上述要求，说明柱塞偶件配合良好。

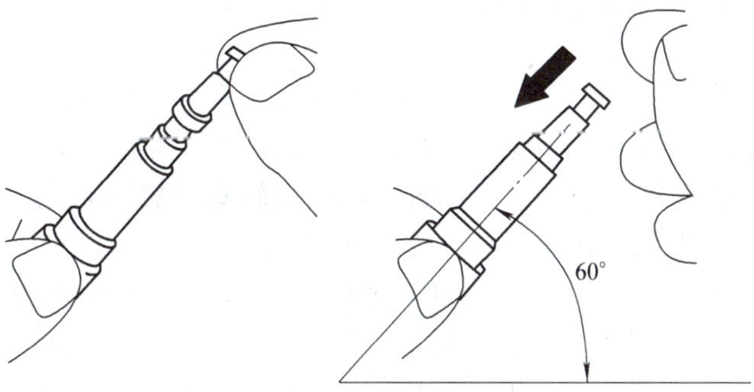

图6-23 柱塞的滑动性试验

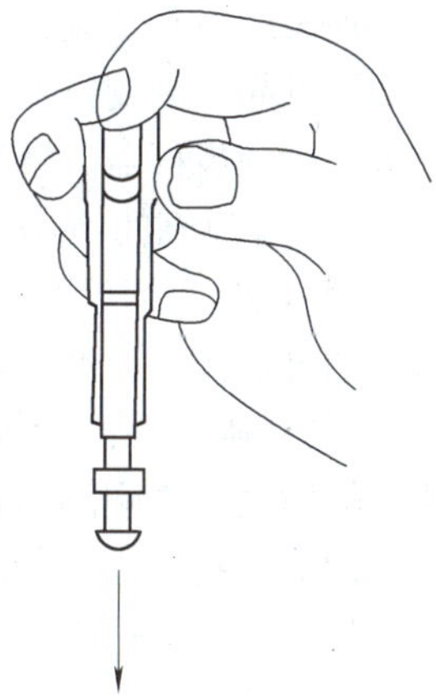

图6-24 柱塞偶件的密封性试验

（5）出油阀偶件的检查 出油阀的主要耗损也是磨损，多出现在密封锥面、减压环带和导向部分。与出油阀相配合的出油阀座在密封的锥面和座孔圆周表面也会出现相应的磨损。

1）出油阀偶件的外观检验。目测检查出油阀偶件，工作面不应有刻痕及锈蚀，密封锥面应光泽明亮、完整连续，光亮带宽度应不超过0.5mm，出油阀垫片应完好无损，否则应更换。

2）出油阀的滑动性试验。将泡过柴油的出油阀偶件处于垂直状态，把阀体从座孔中抽出1/3左右，松开后，阀体应能靠自重平稳地落入阀座，无卡滞现象。将阀体转动几个位置，反复试验，每次都能符合上述要求，说明出油阀偶件配合良好。

3）出油阀的密封性实验。在做滑动性实验时，如图 6-25 所示，将手指堵塞出油阀座下方的孔，出油阀下落到减压环带进入阀座时应能停住。在此位置时，用手指轻轻压入出油阀，放松手指后，出油阀应能马上弹回原位置；手指从下端面移开时，出油阀应在自重作用下完全落座。

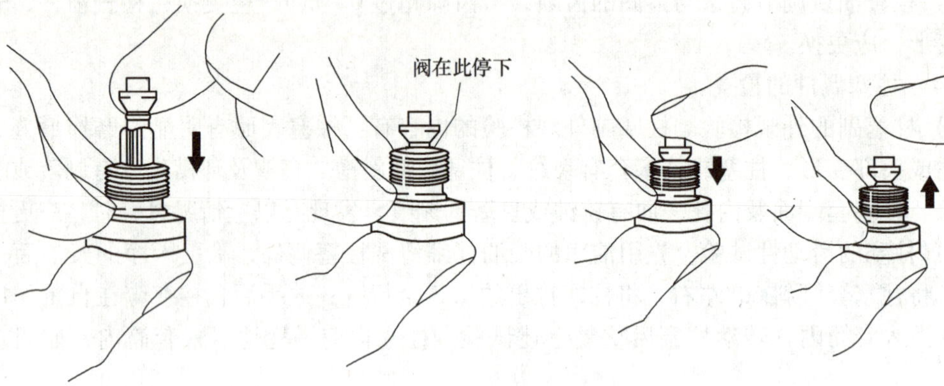

图 6-25 出油阀的密封性试验

6. 喷油泵的调试

喷油泵主要调试项目包括供油正时和供油量。

喷油泵一般在试验台上由专业人员进行调试。以 CA6110A 型柴油机 A 型喷油泵为例，将喷油泵可靠安装到试验台上，连接好相应的管路，按规定给喷油泵及调速器加好润滑油，拆掉供油齿杆盖、冒烟限制器，装上齿条位移测量仪。

（1）检查调整供油正时

1）将操纵手柄放在最大供油位置，打开试验台上标准喷油器的溢流阀，调节试验台供给喷油泵低压油腔的油压，使油能顶开出油阀从第 1 缸喷油器的回油管中流出。

2）转动喷油泵凸轮轴，使第 1 缸柱塞处于下止点位置，再缓缓转动凸轮轴直到第 1 缸喷油器回油管中刚刚停止流油时，说明第 1 缸分泵柱塞上行到供油开始位置（堵住柱塞套筒上的进油孔时）。反复进行几次试验，当第 1 缸开始供油时，检查喷油泵联轴器和泵体上的供油正时标记应对正，否则说明第 1 缸供油正时失准。

3）第 1 缸供油正时失准时，可通过滚轮体上的调整螺钉来调整，旋出螺钉为提前，旋入为推迟。

4）利用试验台飞轮盘上的刻度，选择任意角度作为第 1 缸供油开始的基准，依照上述方法，按发动机各气缸做功顺序，依次检查各气缸供油间隔角，以确定其他各气缸的供油正时。

CA6110A 型柴油机做功顺序为 1—5—3—6—2—4，以第 1 缸供油开始时刻为基准，当第 5 缸开始供油时，试验台刻度盘上的指针应正好转过 $60° \pm 0.5°$；转过角度过大说明第 5 缸供油迟后，转过角度过小说明第 5 缸供油过早，应调整第 5 缸滚轮体有效高度，使供油间隔角符合要求。依同样方法检查调整其他各气缸的供油正时。

（2）调整供油量　将喷油泵低压腔的压力调整到 160kPa，将控制齿杆调到额定供油量位置，并使喷油泵以规定转速运转，然后测量各分泵供油量及其均匀度。如果供油量不符合表6-1规定的范围标准，则应松开传动套筒上的齿圈固定螺钉，通过转动传动套筒来调节喷油量。逆时针转动套筒，供油量增加；反之则减小。调整合适后，拧紧齿圈固定螺钉。

表6-1 CA6110A型柴油机喷油泵供油量的范围标准

项目	控制齿条行程/mm	转速/(r/min)	每1000次平均供油量/(mL/1000次)	供油不均匀度(%)
最大供油量	10.2	1450	71	3
校正供油量	10.5	900	72	3
怠速供油量	9.1	250	11.8	15

供油量调整的条件：喷油器型号为105100-5560；喷油压力为21.6MPa；高压油管外径为6mm，内径为1.8mm，长度为600mm；回油压力为156kPa；试验用油为轻柴油；试验油温为40±5℃。

6.4.2 转子分配式喷油泵的构造及工作原理

转子分配式喷油泵(简称分配泵)按结构不同，可分为径向压缩式和轴向压缩式两种。轴向压缩式分配泵是德国Bosch公司在20世纪80年代初期研制出的一种新型喷油泵，又称单柱塞分配泵(即VE泵)，其分配转子有泵油和配油的双重作用。这种泵零件少、易于加工、质量轻、故障少，因此应用日趋广泛。我国的依维柯轿车和德国大众的高尔夫轿车的柴油机都采用这种形式的分配泵。

1. 轴向压缩式分配泵的结构

如图6-26a所示，轴向压缩式分配泵主要由驱动机构、叶片式输油泵、高压泵头、供油提前角自动调节装置、调速器和熄火电磁阀等组成。

(1) 驱动机构 如图6-26b所示，分配泵驱动轴28由柴油机曲轴正时齿轮或者正时同步带带动，然后经叶片式输油泵3、调速器驱动齿轮4和联轴器29完成动力传输。叶片式输油泵与驱动轴用键联接。

(2) 高压泵头 高压泵头起着输油、泵油和配油的三重作用，由凸轮盘6、分配转子回位机构8、滚轮机构5、联轴器29、分配转子10和分配套筒30等组成。凸轮盘6实际上是一个圆柱凸轮，在其左端面均布着与气缸数相同的凸面和凹弧。在回位机构弹簧的作用下，凸轮盘的左端面紧靠在滚轮上。当凸轮盘在驱动轴带动下转动时，其凸面和凹弧依次与滚轮相接触，由此使凸轮盘右端面的分配转子10左右移动。当凸面与滚轮相接触时，在滚轮的反作用力推动下，分配转子10右移；当凹弧与滚轮相接触时，在分配转子回位机构弹簧的作用下，分配转子10左移。凸轮盘6在驱动轴带动下转动的过程中，当凸轮盘端面上的凸面转过滚轮时，凸轮盘和分配转子因受推力而向右移到底；当凸面转过后凹弧同滚轮接触时，在回位机构弹簧的作用下使凸轮盘左移。这样，分配转子既连续转动，又不断左右移动，若是四缸柴油机，分配转子每转一周，就左右往复移动四次。

(3) 供油提前角自动调节装置 供油提前角自动调节装置置于泵体下部，由油缸7和滚轮机构5(见图6-26)联合作用来实现调节功能，其具体结构如图6-27所示。

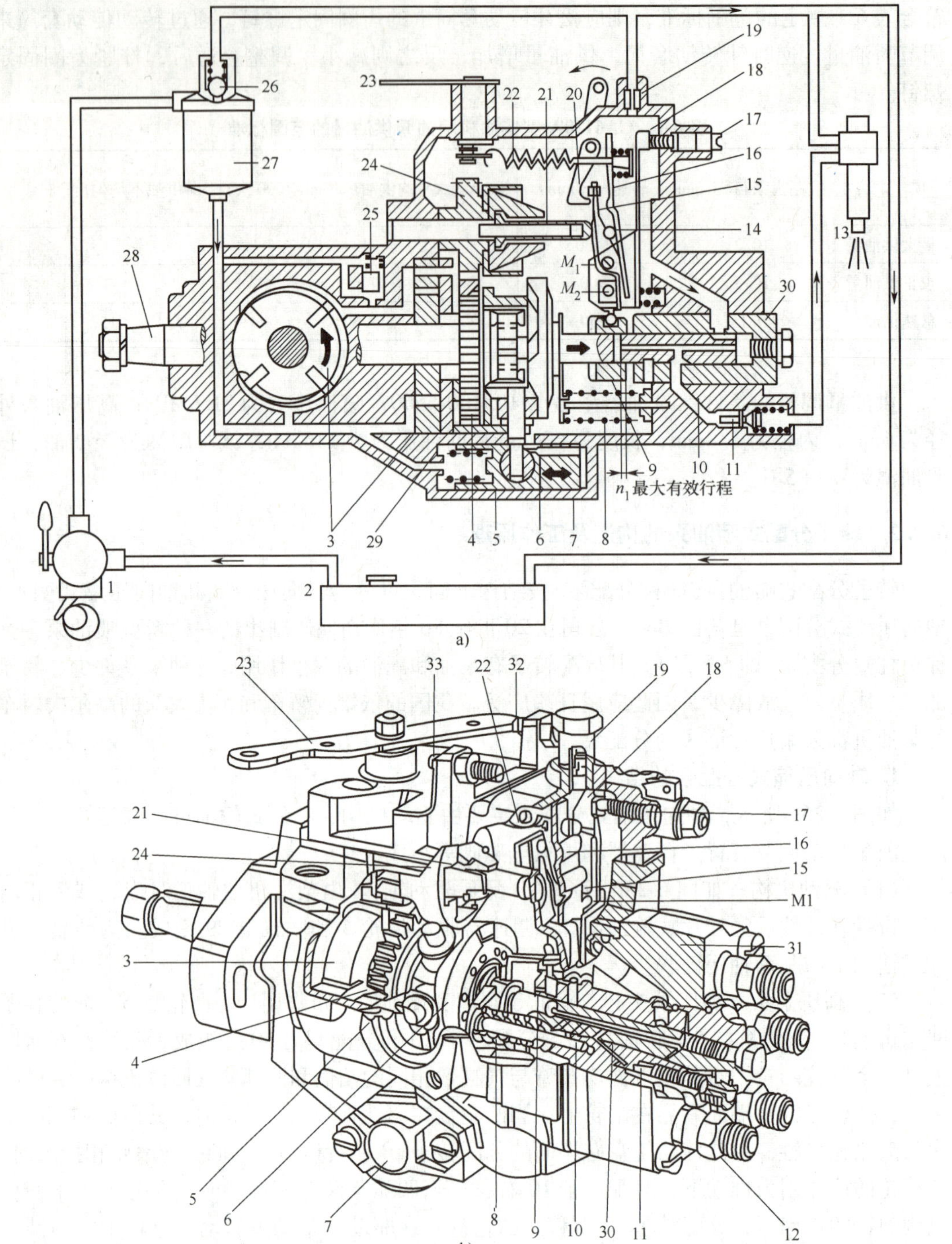

a)

b)

图 6-26 轴向压缩式分配泵

a）装有轴向压缩式分配泵的柴油机燃油供给系统 b）轴向压缩式分配泵

1—膜片式输油泵 2—燃油箱 3—叶片式输油泵 4—调速器驱动齿轮 5—滚轮机构 6—凸轮盘 7—供油提前角自动调节油缸 8—分配转子回位机构 9—油量控制滑套 10—分配转子 11—出油阀总成 12—出油阀压紧座 13—喷油器 14—张力杠杆限位销钉 15—起动杠杆 16—张力杠杆 17—最大供油量调节螺钉 18—预调杠杆 19—溢流喉管 20—停车操纵杆 21—滑动套筒 22—调速弹簧 23—操纵杆 24—离心飞块总成 25—调压阀 26—安全阀 27—燃油精滤器 28—分配泵驱动轴 29—联轴器 30—分配套筒 31—高压泵头 32—怠速调节螺钉 33—高速调节螺钉 M_1—预调杠杆轴 M_2—起动杠杆轴

2. 轴向压缩式分配泵的工作过程

(1) 供油过程　如图6-28所示，分配转子1的右端铣有四条起进油作用的转子轴向槽10，轴向进油槽沿圆周相隔90°均布。分配转子轴中心有一条纵油道，其右端与压缩室9相通，纵油道的左端与径向的卸油孔相通，中部开有四个均布的出油分配孔4，与出油阀通道5相对应。当泵体进油道15与转子轴向槽10相通时，出油分配孔4则与出油阀通道5相隔绝。油量控制滑套2在调速器起动杠杆16的作用下，可在分配转子1上滑动。

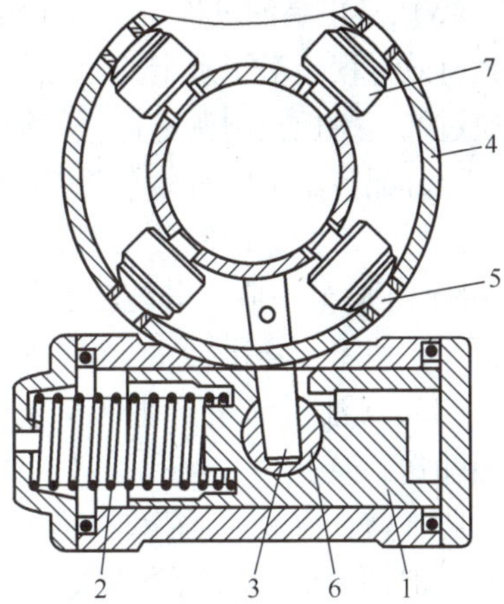

图6-27　供油提前角自动调节机构

1—活塞　2—弹簧　3—传力销　4—滚轮架　5—滚轮轴　6—联接销　7—滚轮

分配转子1由右向左移动为供油过程。此时，转子的四个分配孔4相隔绝，转子卸油孔3被油量控制滑套2封死，压缩室9容积增大，产生真空度。被叶片式输油泵输送到泵腔内的柴油在真空度作用下经泵体进油道15、进油阀11、转子轴向槽10进入压缩室9并充满转子纵油道8。

(2) 泵油过程　如图6-29所示，分配转子由左向右移动为泵油过程。当分配转子开始右移时，转子轴向槽10与泵体进油道15隔绝，转子卸油孔3仍被封死，出油分配孔4与出油阀通道5相通。分配转子右移，压缩室9的容积减少，柴油压力就升高。当油压升高超过出油阀弹簧弹力而使出油阀7开启时，柴油就通过出油阀通道5和高压油管送至喷油器的。与VE泵相配的喷油器的喷油压力为11.75~12.75MPa。

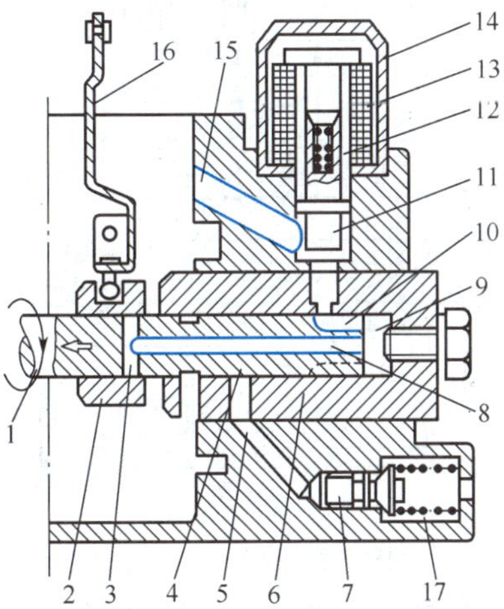

图6-28　供油过程

1—分配转子　2—油量控制滑套　3—转子卸油孔　4—出油分配孔　5—泵体至出油阀通道　6—分配套筒　7—出油阀　8—转子纵油道　9—压缩室　10—转子轴向槽　11—进油阀　12—进油阀弹簧　13—线圈　14—电磁阀　15—泵体进油道　16—起动杠杆　17—出油阀弹簧

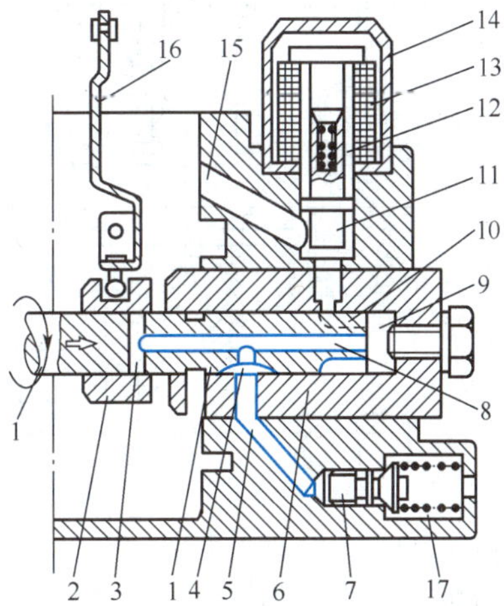

图6-29　泵油过程

1—分配转子　2—油量控制滑套　3—转子卸油孔　4—出油分配孔　5—泵体至出油阀通道　6—分配套筒　7—出油阀　8—转子纵油道　9—压缩室　10—转子轴向槽　11—进油阀　12—进油阀弹簧　13—线圈　14—电磁阀　15—泵体进油道　16—起动杠杆　17—出油阀弹簧

（3）停止泵油过程　轴向压缩式分配泵的每循环最大泵油量取决于分配转子的直径和最大有效行程。对于选定的分配泵，其分配转子直径已定。通常泵油量大小的调节是由驾驶人通过加速踏板控制调速器，使油量控制滑套 2 移动实现的，如图 6-30 所示。在泵油过程中，当分配转子 1 向右移至转子卸油孔 3 露出油量控制滑套 2 的右端面时，被压缩的柴油迅速流向低压泵腔，即使受压缩的高压燃油立刻泄压，压缩室 9、转子纵油道 8 及出油阀通道 5 中的油压骤然下降，分配转子的有效行程也就此结束。出油阀 7 在出油阀弹簧 17 的作用下迅速左移关闭，停止泵油过程，此后分配转子再向右行程的终点移动就为剩余行程。

（4）泵油提前角自动调节过程　发动机在常用转速下工作时，叶片式输油泵将低压柴油输送到泵腔内，经孔道进入油缸右腔，油缸活塞受到低压柴油向左的推力与向右的油缸左腔弹簧力平衡。当发动机转速升高时，叶片式输油泵转速随之增加，泵腔内柴油压力上升，油缸中活塞右端受力大于左端，活塞左移，如图 6-27 所示，经联接销 6、传力销 3 推动滚轮架 4 绕其轴线顺时针转动某一角度，使凸轮盘端面凸面提前与滚轮 7 相接触，从而使分配转子向右移动的时刻提前，起到增大泵油提前角的作用。反之，活塞右移，使滚轮架 4 逆时针转动某一角度，则泵油提前角减小。

（5）发动机停车　如图 6-31 所示，若要发动机停止运行，可转动控制电磁阀 14 的旋钮，使电路断电，线圈 13 对进油阀 11 的吸力立即消失，在进油阀弹簧 12 的作用下，进油阀下移，关闭泵体进油道 15，使供油停止，发动机熄火。若要起动发动机，可转动电磁阀 14 使之通电，进油阀 11 在线圈 13 的吸力下克服弹簧力上移，使进油道 15 畅通，供油开始。

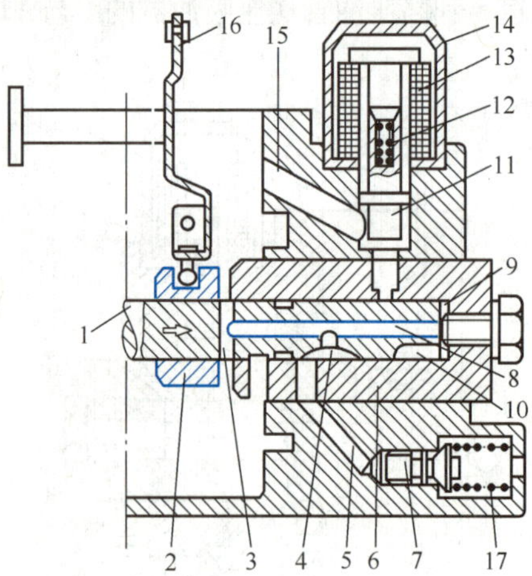

图 6-30　停止泵油过程

1—分配转子　2—油量控制滑套　3—转子卸油孔　4—出油分配孔　5—泵体至出油阀通道　6—分配套筒　7—出油阀　8—转子纵油道　9—压缩室　10—转子轴向槽　11—进油阀　12—进油阀弹簧　13—线圈　14—电磁阀　15—泵体进油道　16—起动杠杆　17—出油阀弹簧

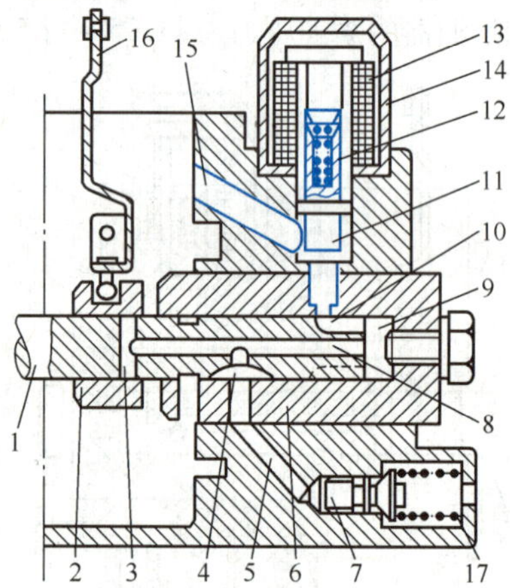

图 6-31　发动机停车

1—分配转子　2—油量控制滑套　3—转子卸油孔　4—出油分配孔　5—泵体至出油阀通道　6—分配套筒　7—出油阀　8—转子纵油道　9—压缩室　10—转子轴向槽　11—进油阀　12—进油阀弹簧　13—线圈　14—电磁阀　15—泵体进油道　16—起动杠杆　17—出油阀弹簧

在轴向压缩式喷油泵泵体的上部装有增压补偿器，其作用是根据增压压力的大小自动加大或减少各缸的供油量，以提高发动机的功率和燃油经济性，并减少有害气体的产生。

3. 叶片式输油泵

叶片式输油泵装在分配泵的进油端，作用是向高压泵输送一定压力的柴油。其构造及工作原理如图6-32所示。

输油泵转子3借螺纹安装在分配泵转子的中心上。输油泵转子的十字形凹槽内卡入两块叶片2，叶片既可随转子旋转，又可在凹槽中滑动。叶片的两端面为圆弧形，与偏心环4的内表面保持接触。偏心环的安装位置由定位销1确定。

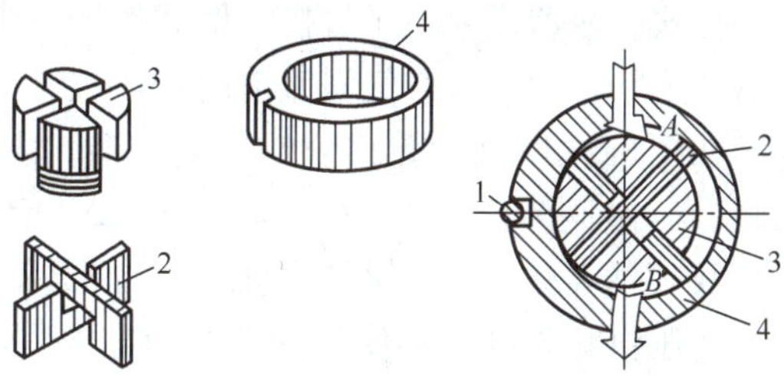

图6-32　叶片式输油泵的构造及工作原理
1—定位销　2—叶片　3—输油泵转子　4—偏心环
A—进油腔　B—压油腔

从滤清器来的柴油进入进油腔A，当输油泵转子被分配泵转子带动旋转时，叶片把柴油刮到压油腔B。由于油腔容积逐渐减小，柴油被压入分配套筒的轴向油道。

6.4.3　喷油器的构造与维修

1. 喷油器的功用与类型

喷油器的功用有两个：一是使一定数量的燃油得到良好的雾化，促进燃油着火和燃烧；二是使燃油的喷射按燃烧室类型合理分布，使燃油与空气得到迅速而完全的混合，形成均匀的可燃混合气。为此，喷油器应具有一定的喷射压力和射程以及合适的喷雾锥角和喷雾质量；停止喷油要迅速，不发生燃油的滴漏，以免恶化燃烧过程。

喷油器按结构形式可分为开式和闭式两大类。目前，车用柴油机均采用闭式喷油器。这种喷油器在不喷油时，其针阀封闭喷孔，使喷油器的油腔与燃烧室隔开。闭式喷油器常见的形式有孔式喷油器和轴针式喷油器两种，如图6-33所示。

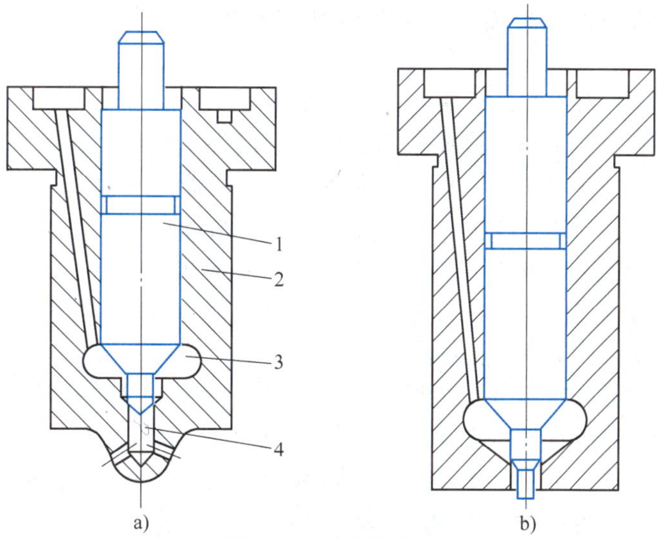

图6-33　喷油器类型
a）孔式喷油器　b）轴针式喷油器
1—针阀　2—针阀体　3—高压油腔　4—压力室

孔式喷油器与轴针式喷油器除针阀和针阀体结构略有不同外，其他结构及工作原理完全相同。孔式喷油器的针阀下端不伸出针阀体，喷油孔是直径为0.2～0.8mm的圆孔，喷油孔有1～8个不等。轴针式喷油器的针阀下端较长，延伸出一伸入针阀体下端孔的轴针，轴针与针阀体下端的孔形成环状狭缝，喷油器喷油时，柴油从环状狭缝中呈空心圆柱状（轴针为圆柱形）或空心圆锥状（轴针为倒锥形）喷入燃烧室。

2. 孔式喷油器的构造

孔式喷油器主要用于直接喷射式燃烧室中，针阀体下部喷孔的大小、方向和数目与燃烧室的形状、大小及空气涡流情况相适应。

如图6-34所示为孔式喷油器的构造，主要由针阀10、针阀体9、顶杆6、调压弹簧5、调压螺钉3及喷油器体7等零部件组成。喷油器不喷油时，调压弹簧通过顶杆使针阀紧压在针阀体的密封锥面上。通过调压螺钉3，可调整调压弹簧的预紧力。喷油器进油管接头4内装有缝隙式滤芯，以防止细小杂物堵塞喷孔。

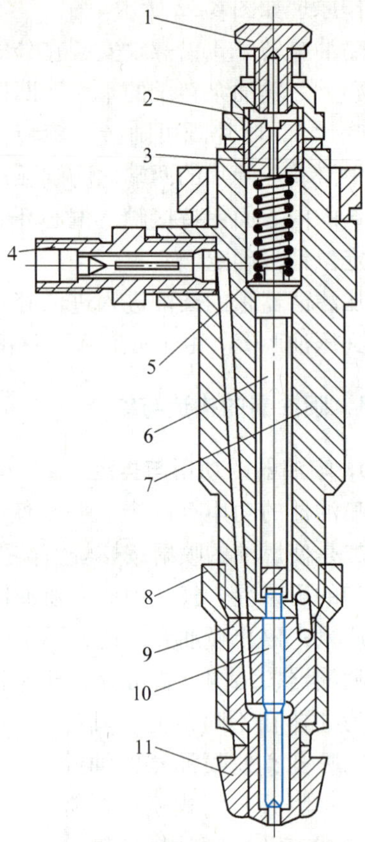

图6-34 孔式喷油器的构造

1—回油管螺栓 2—调压螺钉护帽 3—调压螺钉 4—进油管接头 5—调压弹簧 6—顶杆 7—喷油器体 8—紧固螺套 9—针阀体 10—针阀 11—喷油器锥体

针阀与针阀体是喷油器的精密零件，合称为针阀偶件。针阀上部的圆柱表面和针阀体相应的内圆柱面的配合间隙只有0.0010～0.0025mm。配合间隙过大，会因漏油而导致油压下降，直接影响喷雾质量；但间隙过小，会影响针阀在针阀体中的正常运动。

针阀的下端锥面与针阀体上相应的内锥面配合，实现喷油器内腔的密封，称为密封锥面。针阀上部的圆柱面及下端的锥面与针阀体的配合是经过精磨后再相互研磨，以保证其配合精度的，所以喷油器精密偶件在拆装和维修中不能进行互换。

针阀中部位于高压油腔内的锥面为承压锥面。喷油泵供油时，高压柴油由进油管接头4经过喷油器体7和针阀体9内的油道进入喷油器高压油腔，油压作用在针阀的承压锥面上，给针阀一个向上的轴向推力。随高压油腔内的油压升高，当针阀所受的轴向推力足以克服调压弹簧的预紧力时，针阀上移打开喷孔，高压柴油从针阀体下端的喷油孔喷射出去。当喷油泵停止供油时，由于高压油路内压迅速下降，针阀在调压弹簧的作用下及时回位，喷孔被关闭，喷油器喷油停止。

喷油器工作时，会有少量柴油从针阀与针阀体配合面之间的间隙漏出，这部分柴油对针阀可起到润滑作用，并沿顶杆周围的空隙上升，通过回油管流回柴油滤清器或油箱。

3. 喷油器的维修

（1）喷油器的检修

1）用专用工具拆下喷油器总成，用干净棉布堵住喷油器座孔，清洗喷油器外部。

2）用合适的专用清洁剂清除喷孔内的积炭，用柴油清洗喷油器各零部件。

3）检查针阀。若发现其密封锥面或导向面暗淡无光，说明针阀已磨损；其前端有暗黄色的伤痕，说明针阀因过热而拉毛；其导向面有咬住或粘滞的痕迹，说明针阀已变形；有上述任何情况之一，均应更换针阀偶件。

4）检查针阀体。针阀体前端若有严重烧蚀现象，应更换针阀与针阀体偶件。

5）检查针阀与针阀体的配合情况。针阀与针阀体清洗干净后，将针阀放入针阀体，使其倾斜45°，抽出针阀1/3，放松后，针阀应能靠自重均匀、缓慢地滑入针阀体；若有粘滞现象，应将针阀偶件放入柴油中来回拉动针阀进行研磨，直到针阀能自由滑动为止；若有严重的粘滞现象，应更换针阀偶件。

装复喷油器时，必须保证零件清洁，并按与分解相反的顺序进行，同时检查其性能。

（2）喷油器性能的检查　将喷油器安装在专用试验台的高压油管上，如图6-35所示。

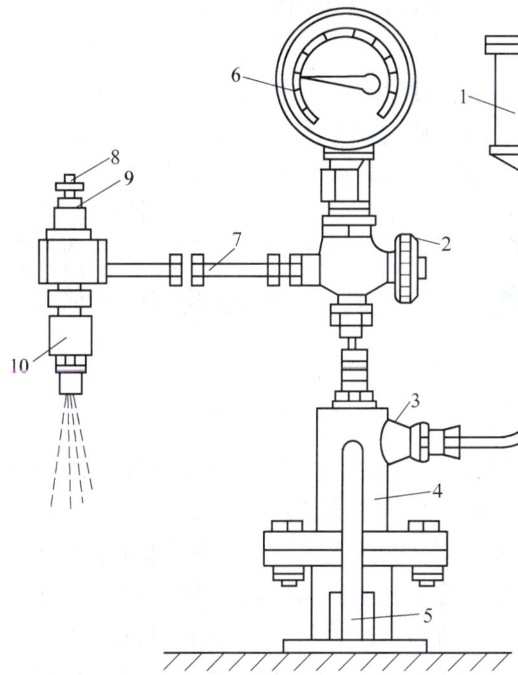

图6-35　喷油器试验台

1—油箱　2—开关　3—放气螺钉　4—手动高压油泵　5—泵油手柄
6—油压表　7—高压油管　8—调压螺钉　9—锁紧螺母　10—喷油器

1）检查喷油器密封性。连续压动喷油器试验台上的泵油手柄，同时拧动喷油器的调压螺钉，使喷油压力调整到20MPa以上，然后测量油压从20MPa下降到18MPa所需的时间，应不小于9～12s，否则说明针阀与针阀体圆柱面配合间隙过大；再拧动喷油器调压螺钉，并连续压动泵油手柄，将喷油压力调整到比规定的标准喷油压力低2MPa，喷油器在10s内不能有渗油或滴油现象，否则说明针阀与针阀体密封锥面密封不良。

2）调整喷油压力。在喷油器试验台上以60次/min的频率压动泵油手柄，当喷油器开始喷油时，油压表上的指示压力即为喷油器的喷油压力。如果压力不符合规定，可调整压力调节螺钉，用旋具拧进喷油器调压螺钉，喷油压力增大；反之喷油压力降低。调整后，拧紧锁紧螺母。

3）喷雾试验。在喷油器试验台上，按规定喷油压力，并以60～80次/min的频率压动泵油手柄，观察喷油器喷出的油雾束，要求呈雾状且分布均匀，没有喷柱油滴飞溅等现象；断油干脆，并伴有清脆的声响；在多次喷油后，喷孔周围应干燥或稍许湿润。若不符合上述任何一项要求，应更换喷油器针阀与针阀体偶件。如喷雾质量达不到要求或有后期滴油现象，应重新清洗喷油器或更换偶件，如图6-36所示。

同一台柴油机的喷油压力差不超过1.0MPa，供油提前角应符合规定。

就车检查喷油器的工作情况：在没有喷油器试验台时，可将待查的喷油器与一个标准喷油器并联安装在喷油泵高压油管上，发动机怠速运转，比较两者喷油的时间、喷雾质量及喷油压力。

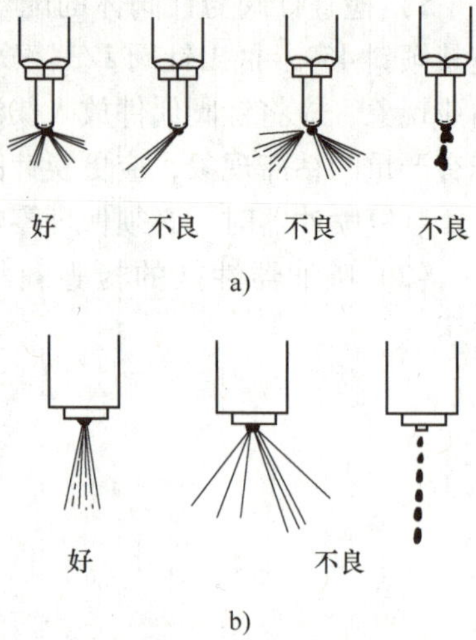

图6-36 喷油器喷油质量的检查

课题5 调速器的构造与维修

6.5.1 调速器的功用与类型

调速器的功用是：根据柴油机转速变化，自动地调节喷油泵的供油量，稳定和限制柴油机转速，以保证柴油机在各种工况下均能稳定运转。

在喷油泵油量调节拉杆位置不变的情况下，随着发动机转速的升高，喷油泵柱塞的往复运动速度加快，柱塞套筒上油孔的节流作用增强，使供油时刻略有提前，停油时刻略有滞后，供油量相应增加。当柴油机高速或大负荷工作时，将造成转速上升过快而出现超速现象(飞车现象)。超速现象不仅会引起燃烧恶化和排气冒烟，严重时会因运动件的惯性力过大而造成机器损坏；反之，当柴油机在低速工况时，发动机转速低，供油量减少，易造成发动机自动熄火。因此，车用柴油机一般都装有调速器。

目前，在车用柴油机上应用最广泛的是机械离心式调速器，按其调节作用的范围不同，可分为两速调速器和全速调速器。

（1）两速调速器　它不仅在怠速时能防止发动机自动熄火，而且能防止发动机超速。在中间转速时，调速器不起作用，柴油机的工作转速由驾驶人通过操纵油量调节机构来调整。

（2）全速调速器　它不仅能保持柴油机的最低稳定转速和限制最高转速，而且能根据负荷的大小保持和调节发动机在任一选定的转速下稳定工作。

6.5.2　调速器的构造与工作过程

1. 两速调速器

在车用柴油机上广泛使用RAD型两速调速器，其结构如图6-37a所示。

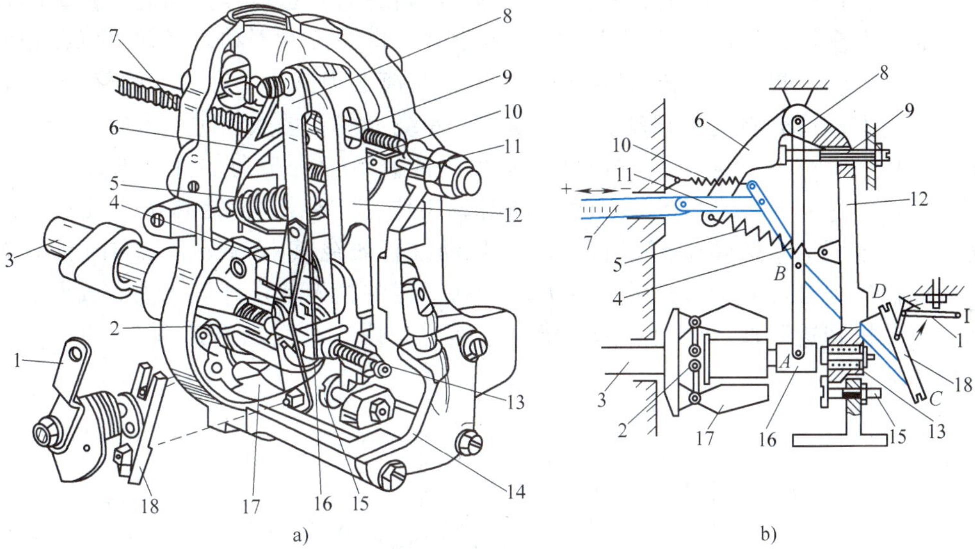

图6-37　RAD型两速调速器的结构示意图

1—控制杠杆　2—滚轮　3—凸轮轴　4—浮动杠杆　5—调速弹簧　6—速度调节杠杆　7—供油调节齿杆　8—导动杠杆　9—速度调整螺栓　10—起动弹簧　11—连杆　12—拉力杠杆　13—怠速弹簧　14—调速器壳体　15—齿杆行程调整螺钉　16—滑套　17—飞块　18　支持杠杆

调速器通过螺钉与喷油泵联接。喷油泵凸轮轴3的端部装有两个飞块17，飞块以飞块座内的销轴为支点可以旋转，飞块的内臂上装有滚轮2。当飞块旋转张开时，滚轮便推动滑套16轴向移动。滑套侧面的销轴嵌入导动杠杆8的下端孔内。速度调节杠杆6、导动杠杆8和拉力杠杆12的上端均铰接于调速器壳体14上。速度调整螺栓9将速度调节杠杆6限位，拉力杠杆12被弹性模量很大的调速弹簧5拉住，在转速低于最大工作转速的条件下，拉力杠杆12始终被拉靠在齿杆行程调整螺钉15的端头上。拉力杠杆12的下端装有怠速弹簧13，用于控制怠速，其中下端有一轴销插在支持杠杆18上端的凹槽内。支持杠杆18的中部与控制杠杆1的一个臂相连，控制杠杆的另一臂通过杆系与加速踏板相连，由驾驶人操纵。浮动杠杆4的中部与导动杠杆8铰接，下端有一销轴，插在支持杠杆下端的凹槽内，上端通过连杆11与供油调节齿杆7相连，顶部被起动弹簧10拉住。

（1）起动加浓　起动前，将控制杠杆1推至全负荷供油位置Ⅰ。在调速弹簧5的拉动及齿杆行程调整螺钉15的限制下，拉力杠杆12的位置保持不动。此时，支持杠杆18绕D点向逆时针方向转动，带动浮动杠杆4绕B点作逆时针方向转动，浮动杠杆的上端通过连杆11推动供油调节齿杆7向供油增加的方向移动。同时，起动弹簧10也对浮动杠杆4作用一个向左的拉力，使其绕 C 点作逆时针方向的偏转，带动 B 点和 A 点进一步向左移动，滑套16推动飞块17直至处于收拢位置为止，从而保证供油调节齿杆7进入起动时的最大供油量位置，即起动加浓位置，如图6-37b所示。

（2）稳定怠速　发动机起动后，将控制杠杆1拉到怠速位置Ⅱ（见图6-38），发动机进入怠速工况。此时，作用在滑套16上的有3个力：飞块17的离心力、怠速弹簧13的作用力及起动弹簧10的作用力。当飞块离心力与怠速弹簧和起动弹簧的合力相平衡时，滑套不动，即供油调节齿杆7处于某一供油位置不动，发动机就在相应的转速下稳定运转。当发动机转速降低时，飞块17离心力减小，在怠速弹簧13及起动弹簧的作用下，滑套将向左移动，使导动杠杆8绕上端支承点顺时针方向偏转，从而带动浮动杠杆4绕 C 点逆时针方向转动，使供油调节齿杆7向供油量增加的方向移动，发动机转速回升。当发动机转速升高时，飞块17离心力随之增大，使滑套向右移动，进一步压缩怠速弹簧13，同时带动导动杠杆8绕其上端支承点逆时针方向偏转，从而使浮动杠杆4绕 C 点顺时针方向转动，使供油调节齿杆7向供油减少的方向移动，发动机转速降低，因而起到了稳定怠速的作用。改变怠速弹簧13的预紧力可调节怠速转速。

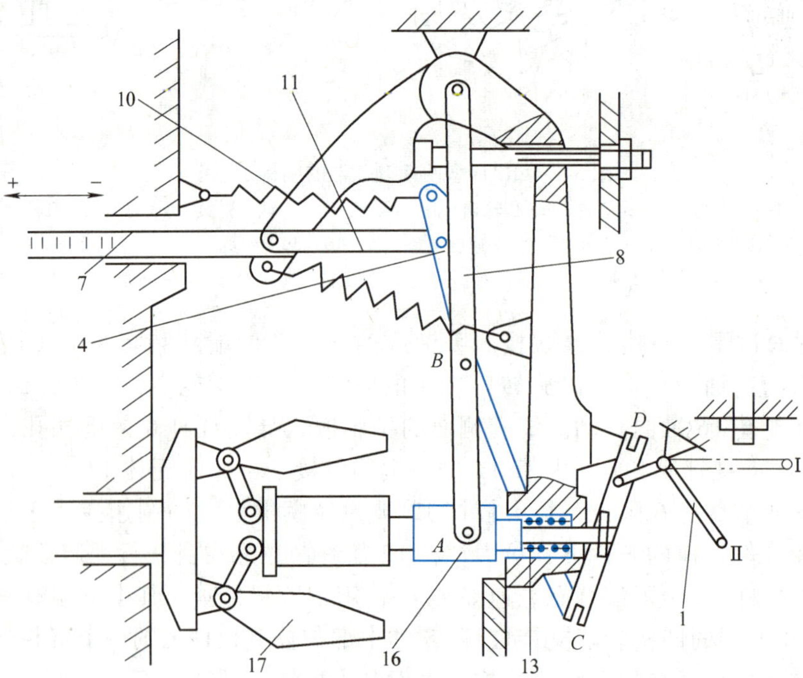

图6-38　怠速工况

1—控制杠杆　4—浮动杠杆　7—供油调节齿杆　8—导动杠杆　10—起动弹簧

11—连杆　13—怠速弹簧　16—滑套　17—飞块

（3）正常工作时的油量调节　正常工作是指发动机转速在怠速和额定转速之间。此时调速器不起作用，供油量的调节由驾驶人人为控制。

当发动机转速超过怠速转速时，如图6-39所示，怠速弹簧13被完全压入拉力杠杆12

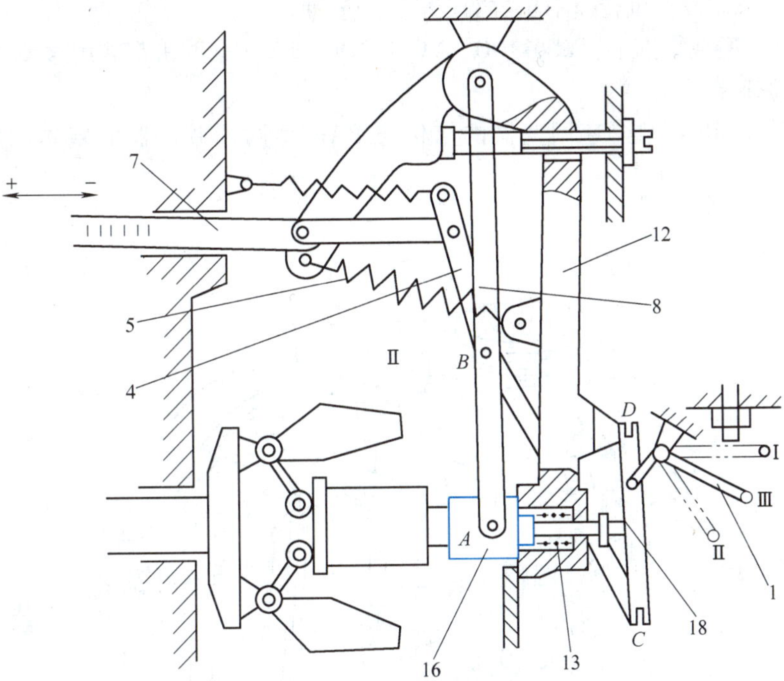

图6-39 两速调速器在正常工作转速范围内的工作示意图

1—控制杠杆 4—浮动杠杆 5—调速弹簧 7—供油调节齿杆 8—导动杠杆 12—拉力杠杆 13—怠速弹簧 16—滑套 18—支持杠杆

内，滑套16直接与拉力杠杆12的端面接触，此时怠速弹簧不再起作用。由于拉力杠杆被弹性模量很大的调速弹簧5拉住，在发动机转速低于额定转速时，作用在滑套16上的飞块离心力不能推动拉力杠杆12，所以导动杠杆8的位置保持不动，即B点位置不会移动。当控制杠杆1位置一定时，浮动杠杆4的位置也固定不动，所以供油调节齿杆7的位置保持不动，即供油量不会改变。如果此时需要改变供油量，需驾驶人改变控制杠杆1的位置才能实现。

(4) 限制超速 当发动机转速超过额定转速时，如图6-40所示，飞块离心力就能克服调速弹簧5的拉力，滑套16推动拉力杠杆12，并带动导动杠杆8绕其上支点向右偏转，使B点移到B'点、D点移到D'点，在拉力杠杆的带动下，支持杠杆18绕其中间支点顺时针方向偏转，使C点移到C'点。由B'、C'点决定了浮动杠杆4也发生了顺时针方向的偏转，带动供油调节齿杆7向供油减少的方

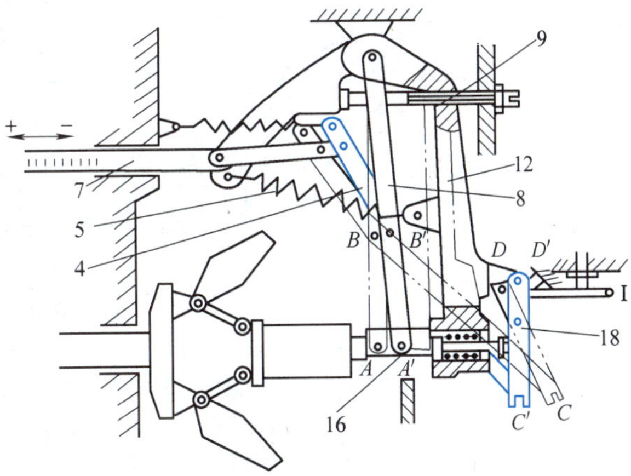

图6-40 两速调速器限制超速的工作示意图

4—浮动杠杆 5—调速弹簧 7—供油调节齿杆 8—导动杠杆 9—速度调整螺栓 12—拉力杠杆 16—滑套 18—支持杠杆

向移动，从而限制发动机转速不超过额定的工作转速。

CA1091K3 型载货汽车、YC6110Q、YC6110QC 型车用柴油机都装用这种调速器。

2. 全速调速器

应用广泛的 RSV 型全速调速器的结构与 RAD 型两速调速器的基本结构相同，如图 6-41所示。

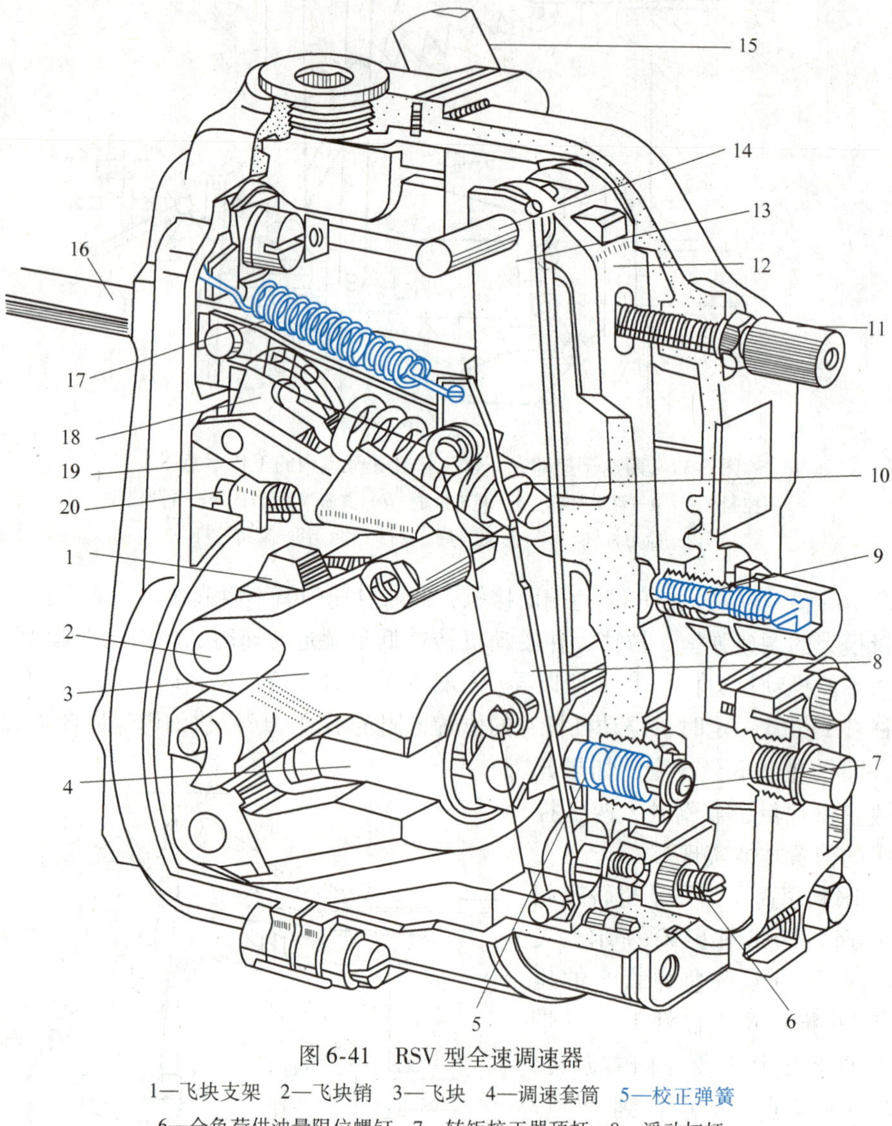

图 6-41 RSV 型全速调速器

1—飞块支架 2—飞块销 3—飞块 4—调速套筒 5—校正弹簧 6—全负荷供油量限位螺钉 7—转矩校正器顶杆 8—浮动杠杆 9—怠速稳定弹簧 10—调速弹簧 11—怠速调整螺钉 12—拉力杠杆 13—导动杠杆 14—轴销 15—操纵杆 16—供油调节齿杆 17—起动弹簧 18—弹簧挂耳 19—弹簧摇臂 20—调整螺钉

为了使其性能更加完善，增设了下述结构：

1）在拉力杠杆12的下端设有转矩校正加浓装置，该装置由校正弹簧5和转矩校正器顶杆7组成，以便在超负荷时使用。

2）调速弹簧10弹力采用了可调式。在拉力杠杆12的中部后方增设怠速稳定弹簧9，代替专门的怠速弹簧，使怠速运转平稳。

3）调速弹簧的弹簧摇臂19上有调整螺钉20，它可以调整调速弹簧安装时预紧力的大小，以保证长期使用过程中调速弹簧高速作用点的准确性。

4）在拉力杠杆12的下端，增设可调的全负荷供油量限位螺钉6，以限制拉力杠杆12的全负荷位置。在拉力杠杆的上方后面壳体上，装有怠速调整螺钉11，用来调整怠速的高低，并限制弹簧摇臂19向低速摆动的位置。

如图6-42所示，弹簧摇臂19与弹簧挂耳18相连，弹簧挂耳右端连调速弹簧10，左端设有调整螺钉20，除可用来调节调速弹簧的预紧力之外，还可用来拆装和更换调速弹簧10，弹簧摇臂19的支点O与拉力杠杆12凸缘上的弹簧孔C点稍有一点偏心。操纵杆可根据需要装在弹簧摇臂的左侧或右侧，拨动操纵杆时，弹簧摇臂随之转动。在上述偏心作用下，调速弹簧10的预拉力发生变化，从而改变调速器起作用时的转速。

加速时，操纵杆带动弹簧摇臂绕O点旋转（图6-42中箭头所示），调速弹簧随之绕C点转动，此时弹簧受到更大的拉伸作用，调速器起作用时的转速也随之升高。

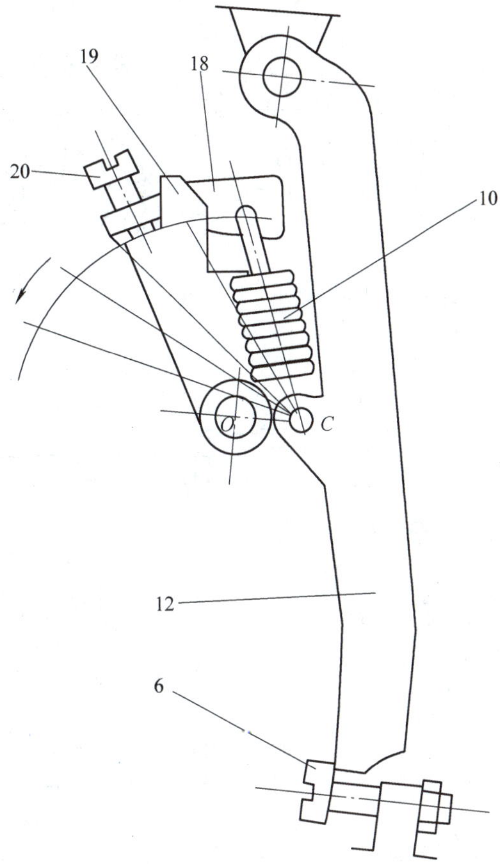

图6-42　调速弹簧张力的改变

6—全负荷供油量限位螺钉　10—调速弹簧　12—拉力杠杆　18—弹簧挂耳　19—弹簧摇臂　20—调整螺钉

RSV全速调速器的工作情况如下：

（1）起动工况　起动前，起动弹簧17的预拉力通过浮动杠杆8、导动杠杆13和调速套筒4使飞块3处于收拢位置。起动时，驾驶人将加速踏板踩到底，使操纵杆15触及高速限位螺钉而位于起动位置A，如图6-43所示，浮动杠杆8把供油调节齿杆16向左推至起动供油位置，保证柴油机顺利起动。

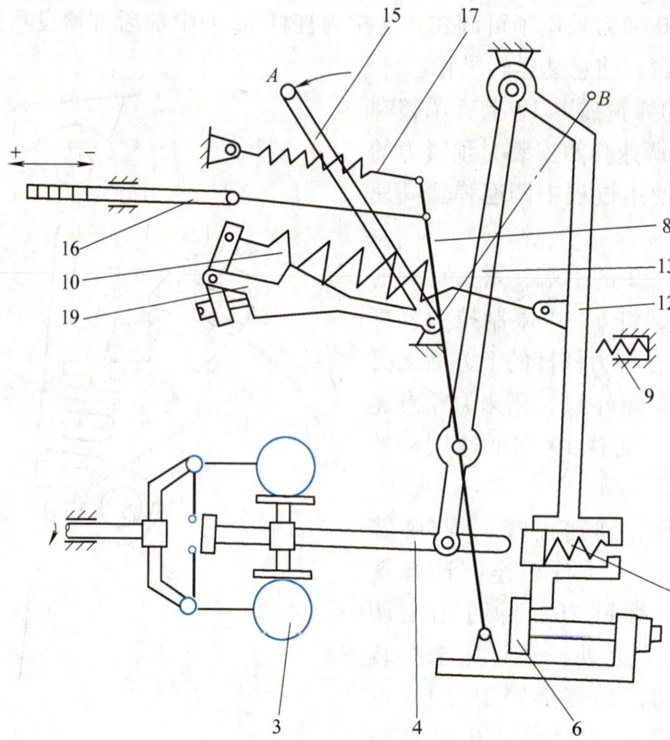

图 6-43 RSV 全速调速器起动工况示意图

3—飞块 4—调速套筒 5—校正弹簧 6—全负荷供油量限位螺钉 8—浮动杠杆 9—怠速稳定弹簧 10—调速弹簧 12—拉力杠杆 13—导动杠杆 15—操纵杆 16—供油调节齿杆 17—起动弹簧 19—弹簧摇臂

（2）怠速工况 发动机起动后，驾驶人松开加速踏板，操纵杆 15 转至怠速位置，如图 6-44 所示。这时调速弹簧 10 处于放松状态。飞块 3 的离心力通过调速套筒 4 推动导动杠杆 13 向右偏转，并带动浮动杠杆 8 以下端为支点作顺时针方向摆动，克服了较软的起动弹簧 17 的拉力，将供油调节齿杆拉回到怠速位置。同时，调速套筒 4 也通过校正弹簧 5 使拉力杠杆 12 向右摆动，其背部与怠速稳定弹簧 9 接触。调速弹簧 10、怠速稳定弹簧 9 和起动弹簧 17 三者共同保持怠速的稳定平衡。

当转速升高时，怠速稳定弹簧 9 受到更大的压缩，浮动杠杆 8 带动供油调节齿杆 16 向减少供油的方向移动，限制了转速的上升；当转速降低时，怠速稳定弹簧 9 推动拉力杠杆 12 向左摆动，通过调速套筒 4、导动杠杆 13 和浮动杠杆 8 使供油调节齿杆 16 向增加供油的方向移动，使柴油机怠速转速稳定。

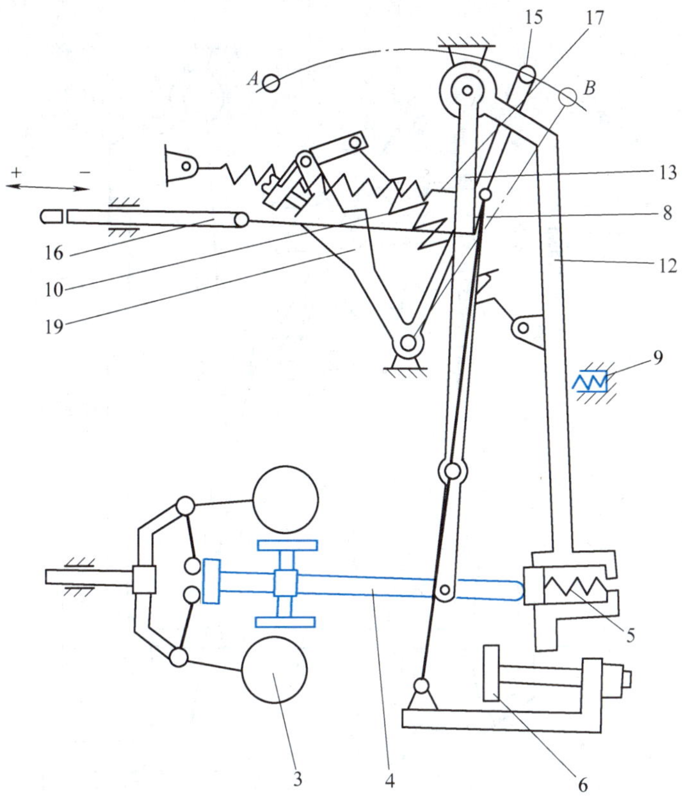

图 6-44　RSV 全速调速器怠速工况示意图

3—飞块　4—调速套筒　5—校正弹簧　6—全负荷供油量限位螺钉　8—浮动杠杆　9—怠速稳定弹簧　10—调速弹簧　12—拉力杠杆　13—导动杠杆　15—操纵杆　16—供油调节齿杆　17—起动弹簧　19—弹簧摇臂

（3）额定工况　驾驶人将加速踏板踩到底，使操纵杆 15 处于极限位置 *A*，如图 6-45 所示。此时，调速弹簧 10 处于最大拉伸状态，拉力最大。张紧的调速弹簧 10 将拉力杠杆 12 拉靠在全负荷供油量限位螺钉 6 上，并通过调速套筒 4、导动杠杆 13 和浮动杠杆 8 将供油调节齿杆 16 推至全负荷供油位置。此时，飞块 3 的离心力与调速弹簧 10 的作用力相平衡，柴油机在额定工况下工作。

当发动机负荷减小转速升高时，飞块离心力增大，调速套筒 4 推动拉力杠杆 12 向右摆动，同时通过导动杠杆 13、浮动杠杆 8 使供油调节齿杆 16 向供油减少的方向移动，使发动机转速不再升高，从而限制了发动机的最高空转转速。

（4）一般工况　当驾驶人将操纵杆 15 置于怠速与额定工况之间的任一位置时，调速弹簧 10 的预拉力一定，柴油机便在相应的某一转速下稳定运转。此时，拉力杠杆 12 还没有接触到全负荷供油量限位螺钉 6。当发动机转速改变时，飞块 3 离心力与调速弹簧 10 作用力的平衡状态被破坏，调速套筒 4 产生轴向位移，并通过导动杠杆 13、浮动杠杆 8 带动供油调节齿杆 16 轴向移动，自动减少或增加供油量，以维持柴油机在给定的某一转速下稳定运转。

（5）转矩校正工况　柴油机在额定工况工作时，供油调节齿杆位于全负荷供油位置。

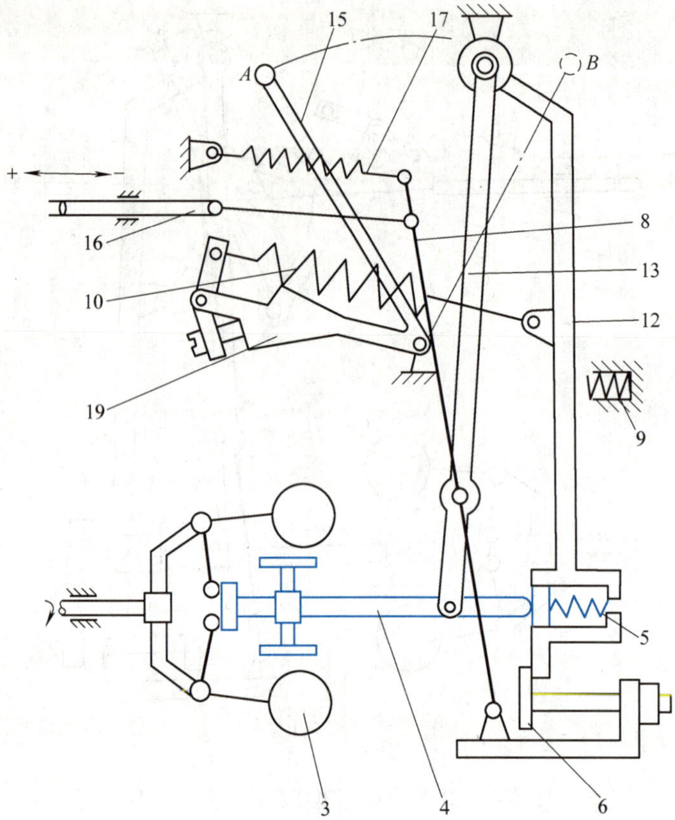

图 6-45 RSV 全速调速器额定工况

3—飞块 4—调速套筒 5—校正弹簧 6—全负荷供油量限位螺钉
8—浮动杠杆 9—怠速稳定弹簧 10—调速弹簧 12—拉力杠杆
13—导动杠杆 15—操纵杆 16—供油调节齿杆 17—起动弹簧
19—弹簧摇臂

当外界阻力增加，发动机转速低于额定转速时，调速弹簧 10 拉力大于飞块离心力，拉力杠杆 12 触及全负荷供油量限位螺钉 6，故调速器不起作用。此时，由于飞块离心力减小，被压缩的校正弹簧 5 开始伸张，将调速套筒向左推移，带动导动杠杆 13 和浮动杠杆 8 向左偏摆，将供油调节齿杆 16 向供油增加的方向移动。柴油机的输出转矩增加，同时也限制了转速的进一步降低。反之，转速升高时，转矩校正弹簧 5 被压缩，供油调节齿杆 16 向供油减少的方向移动，发动机输出转矩降低，并限制了转矩的进一步升高。当转速升至额定转速时，校正弹簧 5 被压缩至极限位置，校正作用结束。转速超过额定转速时，飞块的离心力大于调速弹簧的作用力，调速套筒 4 直接触及拉力杠杆 12，使拉力杠杆向右摆动，调速器开始起作用，以限制最高转速。因此，转矩校正装置只在转速低于额定转速时的一定范围内起作用。

（6）熄火停机　需要停车时，驾驶人将调速器操纵杆 15 转至最右边的停车位置 B，拨动供油调节齿杆 16 右移至停油位置，使喷油泵停止供油，柴油机熄火停车。

3. 调速器的调试

调速器必须与喷油泵一起在喷油泵试验台上进行调试。调试前，将专用的供油齿条(或拉杆)行程测量仪安装到喷油泵上。常用的供油齿条行程测量仪如图6-46所示。

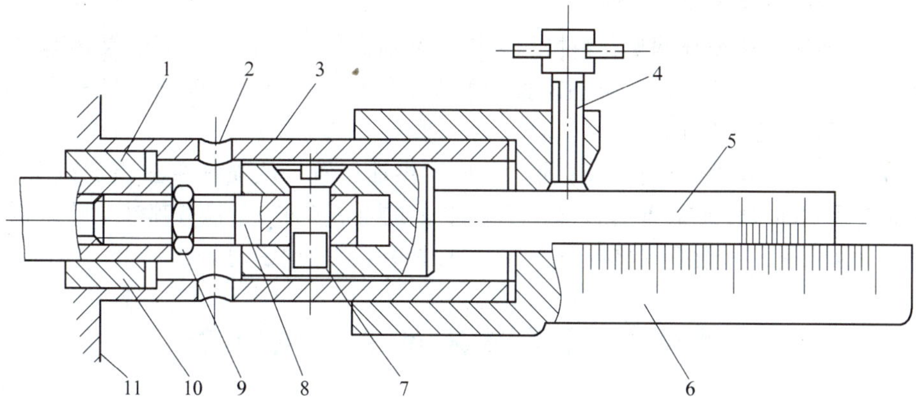

图6-46 供油齿条行程测量仪

1—供油齿条 2—固定套拆装孔 3—固定套 4—固定螺钉 5—测量标尺 6—标尺座 7—联接销钉 8—连接螺杆 9—锁紧螺母 10—齿条导套 11—喷油泵泵体

(1) RAD型两速调速器的调试 RAD型两速调速器的调试项目主要是额定工况位置、高速和怠速时起作用的转速，如图6-37所示。

1) 额定工况位置的检查与调整。将喷油泵转速提高到额定转速(一般为1000~1100r/min)，将控制杠杆1推到最大供油位置，此时测得的供油齿杆行程应符合规定，否则可调整高速限位螺钉使供油齿条行程符合规定(高速限位螺钉用来限制控制杠杆的最大供油位置)，然后调整齿杆行程调整螺钉15，使限位螺钉与拉力杠杆12刚刚接触或稍有间隙。

2) 高速作用转速的检查与调整。在试验台上使喷油泵达到额定转速后，再慢慢增加其转速，并注意观察供油齿条行程的变化；当供油齿条刚刚向减油方向移动时的转速即为调速器的高速作用转速(一般为900~1100r/min)，此转速应符合规定标准，否则可通过速度调整螺栓9调整调速弹簧5的预紧力，使高速作用转速符合规定。

3) 怠速作用转速的检查与调整。使控制杠杆1处于最大供油位置，调整试验台转速使喷油泵转速由高速逐渐降低，并注意观察供油齿条行程的变化。供油齿条刚刚向加油方向移动时的转速即为调速器的怠速作用转速(一般为175~200r/min)，此转速应符合规定，否则应调整怠速弹簧13的预紧力。

怠速作用转速也可通过供油齿条行程来检查：使控制杠杆处于怠速供油位置，调整试验台转速使喷油泵在规定的怠速转速下运转，此时测得的供油齿条行程应符合规定标准，否则应调整怠速弹簧预紧力。

调整控制杠杆低速限位螺钉也可调整调速器的怠速作用转速。

(2) RSV 型全速调速器的调试

1) 额定工况位置的检查与调整。与 RAD 型两速调速器基本相同。

2) 怠速转速的检查与调整。如图 6-41 所示，将操纵杆 15 固定在怠速供油位置，将喷油泵转速调整到规定的怠速转速，检查供油齿条行程，若不符合规定标准，应调整怠速调整螺钉 11 或调整怠速弹簧的预紧力。

3) 额定转速的检查与调整。将操纵臂固定在最大供油位置，使喷油泵转速提高到额定转速(一般约为 1500r/min)，然后检查供油齿条行程，若行程不符合规定标准，应调整高速限位螺钉 20(见图 6-42)。

4) 校正弹簧的调整。将操纵臂固定在最大供油位置，使喷油泵在额定转速下运转，然后逐渐降低喷油泵转速，当供油齿条开始向加油方向移动时，检查喷油泵转速和供油齿条行程应符合规定，否则应调整校正弹簧 5(见图 6-41)的预紧力。

课题 6　PT 燃油供给系统简介

PT 燃油供给系统的主要特点是：发动机每循环的供油量是由输油泵的供油压力“P”(压力 Pressure)和喷油器的进油时间“T”(时间 Time)决定的。该系统的结构及工作原理与其他泵有本质的区别，大大改善了柴油机的动力性、经济性和适应性，在我国应用比较广泛的康明斯(Cummins)柴油机均装用 PT 燃油供给系统。

康明斯柴油机 PT 燃油供给系统主要由主油箱 1、浮子油箱 5、柴油滤清器 2、PT 燃油泵 3、PT 喷油器 4、进油管 6 和回油管 7 等组成，如图 6-47 所示。

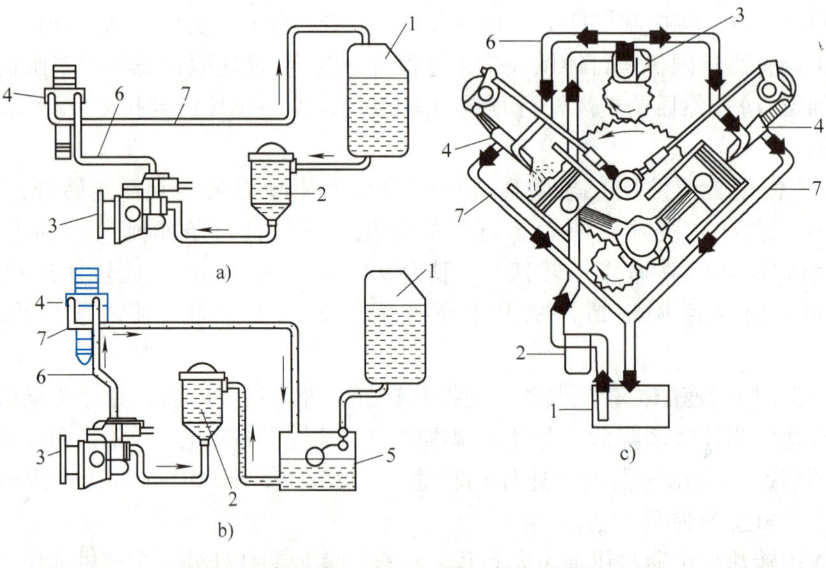

图 6-47　康明斯柴油机 PT 燃油供给系统的组成

1—主油箱　2—柴油滤清器　3—PT 燃油泵　4—PT 喷油器

5—浮子油箱　6—进油管　7—回油管

1. 主油箱

主油箱用以贮存柴油。

2. 浮子油箱

工程机械的油箱位置大多高于喷油器，为了防止停车时燃油从回油管反向经喷油器流入气缸，在低于喷油器的位置处设有浮子油箱。浮子机构使浮子油箱内燃油始终保持一定高度，也保证了 PT 燃油泵的进油压力一定。

3. 柴油滤清器

柴油滤清器装在油箱或浮子油箱与 PT 燃油泵之间，用以滤除燃油中的杂质。

4. PT 燃油泵

PT 燃油泵是一个低压燃油泵，其功用包括输油、调压和调速，即根据柴油机转速和负荷的变化，将适当压力和供油量的燃油输送给 PT 喷油器，并限制发动机的最高转速，稳定发动机怠速转速或某一转速。

5. PT 喷油器

PT 喷油器的功用是对来自 PT 燃油泵的燃油进行计量和加压后，根据发动机的工作需要定时喷入气缸。

在新型的康明斯柴油机上，其进油管和回油管已不采用明管，而是在气缸盖和气缸体上直接加工出油道。

课题 7　废气涡轮增压系统的构造与维修

6.7.1　废气涡轮增压系统的功用与组成

1. 功用

增压系统的功用就是利用增压器提高进气压力，以增加进气中氧分子量，提高发动机的动力性和经济性。

由于采用增压技术的发动机的功率可提高 30%~100% 甚至更多，而且采用增压技术对缩小发动机结构尺寸、降低燃油消耗、减少排放污染也非常有利，因此，目前大多数的车用柴油机和部分车用汽油机都广泛采用增压技术，如一汽生产的奥迪 200 轿车 1.8 汽油发动机已采用增压技术。

车用发动机大多采用废气涡轮增压系统，利用废气能量驱动增压器工作。

2. 组成

常用的废气涡轮增压系统的组成如图 6-48 所示，主要由空气滤清器 1、增

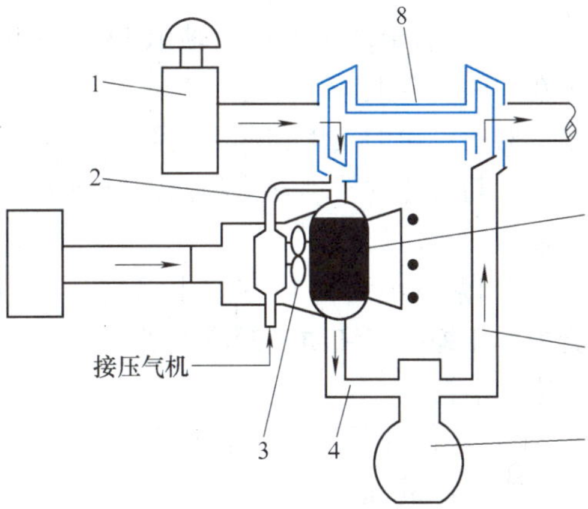

图 6-48　废气涡轮增压系统的组成图
1—空气滤清器　2—抽气管　3—中冷器风扇　4—进气歧管
5—发动机　6—排气歧管　7—中冷器　8—增压器

压器8和中冷器7等组成。增压器8主要由涡轮和压气机两个基本部分组成，涡轮与压气机的叶轮安装在同一轴上；涡轮的进气口与柴油机排气歧管6相连，出气口与排气消声器相连；压气机的进气口前端装有空气滤清器1，出气口则经中冷器7与进气歧管4相连。

3. 工作原理

柴油机工作时，由排气歧管6排出的高温、高压废气流经增压器的涡轮壳，利用废气通道截面的变化(由大到小)来提高废气的流速，使高速流动的废气按一定方向冲击涡轮，并带动压气机叶轮一起旋转。同时，经滤清后的空气被吸入压气机壳，旋转的压气机叶轮将空气甩向叶轮边缘出气口，提高空气的流速和压力，并利用压气机出气口处通道截面的变化(由小到大)进一步提高空气压力，增压后的空气经中冷器和进气歧管进入气缸。

中冷器7的结构与冷却系统中的散热器相同，它安装在散热器前方，功用是对增压后的空气进入气缸前进行中间冷却，以降低进气温度，进一步提高发动机进气量。中冷器风扇3的驱动，是从压气机一端引出5%～10%的增压空气经抽气管2流至与风扇制成一体的涡轮，通过涡轮带动风扇转动。

6.7.2 废气涡轮增压器的构造与维修

1. 构造

废气涡轮增压器的构造如图6-49所示，主要由涡轮、压气机、支承装置、密封装置、润滑与冷却装置5部分组成。

1）涡轮部分由涡轮12、涡轮及叶轮轴22和涡轮壳9等零部件组成，该部分主要利用废气能量产生驱动压气机的动力。通过控制流经涡轮的废气流量或改变废气冲击涡轮的方向来控制压气机的增压强度。

2）压气机部分由压气机叶轮20、压气机壳2等零部件组成，压气机叶轮20用固定螺母21安装在涡轮及叶轮轴22上，称为转子，是增压器的转动部分。它利用离心原理将进入气缸的空气压缩，提高其压力。

3）支承装置由增压器浮动轴承13、护板8和止推盘17等零部件组成，使转子可靠地定位在中间壳7上。

增压器中采用的支承轴承为全浮式浮动轴承，轴与轴承、轴承与轴承座孔之间均有一定的间隙。与普通的滑动轴承相比，浮动轴承具有工作温度低、摩擦损失少、工作可靠及拆装方便等优点。

4）密封装置由油封19和气封环等零部件组成。压气机端的密封装置主要是密封压气机壳内的压缩空气和防止润滑油进入压气机。涡轮端的密封装置主要是防止废气进入油腔，污染润滑油。

5）润滑与冷却装置主要由轴承壳和进油管、出油管等零部件组成。增压器一般都采用发动机润滑油进行润滑和冷却，润滑油经油管和增压器轴承壳进行循环。

2. 正常使用与维护

废气涡轮增压器的正常使用与维护包括以下内容：

1）空气滤清器、涡轮和压气机必须定期清洗或更换，以保证压气机进气清洁。

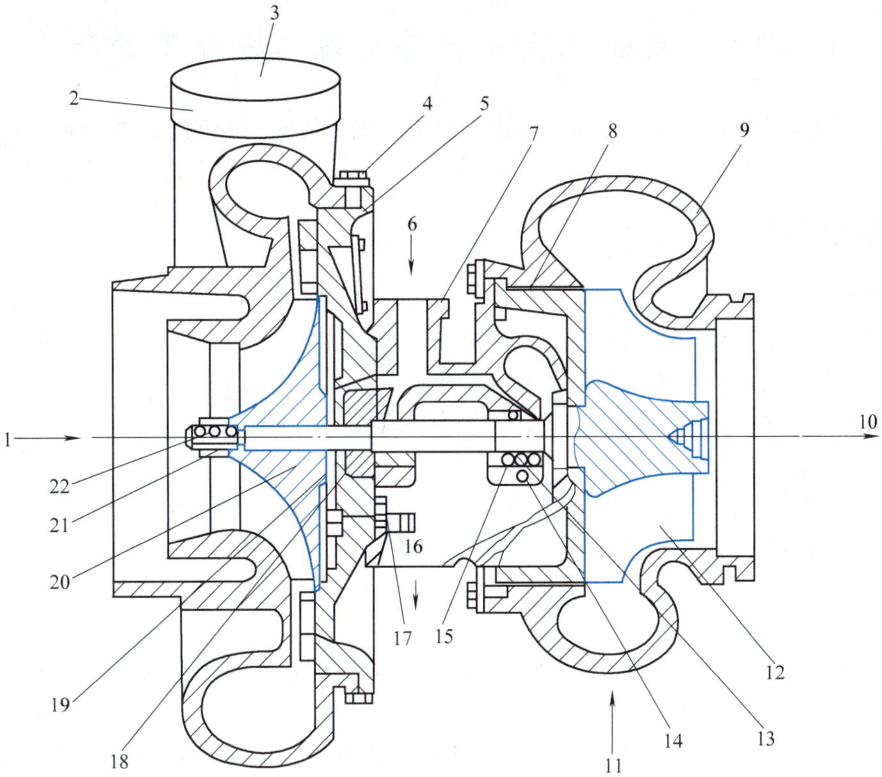

图6-49 废气涡轮增压器的构造

1—空气入口 2—压气机壳 3—空气出口 4—V形卡环 5—后板 6—机油进口 7—中间壳 8—护板 9—涡轮壳 10—排气出口 11—排气进口 12—涡轮 13—增压器浮动轴承 14—轴承壳 15—卡环 16—机油出口 17—止推盘 18—止推环 19—油封 20—压气机叶轮 21—固定螺母 22—涡轮及叶轮轴

2）使用新增压器或经过维修的增压器前，应拨动其转子，检查是否转动灵活、有无异响。在工作中，如果增压器发出尖锐的响声，应立即停机检查。工作时增压器有振动现象，一般是由于叶轮、轴或涡轮损坏所至，应予修复或更换。

3）必须保证增压器的可靠润滑，润滑油要清洁，油压、油温要正常，油管不能有漏油现象。如果增压器长时间停机，使用前应通过加油孔加入约60mL的润滑油。

4）在柴油机起动时，必须让发动机怠速运转3~5min，以便使润滑油润滑轴承密封圈；熄火前，使其怠速运转3~5min，以便让润滑油冷却增压器，防止出现烧坏密封圈、轴承咬死或轴承壳变形的现象。

废气涡轮增压器一般每使用2000~2500h进行一次定期检查，主要是转子轴的轴向间隙的检查：将进气歧管、排气歧管从增压器上拆下，将百分表触针顶在转子轴上，用力前后推动叶轮，百分表指针的摆动量即为转子轴的轴向间隙值，其正常值一般为0.1~0.3mm；转子轴的径向间隙值不大于0.4mm，否则应检修或更换增压器。应按要求定期更换转子轴轴承，否则会引起运转不良，振动噪声等。

课题8 柴油机燃油供给系统综合故障诊断

柴油机燃油供给系统的故障往往会使柴油机出现一些明显的现象，如不易发动，排气烟色不正常，气缸有敲击声等。

6.8.1 柴油机不易起动

1. 故障现象

起动机能以正常转速带动曲轴旋转，但发动机不能起动，气缸也具有足够的压缩压力。这一种情况是起动时排气管不排烟或排烟甚少，无着火迹象；另一种情况是柴油机有间断的“突噜、突噜”响声并冒白烟，但仍不能起动。

2. 故障原因

1）油箱内无油，油箱开关没有打开。

2）油管破裂、凹瘪或堵塞，管接头松动漏油。

3）油路中有空气。

4）柴油滤清器堵塞。

5）输油泵的供油不足，可能出现活塞损坏、弹簧折断、油阀粘滞、密封不严和滤网堵塞故障。

6）喷油泵故障：喷油提前角不准，出油阀卡住或弹簧折断，供油拉杆卡在不供油的位置。

7）喷油器故障：针阀喷孔堵塞、积炭或烧结而不能开启，喷油压力不符合要求。

3. 诊断与排除

1）紧固管接头并放气。

2）清洗油管及滤清器。

3）检修输油泵。

4）调整喷油提前角，拆检出油阀，换弹簧，拆检并修理供油拉杆。

5）维修喷油器，清洗或研磨针阀及阀座，调整喷油压力。

6.8.2 柴油机动力不足

1. 故障现象

柴油机加速时转速不易提高，排气管排出少量黑烟；柴油机转速不能提高到应有的额定转速，汽车爬坡能力下降。

2. 故障原因

1）油门不能移到最大供油位置。

2）喷油泵调节齿圈或调节叉固定螺钉松动；柱塞过度磨损、粘滞或弹簧折断；出油阀密封不良；挺杆粘滞，滚轮或凸轮腐蚀严重。

3）喷油器偶件磨损泄漏，喷油量减少。

4）调速器调速弹簧过软、折断或调整不当使喷油泵不能达到最大供油量。

5）输油泵不能正常工作，供油不足。

6）柴油滤清器、空气滤清器太脏或堵塞。

7）油路中有空气，产生气阻；柴油粘度过大。

3. 诊断与排除

1）检查加速踏板拉杆行程：将加速踏板踏到底，用手扳动喷油泵操纵手柄，若能向供油方向推动，则为加速踏板拉杆不能使喷油泵供油拉杆移到最大供油量，应调整加速踏板拉杆的行程。

2）调速器调整不当，如旋出高速限制螺钉提高转速，旋进最大供油量限制螺钉增加供油量时，发动机动力增加，说明初始供油不足，应调整供油量，直至急加速时排气管冒黑烟为止。

3）如发动机动力不足，初始起动排气管冒白烟，温度升高后又排黑烟，是由于气缸压力不足所致。

4）发动机排气管排灰白烟雾，可能是喷油提前角过小。

5）运转中突然发现发动机动力不足，可能是供油拉杆（或齿杆）卡住，调速器运动件卡住、调速弹簧折断等原因造成的。

6.8.3 柴油机工作粗暴

1. 故障现象

柴油机发出有节奏的、清脆的金属敲击声，急加速响声更大，排气管排黑烟；气缸内发出低沉不清晰的敲击声；敲击声没有节奏，并排黑烟。

2. 故障原因

1）喷油时间不正确，过早或过晚。

2）喷油器滴油或雾化不良，各缸喷油量不均匀。

3）发动机温度过低，供油系统有空气或水。

4）空气滤清器堵塞使气缸内的空气量不足或选用的柴油牌号不当。

3. 诊断与排除

1）均匀的敲击声说明各缸工作情况基本相同，主要是由于喷油正时、进气情况、柴油性能等因素造成的；喷油过早，会听到尖锐、清脆、有节奏的敲击声，可校准喷油正时加以排除。进行上述操作后，如故障仍旧出现，应检查进气系统，查看空气滤清器是否堵塞，进气胶管是否凹瘪，其内壁有无脱层堵塞。可采取清洗空气滤清器，更换进气胶管的方法排除故障。若进气系统畅通，但仍有响声，则为柴油牌号选择不当。

2）喷油器滴油，气缸出现无一定规律的粗暴敲击声，并伴有排气管冒黑烟。

3）如果响声不均匀，说明柴油机供油不均匀，供油量多的气缸就会引起敲击声，排气管冒大量黑烟。造成该缸供油量过大的原因往往是出油阀或喷油器喷口卡住。

6.8.4 柴油机超速

这是发生在柴油机上的一种特殊现象，俗称“飞车”。柴油机的转速失去控制是很危险的，应及时采取措施。

1. 故障现象

发动机转速升高或突然升高以致超过允许的最高转速并伴随有巨大的响声，且无法控制。

2. 故障原因

1）供油拉杆（或齿杆）卡滞在最大位置。

2）喷油泵故障：供油拉杆（或齿杆）脱节；柱塞弹簧折断或卡住在高速位置；柱塞的调整齿圈固定螺钉松动，使柱塞失去控制。

3）调速器故障：调速器飞锤组滑脱。

4）油浴式空气滤清器内油面过高，油液被空气带入气缸内燃烧。

3. 紧急措施

1）松开加速踏板。

2）将减压装置拨向减压位置，使柴油机卸载熄火。

3）立即拆下空气滤清器，堵住进气口，使柴油机熄火。

6.8.5 排气烟色异常

1. 故障现象

冒黑烟、冒白烟、冒蓝烟。

2. 故障原因

（1）冒黑烟

1）柴油质量差，雾化不良。

2）空气滤清器堵塞造成气缸进气不足。

3）喷油泵供油量过大或各缸喷油量不均匀；喷油时间过早。

4）喷油器喷油压力调整过低、雾化不良、滴油。

5）发动机负荷过大；空气滤清器堵塞。

6）调速器失效而使喷油泵供油量过多。

7）供油时间过迟而使柴油未能完全燃烧。

（2）冒白烟

1）供油时间过迟，燃油在气缸中没有燃烧就排出，其烟色较浓。

2）供油系统中有水，排气中的水蒸气形成烟色很淡的白烟。

3）柴油机冷车起动冒白烟，当柴油机温度升高后不再冒白烟。

（3）冒蓝烟　窜入气缸的机油没有燃烧，随废气排出形成淡蓝色的烟雾，有臭味。

3. 排除方法

（1）冒黑烟

1）选用质量合格的柴油。

2）更换或清洗空气滤清器滤芯。

3）检查并调整喷油压力或更换喷油器。

4）检查调整喷油提前角。

5）检查调整各缸喷油量。

（2）冒白烟

1）调整供油时间。

2）排出油路中的水分。

（3）冒蓝烟

1）检查配缸间隙、缸套和活塞环。

2）检查气门与气门导管的配合间隙。

课题 9　柴油机电控系统简介

汽车的排放物对大气的污染日趋严重，柴油机的排放标准也日趋严格。加之能源危机带来燃油价格的大幅上涨。在这样的历史背景下，传统柴油机的燃油供给系统已经远远不能适应现代柴油机对排放和油耗的要求。因此，需要根据实时转速和实际负荷对柴油机的喷油量和喷油时间进行特殊形式的精确控制，这使电子控制技术逐步运用到柴油机燃油供给系统，形成了电控柴油喷射系统。

6.9.1　电控柴油喷射系统概述

1. 电控柴油喷射系统的优点

柴油机电控燃油喷射技术是由电子控制系统根据收集到的各传感器信息，按预设的程序进行计算，通过控制各执行器（如喷油器、电子提前器和电磁溢油阀等）来控制喷油量、喷油压力、喷油时间、喷油率和其他附加控制功能。它具有如下优点：

1）可以进行多工况、多参数的优选，具有多功能的自动调节性能。

2）可以存储和传输柴油机运行及检测数据，具有诊断和联络功能。

3）部件尺寸减小，安装连接方便，有利于日常维护和修理。

4）能提高柴油机的紧凑性，减轻重量、缩小尺寸。

2. 电控柴油喷射系统的发展

柴油机电控燃油喷射系统经历了三代变化。

（1）第一代：位置控制系统　其特点是不仅保留了传统的喷油泵—高压油管—喷油器系统，而且还保留了喷油泵中齿条齿圈、滑套、柱塞上控油螺旋槽等控制油量的机械传动机构，将机械式调速器和提前器换成了电子控制机构。

喷油量的控制：根据 ECU 的指令由齿杆或溢流环的位置进行控制。

喷油时间的控制：根据 ECU 的指令由发动机曲轴和凸轮轴的相位差进行控制。

ECU 根据各种传感器检出的发动机运行状态及环境条件等，计算出适合于发动机状态的最佳控制量，并向执行机构发出相应的指令。

位置控制系统分为位置控制式电控分配泵系统（见图 6-50）和位置控制式电控直列泵系统（见图 6-51）两种形式。

（2）第二代：时间控制系统　它可以是保留原来的喷油泵—高压油管—喷油器的系统，也可以采用新型的产生高压的燃油系统，而用高速电磁阀直接控制高压燃油的喷射。一般情

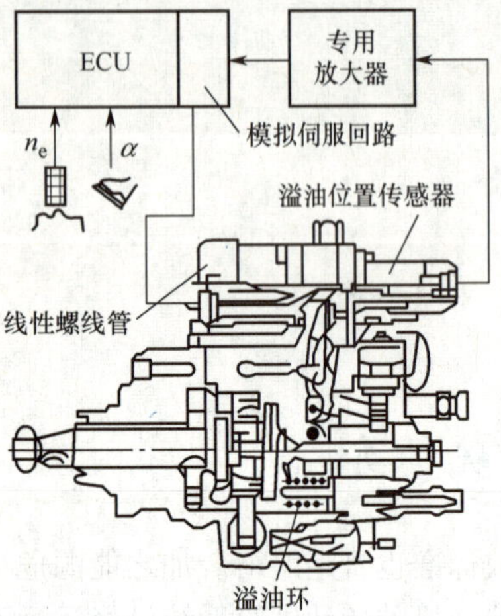

图 6-50 位置控制式电控分配泵系统

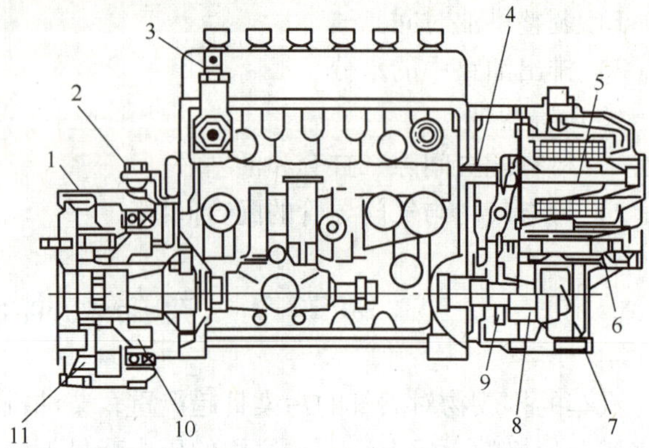

图 6-51 位置控制式电控直列泵系统

1—转换机构 2—转速传感器 3—燃油温度传感器 4—调节齿杆 5—线性螺线管 6—齿杆位置传感器 7—传感器放大器 8—进角值传感器 9—齿轮 10—油压活塞 11—偏心凸轮

况下，电磁阀关闭，执行喷油；电磁阀打开，喷油结束。喷油始点取决于电磁阀关闭时刻，喷油量则取决于电磁阀关闭时间的长短。传统的喷油泵中的齿条齿圈、滑套、柱塞上控油螺旋槽、控制喷油正时的提前机构等全部取消。时间控制系统的控制自由度更大。

时间控制系统分为时间控制式电控分配泵系统（见图 6-52）和时间控制式电控泵喷油器系统（见图 6-53）。

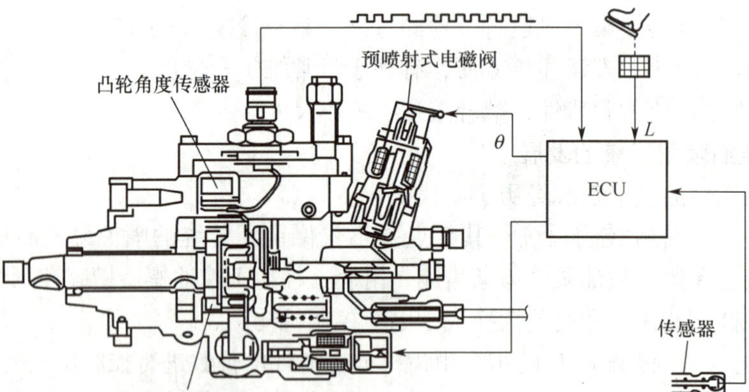

图 6-52 时间控制式电控分配泵系统

（3）第三代：时间—压力控制系统 时间—压力控制系统改变了传统燃油供给系统的组成和结构，主要以共轨（各缸喷油器共用一个高压油管）电控喷射系统为特征，其控制原理如图 6-54 所示，结构如图 6-55 所示。共轨电控喷射系统直接对喷油器的喷油量、喷油正时、喷油速率和喷油规律、喷油压力等进行时间—压力控制或压力控制。其特点是通过设置传感器、电控单元、高速电磁阀和相关电/液控制执行元件等，组成数字式高频

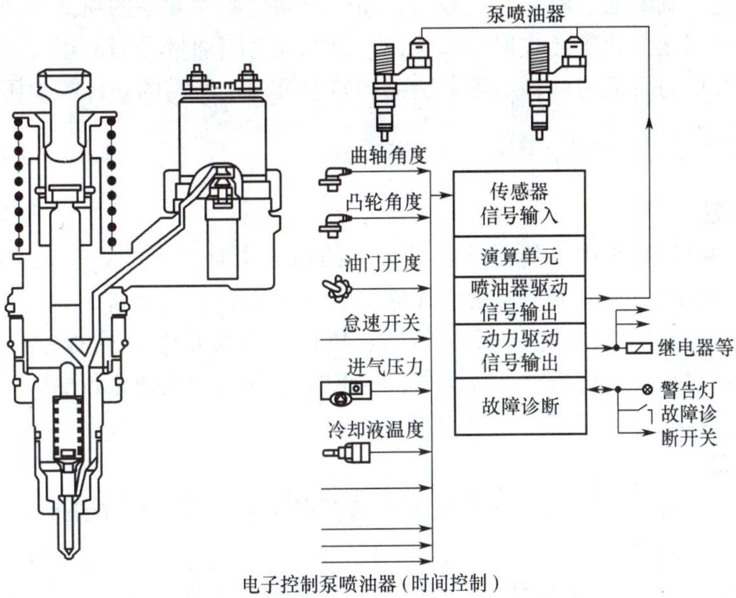

图 6-53　时间控制式电控泵喷油器系统

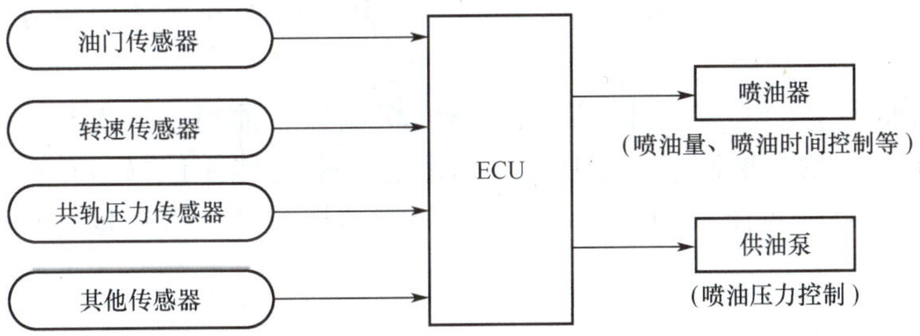

图 6-54　共轨电控喷射系统控制原理框图

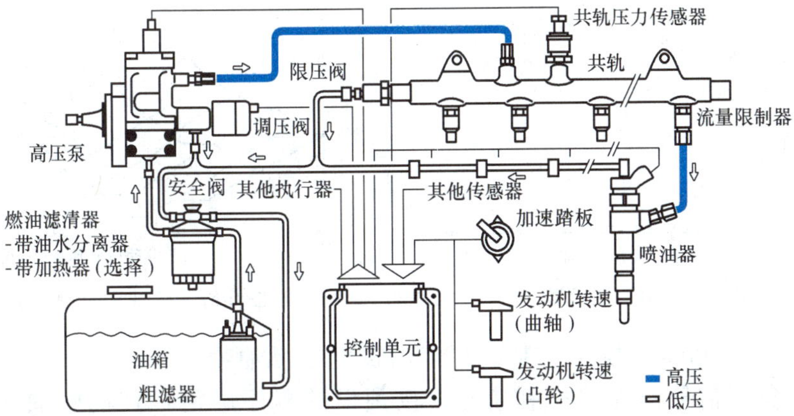

图 6-55　共轨电控喷射系统结构图

调节系统，由电磁阀的通、断电时刻和通、断电时间控制喷油泵的喷油量和喷油正时，通过共轨蓄压或者高压共轨等形式形成高压，可以实现对喷油量和喷油正时的灵活控制。共轨系统中的喷油压力灵活可调，对不同负荷和转速可确定所需的最佳喷射压力。

6.9.2 电控柴油喷射系统的控制原理和控制功能

1. 控制原理

在电控柴油喷射系统中，传感器把采集到的信号实时送入计算机。控制单元(ECU)对来自传感器的信息与其内部预先已经存储的参数进行比较、运算，确定最佳运行参数，并按其最佳值或计算后的目标值送到执行器。执行器根据 ECU 指令控制喷油量和喷油正时。电控柴油喷射系统还可与整车传动装置的 ECU、制动防抱死系统 ABS 的 ECU 及其他系统的 ECU 互通数据，实现整车的电子控制。

2. 控制功能

(1) 燃油喷射控制　燃油喷射控制主要包括喷油量控制、喷油正时控制、喷油速率控制和喷油压力控制等。

1) 喷油量控制。喷油量控制是柴油机电控燃油喷射系统最主要的控制功能之一。在起动工况、怠速工况、正常工况等各种工况下，ECU 根据发动机转速信号、负荷信号(加速踏板位置信号)和内存的喷油量控制模型(见图 6-56)来确定基本喷油量，再根据冷却液温度信号、进气温度信号、起动开关信号、空调开关信号和反馈信号等对喷油量进行修正。

2) 喷油正时控制。喷油正时控制也是柴油机电控燃油喷射系统最主要的控制功能之一。在柴油机电控燃油喷射系统中，ECU 根据发动机转速信号、负荷信号和内存的喷油量正时控制模型(见图 6-57)来确定基本的喷油提前角，再根据各种反馈信号进行修正。

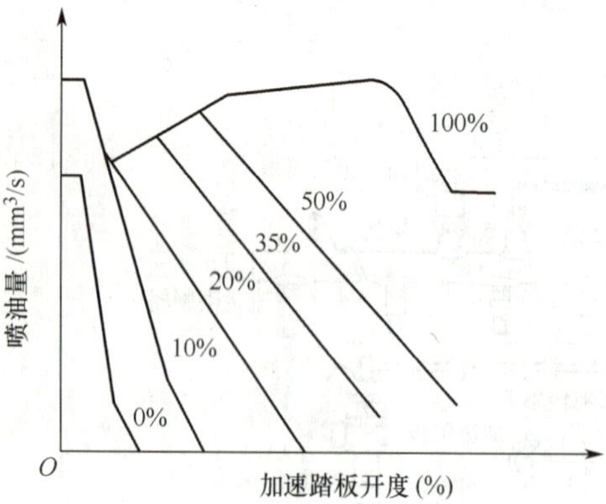

图 6-56　喷油量控制模型

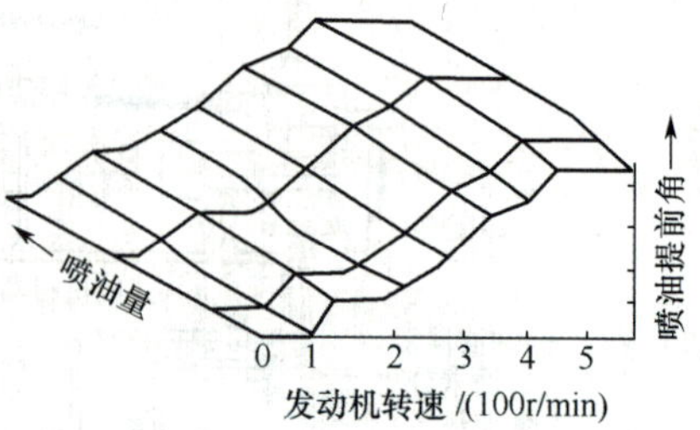

图 6-57　喷油正时控制模型

3) 喷油速率和喷油规律控制。在柴油机电控燃油喷射系统中，ECU 以柴油机转速信号和负荷信号作为主控制信号，按预设的程序确定最佳的喷油速率和喷油规律。

4) 喷油压力控制。在柴油机电控燃油喷射系统中，ECU 以柴油机转速信号和负荷信号作为主控制信号，按预设的程序确定最佳的喷油压力，并对喷油压力进行闭环控制。

5）柴油机低油压保护。柴油机机油压力过低时，ECU 根据机油压力传感器信号减少喷油量，降低转速并报警；当机油压力降到一定值以下时，则切断燃油供给，强制使发动机熄火。

6）增压器工作保护。装有增压装置的柴油机，增压压力过高会造成中冷器和气缸内最高压力升高；增压压力过低则会导致进气量不足使排气温度升高。因此 ECU 根据增压压力信号适当调节喷油量，并在增压压力过高或过低时报警。

（2）怠速控制　柴油机的怠速控制主要包括怠速转速控制和怠速时各气缸喷油量均匀性的控制。

1）怠速转速的控制。怠速工况时，ECU 以柴油机转速信号和负荷信号作为主控制信号，按内存程序确定怠速时的喷油量，并根据冷却液温度信号、进气温度信号、空调开关信号、转速（反馈）信号等，对怠速喷油量进行修正控制，使怠速转速保持稳定。

2）各缸喷油量均匀性的控制。在共轨式第二代柴油机电控燃油喷射系统中，由 ECU 分别对各气缸的喷油器进行控制（顺序喷射控制），ECU 可以通过精确测定曲轴转速，根据各气缸做功行程中曲轴转速的变化确定各缸喷油量的偏差，然后进行补偿调节。

（3）进气控制　柴油机的进气控制主要包括进气节流控制、进气涡流控制和配气相位控制。

1）进气节流控制。ECU 主要根据柴油机转速信号和负荷信号控制设在进气管中的节气门开度，以满足不同工况对进气流量的不同要求。

2）进气涡流控制。ECU 以柴油机转速和负荷信号作为主控制信号，按内存的程序对进气涡流强度进行控制，以满足不同工况对进气涡流强度的不同要求。

（4）增压控制　柴油机的增压控制主要是由 ECU 根据柴油机转速信号、负荷信号、增压压力信号等，通过控制废气旁通阀的开度或废气喷射器的喷射角度、增压器涡轮废气进口截面积大小等措施，实现对废气涡轮增压器工作状态和增压压力的控制，以改善柴油机的转矩特性，提高加速性能，降低排放污染和噪声。

（5）排放控制　柴油机的排放控制主要是废气再循环（EGR）控制。ECU 主要根据柴油机转速信号和负荷信号，按内存程序控制 EGR 阀开度，以调节 EGR 率。

（6）起动控制　柴油机起动控制主要包括喷油量控制、喷油正时控制和预热装置控制，其中喷油量控制和喷油正时控制与其他工况相同。柴油机冷起动时的预热装置一般都是电加热装置（如进气预热塞等），ECU 根据柴油机起动时的冷却液温度决定电加热装置是否通电以及通电持续时间，并在柴油机起动后或起动温度较高时，自动切断电加热装置的电源。

6.9.3　电控柴油喷射系统的组成与工作原理

下面以电控高压共轨系统为例介绍电控柴油喷射系统的组成和工作原理。共轨式电控燃油喷射技术是将喷射压力的产生和喷射过程彼此完全分开的一种供油方式，由高压油泵把高压燃油输送到共轨管，通过对共轨管内的油压实现精确控制，使高压油管压力的大小与发动机的转速无关，不再采用传统的柱塞泵脉动供油的原理，而是通过共轨直接或间接地形成恒定的高压燃油，分送到每个喷油器，并借助于集成在每个喷油器上的高速电磁阀的开启与闭合，定时、定量地控制喷油器喷射至柴油机燃烧室的油量，从而保证柴油机达到最佳的燃烧比、良好的雾化以及最佳的着火时间和最低的排放污染。

1. 组成

该系统的组成如图 6-55 所示。从功能方面分析，电控共轨系统可以分为两大部分。

（1）控制系统　控制系统分为传感器（包括信号开关和传导元件等）、控制单元（ECU）和执行器三部分。

1）传感器。实时检测柴油机、车辆运行状态及使用者的操作意图、操作量等信息，并将其送给控制单元。传感器包括曲轴位置传感器、气缸识别传感器、加速器位置传感器、进气温度传感器、冷却液温度传感器、燃油温度传感器和进气压力传感器等。

2）控制单元（ECU）。负责处理所有收集到的信息，执行程序运算，并将运算结果作为控制指令输出到执行器。

3）执行器。根据控制单元送来的执行命令驱动调节喷油量及喷油正时的相应机构，从而调节柴油机的运行状态。执行器包括输油泵和喷油器等。

（2）燃油供给系统　燃油供给系统主要由高压油泵、共轨管、喷油器、柴油滤清器、高压油管、低压油管、调压器和燃油箱等组成。高压油泵将燃油加压成高压，供入共轨内；共轨实际上是一种燃油分配管。储存在共轨内的燃油在适当的时刻通过喷油器喷入发动机气缸内。电控共轨系统中的喷油器是一种由电磁阀控制的喷油阀，电磁阀的开启和关闭由 ECU 控制，系统的高低压油路如图 6-58 所示。

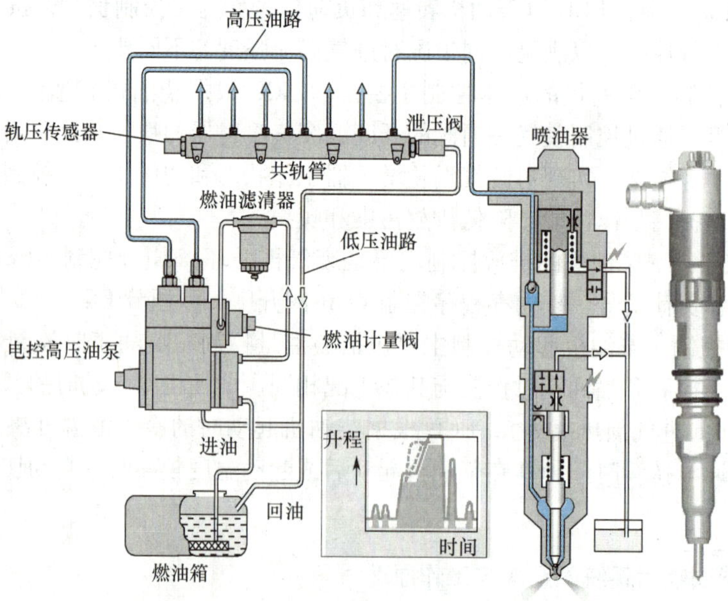

图 6-58　高低压油路

低压部分包括燃油箱、输油泵、低压油管、燃油滤清器（粗滤、精滤）、回油管和 ECU，其作用是为高压部分提供足够的燃油。

高压部分包括燃油计量阀、高压油泵、高压油管、共轨管和喷油器其作用是产生高压，保证燃油喷射压力，进行燃油计量。

2. 主要零件的结构与工作原理

（1）输油泵总成　输油泵总成的外观结构如图6-59所示，其剖视模型如图6-60所示。输油泵主要由传统型直列泵（两气缸）中的压送系统、控制燃油排放量的PCV（泵控制阀）、气缸识别传感器即TDC（上止点或G）传感器和进油泵组成，各零部件的功能见表6-2。

图6-59　输油泵总成的外观结构

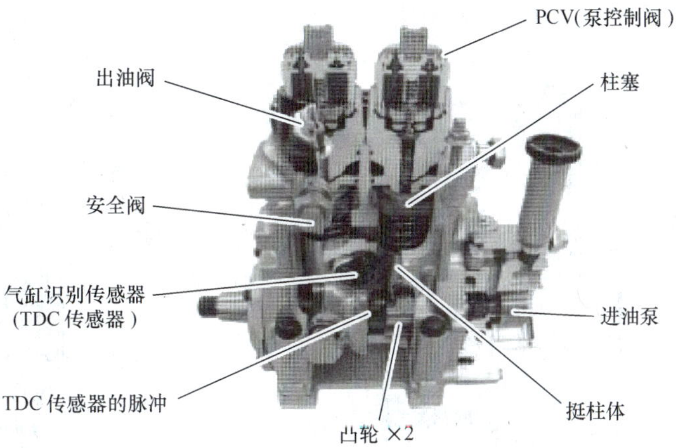

图6-60　输油泵总成的剖视模型

表6-2　输油泵各零部件的功能

零部件		功能
进油泵		从燃油箱吸入燃油，将其供给压送机构
安全阀		调节输油泵中燃油的压力
PCV（泵控制阀）		控制供给油轨的燃油量
压送机构	凸轮	驱动挺柱体
	挺柱体	将往复运动传递给柱塞
	柱塞	往复运动以压送和压缩燃油
出油阀		使压送到油轨的燃油停止逆流
气缸识别传感器（TDC传感器）		识别发动机气缸

1）进油泵。进油泵（集成在输油泵中）从燃油箱吸入燃油，然后通过燃油滤清器供给泵室。进油泵有两种类型：次摆线型和叶轮型。次摆线型进油泵的工作原理如图6-61所示。

凸轮轴驱动进油泵的外部/内部转子，使其开始转动。根据外部/内部转子的运动产生的空间变化，进油泵将燃油抽吸到吸入口，然后压送到排放口。

进油泵进油螺栓内部的滤网容易堵塞。进油泵转一周供6mL燃油。

2）压送机构。压送机构的结构与原理如图6-62所示。凸轮轴由发动机驱动，凸轮通过挺柱体驱动柱塞以压送进油泵提供的燃油。PCV对供油量进行控制。燃油从进油泵压送到气缸，然后到出油阀。

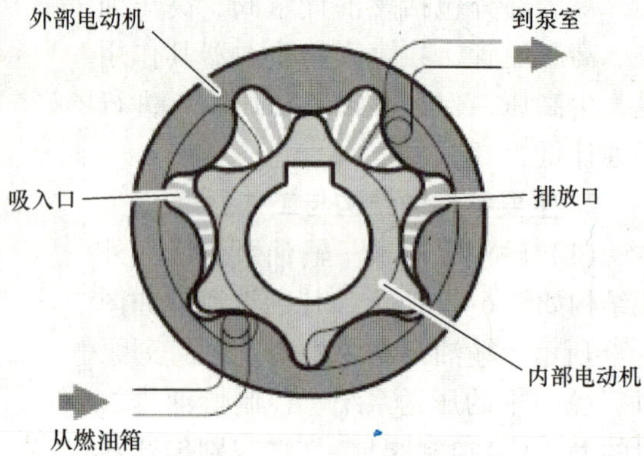

图6-61 次摆线型进油泵的工作原理图

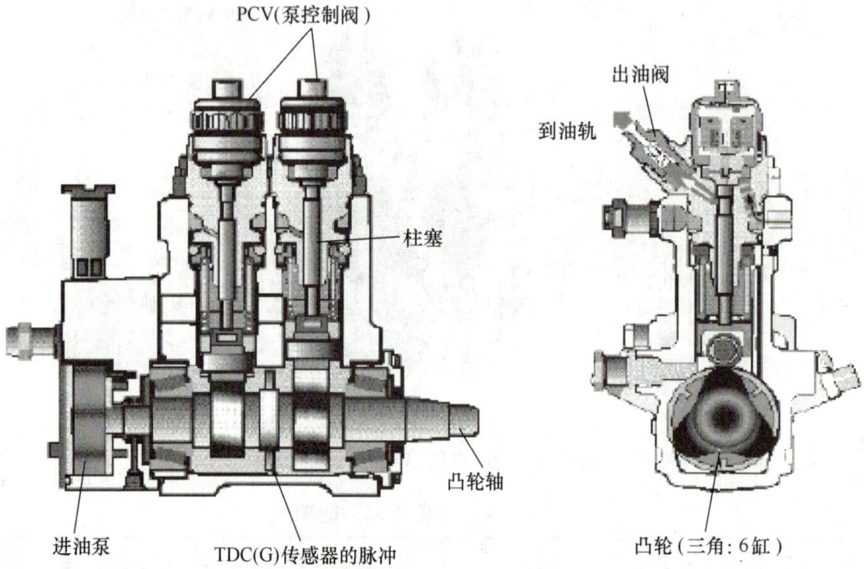

图6-62 压送机构的结构与原理

输油泵的转速为发动机转速的一半。压送机构通过改变凸轮的齿数来控制发动机缸数。发动机缸数与输油泵的压送次数之间的关系见表6-3，通过增加凸轮齿的个数来控制发动机缸数，使用一个小型、两缸的泵单元可以实现。此外，由于此泵的压送行程数与喷射次数相同，所以油轨压力会保持平稳。

表6-3 发动机缸数与输油泵的压送次数之间的关系

发动机缸数	速度比(泵:发动机)	输油泵		发动机一个循环的压送转动次数
		缸数	凸轮齿	
4缸	1:2	2	2	4
6缸			3	6
8缸			4	8

3）泵控制阀。PCV（泵控制阀）的作用是调节输油泵的燃油输送量，以便调节油轨压力。输油泵输送到油轨的燃油量取决于向PCV施加电流的正时。

进油行程：在柱塞下降行程中，PCV打开，同时低压燃油通过PCV被吸入到柱塞室中，如图6-63所示。

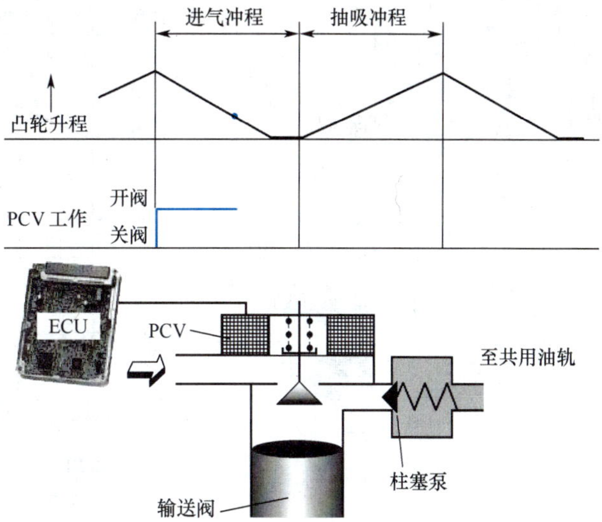

图6-63　进油行程

预行程：就在柱塞进入上升行程时，PCV不通电并保持开启。此时，通过PCV吸入的燃油没经过加压（预行程）而通过PCV返回，如图6-64所示。

抽吸行程：在获得所需排放量的最佳时机，通电使PCV关闭，则返回通道关闭，同时柱塞室中的压力上升。因此，燃油流经出油阀（反向切断阀），然后被抽吸到油轨。具体情况是，PCV关闭之后柱塞升程部分变成排放量，而且通过改变PCV关闭正时（柱塞预行程的终点），排放量得到改变，从而使油轨压力得到控制，如图6-65所示。

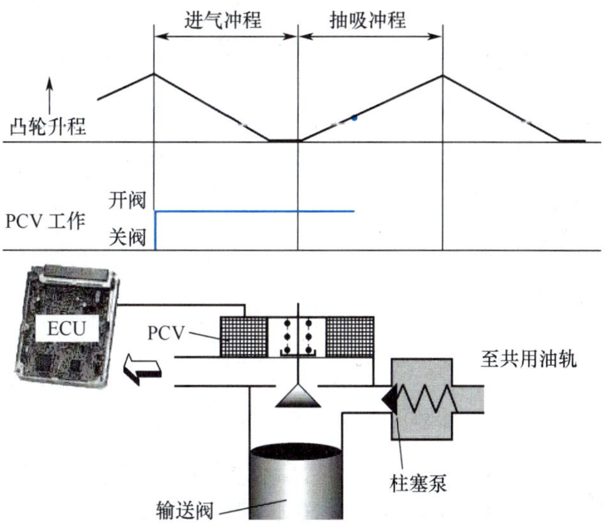

图6-64　预行程

当凸轮超过最大升程时，柱塞进入下降行程，同时柱塞室中的压力下降。此时，出油阀关闭，燃油抽吸停止。此外，PCV由于被断电而打开，低压燃油被吸入到柱塞室，系统又进入进油状态。

执行电路：如图6-66、图6-67所示为PCV的执行电路。点火开关接通或关断PCV继

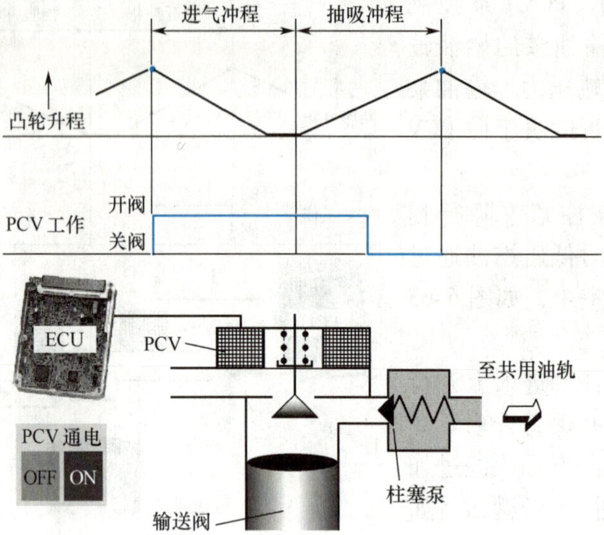

图 6-65 抽吸行程

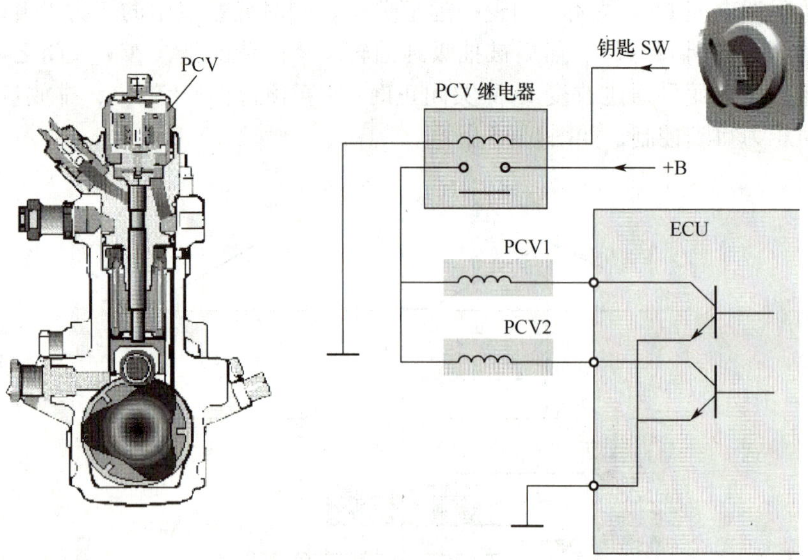

图 6-66 点火开关断开时的电路

电器，以向 PCV 施加电流。ECU 对 PCV 的打开/关闭进行控制。它根据每个传感器发出的信号，确定提供最佳油轨压力所需的目标供油量，并控制 PCV 的打开/关闭正时，从而达到目标供油量。

（2）共轨管 共轨管的作用是向各缸喷油器分配由输油泵加压的燃油，存储高压燃油，抑止因油泵供油和喷油而产生的波动。

燃油轨内腔的体积较小，大约只有 29mL，主要是为保证在起动及怠速时快速提升压力，以满足此时的燃油压力需求，同时也为了减小由于喷油器的开、闭和高压燃油泵的工作所引起的压力变化。在燃油轨上连接着四个流量限制器，一个燃油压力传感器，一个燃

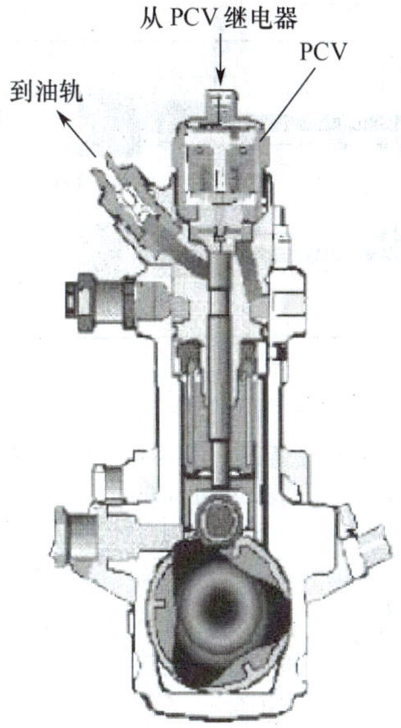

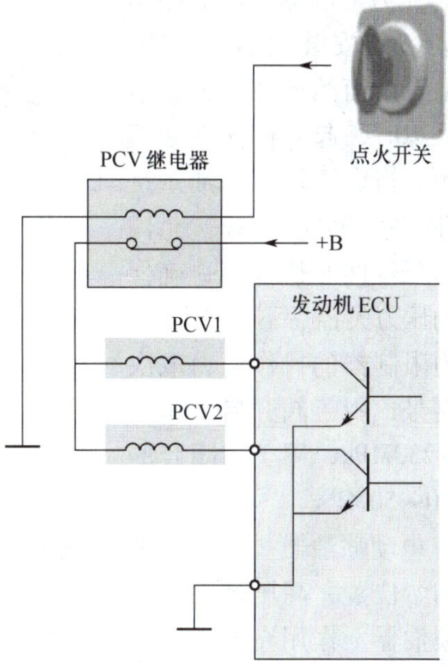

图 6-67 点火开关接通时的电路

油压力限制器和一个燃油回油歧管，如图 6-68 所示。

（3）流量限制器 流量限制器(见图 6-69)作为燃油轨的出油口安装在燃油轨的上部，燃油通过出油口流至喷油器。限制器用于在油管或喷油器泄漏时保护燃油系统。当系统工作正常时，燃油压力作用在柱塞的两端，在弹簧的作用下柱塞上移，阀被打开。当在限制器的下游(即出油口至喷油器)出现较大的压力损失时，进油口压力将推动活塞移动，关闭燃油出油口，防止燃油在高压下泄漏。

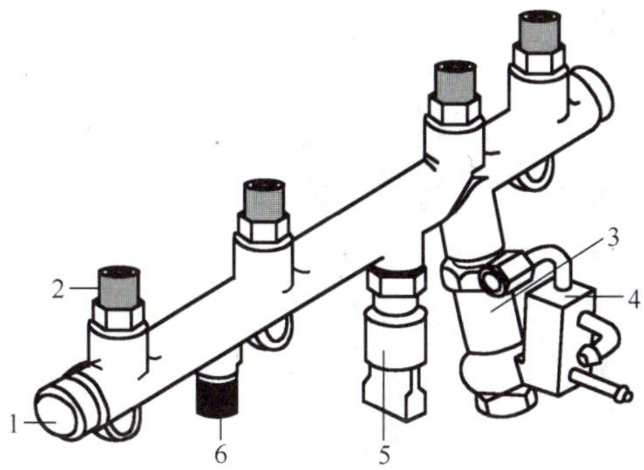

图 6-68 燃油轨总成

1—油轨 2—流量限制器 3—燃油压力限制器 4—回油歧管 5—燃油压力传感器 6—高压油入口

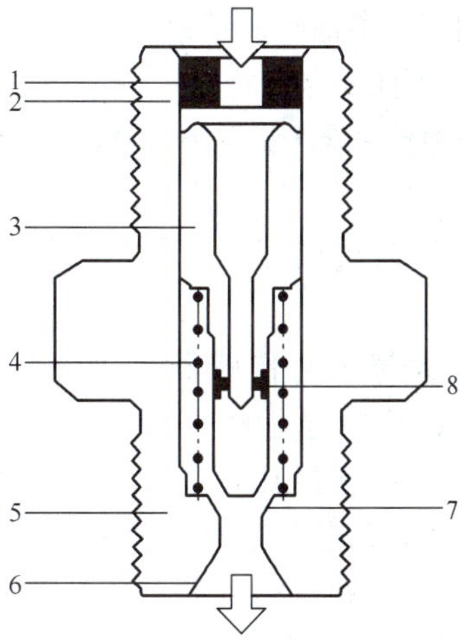

图 6-69 流量限制器

1—至油轨的接口 2—密封垫 3—柱塞 4—弹簧 5—壳体 6—至喷油器的接口 7—柱塞座 8—节流阀

(4) 压力限制器 压力限制器(见图6-70)安装在油轨下侧，当高压油泵后面的燃油压力调节器出现故障时，起到保护燃油系统的作用。当燃油轨中的油压达到175MPa时，阀被打开，允许过多的油压返回至燃油箱，确保共轨中的压力失控后不会超压。

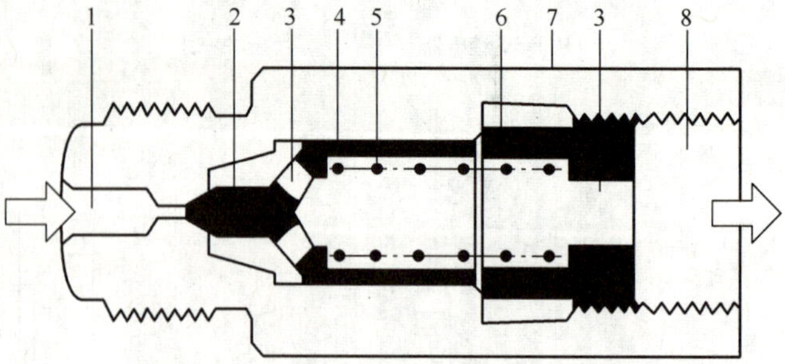

图6-70 压力限制器

1—高压接口 2—阀 3—流量通道 4—柱塞 5—弹簧 6—限位 7—阀体 8—燃油回流

压力限制器的操作压力取决于车辆型号，用于阀开启的压力为140～230MPa，用于阀闭合的压力为30～50MPa。

(5) 电动喷油器 电动喷油器(见图6-71)的燃油压力与燃油轨中的压力相同。

在初始位置，高压燃油通过组合在一起的滤芯被送至喷油器，作用在喷油器针阀的底部，试图将针阀抬起，使之离开阀座，同时该高压油也作用在针阀的上部，以确保喷油器保持关闭状态。

当需要喷射燃油时，喷油器上部的电磁阀通电，使处于针阀上部的燃油压力通过泄油轨返回燃油箱。此时，作用于针阀下部的燃油压力将使针阀抬起，离开阀座，燃油喷射开始。在喷射结束时，电磁阀断电，这将使针阀上部重新建立起高燃油压力，当针阀的上部和下部的压力恢复至相等时，针阀被强制压回阀座，燃油喷射结束。

(6) 燃油压力传感器 安装在燃油轨中间下侧的燃油压力传感器(见图6-72)用于测量燃油轨中的燃油压力，以便确定喷射压力。该压力测量值作为一个电信号被传送给ECU，从而确定燃油喷射的周期。

(7) 大气压力传感器 大气压力传感器位于ECU内部，其功能是测量大气压力，以便根据海拔高度修正空气流量的比率。

(8) 空气流量传感器 空气流量传感器(见图6-73)安装在进气歧管的上部，用于测量进入进气歧管的增压后的空气量。该测量值与空气温度一起用于ECU精确地计算进入气缸的空气量，以便在每个燃烧循环调整每个喷油器的供油量。

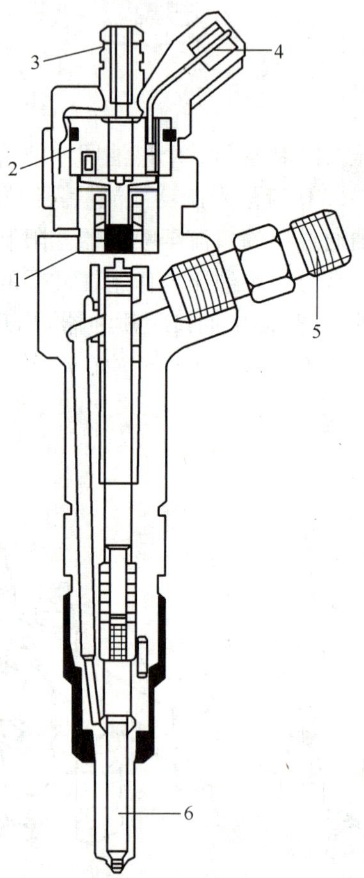

图6-71 电动喷油器

1—压力泄压阀 2—电磁阀 3—低压油返回燃油歧管 4—来自控制模块的信号 5—高压油入口 6—针阀

空气流量传感器还包含一个电子温度修正电路，

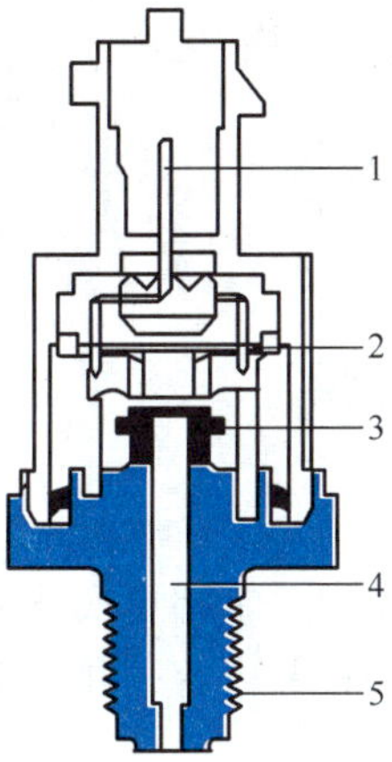

图 6-72　燃油压力传感器

1—电气接头　2—评价电路　3—金属膜片及传感器元件　4—高压连接头　5—安装螺纹

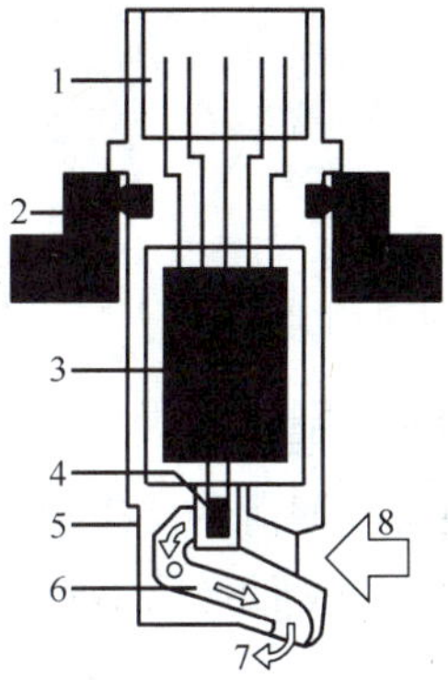

图 6-73　空气流量传感器

1—电气接头　2—空滤室壳体中的测量管道　3—电路板　4—传感器元件　5—传感器壳体　6—部分流量测量管道　7—部分流量空气出口　8—部分流量进口

以便相对于进气温度修正空气流量的测量精度。

（9）冷却液温度传感器　一个 NTC（负温度系数）类型的冷却液温度传感器（见图 6-74）安装在气缸体上，可以检测冷却液温度，并将此反映发动机温度状态的信号提供给 ECU。该传感器主要元件为热敏电阻。

（10）机油压力传感器　机油压力传感器的作用是可以同时检测机油压力和机油温度。

（11）加速踏板位置传感器　加速踏板位置传感器将加速踏板开度转换为电子信号，并将其输出到发动机控制器，以便 ECU 确定燃油的供给量。另外，一旦发生故障时，有两个系统可提供备用功能。它是非接触型传感器，其连杆与加速踏板一起转动，输出端子电压根据连杆转动角度而变化。

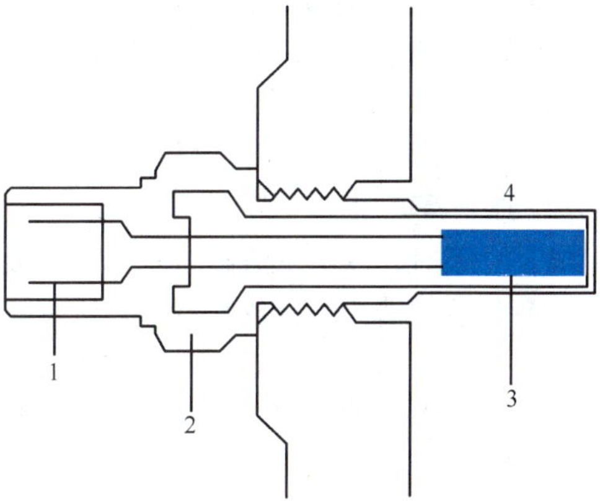

图 6-74　冷却液温度传感器

1—电气接头　2—壳体　3—NTC 电阻　4—冷却液

（12）曲轴和凸轮轴传感器　曲轴转速传感器是磁感应式的，安装在飞轮上部。在发动机转动时，通过飞轮上的 58 个孔的磁通量发生变化，传感器便产生电信号。ECU 使用此信号测量发动机的转速和控制转速计数器。

凸轮轴传感器位于凸轮轴带轮的后面，由于带轮上有一个缺口，在发动机转动时，传感器的磁通量发生变化从而产生电信号。发动机工作时的喷油相位由飞轮位置传感器和凸轮轴位置传感器来确定。ECU 还将此信号作为测量发动机转速的备用信号。

这两个传感器的工作原理与汽油机的相似。

能力训练

训练1　柴油滤清器的更换

1. 目的及能力要求

通过更换柴油滤清器，让学生掌握柴油滤清器的结构与作用，掌握更换柴油滤清器的方法与步骤，掌握柴油滤清器定时放水、放气的方法及维护的相关内容，并学会正确使用工具。

2. 准备

1）柴油滤清器专用扳手一把。

2）常用工具一套。

3）柴油机一台。

3. 步骤

1）用柴油滤清器专用扳手把柴油滤清器向逆时针方向转动。

2）用干净布擦干净滤清器盖上的配合面。

3）在新滤清器的O形环上抹一层润滑脂，然后加注柴油，小心地按顺时针方向搬动滤清器，以免柴油遗漏，直至O形环与柴油滤清器的密封完全配合为止，随后使用专用扳手把滤清器转动1/3～2/3圈，使其完全紧固。

4）泵动手油泵，对柴油系统进行排气。

5）柴油滤清器在正常情况下，行驶1.5万km或使用9个月应更换。

4. 注意事项

1）安装时，在新滤清器的O形环上要抹一层润滑脂，并加注柴油。

2）组装滤清器时，各密封圈必须完好齐全，并安装到位。

3）回燃油系统后，应松开滤清器上的放气螺钉，用手油泵泵油放气。

4）各螺纹件的拧紧以不发生渗漏为准，过度拧紧易造成损坏。

5. 讨论

1）为什么要定期更换柴油滤清器？

2）为什么在安装时新滤清器的O形环上要抹一层润滑脂，并加注柴油？

3）为什么滤清器安装后要放气？

训练2　喷油泵-调速器的拆装

1. 目的及能力要求

通过对喷油泵-调速器的拆装，让学生掌握柴油机燃油供给系统中主要机件的名称、作用和连接关系，掌握喷油泵-调速器的结构和工作原理，掌握喷油泵-调速器的正确拆装方法。

2. 准备

A 型喷油泵1台，常用工具、专用工具(喷油泵凸轮轴柱塞弹簧拆卸器等)、常用量具各1套。

3. 步骤：以 A 型泵为例(YC6100QC 选用)

(1) 喷油泵的拆装

1) 先堵住低压油路进出油口和高压油管接头，防止污物进入油路。用柴油、煤油、汽油或中性金属清洗剂清洗泵体外部。旋下调速器底部的放油螺钉，放尽机油。

2) 将油泵固定在专用拆装架或自制的T形架上，拆下输油泵总成、检视窗盖板、油尺等总成附件及泵体底部的螺塞。

3) 转动凸轮轴，使第1缸滚轮体处于上止点，将滚轮体托板(或销钉)插入调整螺钉与锁紧螺母之间(或挺柱体锁孔中)，使滚轮体和凸轮轴脱离。

4) 拆下调速器后盖固定螺钉，拨开连接杆上的锁夹或卡销，使供油齿杆和连接杆脱离。用尖嘴钳取下起动弹簧、取下调速器后壳总成。

5) 用专用扳手固定住供油提前角自动调节器，在喷油泵另一端用专用套筒拆下调速器飞块支座的固定螺母，用拉器拉下飞块支座总成，用专用套筒拆下提前器固定螺母，用拉器拉下提前器。

6) 拆凸轮轴部件：拆卸前应先检查凸轮轴的轴向间隙(0.05～0.10mm)。将测得值与标准比较，即可在装配时知道应增垫片的厚度。若不需要更换凸轮轴轴承，先测间隙也可减少装配时的反复调整。拆下前轴承盖，收好调整垫片，拆下凸轮轴支承轴瓦。用木锤从调速器一端敲击凸轮轴，将轴和轴承一起从泵体前端取下。若需要更换轴承，可用拉器拉下轴承。

7) 将泵体检视窗一侧向上放平。从油底塞孔中装入滚轮挺柱顶持器，顶起滚轮部件，拔出挺柱托板(或销钉)，依次取出各缸滚轮体总成。如果需对滚轮体解体，则应先测量记下其高度，取出柱塞弹簧、弹簧上下座、油量控制套筒，旋出齿杆限位螺钉，取出供油齿杆，旋出出油阀压紧座，用专用工具取出出油阀偶件及减容器、出油阀弹簧、柱塞偶件，按顺序放在专用架上。

(2) 喷油泵的装配

1) 装配时应在清洁干净后的零件表面涂上清洁的机油。

2) 装供油齿杆：将供油齿杆上的定位槽对准泵体侧面上的齿杆限位螺钉孔，装复限位螺钉，检查供油齿杆的运动阻力，当泵体倾斜45°时，供油齿杆应能靠自重滑动。

3) 装柱塞套筒：柱塞套筒从泵体上方装入座孔中，其定位槽应恰好卡在定位销上，保证柱塞套完全到位。注意座孔必须彻底清理，防止杂物卡在接触面间，造成柱塞套筒偏斜和接触面不密封。

4) 将出油阀偶件、密封垫圈、出油阀弹簧、减容器体和出油阀压紧座依次装入泵体。必须注意出油阀座与柱塞套上端面之间的清洁，并保证密封垫圈完好。用规定的拧紧力矩拧紧出油阀压紧座。装配后应检查喷油泵的密封性。

5）装复供油齿圈和油量控制套筒。油量控制套筒通过齿圈凸耳上的夹紧螺钉和齿圈固定成一体，两者不能相对转动，一般零件上有装配记号。确定供油齿杆中间位置，将供油齿杆上的记号（刻线或冲点）与泵体端面对齐，或与齿圈上的记号对齐，装上齿圈和油量控制套筒。左右拉动供油齿杆到极限位置时，齿圈上凸耳的摆动角度应大致相等，并检查供油齿杆的总行程。

6）装入柱塞弹簧上座及柱塞弹簧，将柱塞装入对应的柱塞套，再装上下弹簧座（注意柱塞下端十字凸缘上有记号的一侧应朝向检视窗）。下弹簧有正反之分，不能装反。

7）装复滚轮挺柱体，调整滚轮挺柱体调整螺钉，达到说明书规定的高度或拆下时记下的高度。将滚轮体装入座孔，导向销必须嵌入座孔的导向槽内。用力推压滚轮体或用滚轮顶持器和滚轮挺柱托板支起滚轮挺柱，逐缸装复各滚轮体。每装复一个都要拉动供油齿杆，检查供油齿杆的阻力。

8）装复凸轮轴和中间支承轴瓦，装上调速器壳和前轴承盖。注意凸轮轴的安装方向，无安装标记时也可根据输油泵驱动凸轮的位置确定安装方向。凸轮轴的中间支承应与凸轮轴一起装入泵体，否则凸轮轴装复后就无法装上中间支承。

喷油泵凸轮轴装到泵体内应有确定的轴向位置和 0.05～0.10mm 轴向间隙，转动灵活；装复供油提前角自动调节器，转动凸轮轴，取下各滚轮体托板。拉动供油齿杆，阻力应小于 15N，否则应查明原因，予以排除。

9）装复输油泵、调速器总成等附件。

4. 注意事项

1）喷油泵拆卸后的零部件应按原装配关系放置在清洁的工作台上，精密偶件要放在单独的器皿内，用滤清过的轻柴油清洗或存放。

2）零部件清洗后用压缩空气吹干。柱塞偶件表面上刻有标记，不得错乱。

3）喷油器喷油提前角的大小对于柴油机的工作过程影响极大，而喷油提前角与供油提前角有直接的关系。因此，应在二级维护时对其予以校正。

5. 讨论

1）为什么柱塞偶件、出油阀偶件在拆洗时都要记好标记，按顺序摆放？

2）哪些因素会影响喷油提前角？

训练 3　柴油机喷油器的拆装

1. 目的及能力要求

通过喷油器的拆装，让学生掌握喷油器的结构和工作原理，掌握喷油器的正确拆装顺序和方法。

2. 准备

柴油发动机一台，常用工具、专用工具各一套。

3. 操作步骤

（1）喷油器的拆卸

1）拆卸时首先拆下高压油管、回油管和固定螺母，然后用木锤振松喷油器，将其取出，视需要可使用专用拉器将其拉出。

2）从发动机上拆下喷油器总成后，应先清洗外部。

3）分解时先分解喷油器的上部，将喷油器喷孔朝上夹在垫上铜皮的台虎钳上，从喷油器体上拧下喷油嘴压紧螺母，拆下喷油嘴，并从喷油器体内取出顶杆（针阀与针阀体是精密偶件，必须按原配成对放置，不能互换），再将压紧螺母拧回原处，以防碰伤喷油器下端的研磨平面。

4）松开台虎钳，将喷油器掉转并重新夹住，拧下调压螺钉护帽和调压螺钉，取出调压螺钉垫圈、调压弹簧和弹簧座等零件。

（2）喷油器零件的清洗

1）用钢丝刷清理零件表面的积炭和脏物，喷油器体和针阀体的油道可用通针或直径适当的钻头疏通。

2）针阀体偶件应单独清洗。零件表面积垢的褐色物质也可用乙醇或丙酮等有机溶剂浸泡后再仔细擦除。最后将喷油器偶件浸泡在清洁的柴油或煤油里，来回拉动针阀清洗，堵塞的喷孔用直径0.3mm的通针清理，清理时注意避免损伤喷孔。若针阀卡死在针阀体内无法取出，应更换针阀偶件。

3）清洗过的零件，用压缩空气吹去孔道中遗留的杂质，最后用汽油浸洗，吹干备用。

（3）喷油器的装配

1）将针阀、针阀体、紧固螺母装到喷油器体上，螺母的拧紧力矩为60～80N·m。

2）从喷油器体上部装入顶杆、调压弹簧和调压螺钉，拧上调压螺钉紧固螺母。

3）安装进油管接头。总成调试完毕后，安装护帽。

（4）喷油器在发动机上的安装

1）安装到气缸盖上的喷油器应检查喷油器伸出气缸盖底面的高度，玉柴YC6105QC为3.5～3.7mm。安装高度不符合规定时，可拆下锥形垫圈，在喷油器紧固螺套与锥形垫圈体之间加垫片调整，或更换锥形垫圈。

2）锥形垫圈与气缸盖安装孔接触不严密时，可拆下锥形垫圈，加热后冷却减小其硬度后再安装。安装前用专用铰刀清除座孔内的积炭、污垢。

3）喷油器体上的定位销（或定位块）安装时要嵌入座孔的定位槽内。紧固压板螺母拧紧力矩为22～28N·m。压板的圆弧状凸起面应朝向喷油器凸肩，以保证压紧力与喷油器轴线在同一平面内，有利于密封。

4. 注意事项

1）分解过程中应注意保护针阀的精加工表面。

2）分解后，喷油器垫片应与原喷油器体放置在一起保存好，喷油器与座孔间的锥形垫圈也应与原喷油器体放置在一起，装配时注意针阀体和定位销钉对准。

3）在整个装配过程中，必须保证零件清洁，特别是针阀偶件本身、喷油器体端面等密封处，要保证清洁，各接触面要求光洁平整，不许留有积炭或毛刺。

4）装配时，先旋进预先配有滤芯的进油管接头，压紧铜垫圈达到密封不漏油；再将调压弹簧、顶杆放进喷油器体中，旋入调压螺钉，直到刚接触调压弹簧为止；然后旋上调节螺母。

5. 讨论

1）为什么装喷油器时，要按规定力矩拧紧螺母?

2）为什么针阀偶件要认真清洗?

3）如何调整调压弹簧的弹力?

复习思考题

一、判断题（正确的打“√”，错误的打“×”）

1. 柴油发动机曲轴转两周，喷油器向各气缸内喷油一次。（ ）
2. 柴油机输油泵的供油量可以自动调整。（ ）
3. 柴油机输油泵的作用是给喷油器提供高压柴油。（ ）
4. 柴油机手油泵的活塞与泵体，经过选配、研磨，达到高精度配合，无互换性。（ ）
5. 喷油泵中柱塞和柱塞套、出油阀和阀座都是精密偶件。（ ）
6. 提高喷油器调压弹簧的预紧度可以减小喷油的开启压力。（ ）
7. 喷油器针阀和针阀体组成针阀偶件，在维修中可以互换。（ ）
8. 进行喷油器密封实验时，喷油器允许有微量的滴油现象。（ ）
9. 柴油机达到额定转速后调速器减少供油量，目的是防止发动机飞车。（ ）
10. 转子分配式喷油泵主要由叶片式输油泵、分配泵、调速器、供油提前角自动调节器等组成。（ ）

二、选择题

1. 柴油机混合气是在（ ）内完成的。

A. 进气管　B. 燃烧室　C. 化油器　D. 喷油器

2. 喷油器工作间隙泄漏的极少量柴油经（ ）流回柴油箱。

A. 回油管　B. 高压油管　C. 低压油管　D. 喷油管

3. 调整柴油机喷油泵各缸供油时间，应以第一缸为基准，根据喷油泵的（ ）调整其余各缸。

A. 喷油顺序　B. 间隔角

C. 喷油顺序和间隔角　D. 点火顺序和间隔角

4. 喷油泵的泵油量取决于柱塞的有效行程，而改变有效行程可采用（ ）。

A. 改变喷油泵凸轮轴与曲轴的相对角位移

B. 改变滚轮挺柱体的高度

C. 改变柱塞斜槽与柱塞套筒油孔的相对角位移

D. 改变出油阀弹簧弹力

5. 针阀和针阀体是柴油机喷油器的重要组成部分，两者合称（ ）。

A. 柱塞偶件　B. 针阀偶件　C. 密封偶件　D. 承压偶件

6. 柴油机喷油器实验器用油应为沉淀后的（ ）。

A. 0号轻柴油　B. 煤油　C. 液压油　D. 机械油

7. 旋进喷油器端部的调压螺钉，喷油器喷油开启压力(　　)。

A. 不变　B. 升高　C. 降低　D. 忽高忽低

8. 两速式调速器的(　　)转速由人工控制。

A. 怠速　B. 低速　C. 中间　D. 高速

9. 柴油发动机达到额定转速时，调速器将控制油量调节机构开始(　　)。

A. 自动增油　B. 自动减油　C. 自动减速　D. 停止供油

10. 下列特点不属于废气涡轮增压系统的是(　　)。

A. 降低油耗　B. 提高功率　C. 减少排放污染　D. 没有噪声

三、问答题

1. 柴油机燃油供给系统由哪几部分组成？各部分的功用是什么？
2. 柴油机可燃混合气的形成与汽油机可燃混合气形成有什么区别？
3. 输油泵是怎样工作的？
4. 柱塞式喷油泵是怎样工作的？怎样调整供油量？
5. 什么是供油提前角？柱塞式喷油泵用什么方式调整供油提前角？
6. 喷油器是怎样工作的？检查调试内容有哪些？
7. 转子分配泵主要由哪些零部件组成？它是如何工作的？
8. PT 燃油供给系统主要由哪些零部件组成？它是如何工作的？
9. 柴油机燃油供给系统维护的主要作业内容有哪些？
10. 柴油发动机废气涡轮增压有什么作用？由哪几部分组成？

单元7　冷却系统的构造与维修

应知应会：

1. 掌握冷却系统的作用和组成。
2. 掌握冷却系统各零部件的结构和工作原理。
3. 掌握冷却系统正确的拆装方法及主要零部件的检修方法。
4. 能够对冷却系统进行二级维护和常见故障的排除。

课题1　概　　述

7.1.1　冷却系统的作用

发动机工作时，气缸内气体温度高达2000～2500℃，若不及时冷却，受热零件温度将急剧上升，造成零件机械强度的降低，甚至破坏；零件受热膨胀造成正常的间隙破坏而卡死；气缸的充气量减少造成功率下降和燃烧不正常；润滑油变稀或氧化变质降低润滑效果，加剧机件磨损。因此，为保证发动机正常工作，必须对受热机件进行冷却。但发动机工作温度过低将造成热量损失大，机油粘度大流动性差，降低润滑效果。

冷却系统的作用是：把受热零部件吸收的部分热量及时散发出去，保证发动机在最适宜的温度状态下工作。汽车发动机的冷却液正常工作温度为80～90℃。

7.1.2　冷却系统的类型

按照冷却介质不同，冷却系统可以分为风冷式和水冷式两种，如图7-1所示。

发动机利用高速流动的空气直接吹过其外表面，进行机件散热的方式称为风冷式。发动机通过冷却液（水或冷却液）循环流动，把高温机件热量散入大气的冷却方式称为水冷式。水冷式比风冷式冷却均匀，效果好，而且发动机运转噪声小，所以汽车发动机上广泛采用水冷式冷却系统。

目前汽车发动机上采用的水冷式冷却系统大都是强制循环式，即冷却液经过水泵强制加压后，进行循环流动。这种冷却效果比仅靠冷却液的温度差引起对流散热的自然循环式好。

7.1.3　水冷式冷却系统的组成及水路

水冷式冷却系统由百叶窗1、散热器2、风扇4、水泵6、冷却水套9（在缸体、缸盖内直接铸出）、水管、节温器7、冷却液温度传感器和控制冷却强度的装置等组成，如图7-2所示。为了使驾驶人能掌握冷却系统的工作情况，还设有冷却液温度表和高温指示灯等装置。为了冬天采暖，冷却系统还与取暖器供水管、回水管接通，提供热水。

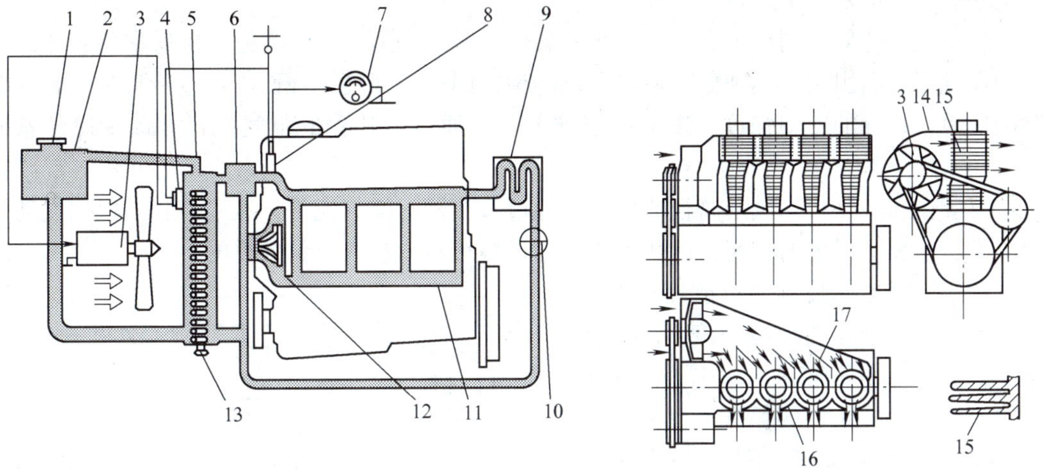

a)　　b)

图7-1　冷却系统的类型

a）强制循环式水冷却系统示意图　b）风冷却系统示意图

1—散热器盖　2—膨胀箱　3—风箱　4—温控开关　5—散热器　6—节温器　7—冷却液温度表　8—温度传感器　9—暖气水箱　10—暖气阀门　11—水套　12—水泵　13—放水开关　14—导流罩　15—散热片　16—气缸导流罩　17—分流板

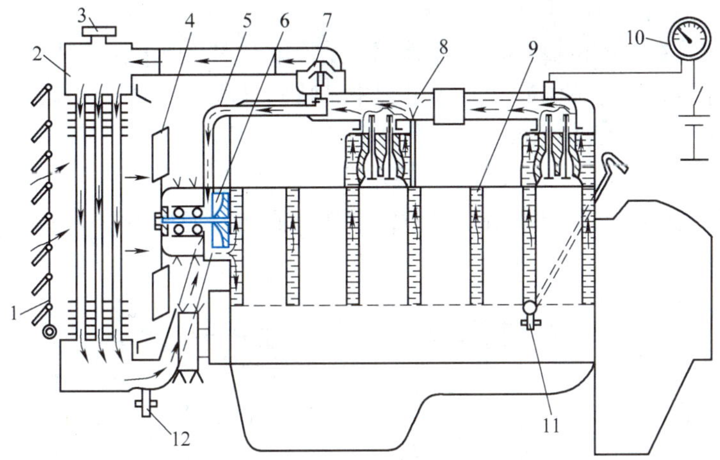

图7-2　强制循环式水冷式冷却系统的组成示意图

1—百叶窗　2—散热器　3—散热器盖　4—风扇　5—小循环水管　6—水泵　7—节温器　8—出水管　9—水套　10—冷却液温度表和传感器　11—水套放水开关　12—散热器放水开关

发动机工作时，散热器和冷却水套内充满冷却液，曲轴通过V带驱动水泵，将散热器下部的低温冷却液加压后送到气缸体水套和气缸盖水套内，冷却液带走发动机的大量热量，经气缸盖出水孔流回散热器。由于汽车迎风和风扇的强力抽吸，空气流由前向后高速通过散热器，因此，受热后的冷却液在流过散热器芯的过程中，热量不断地散发到大气中，冷却后的水流到散热器的底部又被水泵再次抽出，如此不断循环，把热量不断地送到大气中去，保证发动机正常工作。

为使汽车适应不同环境条件的变化(转速、负荷、环境、气候)，避免在夏季高温地区因冷却强度不足而出现过热现象或在冬季寒冷地区因冷却强度过强而出现过冷现象，要求能够调节冷却系统的冷却强度，采取的措施是改变通过散热器的空气流量和改变冷却液的流量。

百叶窗和各种自动风扇离合器可改变通过散热器的空气流量。风扇离合器根据发动机的温度自动控制风扇的转速，以达到改变通过散热器的空气流量的目的。

利用节温器来控制通过散热器冷却液的流量。节温器装在冷却液循环的通路中，一般装在气缸盖出水口处。通常冷却液在冷却系统内的循环流动路线有两条，一条为大循环，另一条为小循环。大循环是冷却液温度高时，冷却液经过散热器而进行的循环流动，而小循环是冷却液温度低时，冷却液不经过散热器而进行的循环流动，从而使冷却液温度迅速达到正常。大小循环由节温器控制，如图 7-3 所示。

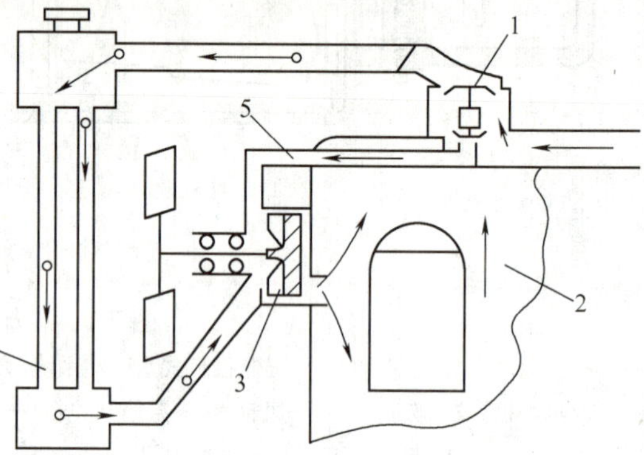

图 7-3 冷却液大小循环

1—双阀节温器 2—水套 3—水泵 4—散热器 5—旁通管

为控制冷却液的大小循环，传统方式是把节温器安装在温度较高的缸盖出水管中，如图 7-4a 所示，其特点是：添加冷却液时气泡易排出释放，但是节温器在热起过程中，特别是刚开启时，因温度和压力的骤然变化，会产生较长时间的开闭振荡，直至全开稳定状态，这影响了节温器的寿命，也加剧了水泵的负载变化。

本田车系和德国车系率先革新，将节温器布置在缸体进水管中，如图 7-4b 所示，其

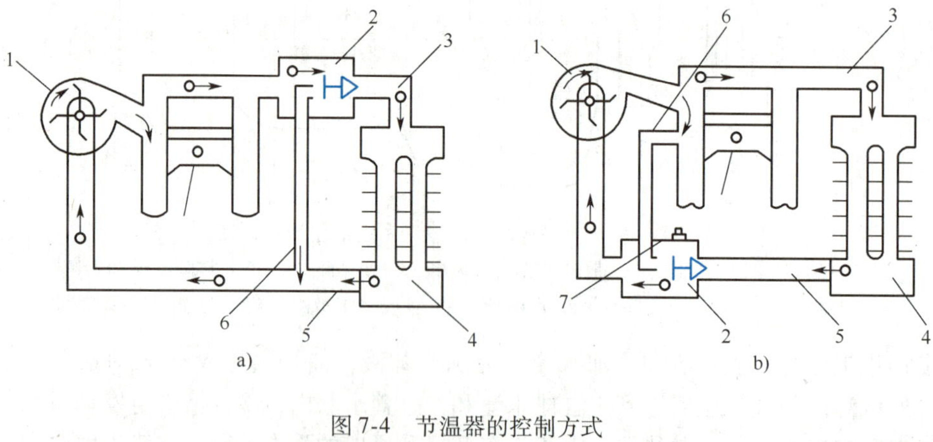

图 7-4 节温器的控制方式

a）出口冷却液温度控制方式 b）进口冷却液温度控制方式

1—水泵 2—节温器 3—上水管 4—散热器

5—下水管 6—旁通管 7—放气孔

特点是：大幅度降低了节温器的开闭振荡现象，缩短了发动机的热起时间，降低了油耗，但在添加冷却液时不易排出气泡，因此多种车型设有排气孔，应及时拧开排气。

桑塔纳2000GSi轿车AJR发动机冷却系统的布置如图7-5所示。冷却液轴向进入水泵后，经水泵叶轮径向直接流进发动机机体水套，吸收机体热量。此后，冷却液分两路循环，一路为大循环，一路为小循环。当冷却液温度高时，冷却液进行大循环，即冷却液流经散热器冷却后，进入装在机体水泵进口处的节温器，此时节温器主阀门打开，副阀门关闭，冷却液流向水泵进水口，以求迅速降低冷却液温度，增强冷却效果；当冷却液温度较低时，冷却液进行小循环，此时节温器主阀门关闭，副阀门打开，冷却液直接进入节温器后的水泵进水口，不经散热器冷却，以使发动机冷却液温度迅速升高到正常工作温度。桑塔纳2000GSi轿车AJR发动机冷却液温度低于85℃时，进行小循环；当冷却液温度高于85℃时，部分冷却液进行大循环；当冷却液温度达到105℃时，全部冷却液参加大循环。

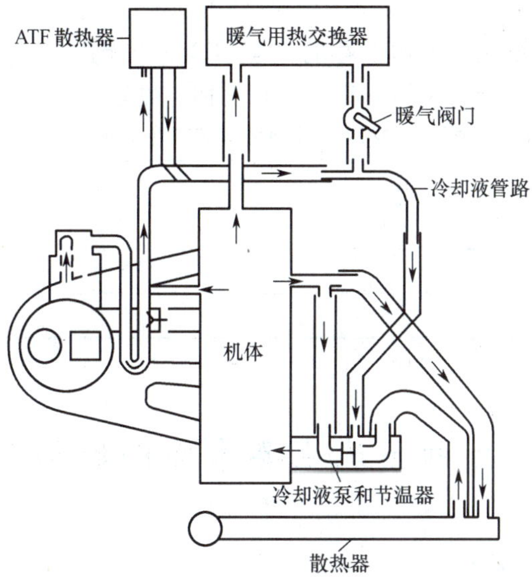

图7-5　桑塔纳2000GSi轿车AJR发动机冷却系统的布置图

7.1.4　冷却液

冷却液是发动机冷却系统中最重要的工作介质。汽车常用的冷却液为水及加有防冻剂的防冻冷却液。防冻冷却液中含有特殊添加剂，能起到冷却、防冻、防锈和防积水垢的作用，被现代轿车发动机普遍采用。

1. 防冻液的种类

防冻液主要由冷冻剂与水按一定的比例混合而成。按冷冻剂的种类不同，防冻冷却液分为酒精型、甘油型和乙二醇型三种，前两种已经淘汰。

乙二醇是一种无色粘稠液体，能与水以一定比例混合，沸点为197.4℃，冰点为-11.5℃，（与水混合后还可使防冻冷却液的冰点显著降低，最低可达-68℃）。乙二醇型防冻冷却液是用乙二醇作为冷却剂，与水、防腐剂和染色剂等多种添加剂配制而成。用不同比例的乙二醇和水混合，可配制成不同冰点的防冻冷却液。这类防冻冷却液的优点是沸点高、冰点低、冷却效率高，已被广泛使用。

2. 乙二醇型防冻冷却液的牌号

乙二醇型防冻冷却液分为防冻冷却液和防冻浓缩液两大类。防冻冷却液按其冰点不同分为-25、-30、-35、-40、-45、-50共6个牌号，可直接加入车中使用。防冻浓缩液为了便于储运，使用时应根据产品说明书规定的比例，用蒸馏水或去离子水稀释，如防冻浓缩液与蒸馏水各以50%的比例混合，制成防冻冷却液的冰点不高于-37℃。

目前，我国进口量比较多的是日产TCL防冻液和美国壳牌防冻液，它们都随冷却液浓度的增加而冰点下降，使用时必须严格按照包装上各自的浓度配比使用。

3. 乙二醇型防冻冷却液的选用

乙二醇型防冻冷却液的牌号是按冰点来划分的，选用时应根据车辆使用地区冬季的最低气温来选择合适的牌号。一般选用的防冻冷却液的冰点应比最低气温低10℃左右。

桑塔纳系列轿车使用大众公司推荐的含有G11添加剂的防冻冷却液，它是由含防腐剂的乙二醇添加剂与水混合而成的，其配比有三种，见表7-1。

表7-1 桑塔纳系列轿车防冻冷却液配比

配比(%)	G11添加剂/L	水/L	冰点/℃
40	2.4	3.6	-20
50	3.0	3.0	-30
60	3.6	2.4	-40

课题2 冷却系统主要零部件的构造与维修

7.2.1 散热器的构造与维修

1. 散热器的构造

散热器安装在发动机前的车架横梁上，其作用是增大散热面积，加速冷却液的冷却。

散热器由散热器盖、上贮水室2、散热器芯5、下贮水室4和进出水管等组成，如图7-6所示。上、下贮水室由散热器芯连接在一起，并装在框架内，框架上还设有护风圈，起到风向导流作用。散热器上贮水室顶部有加水口，并用散热器盖盖住。在上贮水室和下贮水室分别装有进水管和出水管，它们分别用橡胶软管和气缸盖的出水管和水泵的进水管相连，这样既便于安装，而且当发动机和散热器之间有少量位移时也不会产生漏水。为防止散热器振动损坏，一般在散热器下面安装有减振垫。有的发动机在散热器下贮水室的出水管上装有放水开关，可将散热器内的冷却液放掉。

散热器芯由许多冷却管和散热片组成，采用散热片不但可以增加散热面积，还可以增大散热器的刚度和强度。散热器芯的结构形式多样，常用的有管片式和管带式两种，如图7-7所示。

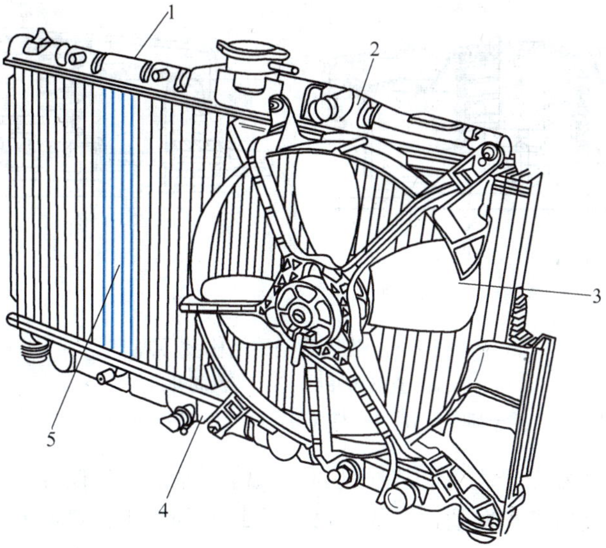

图 7-6　散热器的结构

1—散热器　2—上贮水室　3—电动冷却风扇　4—下贮水室　5—散热器芯

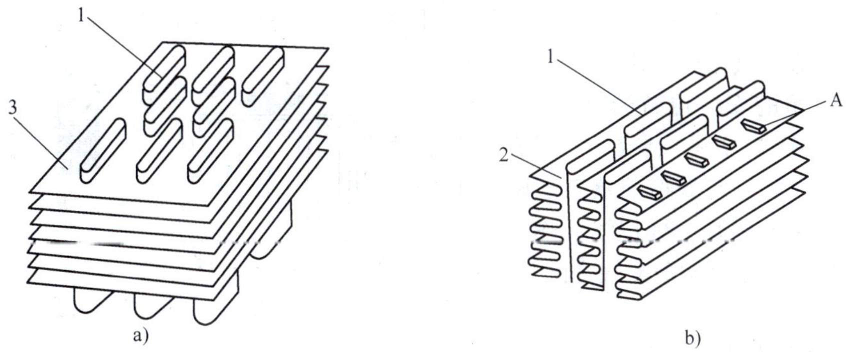

图 7-7　散热器芯示意图

a）管片式　b）管带式

1—冷却水管　2—散热带　3—散热片

管片式散热器芯多采用扁圆形，散热面积大、强度和刚度都好，耐高压，但制造工艺复杂、成本高。管带式散热器的散热带上有小孔 A，是为了破坏空气流在散热带上形成附面层，制造工艺简单，质量小。

散热器多采用导热性能好的黄铜、铝或铝锰合金焊接制成。

散热器盖：现代发动机常采用具有空气—蒸汽阀的散热器盖，它能自动调节冷却系统内的压力，减少冷却液损失，提高冷却效果。散热器盖主要由加水口盖 3、蒸汽阀 5、空气阀 6 以及蒸汽阀弹簧 4 和空气阀弹簧 7 组成，其结构如图 7-8 所示。

当发动机温度升高，散热器中压力达到 126 ~ 137kPa 时(此压力下,冷却液的沸点可达 108℃)，蒸汽阀开启，水蒸气从蒸汽阀经通气口排入大气或副贮水箱，使散热器内的压力下降到规定值，避免散热器破裂；当冷却液温度下降，散热器内压力低于 10 ~ 20kPa

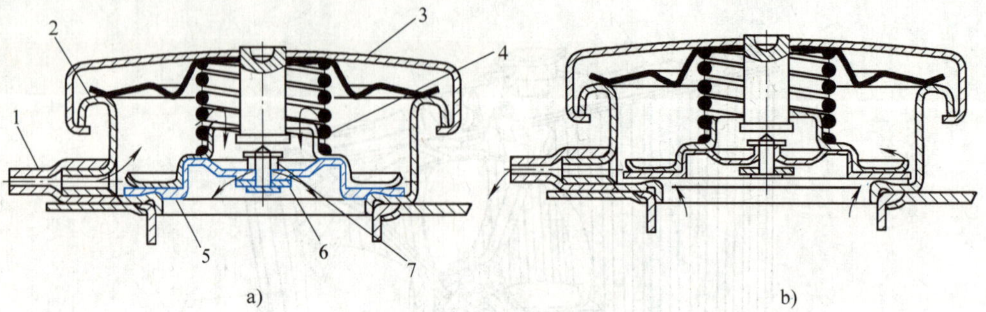

图 7-8　散热器盖的结构及原理

a）空气阀开启　b）蒸汽阀开启

1—泄水口　2—阀座　3—加水口盖　4—蒸汽阀弹簧　5—蒸汽阀　6—空气阀　7—空气阀弹簧

时，空气阀被大气压力推开，空气从通气口进入冷却系统，以防止散热器芯被大气压坏。

目前加注防冻液的汽车发动机，为了减少冷却液的损失，都装有膨胀水箱，又称副贮水箱。其上部有一个较细的软管与散热器的溢流管相连，底部通过水管与水泵的进水管相连接。当散热器温度升高时，冷却液受热膨胀经过溢流管进入膨胀水箱；当温度下降时，冷却液又从膨胀水箱通过真空阀流回到散热器内部，这样就使散热器中始终充满防冻液。膨胀水箱不仅可以防止冷却液损失，同时它和水泵之间的补充水管还可避免空气不断地进入系统内，造成氧化和穴蚀。

膨胀水箱的安装位置通常高于散热器，用半透明材料（如塑料）制成，可以直接观察到液面高度，无需打开散热器盖。膨胀水箱内部印有两条液面高度标记线，膨胀水箱内的液面高度应位于这两条刻线之间，如图 7-9 所示。

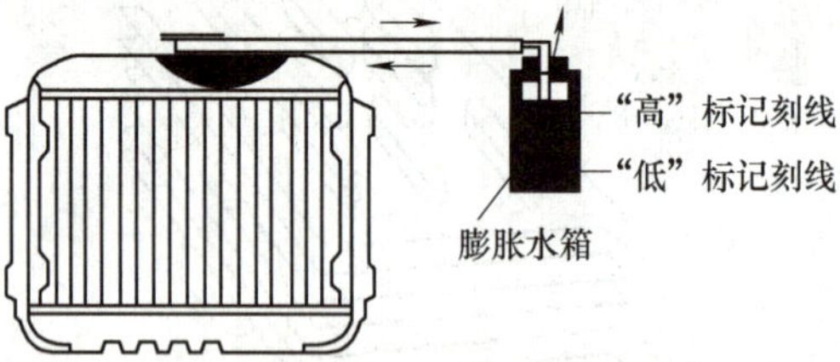

图 7-9　膨胀水箱示意图

2. 散热器密封性检验

散热器的密封性检验可用气压表、气泵就车进行，其方法如下：

1）封闭散热器进、出水口，将散热器加水至加水口下方 10 ~ 20mm 处。

2）用气泵向散热器内加压至 200kPa，压力表在 5min 内压力应不下降。

3）检查散热器有无渗漏现象，如有渗漏，应进行修复或更换，如图 7-10 所示。

如拆下散热器，清除水垢后，其渗漏的检验方法如下：

1）将散热器进出水孔堵塞，放在清水池内。

2）向散热器内注入约 200kPa 的压缩空气，如有气泡出现说明有漏水，做好标记，准备修复。

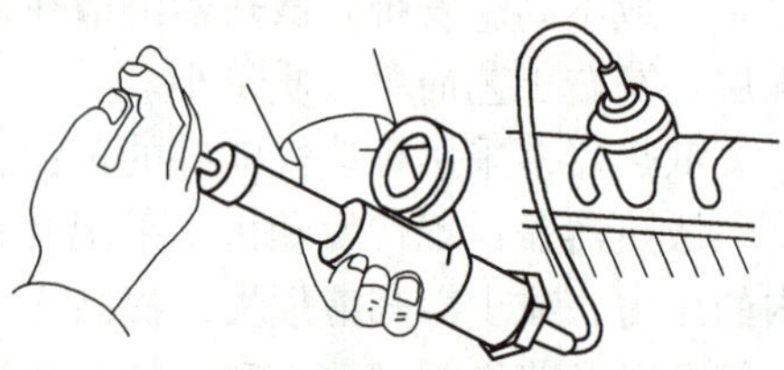

图 7-10　散热器的就车检查

3. 散热器的检修

散热器常见的故障有变形、渗漏和芯管堵塞等。

1）散热器外形因受到碰撞引起凹陷、凸起等变形损伤，可用焊丝拉平修复。

2）散热器渗漏可用锡焊或粘结方法修复，贮水室裂缝的焊修方法如下：散热器贮水室裂缝可用铜焊焊修，或先在裂缝的两端钻 $\phi3.0\sim3.5$mm 的小孔（止裂孔），然后按以下方法用锡钎焊贴补：

① 选一略大于裂缝的薄铜板，厚0.5～0.8mm；

② 分别在薄铜板和裂缝部位的贴合面上镀锡；

③ 将补片镀锡的一面贴于待补位置上，用烙铁加热，使两贴合面的焊锡熔合在一起；

④ 沿补片的边缘加焊料填充焊缝，使焊缝均匀光洁。

散热器芯管损坏可用接管法，其修理步骤是：

① 用尖嘴钳拆去破损芯管两边的散热片，剪下芯管的破损部分，切口剪成约15°～30°斜口；

② 选一段比待接部分长5～10mm的接管，两端的斜口角与上同，并将两端口稍加扩张，使之恰能套住待接的芯管口，分别在各接合口上镀锡；

③ 从散热器芯端部插入通条，穿过镶接部分的上下口，将各接口整理平直，使衔接部位互相贴合套位；

④ 接口处涂上焊剂，用铬铁焊接；

⑤ 芯管镶接后，用0.3～0.6mm的铜板制成W形状的卡条，卡于接管两侧，恢复散热效能。

3）堵塞可用清洗或换管方法修复。从加水口向散热器内加入热水，用手试散热器芯管各处温度，温度不升高的部位即堵塞部位。散热器的清洗：拆下散热器，先用压缩空气和清水洗外部，然后放在10%～15%的氢氧化钠或铬酸水溶液内，煮洗约0.5h，取出后用清水冲出水箱水垢。如果积垢严重，应拆去上、下贮水室，用通条清除水管内的积垢，然后再用压缩空气或清水洗净内部。

4. 散热器盖密封性检验

散热器盖可用手动气泵检查：使用手动气泵给散热器盖加压，当压力上升到120～150kPa时，压力表读数突然下降，说明蒸汽阀打开；压力低于10～20kPa时，空气阀应打开。如不符合以上要求，应更换散热器盖。如EQ6100发动机蒸汽阀的开启压力为125～137kPa。

7.2.2 水泵的构造与维修

1. 水泵的作用

水泵的作用是给冷却液加压，强制冷却液在冷却系统中进行循环流动，保证冷却可靠。

2. 水泵的结构

汽车发动机广泛使用离心式水泵。水泵主要由泵体、叶轮和水泵轴组成，叶轮一般是径向或向后弯曲的，其数目一般为6～9片，桑塔纳2000型发动机水泵的结构如图7-11所示。

3. 水泵的工作原理

叶轮旋转时，水泵中的水被叶轮带动一起旋转，在离心力作用下，水被甩向叶轮

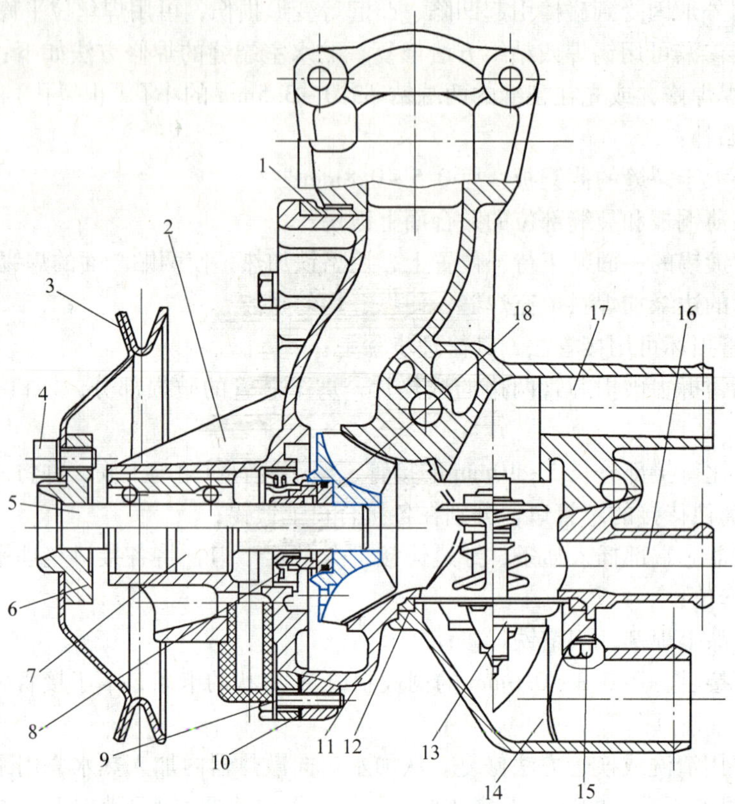

图 7-11 桑塔纳 2000 型发动机水泵结构

1、10—密封垫 2—水泵前壳体 3—水泵带轮 4、15—紧固螺栓 5—水泵轴 6—水泵轴凸缘 7—球轴承 8—水封 9—水泵壳联接螺栓 11—水泵壳体 12—密封圈 13—节温器 14—水泵主进水管 16—热交换器(暖气)回水进水口 17—小循环水泵进水口 18—水泵叶轮

边缘，经外壳上与叶轮成切线方向的出水管压送到发动机水套内。同时，叶轮中心处的压力降低，散热器下部的水便经进水管被吸入水泵。如此连续作用，使冷却液在系统内不断地循环。如由于故障使水泵停止工作，冷却液仍然能从叶片之间流过，进行自然循环。

4. 水泵的检修

水泵常见的故障有带轮与泵轴配合松旷，水封损坏漏水，泵壳或叶轮破裂等。

停机后用手扳动风扇叶片，查看带轮与水泵轴配合是否有明显松旷。如有，表明带轮与水泵轴或带轮与锥形套配合松旷。检查风扇及带轮毂的螺栓，如松旷应拧紧；带轮仍松摆，则可能是水泵轴松旷，应分解水泵，检查轴承。水泵轴轴颈及其轴承磨损严重，使水泵轴的摆动量超过 0.10mm 时，应更换新件。

当水泵漏水时，应检查水泵衬垫、水泵壳的泄水孔。当水泵衬垫漏水时，应先检查水泵紧固螺栓是否松动，如松动应拧紧；如仍漏水，应更换衬垫。当水泵壳的泄水孔漏水时，应分解水泵，检查水封，如损坏应更换。更换水封总成后，应进行漏水实验：堵住水泵进、出水口，将水注满叶轮室，转动泵轴，各处应不漏水。水封动环与静环接触面磨损起槽、表面剥落或破裂导致漏水时，应更换水封总成。

泵壳出现裂纹可焊修或更换新件；水泵叶轮出现破损，应更换新件。

5. 水泵的拆卸

1）把发动机安放在维修工作台上，排放冷却液。

2）拆下同步带上、中防护罩，将曲轴调整到第一缸上止点位置。

3）拆卸驱动V带，拆卸风扇电动机。

4）拆下凸轮轴上的同步带，但不必拆下曲轴V带轮。保持同步带在曲轴同步带轮上的位置。

5）旋下螺栓，拆下同步带后的防护罩，旋下水泵，小心地将其拉出，如图7-12所示。

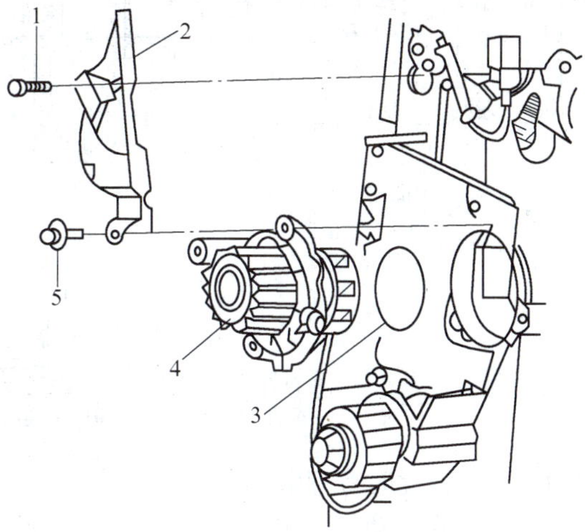

图7-12　拆卸水泵

1、5—螺栓　2—同步带后防护罩　3—O形密封圈　4—水泵

6. 水泵的安装

1）清洁O形密封圈表面，用冷却液浸湿新的O形密封圈。

2）安装水泵，罩壳上的凸耳朝下。

3）安装同步带后防护罩，拧紧水泵螺栓至15N·m。

4）安装同步带(调整配气相位)，安装驱动V带，调整松紧度。

5）加注冷却液。拆卸后各密封圈及密封垫也应全部换用新件。

水泵装配时各密封部件应加密封胶，装配后，用手转动带轮，应灵活无卡滞现象；用手摇动带轮，泵轴无明显松旷；检查泄水孔应通畅；工作时无漏水现象。

7.2.3　节温器的构造与维修

1. 节温器的作用

节温器装在冷却液循环的通路中，根据冷却液温度的高低改变冷却液的循环流动路线，自动调节冷却系统的冷却强度。

节温器有蜡式和乙醚皱纹筒式两种，目前多数发动机采用蜡式节温器。

2. 蜡式节温器

蜡式节温器在橡胶管和感温元件之间的空间里装有石蜡，为提高导热性，石蜡中常掺有铜粉或铝粉，其结构如图7-13a、b所示。

当发动机在正常状态下工作时(冷却液温度高于80℃)时，石蜡呈液态，体积膨胀使节温器的主阀门1向下完全开启，旁通阀完全关闭，冷却液应全部流经散热器，形成大循环，如图7-13d所示；当冷却液温度低于70℃时，石蜡呈固态，主阀门1被弹簧压在阀座上，主阀门关闭，旁通阀打开，此时水套内的冷却液只能由旁通孔流进水泵，又被水泵压

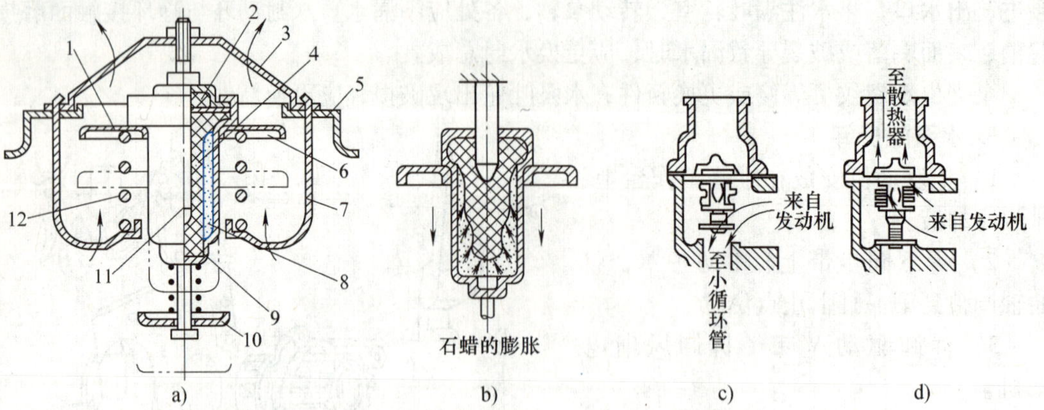

图 7-13 蜡式节温器的结构及工作原理

1—主阀门 2—盖和密封垫 3—上支架 4—胶管 5—阀座 6—通气孔 7—下支架 8—石蜡 9—感应体 10—旁通阀 11—中心杆 12—弹簧

入发动机水套，此时冷却液不流经散热器，只在水套与水泵之间进行小循环，使发动机迅速达到正常温度，如图 7-13c 所示；当发动机的冷却液温度在 70 ~80℃范围内时，主阀门和旁通阀均处于半开闭状态，此时大、小循环同时进行。

3. 节温器的检查

如图 7-14 所示在水杯中加热节温器，观察节温器阀门的开启温度和升程。节温器开始打开的温度约为 87℃，结束打开的温度约为 120℃，节温器最大升程约 8mm。如不符合上述要求，应更换节温器。

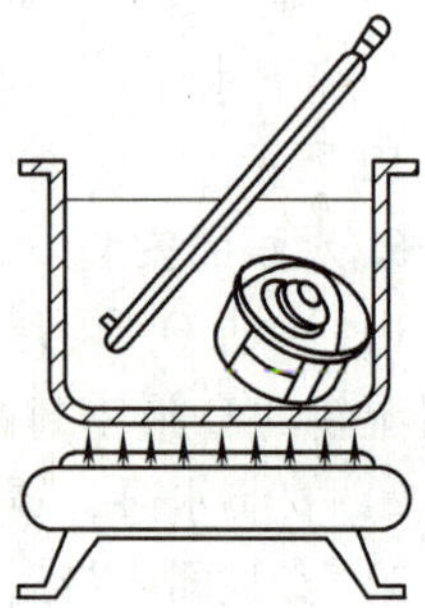

图 7-14 节温器的检查

就车检查：发动机中、高速运转约 0.5h，用红外线温度检测仪测节温器近发动机端和近散热器端的温度，两个温度应一样，否则应更换节温器。

7.2.4 风扇及其控制装置的构造与维修

1. 风扇的作用

风扇通常安装在散热器和发动机之间，并与水泵同轴。其作用是旋转时对空气产生吸力，提高流经散热器的空气流速和流量，使流经散热器芯的冷却液加速冷却，吸收并带走发动机表面的热量，增强冷却系统对发动机的冷却作用。

2. 风扇的构造

风扇的外径略小于散热器的宽度。风扇的扇风量、噪声及其所消耗的功率与风扇的直径、转速及叶片的数目、形状、安装角度等有关，叶片数目通常为 4 ~6 片。轿车发动机基本上都采用轴流式冷却风扇，其叶片横断面多为弧形。为减少叶片旋转时产生的振动和噪声，叶片间的夹角一般不相等，如图 7-15 所示。

叶片与风扇旋转平面的安装倾角一般为 30° ~45°。

3. 风扇的类型

车用发动机风扇按驱动的动力可分为机械风扇和电动风扇。机械风扇装在水泵轴上，

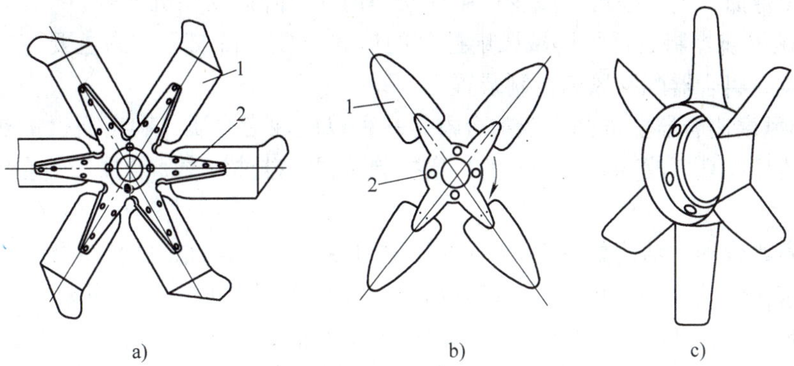

图 7-15 风扇叶片

a）叶尖前弯的风扇 b）尖窄根宽的风扇 c）尼龙压铸整体风扇

1—叶片 2—连接板

由曲轴前端带轮通过 V 带驱动，其速度取决于带轮的大小和曲轴的转速，这种风扇不需另外的驱动装置，如图 7-16 所示，其优点是结构简单，但发动机冷起动性能差，机械损失大。电动风扇用蓄电池作电源，采用传感器和电路系统来控制，由直流低压电动机驱动风扇的运转，如图 7-17 所示。

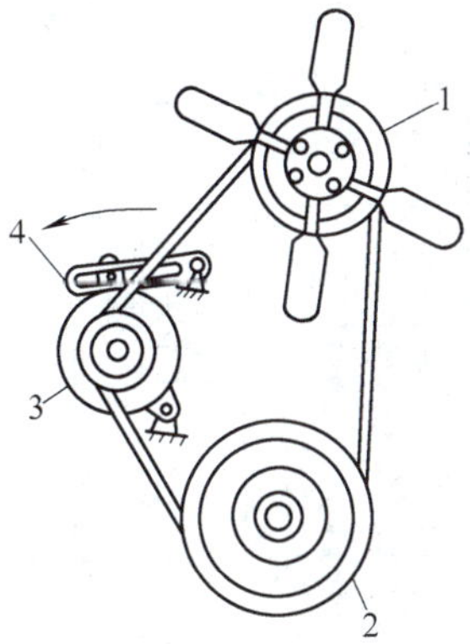

图 7-16 机械风扇

1—风扇及带轮 2—曲轴带轮

3—发电机 4—移动支架

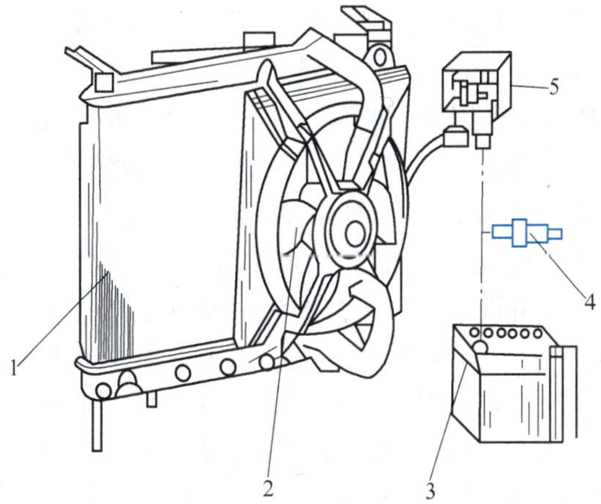

图 7-17 电动风扇

1—散热器 2—电动风扇 3—电源

4—温度传感器(开关) 5—继电器

风扇按制造材料又可分为金属叶片风扇和工业塑料风扇。传统发动机风扇叶片一般用钢板冲压制成。现代发动机风扇通常采用塑料风扇，塑料风扇一般用合成树脂材料制成，以减少噪声。

风扇叶片出现破损、弯曲、变形后，应及时更换。

4. 风扇控制装置

（1）风扇控制装置的作用 风扇控制装置用以控制风扇的运转与转速，改变流经散热器芯部的空气流量，从而调节冷却强度，保证发动机在最有利的温度范围内工作，提高发动机的使用寿命，同时还可以减少风扇的功率消耗，降低发动机噪声。

（2）机械风扇控制装置 机械风扇控制的形式很多，目前采用的主要有硅油风扇离合器和电磁风扇离合器两种风扇控制装置。

1）硅油风扇离合器。硅油风扇离合器是一种以硅油为介质，利用通过散热器芯吹向风扇的气流的温度高低改变风扇转速的风扇控制装置。硅油风扇离合器安装在风扇与水泵之间。

硅油风扇离合器的结构如图 7-18 所示，主动轴 11 与水泵轴之间通过螺栓连成一体，主动板 7 连接在主动轴 11 的前端，从动板 8 与前盖、壳体连成一体，风扇 15 固定在壳体上。从动板 8 与前盖之间形成贮油室，其内部充满了粘度很大的硅油。主动板 7 与壳体之间形成工作室。从动板上有进油孔 A，在常温下，进油孔 A 被阀片 6 盖住，硅油不能从贮油室进入工作室，这时离合器处于分离状态。主动板 7、主动轴 11 与水泵轴一起转动，使风扇随壳体在主动轴上空转打滑，这时，风扇的转动的动力主要来自轴承微小的摩擦力，因此转速很低，流过散热器的空气量相对较小，冷却系统的冷却强度相对较低。当流经散热器的空气温度升高时，双金属感温器 4 受热变形，迫使阀片轴 5 相对于从动板 8 转动，从而带动阀片 6 转动，打开进油孔 A，于是硅油进入工作室，由于主动板 7 与从动板 8 之间工作面处的缝隙中进入了粘度很大的硅油，主动板 7 利用硅油的粘性带动从动板和风扇转动，这时风扇离合器处于接合状态，风扇转速升高。硅油可以在其离心力的作用下，经回油孔 B 从工作室中返回到贮油室中，因为主动板 7 转速高、离心力大，从动板 8 转速低、离心力小，两离心力之差可以驱动硅油从工作室流向贮油室，从而使硅油在工作室与贮油室之间循环流动，这样就可以防止工作室中硅油温度过高。流过散热器的空气温度越高，双金属感温器 4 的变形越大，进油孔 A 的开度越大，进入工作室中的硅油量就越多，风扇的转速也就越高；若流过散热器的空气温度下降，双金属感温器 4 恢复原状，阀片 6 关闭进油孔 A，在其离心力的作用下，硅油经回油孔 B 从工作室返回到贮油室，离合器又回到分离状态，风扇转速又变得很低。

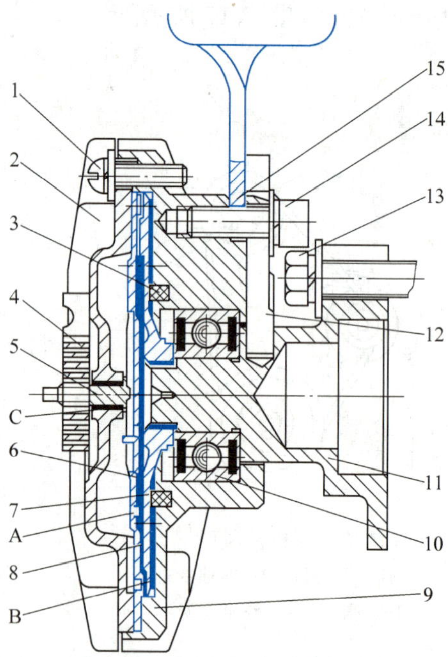

图 7-18 硅油风扇离合器的结构

1—螺钉 2—前盖 3—密封毛毡圈 4—双金属感温器 5—阀片轴 6—阀片 7—主动板 8—从动板 9—壳体 10—轴承 11—主动轴 12—锁止片 13—螺栓 14—内六角螺钉 15—风扇 A—进油孔 B—回油孔 C—漏油孔

硅油风扇离合器的优点：功率损失小、燃油消耗率低、噪声小，还可以延长发动机的使用寿命。北京切诺基汽车发动机、解放 CA6102 型汽油发动机都采用了硅油风扇离合器。

硅油风扇离合器在日常维护时，应进行就车冷态检视。当汽车停放约 12h 后，在发动机起动前用手指拨动风扇叶片应感到有明显的转动阻力。当发动机起动后1～2min时熄火，此时拨转风扇叶片应感到转动阻力明显减小，可以认为硅油风扇离合器工作正常。因为发动机在正常工作温度下熄火后，工作腔中的硅油相当一部分滞留其间，起动前手拨风扇叶片就会感到明显的阻力存在。发动机起动后运转1～2min的过程中，由于发动机的工作温度尚低，工作腔的硅油受搅动而完全流回贮油室，所以再拨风扇叶片时，转动阻力就会明显减小。

应急措施：若行车中硅油风扇发生故障，可松开风扇后面的两个螺钉，将锁止块插到主动轴内，再拧紧螺钉，使主动轴与壳体锁止成直接驱动。

2）电磁风扇离合器。电磁风扇离合器是一种根据冷却液温度，通过冷却液温度感应开关和电路控制风扇运转的装置。电磁风扇离合器的工作原理如图7-19所示。

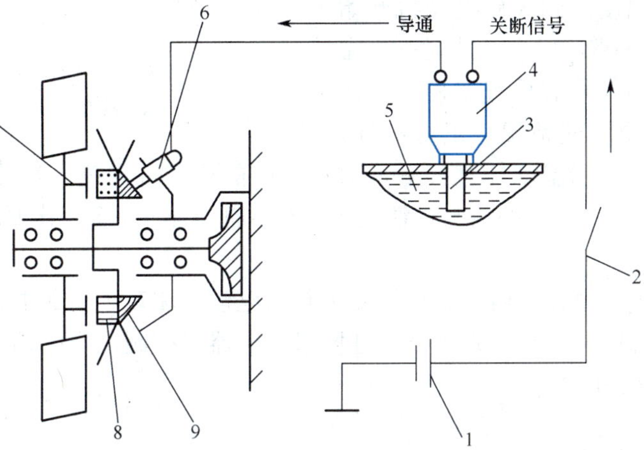

图7-19　电磁风扇离合器的工作原理示意图

1—电源　2—开关　3—感温器　4—自动温控开关　5—水套
6—电刷　7—衔铁环　8—线圈　9—集电环

电磁风扇离合器由电磁摩擦离合器和自动温控开关4组成。自动温控开关通过感温器3接收冷却液的温度信号，当超过规定温度时，控制电路接通，线圈产生吸力，将衔铁环吸合，风扇工作。在冷却液温度低于规定的温度时，电路断开，离合器分离，风扇停止工作。

（3）电动风扇控制装置　在FF轿车上，由于发动机横置，很难利用发动机通过传动带驱动风扇，为此装用电动风扇。有些高级轿车上采用双电动风扇冷却系统，风扇噪声小，功率低，冷却效果好，但结构复杂，成本高。

电动风扇以蓄电池为动力，其转速与发动机转速无关。电动机的开关由位于散热器的温度传感器控制，冷却液温度高，即使发动机已熄火，风扇仍可能转动。驱动风扇的电动机一般有高速和低速两个挡位，当冷却液温度升至92～97℃时，低速触点闭合，风扇以1600r/min低速运转。当冷却液温度上升到99～105℃时，高速触点闭合，风扇以2400r/min高速运转，增强冷却强度。当冷却液温度下降到91～98℃时，电动机恢复低速挡运转；当冷却液温度下降到84～91℃时，风扇电动机停止工作。这种风扇无动力损失，结构简单。

电动风扇的常见故障是风扇电动机或温控开关故障。

检查风扇电动机应在冷却液温度低于83℃的状态下进行。将点火开关转置“ON”，风扇电动机应不工作。将温控开关线束插头拆下搭铁，风扇电动机应转动；接上温控开关线束插头时，风扇电动机应停止工作。否则，说明风扇电动机或其电路有故障。

检查风扇电动机也可以用其他方法。如图7-20所示，在电路中串联万用表检查风扇电动机的工作电流，如果风扇能够平稳运转且工作电流在5～8A范围内，说明风扇电动机良好。

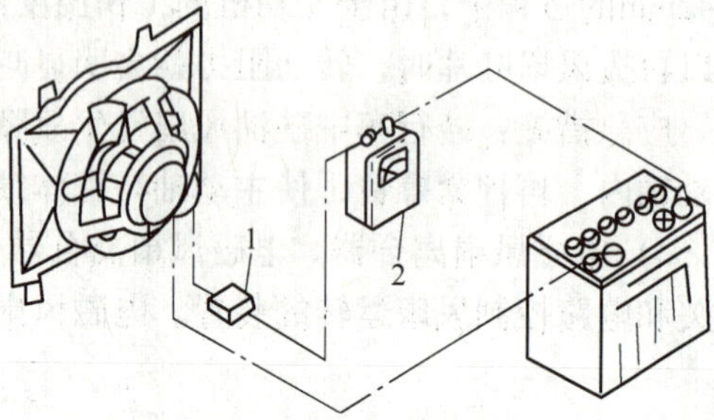

图7-20 风扇电动机的检查
1—接线盒 2—万用表

就车检查温控开关时，首先使发动机运转，直到冷却液温度达到风扇电动机开始工作的最低温度(约90℃)以上。此时拆下温控开关线束插头，用万用表检查温控开关线束插头与搭铁之间的导通情况，正常应导通；然后拆下散热器盖，用温度计直接测量散热器内的冷却液温度，当冷却液温度下降到83℃以下时，温控开关线束插头与搭铁之间应不导通。若不符合上述要求，说明温控开关不良，应更换。

(4) 电控风扇 电控风扇与电动风扇都是由电动机驱动，但在电控风扇系统中，由ECU根据冷却液温度和空调开关信号通过风扇继电器来控制风扇电动机电路的通断，以实现对风扇工作状态的控制。

7.2.5 百叶窗的构造

百叶窗的作用是调节散热器进风量，控制冷却强度。百叶窗安装在散热器前面，由许多活动挡板组成。驾驶人可以通过驾驶室里的拉杆来操纵百叶窗的开度，也可以由感温器根据冷却液温度的高低自动调节。当冬天环境温度较低或冷却液温度过低时，可以减小百叶窗的开度，使发动机迅速达到正常温度；当夏天环境温度较高或冷却液温过高时，可以增大百叶窗的开度，以利散热。

课题3 冷却系统故障的诊断与排除

冷却系统常见的故障有发动机过热、冷却液温度过低和冷却液消耗异常。

1. 发动机过热

(1) 故障现象

1) 冷却液温度表指针指示100℃。

2) 散热器冷却液沸腾(俗称“开锅”)。

(2) 分析与诊断

1) 风扇传动带打滑或断裂。

2) 接头、软管漏水。

3) 散热器水垢过厚、堵阻或散热片过脏、变形、损坏。

4）冷却液道堵阻或水垢过厚。

5）节温器失效。

6）水泵工作不良。

7）风扇叶片变形或角度不准。

8）风扇电动机有故障。

9）点火过迟。

10）混合气过浓、过稀。

11）发动机积炭过多。

12）长时间大负荷工作。

（3）故障排除

1）检查冷却系统。

① 冷却系统是封闭的，如水面下降快，应检查有无漏水处。如无漏水处，应检查机油中是否有水，若有水，可能是缸体、缸盖或缸垫的故障。

② 检查风扇传动带是否过松、打滑、断裂，如行车中冷却液温度突然过热，一般是风扇传动带断裂或风扇电路故障等原因。

③ 检查冷却液温度差。用手指背触摸散热器和发动机，如发动机温度很高，而散热器温度较低，可能是水泵轴与叶轮脱转，应拆检水泵或检查节温器。将节温器浸于水中逐渐加热，检查阀门开启的温度。如在室温下关闭不严密，应更换节温器。

④ 检查温控开关。就车检查时，将点火开关转至“ON”位置，拆下散热器温度控制开关的接头，并将其搭铁，此时风扇电动机应转动。如风扇不转，检查相应的熔断器。

⑤ 检查风扇电动机。将风扇电动机的正负极与蓄电池的正负极分别正正相连，负负相连，风扇电动机应旋转。

2）检查点火系统。检查火花塞。微型汽车火花塞是冷型的，如误用热型的，能引起混合气早燃，导致发动机过热。检查点火正时，点火正时过早、过迟都会引起发动机过热。

3）检查供油系统。如进排气歧管漏气、堵塞造成混合气过稀，都使可燃混合气的燃烧速度变慢，造成发动机过热。润滑系统油道堵塞或漏油，都可能减少润滑油对发动机的冷却作用造成发动机过热。

注意：如果只是冷却液温度表指示温度过高，但发动机无其他异常现象，应检查冷却液温度传感器和冷却液温度表是否有故障。

2. 发动机工作温度过低

（1）故障现象　冷却液温度表长时间指示在发动机正常工作温度以下。

（2）分析与诊断

1）环境温度较低。

2）风扇控制装置失效。

3）节温器损坏。

（3）故障排除

1）环境温度较低时，检查百叶窗是否关闭，是否采取了有效的保温措施。

2）检查风扇控制装置。如果冷却系统装有风扇离合器或装用电动风扇，可在发动机工作温度较低时，通过观察风扇的运转状态来确定风扇控制装置是否失效。

3）检查节温器。触试散热器温度，或用红外线检测仪测节温器进出水两端的温度，判断冷却液是否进行大循环，判断节温器是否正常。

4）如果冷却液温度表指示温度低，但发动机工作中无其他异常现象，应对冷却液温度表和冷却液温度传感器进行检查。

3. 冷却液消耗异常

（1）故障现象　冷却液消耗过快。

（2）分析与诊断

1）散热器及冷却系统各胶管连接处渗漏。

2）节温器盖松动或密封圈损坏。

3）气缸体或气缸盖破裂。

4）气缸垫损坏或缸盖螺栓松动。

（3）故障排除

1）直观检查机体、水泵、散热器及各胶管连接处有无冷却液渗出，必要时可以对冷却系统进行加压检查，出现渗漏，应查明原因予以排除。

2）发动机行驶无力，且排气管冒白烟，表明气缸垫损坏或缸盖螺栓松动，应拆检、更换气缸垫并按规定重新紧固缸盖螺栓。

能力训练

训练1　冷却液的检查、补充和更换

1. 目的及能力要求

通过操作，使学生熟悉发动机冷却系统维护的内容，能够正确检查冷却液面高度及质量，能够安全更换冷却液。

2. 准备

整车，冷却液，收集盘，常用工具。

3. 步骤

（1）检查　检查贮液罐的液面，如果冷却液面在规定标准处(一般在 max 和 min 之间)为合适。如果低于 min 线，则应补充冷却液。

（2）冷却液的加注　补充冷却液应等发动机冷却后，用抹布裹着散热器盖将其打开，添加冷却液至贮液罐最高点标志处规定位置。然后旋紧贮液罐盖，使发动机运转 5 ~ 7min，检查冷却液液面，必要时再添加冷却液到最高标记，检查有无泄漏。

（3）冷却液的排放　如果冷却液变得污浊、充满水垢或呈锈红色，应将冷却液全部放掉并清洗冷却系统。旋开冷却液贮液罐盖，在发动机下放置一个干净的收集盘，松开夹箍，拔下散热器的下水管，或打开放水阀，放净冷却液，加注新冷却液至贮液罐最高点标志处。

4. 注意事项

1）严禁热态时旋开冷却液贮液罐盖，以防冷却液喷出烫伤。

2）冷却液品种要符合本地气候条件，切勿混用不同牌号的冷却液。

3）更换冷却液时应放净散热器、膨胀水箱及缸体内的冷却液。

4）按时更换冷却液。普通冷却液应每6个月更换1次，长效防锈防冻液一般两年更换1次。

5. 讨论

1）在冷却液的检查和更换中会有哪些不安全问题？如何处理？

2）冷却液过少或变质，会对发动机有什么影响？

训练2　风扇传动带的检查与调整

1. 目的及能力要求

通过操作，使学生熟练掌握正确调整风扇传动带的方法，正确检查风扇传动带的松紧度。

2. 准备

发动机，扳手，撬棒，常用工具。

3. 步骤

（1）检查V带状况与张紧度　检查V带有无损伤、剥落、裂纹。V带在断裂之前，会出现滑磨声，V带表面会出现龟裂的裂纹、磨损以及剥落等前兆现象。因此，应仔细观察，如出现上述现象应及时更换V带。检查V带张紧度时，用拇指以98～147N的力按压V带中间部位，挠度应为10～15mm。如果不符合要求，应进行调整。

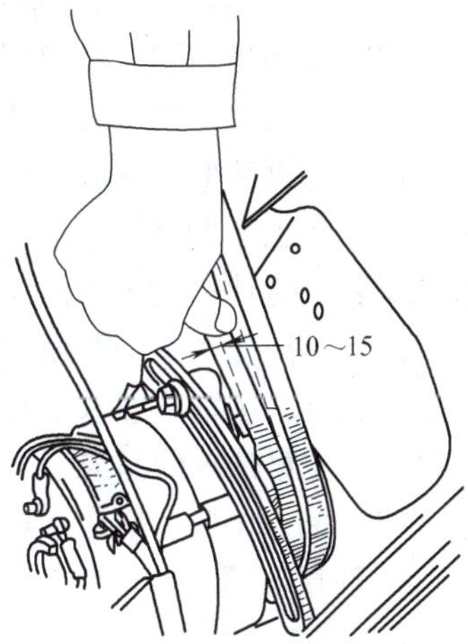

图7-21　V带张紧度的调整

（2）调整V带张紧度　如图7-21所示，松开发电机在移动支架上的固定螺栓，用撬棒向外或向内转动发电机，即可改变风扇传送带的松紧度。调整后，拧紧发电机的固定螺栓。

4. 注意事项

V带松紧度要适宜。

5. 讨论

风扇传动带松紧度不正常会造成什么后果？

训练3　水泵的拆装及更换水泵水封

1. 目的及能力要求

通过更换水泵水封，使学生熟悉水泵总成的结构，掌握正确的水泵拆装及更换水封的方法。

2. 准备

发动机，常用工具，台虎钳，密封胶等。

3. 步骤

（1）水泵的拆卸与分解　首先放尽冷却液，拆下散热器进、出水软管，取出暖器软管，卸下V带及带轮，然后拧下水泵的固定螺栓，拆下水泵总成。水泵的分解按以下步骤进行：

1）清除水泵表面脏污，将水泵固定在夹具或台虎钳上。

2）拧松并拆下带轮紧固螺栓，拆卸带轮。

3）用专用拉具拆卸水泵轴凸缘。

4）拧松并拆卸水泵前壳体的紧固螺栓，将前泵壳段整体卸下，并拆下衬垫。

5）用拉具拆卸水泵叶轮，应仔细操作，防止损坏叶轮。

6）从水泵叶轮上拆下锁环和水封总成。

7）如果水泵轴和轴承经检测需要更换，则先将水泵加热到75～85℃，然后用水泵轴承拆装器和压力机将其拆卸下来。

8）拆卸油封及有关衬垫，从壳体上拆下浮动座。

9）换位夹紧，拆卸进水管紧固螺栓，拆卸进水管。

10）拆卸密封圈、节温器。

11）安装时更换所有衬垫及密封圈。

12）将拆卸的零件放入清洗剂中清洗。

（2）更换水封及水泵装合　首先将更换的水封按要求装复，装复时水封环要放正。水泵安装时的基本顺序与拆卸顺序相反。但是，除更换衬垫及密封圈外，首先应对清洗好的零件进行检查测量，磨损严重的，必须更换新件，各零部件检查合格后才能装复。

安装时，特别注意水泵叶轮与水泵壳体的轴向间隙及水泵叶轮与壳体的径向密封处的间隙，并注意轴承的润滑。

（3）漏水试验　堵住水泵进出水口，将水注满叶轮腔，转动泵轴，检查各处应无漏水。

4. 注意事项

1）操作必须在冷却液冷却后进行。

2）每次拆装要更换新的密封垫、密封圈。

5. 讨论

水泵总成还有什么易损件？

训练4　节温器的检查与更换

1. 目的及能力要求

通过节温器的检查与更换，使学生掌握节温器的结构和工作原理，掌握节温器的正确拆装方法，掌握判断节温器是否正常的方法。

2. 准备

发动机，水杯，温度计，常用工具。

3. 步骤

1）拆下节温器：①在点火开关切断的情况下，拆下蓄电池搭铁线；②排放冷却液；③拆卸V带，拆卸发电机；④从连接体上拆下冷却液管；⑤松开螺栓，取出节温器盖、O形密封圈和节温器，如图7-22所示。

2）检查节温器：方法如图7-14所示。

3）安装节温器：①清洁O形密封圈的密封表面；②安装节温器，节温器的感温部分必须在气缸体内；③用冷却液浸湿新的O形密封圈；④拧紧螺栓，安装发电机；⑤加注冷却液。

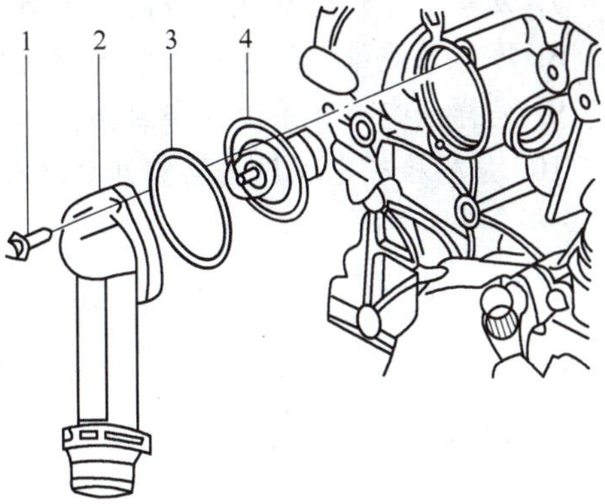

图7-22　拆下节温器
1—螺栓　2—节温器盖
3—O形密封圈　4—节温器

4. 注意事项

操作时应防止烫伤。

5. 讨论

节温器损坏会引起发动机出现什么异常现象？

复习思考题

一、判断题（正确的打“√”，错误的打“×”）

1. 冷却系统的作用是将冷却液温度降到最低，避免机件受热膨胀变形。（　）
2. 通常汽车发动机的冷却方式是既有水冷又有风冷。（　）
3. 水泵的作用是将冷却液从散热器下部抽出，加压后送入发动机水套。（　）
4. 冷却系统工作中冷却液温度高时实现小循环，温度低时实现大循环。（　）
5. 百叶窗能加大散热器的散热面积，加速空气的流动。（　）
6. 发动机风扇的作用是产生吸力，提高空气流经散热器的速度。因此，风扇安装时应注意方向。（　）
7. 硅油风扇离合器是利用硅油的粘性工作的。冷却液温度高时风扇离合器处于结合状态，风扇转速升高。（　）
8. 电动风扇是由温控开关控制的，因此，当冷却液温度很高时，即使发动机熄火，风扇仍可能转动。（　）
9. 常用的冷却液添加剂只防止结冻，不起防止腐蚀损坏及提高沸点的作用。（　）
10. 风扇方向装反也会引起冷却液温度过高。（　）

二、问答题

1. 发动机为什么要保持适宜的温度？
2. 说明水冷却系统的组成及大小循环路线。
3. 如何清除散热器水垢？
4. 如何就车检查水泵的工作情况？
5. 蜡式节温器的作用及工作原理是什么？
6. 发动机过热的原因有哪些？怎样诊断？

7. 发动机冷却液消耗过多的原因有哪些？怎样诊断？
8. 冷却系统维护的主要作业内容有哪些？
9. 怎样检查冷却系统的密封性？
10. 怎样检查电动风扇温控开关和节温器的性能？

单元8　润滑系统的构造与维修

应知应会：

1. 掌握典型发动机润滑系统的作用和组成。
2. 掌握机油泵、压力开关的结构与检测方法。
3. 能够对典型发动机润滑系统进行故障诊断与排除。

课题1　概　　述

8.1.1　润滑系统的作用

为了减轻磨损、减小摩擦阻力，延长使用寿命，发动机上设置了润滑系统。润滑系统将清洁的润滑油不断地供给各运动零件的摩擦表面，其主要作用是：

1）润滑作用：润滑运动零件表面，减小摩擦阻力和磨损，减小发动机的功率消耗。

2）清洗作用：机油在润滑系统内不断循环，清洗摩擦表面，带走磨屑和其他异物。

3）冷却作用：机油在润滑系统内循环还可带走摩擦产生的热量，起冷却作用。

4）密封作用：机油在运动零件之间形成油膜，提高它们的密封性，有利于防止漏气或漏油。

5）防腐蚀作用：机油在零件表面上形成油膜，对零件表面起到保护作用，防止腐蚀生锈。

发动机运转时，各运动零件互相接触表面在高速相对运动时会产生摩擦。这种摩擦不仅会增加发动机内部的功率消耗，加速零件表面的磨损，而且还会因摩擦而产生的热量使得零件受热膨胀，导致其配合间隙减小，甚至使零件表面熔化，导致发动机不能正常运转。因此，为保证发动机正常工作，必须对相对运动表面加以润滑，也就是在摩擦表面上覆盖一层润滑油，使金属表面形成一层薄的油膜，以减少摩擦阻力，降低功率消耗，减轻机件磨损，延长发动机的使用寿命。

8.1.2　发动机润滑系统的润滑方式

根据发动机中各运动副工作条件的不同，发动机一般采用下面两种润滑方式。

1. 压力润滑

在发动机中，对于某些承受载荷大、运动速度高的摩擦表面（如主轴承、连杆轴承表面等），是通过不断地将润滑油以一定压力送至两摩擦面之间的缝隙中，形成油膜来保证润滑的，这种润滑称为压力润滑。压力润滑工作可靠，润滑效果好，对摩擦表面有良好的清洗和冷却作用。

2. 飞溅润滑

飞溅润滑是利用发动机工作时某些运动零件(主要是连杆大端和曲轴曲柄)飞溅起来的油润滑摩擦表面，适用于载荷较轻、相对速度较低的运动件表面，如活塞、气缸壁、正时齿轮、摇臂及气门等。

3. 润滑脂润滑

发动机辅助系统中有些零件则只需定期加注润滑脂来润滑，例如水泵及发电机轴承等。近年来，有采用含有耐磨润滑材料(如尼龙、二硫化钼)的轴承来代替加注润滑脂的轴承的趋势。

8.1.3 发动机润滑系统的组成及油路

润滑系统一般由机油泵、油底壳、机油滤清器、机油散热器、各种阀、传感器和机油压力指示灯等组成。如图 8-1 所示为桑塔纳发动机润滑系统的结构及油路示意图，油底壳内的润滑油经机油集滤器 3 滤掉粗大的机械杂质后，被机油泵 2 压入机油滤清器 7 后分三路送出，第 1 路经气缸体主油道 8 送入曲轴主轴承分油道，润滑主轴承，经曲轴主油道润滑连杆大端轴承，再经连杆主油道润滑连杆小端轴承后回到油底壳 4；第 2 路从主油道进入凸轮轴的轴承后再润滑气门机构，然后流回油底壳 4；第 3 路在主油道油压太高或流量太大的情况下，润滑油冲开安全阀，分流回油底壳。

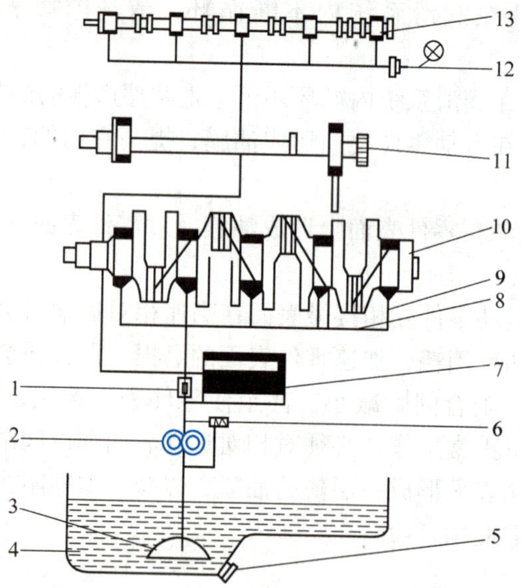

图 8-1 桑塔纳发动机润滑系统的结构及油路示意图

1—旁通阀 2—转子式机油泵 3—机油集滤器 4—油底壳 5—放油螺塞 6—安全阀 7—机油滤清器 8—气缸体主油道 9—气缸体分油道 10—曲轴 11—活塞组 12—气缸盖主油道端压力开关 13—凸轮轴

课题2　润滑系统主要零部件的构造与维修

8.2.1　机油泵

机油泵的作用是把一定量的机油压力升高，强制性地将机油压送到发动机各摩擦表面，保证润滑油的循环流动。

1. 外齿轮式机油泵

外齿轮式机油泵结构简单，如图8-2所示，机械加工方便且工作可靠，使用寿命长，能产生较高的供油压力。

（1）工作原理　如图8-3所示，当发动机工作时，机油泵主动齿轮1由经凸轮轴上的螺旋齿轮驱动的主动齿轮轴带动旋转，并带动从动齿轮3按图示方向旋转；在油泵进油口2处产生真空度，机油从进油口2被吸入，随着齿轮的转动，机油沿齿轮与泵壳4之间的空间被轮齿带到油泵出油口6处，压入机油滤清器或主油道。当机油泵出油压力超过规定的供油压力时，限压阀5被打开，这时一部分机油经限压阀流回油底壳，从而保持一定的供油压力。

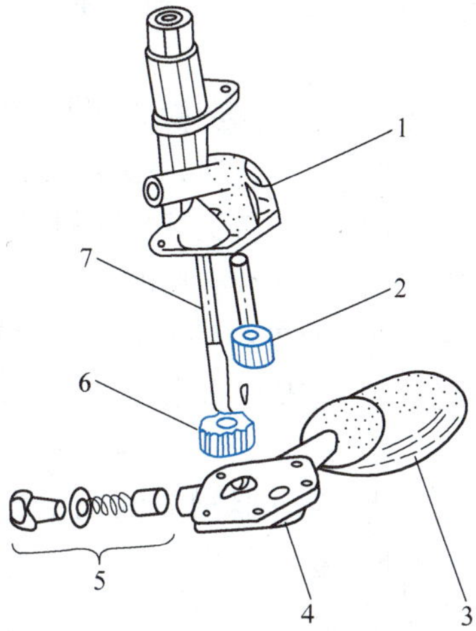

图8-2　外齿轮式机油泵

1—泵体　2—从动齿轮　3—集滤器　4—泵盖　5—限压阀　6—主动齿轮　7—齿轮轴

（2）外齿轮式机油泵的检修　以桑塔纳AFE型发动机为例。

1）检查齿轮啮合间隙。检查时，将机油泵盖拆下，在互成120°的三个位置处测量机油泵主、从动齿轮的啮合间隙。新机油泵齿轮啮合间隙为0.05mm，磨损极限值为0.20mm。

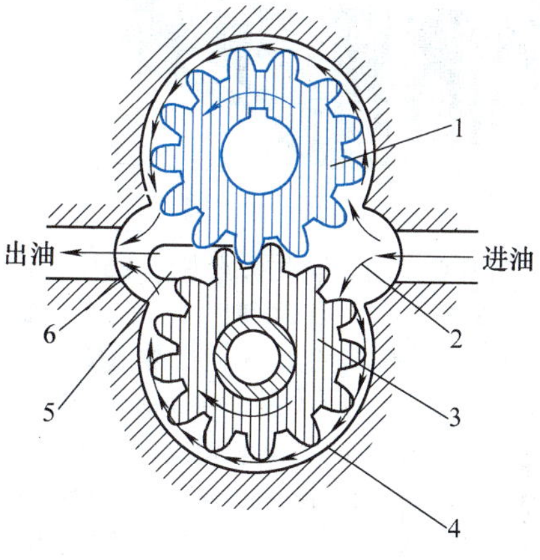

图8-3　外齿轮式机油泵工作原理示意图

1—主动齿轮　2—进油口　3—从动齿轮　4—泵壳　5—限压阀　6—出油口

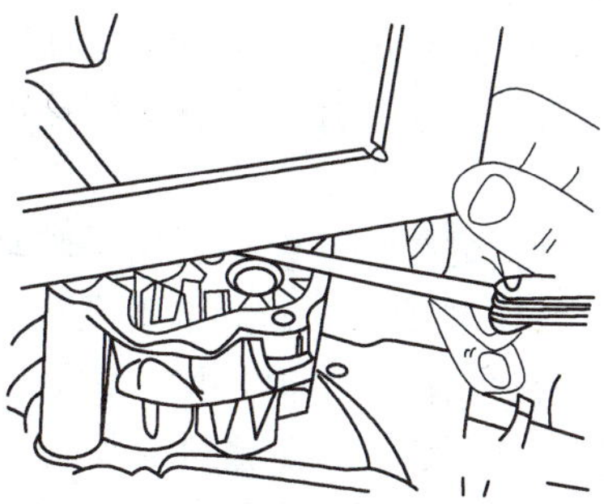

图8-4　检查机油泵主、从动齿轮端面间隙

2）检查机油泵主、从动齿轮与机油泵盖接合面间的间隙。主、从动齿轮与机油泵接合面间隙的检查方法如图 8-4 所示，正常间隙应为 0.05mm，磨损极限间隙值为 0.15mm。

3）检查主动轴的弯曲度。将机油泵主动轴支承在 V 形架上，用百分表检查其弯曲度。如果弯曲度超过 0.03mm，则应对其进行校正或更换。

4）检查主动齿轮轴与机油泵壳体的配合间隙。主动齿轮轴与机油泵壳体配合间隙应为 0.03 ~ 0.075mm，磨损极限值为 0.20mm；否则应对轴孔进行修复或更换。

5）检查机油泵盖。机油泵盖如有磨损、翘曲或凹陷超过 0.05mm 时，应进行修复或更换。

6）检查限压阀。检查限压阀弹簧有无损伤，弹力是否减弱，必要时予以更换；检查限压阀配合是否良好，油道是否堵塞，滑动表面有无损伤，必要时更换限压阀。

（3）机油泵的拆装　桑塔纳 AFE 型发动机润滑系统零件及拧紧力矩如图 8-5 所示。

1）旋松分电器轴向限位卡板的紧固螺栓，拆下卡板。

2）拔出分电器总成。

3）放松并拧下两个机油泵壳与发动机机体相连的长紧固螺栓，将机油泵及吸油部件一起拆下。

4）拧松并拆下吸油管组紧固螺栓，拆下吸油管组，检查并清洗滤网。

5）旋松并取下机油泵盖螺栓，取下机油泵盖组，检查泵盖上的限压阀(旁通阀)。

6）分解主、从动齿轮，再分解齿轮和齿轮轴。

7）机油泵的安装与拆卸顺序相反，但安装时应更换垫片，注意各螺栓的拧紧力矩。

提示：装复机油泵后，用手转动机油泵齿轮，应转动自如，无卡阻现象；将机油灌入机油泵内，用拇指堵住油孔，转动泵轴应有油压出，并能感到压力。

机油泵装车后，通过压力表观察润滑油压力。在发动机温度正常的情况下，怠速运转时，润滑油压力不应小于 19.4kPa；当发动机高速转动时，润滑油压力不应大

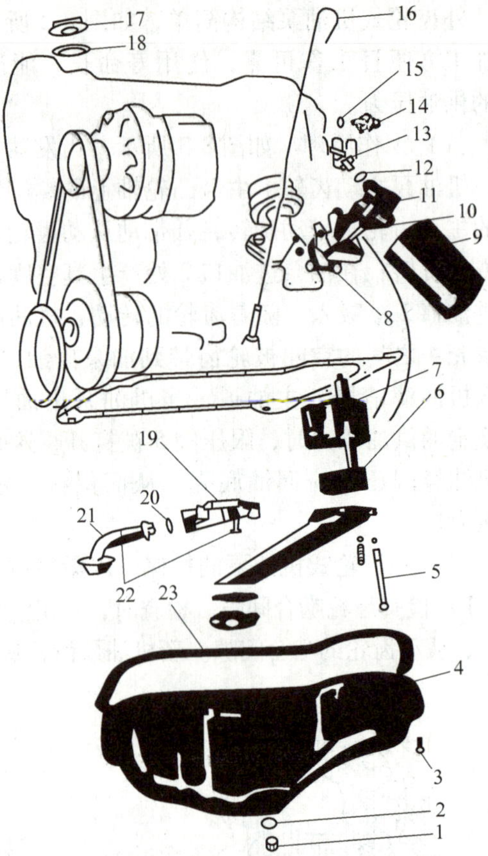

图 8-5　AFE 型发动机润滑系统零件分解图
1—放油螺栓，30N·m　2—O 形封圈　3—油底壳紧固螺栓，20N·m　4—油底壳　5—机油泵盖长螺栓，20N·m　6—机油泵齿轮　7—机油泵壳体　8—机油滤清器衬垫　9—机油滤清器体　10—机油滤清器盖紧固螺栓，25N·m　11—机油滤清器盖　12—密封圈　13—0.18MPa 油压开关，25N·m　14—0.031MPa 油压开关，25N·m　15—密封圈　16—机油尺　17—加油口盖　18—橡胶密封垫圈　19—带限压阀的机油泵盖　20—O 形圈　21—机油集滤器　22—机油泵盖短螺栓，10N·m　23—油底壳密封垫

于49.0kPa。如不符合标准，应调整限压阀，可在限压阀弹簧的一端加减调整垫圈的厚度，使机油压力达到规定值。

2. 内齿轮式机油泵

（1）结构 内齿轮式机油泵的结构如图8-6所示，主要由主动齿轮2、从动齿轮3、限压阀4、泵盖1和泵壳5组成。主动齿轮为一较小的外齿轮，一般直接由曲轴驱动；从动齿轮为一较大的内齿圈。

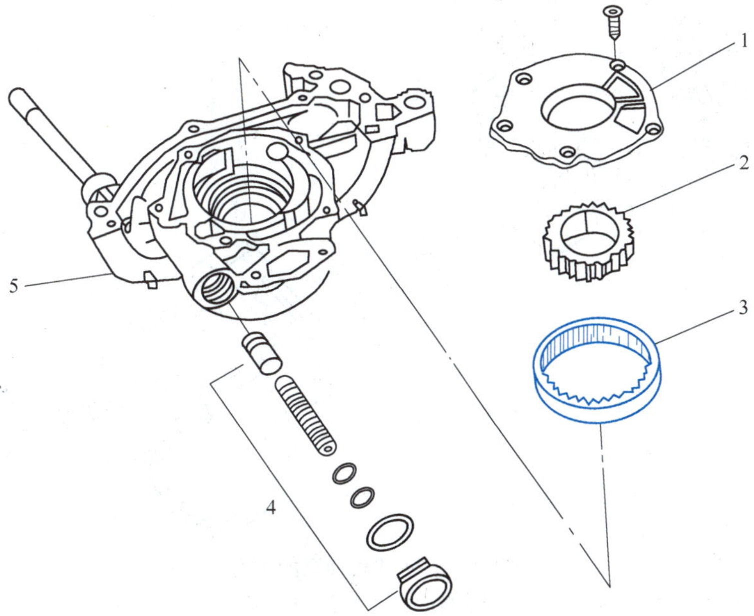

图8-6 内齿轮式机油泵

1—泵盖 2—主动齿轮 3—从动齿轮 4—限压阀 5—泵壳

（2）内齿轮式机油泵的工作原理 内齿轮式机油泵的工作原理如图8-7所示，当发动机工作时，主动齿轮2随驱动轴1一起转动并带动从动齿轮4以相同的方向旋转。内外齿轮在转到进油口6处时开始逐渐脱离啮合，沿旋转方向两者间形成的空间逐渐增大，产生一定的真空度，将油从油泵进油口6吸入。随着齿轮的继续旋转，月牙块3将内、外齿轮隔开，齿轮旋转时把齿间所存的油带往出油口5。在靠近出油口5处，内、外齿轮间的空间逐渐减小，油压升高，油从油泵出油口送往发动机油道中，内、外齿轮又重新啮合。

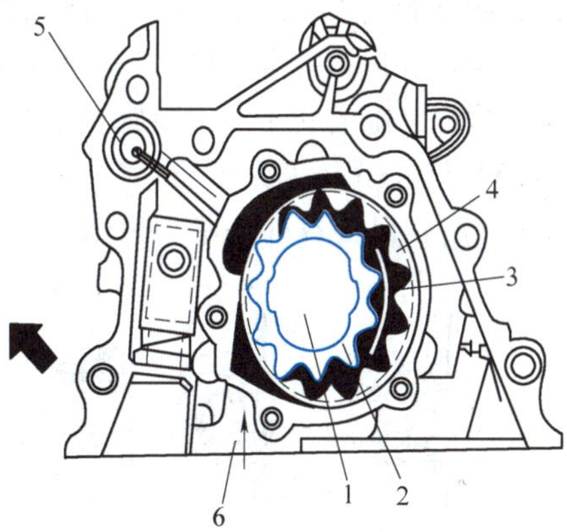

图8-7 内齿轮式机油泵的工作原理

1—驱动轴 2—主动齿轮 3—月牙块 4—从动齿轮 5—出油口 6—进油口

3. 转子式机油泵

转子式机油泵结构简单、外形尺寸小、质量轻、吸油真空度较大、泵油量大、供油均匀性好、成本低，在中、小型发动机上应用广泛。

（1）转子式机油泵的结构　转子式机油泵由壳体、内转子5、外转子4和机油泵盖3等组成，如图8-8所示。内转子5用键或销固定在转子轴上，由曲轴齿轮直接或间接驱动，内转子5和外转子4中心有偏心距，内转子带动外转子一起沿同一方向转动。内转子有4个凸齿，外转子有5个凹齿，这使内、外转子同向不同步地旋转。

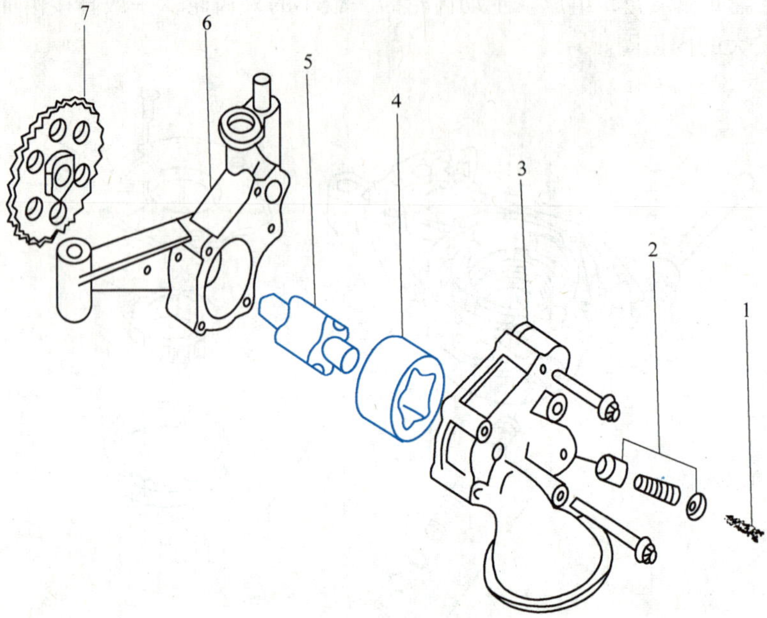

图8-8　转子式机油泵的结构

1—开口销　2—限压阀　3—机油泵盖　4—外转子　5—内转子　6—机油泵壳　7—链轮

（2）转子式机油泵的工作原理　转子齿形齿廓设计得使转子转到任何角度时，内、外转子每个齿的齿形廓线上总能互相成点接触。这样，内、外转子间形成了4个工作腔，随着转子的转动，这4个工作腔的容积是不断变化的。在进油道的一侧空腔，由于转子脱开啮合，容积逐渐增大，产生真空，机油被吸入；转子继续旋转，机油被带到出油道的一侧，这时，转子正好进入啮合，使这一空腔容积减小，油压升高，机油从齿间挤出并经过油道压送出去。这样，随着转子的不断旋转，机油就不断地被吸入和压出，如图8-9所示。

（3）转子式机油泵的检修

1）用塞尺检查外转子与泵体之间的间隙，如图8-10所示。标准值为0.11～0.16mm，

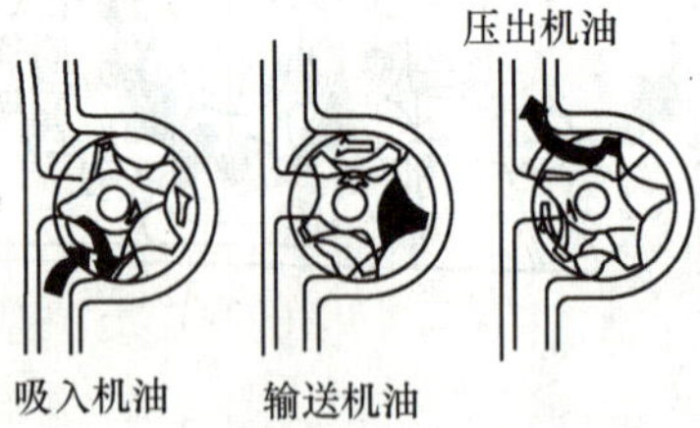

图8-9　转子式机油泵的工作原理

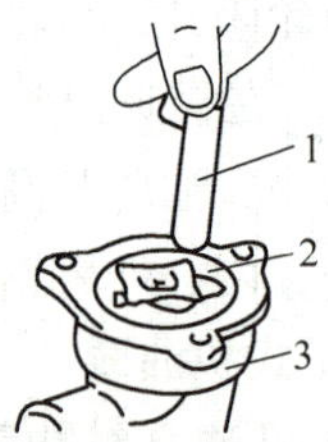

图8-10　检查转子与泵体间隙

1—塞尺　2—外转子　3—泵体

超过 0. 20mm 时应换用新件。

2）用塞尺检查内、外转子齿顶端面间隙，如图 8-11 所示。标准值为 0. 04 ~0. 12mm，如超过 0. 18mm 时应换用新件。

3）用直尺和塞尺检查内转子轴向间隙，如图 8-12 所示。标准值为 0. 03 ~0. 09mm，使用极限为 0. 15mm。

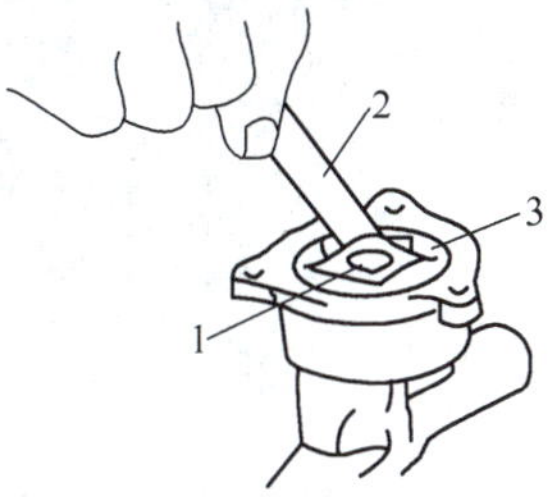

图 8-11 检查内外转子间隙

1—内转子 2—塞尺 3—外转子

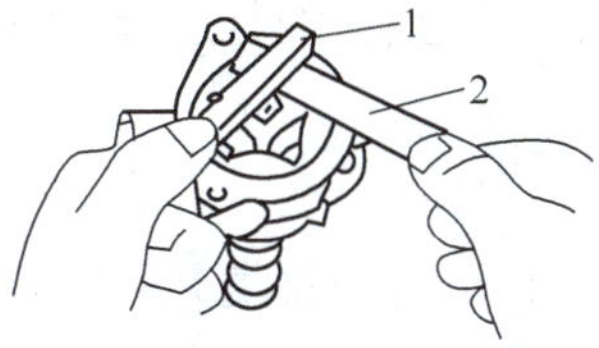

图 8-12 检查内转子轴向间隙

1—直尺 2—塞尺

4）检查限压阀是否有刮伤。限压阀柱塞在阀孔内有无磨损，间隙是否增大而松旷，如有，应换用新件。弹簧弹力下降，应更换。

（4）转子式机油泵的拆装

1）拆下油底壳。

2）旋下图 8-13 中箭头所示螺栓。

3）将链轮和机油泵一起拆下。

4）机油泵的安装。

① 将销钉插入到机油泵上端，机油泵轴与链轮只有一个安装位置。

② 安装机油泵，安装油底壳。

③ 用(22 ±3) N · m 的力矩拧紧链轮与机油泵的紧固螺栓，用(16 ±1) N · m 的力矩拧紧机油泵与气缸体的紧固螺栓。

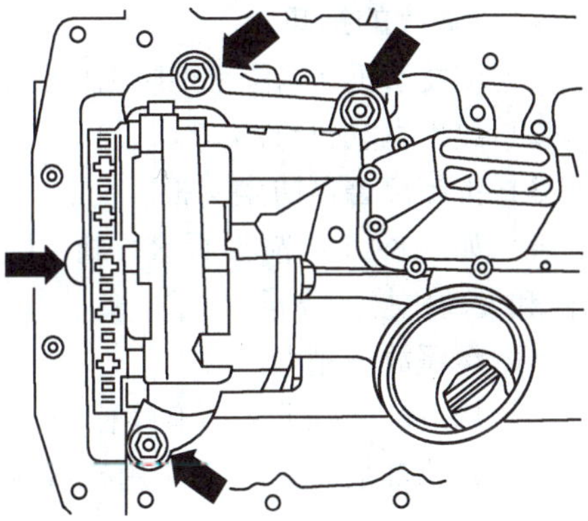

图 8-13 旋下螺栓

8.2.2 机油滤清器

机油滤清器用于收集润滑系统循环油中的各种异物，如金属屑、机油中的胶质和落到机油中的积炭。

机油滤清器有多种形式，但以纸质滤清器使用得最为广泛。纸质滤清器的滤芯是用微孔滤纸制成的，为了增大过滤面积，微孔滤纸一般都折叠成扇形和波纹形，如图 8-14 所示。旁通阀用以保证润滑系统内油路畅通，当机油滤清器堵塞时，机油通过并联在其上的旁通阀直接进入润滑系统的主油道，防止主油道断油。旁通阀与限压阀的结构基本相同，只是其安装位置、控制压力，溢流方向不同，通常旁通阀弹簧刚度小得多。

微孔滤纸经过酚醛树脂处理，具有较高的强度、耐蚀性和抗水湿性能，具有质量小、体积小、结构简单、滤清效果好、过滤阻力小、成本低、保养方便等优点，得到了广泛应用。

到了规定里程后(一般为5000～7500km)，应更换机油滤清器。拆装机油滤清器时应使用机油滤清器扳手，机油滤清器螺栓的拧紧力矩为20N·m。

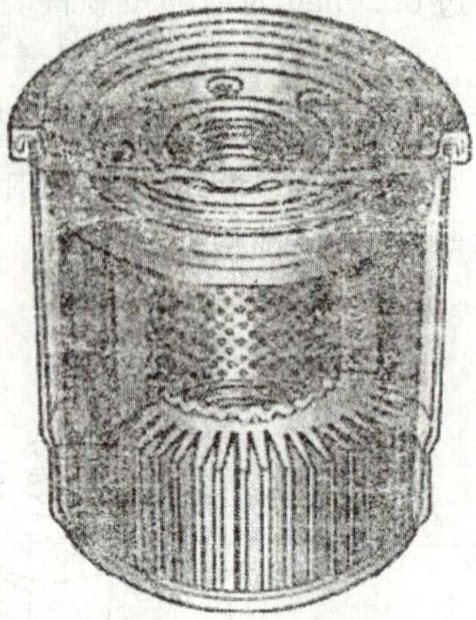

图8-14 纸质滤清器

8.2.3 集滤器

集滤器是具有金属网的滤清器，安装于机油泵进油管上(见图8-5)，其作用是防止较大的机械杂质进入机油泵。

8.2.4 油底壳

油底壳的作用是收集并贮存循环后的机油。油底壳大多采用薄钢板冲压成形。在油底壳的下部布置了一个放油螺塞，该螺塞的作用是在更换机油时泄放机油。有些发动机为防止共振并冷却机油，在油底壳上布置了许多散热筋片。

1. 油底壳的拆卸

1）使发动机前端位于维修工作台上。

2）放出发动机机油。

3）拆卸离合器防尘罩板。

4）如图8-15中箭头所示，旋下副梁螺栓和发动机橡胶支承。

5）缓缓放下副梁。

6）旋下油底壳上的所有螺栓。

7）拆卸油底壳，必要时用橡胶锤轻轻敲击。

图8-15 旋下副梁螺栓和发动机支承

2. 安装

1）更换油底壳衬垫。

2）交替对角拧紧油底壳与气缸体间的紧固螺栓。

3）安装副梁。

4）拧紧发动机橡胶支承。

8.2.5 机油散热器和冷却器

发动机运转时，由于机油的粘度随温度的升高而变小，降低了润滑能力。因此，有些发动机装用了机油散热器或机油冷却器。其作用是降低机油温度，保持一定的润滑油粘度。

1. 机油散热器

机油散热器由散热管、限压阀、开关、进出水管等组成，如图8-16所示，其结构与冷却系统的散热器相似。

机油散热器一般安装在冷却系统散热器的前面，与主油道并联。机油泵工作时，机油一方面流向主油道，另一方面经限压阀、机油散热器开关、进油管进入机油散热器内，冷却后从出油管流回机油盘，如此循环流动。

2. 机油冷却器

机油冷却器由铝合金铸成的壳体、前盖、后盖和铜芯管组成，如图8-17所示，将机油冷却器置于冷却水路中，利用冷却液的温度来控制润滑油的温度。当润滑油温度高时，靠冷却液降温；发动机起动时，则从冷却液吸收热量使润滑油迅速提高温度。为了加强冷却，管外又套装了散热片。冷却液在管外流动，润滑油在管内流动，两者进行热量交换。

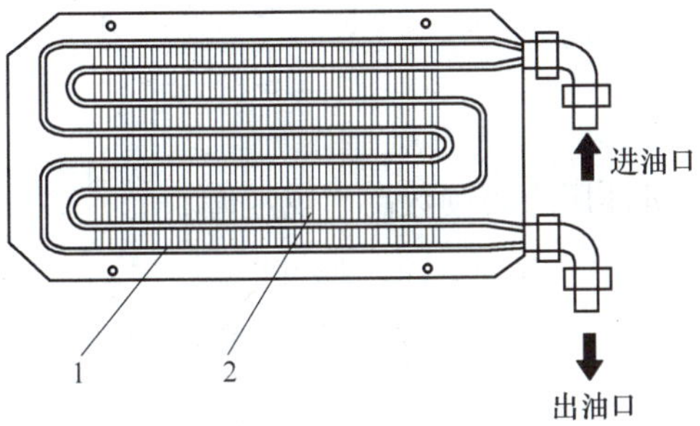

图8-16　机油散热器
1—油管　2—散热片

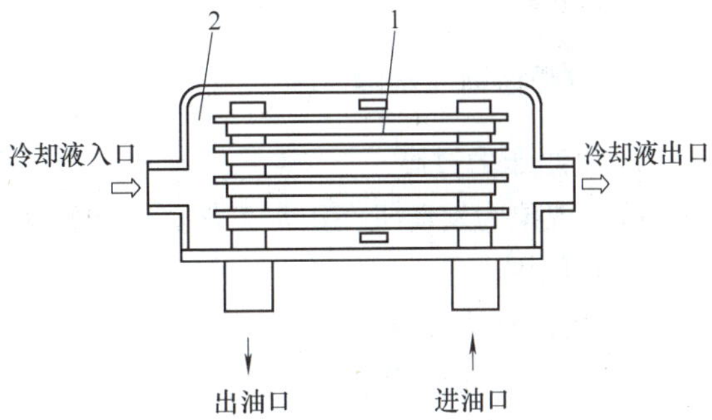

图8-17　机油冷却器
1—油管　2—水冷室

8.2.6　油尺

油尺用来检查油底壳油量和油面的高低。它是一片金属杆，下端制成扁平，并有刻线。机油油面必须处于油尺的上下刻线之间。

8.2.7　油压开关

发动机润滑系统有两个油压开关，一个设在油压输送路线末端0.031MPa低压油压开关（棕色绝缘）上，另一个设在机油滤清器0.18MPa高压油压开关（白色绝缘）上。发动机点火后，油压指示灯亮；当油压超过0.031MPa时，该指示灯熄灭。发动机低速运转（怠速）时，如果油压又回到0.031MPa以下时，油压开关触点闭合，则指示灯就亮。当发动机转速大于2150r/min时，如果油压降到0.18MPa以下，油压开关触点断开，警告灯闪亮，蜂鸣器同时报警。

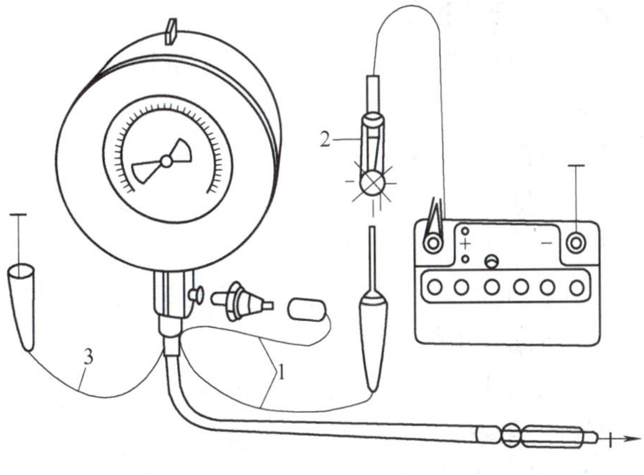

图8-18　检查油压开关
1—导线（蓝色）　2—试灯　3—导线（棕色）

检查油压开关功能（见图8-18）的步骤如下：

1）拆下一个油压开关，旋进测试器，插上导线 1（蓝色）。

2）将测试器代替油压开关，旋进气缸盖机油滤清器盖。

3）将测试灯 2 夹住导线 1 和蓄电池正极。

4）导线 3（棕色）接搭铁线（－）。此时 0.031MPa 油压开关应使测试灯发亮，而 0.18MPa 油压开关则相反。

起动发动机，逐渐提高转速。0.031MPa 油压开关在 0.015～0.045MPa 时使测试灯必须熄灭，否则就要更换油压开关。0.18MPa 油压开关在 0.16～0.20MPa 时使测试灯必须熄灭，否则要更换油压开关。继续提高转速，在 2000r/min 和油温 80℃时，机油压力至少达到 0.2MPa。

8.2.8 故障诊断与排除

1. 机油压力过高

故障现象为发动机在正常工作温度和转速下，机油压力表读数高于规定值。

（1）原因

1）机油粘度过高。

2）机油主油道堵塞。

3）缸体内堵塞。

4）机油滤清器阻塞。

5）机油限压阀调整不当。

6）新装发动机轴承过紧。

（2）诊断与排除

1）抽出机油尺，检查机油粘度是否过高。过高应更换合适的机油。

2）卸下机油滤清器，检查滤芯是否过脏堵塞，或因旁通阀弹簧弹力过强而不能顶开，引起机油压力过高。

3）检查减压阀弹簧是否压得太紧，或弹簧弹力过强而不能顶开。有些车型减压阀活塞卡滞不能顶起，也会引起机油压力过高。

2. 机油压力过低

故障现象为发动机运转过程中，机油压力指示灯亮。

（1）原因

1）机油量少。

2）机油粘度低。

3）机油压力传感器失效。

4）曲轴轴承、连杆轴承、凸轮轴轴承间隙过大。

5）机油泵工作不良。

6）汽油或冷却液进入油底壳。

7）限压阀失效。

（2）诊断与排除

1）检查机油油平面，如油平面过低应加注机油。

2）检查机油压力传感器及线路，如不良应检修或更换。

3）检查管路有无泄漏，如泄漏应视情修理。

4）检查曲轴连杆轴承的配合间隙是否过大，如间隙过大应视情修理。

3. 机油消耗过大

故障现象为发动机工作时，排气管冒蓝烟，发动机机油消耗量过大，发动机和油底壳接合面有渗漏。

（1）原因

1）活塞—气缸间隙过大，导致机油窜入燃烧室。

2）活塞环严重损伤，弹力不足使得间隙过大，导致机油窜入燃烧室。

3）油底壳漏油。

4）曲轴箱后半部密封不严或老化变硬而导致机油渗漏。

5）机油加注过多，液面过高。

6）发动机长时间高速工作。

7）机油粘度太低，密封不良，机油渗漏入燃烧室。

（2）诊断与排除

1）检查油封及衬垫有无漏油痕迹，进而检查螺栓是否松动，并紧固螺栓或更换衬垫、油封。

2）发动机高速运转时，排气管冒蓝烟，且加机油口也有大量或脉动烟雾冒出，表明活塞环及气缸磨损严重，应解体修理。如仅是排气管冒蓝烟，可能是气门杆与导管磨损过量，应更换。

3）检查机油压力是否过高。如果机油压力过高，应检查机油限压阀是否卡滞，并适当调整。

4）检查曲轴箱通风管是否堵塞，并视情修复。

能 力 训 练

训练 发动机润滑系统零件的拆装与检修

1. 目的及能力要求

熟悉典型发动机的润滑油路；掌握润滑系统主要机件的作用、结构、工作原理、拆装及维护方法；能够对相关故障进行诊断与排除。

2. 准备

各种形式的机油泵、滤清器、集滤器、油底壳、油尺；常用工具和量具、机油压力检测仪。

3. 步骤

1）不同形式机油泵的拆装与检修。不同形式机油泵的维修参数见表8-1、表8-2和表8-3。

表 8-1 外啮合齿轮式机油泵的维修参数 （单位：mm）

发动机型号	齿轮与泵体的径向间隙		齿轮与泵体的端面间隙		齿轮啮合间隙	
	标准值	使用限度	标准值	使用限度	标准值	使用限度
奥迪 100 1.8L			0.02～0.05			
捷达 EA827 2V				0.15	0.05	0.20
上海桑塔纳 JV	0.05	0.20	0.05	0.15	0.05	0.20
上海别克 L46	0.03～0.088		0.04～0.125		0.09～0.195	
富康 TU3	0.03～0.09	0.15	0.03～0.06	0.20	0.08～0.20	0.75
丰田皇冠 MS122 5M	0.03～0.06	0.20	0.03～0.09	0.15	0.5～0.6	0.9

表 8-2 内啮合齿轮式机油泵的维修参数 （单位：mm）

发动机型号	外齿轮与泵体的径向间隙		齿轮与新月形元件的间隙		齿轮与泵体的端面间隙		
	标准值	使用限度	标准值		使用限度	标准值	使用限度
			外齿轮	内齿轮			
马自达 626 F6	0.09～0.184	0.20	0.20～0.32	0.267～0.38	外：0.35 内：0.40	0.0～0.063	0.1
日产蓝鸟 U11 CA16			0.21～0.32	0.12～0.23		0.05～0.11	
日产公爵 Y30 VG30S			0.21～0.32	0.12～0.23		0.05～0.11	

表 8-3 转子式机油泵的维修参数 （单位：mm）

发动机型号	转子与泵体的端面间隙		外转子与泵体的径向间隙		内转子齿顶与外转子间隙	
	标准值	使用限度	标准值	使用限度	标准值	使用限度
红旗 CA488—3	0.025～0.5	0.09		0.35	0.03～0.15	0.20
夏利 TJ376Q	0.03～0.09	0.20	0.10～0.16	0.30	≤0.15	0.25
广州本田 F23A	0.02～0.07	0.12	0.10～0.19	0.21	0.02～0.16	0.20
丰田皇冠 RS110 5R	0.03～0.07	0.15	0.10～0.15	0.2	0.07～0.12	0.20

2）机油滤清器的拆装与检修、油压开关的拆装与检修，熟悉各种工量具的使用方法。

3）集滤器、油底壳的拆装与检修，使用时的注意事项。

4）常见故障的诊断与排除，如机油压力过高过低的故障现象及原因，排除的措施。

4. 注意事项

安装时，不可拧得太紧；注意主要部件的螺栓拧紧力矩。

5. 讨论

1）如果不安装机油滤清器，对发动机运转会有什么影响？

2）机油滤清器堵塞对发动机运转有什么影响？

3）机油油平面过高或过低对发动机运转有何影响？

复习思考题

一、判断题（正确的打“√”，错误的打“×”）

1. 润滑系统的作用是润滑、清洁、冷却、密封和防蚀。（ ）

2. 细滤器进油限压阀的作用是当润滑油路中油压低于100kPa时，进油限压阀不开启，机油细滤器停止工作，保证主油道内的油压足够。（ ）

3. 润滑系统中转子式机油泵的内、外转子是同心、不同向转动的，外转子快于内转子。（ ）

4. 转子式机油泵的内转子凸齿数比外转子的凹齿数少一个。（ ）

5. 齿轮式机油泵泵体与泵盖之间的衬垫既可以防止漏油，又可以用来调整齿轮的端面间隙。（ ）

6. 凸轮轴与曲轴正时齿轮的润滑采用压力润滑方式。（ ）

二、选择题

1. 对负荷大，相对运动速度高（如主轴承、连杆轴承、凸轮轴轴承等）的零件，采用（ ）润滑。

A. 压力　　B. 飞溅　　C. 压力和飞溅　　D. 润滑脂

2.（ ）的作用是限制润滑系统内的最高油压，防止因压力过高而造成过分润滑及密封垫圈发生泄漏现象。

A. 旁通阀　　B. 限压阀　　C. 安全阀

3. 在发动机的润滑油路中（ ）滤清器与主油道串联，其上设有（ ）阀。若滤芯堵塞后，机油便经（ ）直接进入主油道。

A. 粗、旁通、旁通阀　　B. 细、限压、细滤器　　C. 粗、限压、粗滤器

4. 当发动机停机后，（ ）将滤清器的进油口关闭，防止润滑油从滤清器流回油底壳。

A. 旁通阀　　B. 安全阀　　C. 止回阀

5. 发动机润滑系统中，（ ）是存储润滑油的容器。

A. 机油泵　　B. 集滤器　　C. 油底壳

6. 活塞销是采用（ ）润滑方式来进行润滑的。

A. 飞溅　　B. 压力　　C. 压力和飞溅

7. 齿轮式机油泵的齿轮与泵体的径向间隙一般不超过（ ）mm，齿轮端面间隙不超过（ ）mm，间隙过大，润滑油压力降低，泵油量减少。

A. 0.2，0.05～0.2　　B. 0.3，0.1～0.25　　C. 0.4，0.2～0.35

8. 当滤清器滤芯被杂质严重堵塞时，滤清器中的（ ）开启，润滑油不通过滤芯，直接进入机体主油道，防止此时主油道缺油。

A. 止回阀　　　　B. 安全阀　　　　C. 旁通阀

三、问答题

1. 润滑系统主要由哪几部分组成?
2. 桑塔纳轿车发动机润滑系统油路是怎样的?
3. 齿轮式机油泵的结构及工作原理是怎样的?
4. 转子式机油泵的结构及工作原理是怎样的?
5. 如何进行油压开关的拆装与检修?
6. 如何进行机油滤清器的拆装与检修?
7. 润滑系统的维修内容及技术要求是什么?

单元9　发动机的装配与调试

发动机的装配是把新零件、修理合格的零件、组合件和辅助总成按照工艺和技术条件装配成完整的发动机，并对其进行磨合。发动机的装配、磨合质量对发动机的修理质量有着重要影响，对大修发动机的使用寿命的影响也非常大。

课题1　发动机的装配与调整

9.1.1　发动机装配的基本要求

发动机的结构形式很多，整机装配顺序也不完全一致，但是在发动机装配时必须满足的基本要求是一致的，主要如下：

1）待装配的零部件和辅助总成的性能试验合格。

2）易损零件、紧固锁止件全部换新，如自锁螺母和弹簧垫片等。

3）严格保持零件和润滑油道的清洁。

4）做好预润滑，润滑剂的品质符合发动机的要求。

5）各部位不可互换的零部件一定要按装配标记装回原位，不准装错。

6）装配间隙必须符合技术要求，如活塞与气缸间、曲轴轴颈与轴承间、配气机构的配气相位、气门间隙等。

7）电控系统各接头、线柱要清洁，接触可靠。燃油系统中的“O”型密封圈必须更换，而且不得使用含硅密封胶。

8）装配过程中，尽量使用专用器具，采用正确的操作方法和手段，禁止野蛮操作。

9.1.2　装配顺序与调整方法

发动机的装配顺序与调整方法随结构的不同有所变化，但基本顺序相同。下面以桑塔纳轿车为例，说明其装配顺序和调整方法。

1. 安装曲轴和轴承

1）将气缸体清洁干净，倒置在安装支架上，正确安放好各道主轴承(第1、2、4、5道轴承只是装在缸体上的一片有油槽,装在瓦盖上的一片无油槽;第3道轴承两片均有油槽)及推力垫圈。

2）将曲轴置于主轴承座孔中，按规定的力矩依次拧紧各轴承盖螺栓，安装推力垫圈后应轴向撬动曲轴检查其轴向间隙；每紧固一道主轴承盖后，应转动曲轴数周，检查其径向间隙。轴承过紧或曲轴轴向间隙不符合要求，应查明原因，及时予以排除。

3）安装曲轴前后端油封、凸缘衬垫及油封等。

4）安装飞轮及曲轴齿轮带轮。

2. 安装活塞连杆组

1）组装活塞连杆组。使活塞顶部的箭头标记与同缸号连杆的凸点指向同一侧，在配合面上涂上机油，然后用拇指将活塞销推入活塞销座孔及连杆小头孔中(阻力较大时,可先用热水将活塞加热至60℃,加热后仍不能将活塞销推入,应重新选配零件)，并装好锁环。

2）检查活塞是否偏缸。使发动机侧置，将未装活塞环的活塞连杆组装入各缸，并按规定的力矩分次拧紧连杆螺栓，用塞尺检查活塞在上、下止点及气缸中部时，活塞顶部在气缸前后方向的间隙是否相同，即是否存在偏缸。存在偏缸时，应查明原因予以消除。

检查偏缸的同时，还应注意检查连杆轴承与轴颈的轴向间隙。

3）安装活塞环。在活塞环端隙、侧隙和背隙符合要求的情况下，用活塞环钳将其装入相应的环槽中，各道活塞环的开口相互错开180°并使第一道活塞环的开口位于侧压力小的一侧，且与活塞销轴线成45°角。

4）将活塞连杆组装入气缸。使活塞顶面的箭头指向发动机前方，并按缸号标记，将组装好的活塞连杆组自缸体上方放入气缸中，用活塞环箍压缩活塞环后，用锤子的木柄将活塞推入缸内，使连杆大头落于连杆轴颈上，按标记扣合连杆轴承盖，并按规定的力矩拧紧连杆螺栓。

3. 安装中间轴

将中间轴装入机体座孔中，在其前端装入O型密封圈、油封凸缘和油封。油封凸缘紧固螺栓应以25N·m的力矩拧紧，最后装好中间轴齿轮带轮。

4. 安装气缸盖及配气机构

1）将各气门插入相应的气门导管中，检查气门与气门座的密封性(可用汽油进行渗漏检验)。不符合要求时，应进行手工研磨。

2）取出各气门，装好气门弹簧下座，用专用工具将气门油封压装到气门导管上，再重新插入各气门，装好气门弹簧、弹簧上座及锁片，并用塑料锤轻轻敲击数次，以确保锁片安装的可靠性。

3）按顺序将各气门挺柱装入挺柱承孔中，在气缸盖后端装好凸轮轴半圆塞，将凸轮轴置于气缸盖上的座孔中，按解体的相反顺序以规定的力矩拧紧各道凸轮轴轴承盖螺栓(先对称紧固第2、4道轴承盖,后紧固第1、3、5道轴承盖)，并复查凸轮轴的轴向和径向间隙。

4）将定位导向螺栓拧入缸体上的1、3螺栓孔中。将气缸垫安放于气缸体上，使有“OBENTOP”标记的一面朝上。

5）转动曲轴使活塞离开上止点位置，将气缸盖置于气缸体上，用手拧入其他8个缸盖螺栓，再拧出1、3螺栓孔中的定位螺栓，拧入两只缸盖螺栓。

6）按与拆卸时相反的顺序分四次拧紧各缸盖螺栓：第一次拧至40N·m；第二次拧至60N·m；第三次拧至75N·m；第四次再旋紧1/4圈。

7）装上凸轮轴油封及齿带轮，并以80N·m的力矩拧紧齿带轮紧固螺栓。

8）安装气门罩盖密封衬垫、密封条、气门罩盖、压条及储油器等，并以10N·m的力矩拧紧其紧固螺母。

5. 安装齿形带、分电器及机油泵

1）将齿形带套到曲轴及中间轴齿带轮上。

2）转动凸轮轴，使齿带轮上的标记与气门罩盖平面平齐(转动凸轮轴时,曲轴不可位于上止点位置,以防气门碰撞活塞,造成零件损伤)。

3）装好齿形带下护罩及曲轴前端的V带轮，并装好发电机、水泵及空调压缩机，套上发电机及压缩机V带。

4）转动曲轴，使飞轮上的点火正时标记与变速器壳上的标记对齐，或使曲轴带轮外缘上的标记与齿形带下护罩上的箭头标记对正。

5）将齿形带套到凸轮轴齿带轮上，并通过张紧轮调整好齿形带的张紧程度。

6）调好发电机传动带的张紧力。

7）使分火头指向分电器壳上的第1缸标记，将分电器插入机体承孔中，并固定好分电器压板。

8）使机油泵驱动轴的扁头对正分电器驱动轴的槽口，安装好机油泵，并装上油底壳及其衬垫。

6. 安装其他附件

1）安装进、排气歧管。

2）安装气缸盖出水管、节温器和冷却液温度感应塞、水泵。

3）安装燃油喷射装置。

4）安装加机油管、标尺、机油滤清器、机油感应塞。

5）将风扇、曲轴箱通风管、空调压缩机、交流发电机、起动机、动力转向油泵等依次安装到发动机机体上。

7. 发动机总成的装车

将发动机总成装到车上，并连接好各管路及线路。具体操作按与拆卸相反的顺序进行，并注意以下问题：

1）注意不要碰伤变速器输入轴。

2）发动机橡胶支承块的自锁螺母应更换新件。

3）将发动机装入支架座上，旋紧紧固螺栓。

4）调好离合器踏板自由行程及节气门、阻风门拉锁，安好排气管。

5）连接起动机接线时，导线不得碰到发动机。

6）合理加注冷却液。

课题2　发动机的磨合与验收

9.2.1　发动机的磨合

汽车总成或机构组装后，改善零件摩擦表面几何形状和表面物理机械性能的运转过程称为磨合。装配合格的发动机，在交付使用前，应按一定的规范和要求进行磨合，从而提高运动零件的配合摩擦表面质量，降低摩擦阻力，获得配合零件间更佳的磨合间隙，提高零件的承载能力，达到恢复和提高发动机的动力性、经济性、工作可靠性和延长发动机使用寿命的目的。

根据发动机在磨合过程中转速和负荷的组合不同，发动机磨合分为冷磨合和热磨合两个阶段。冷磨合是由外部动力驱动总成或机构的磨合；热磨合是发动机自行运转的磨合。其中，发动机自行空运转的磨合称为无载热磨合，加载自运转磨合称为负载磨合。发动机的磨合质量在材料、结构、装配质量等条件一定的情况下，主要取决于磨合时的转速、载荷、磨合时间和润滑油品质。

1. 发动机冷磨合

冷磨合是将装配好等待磨合的发动机安装固定在磨合试验台上，利用外来动力(如电动机加变速器,或磨合好的发动机)带动待磨合的发动机以不同的转速运转，在惯性负荷作用下实现磨合的方法。

发动机冷磨合规范及注意事项如下：

1）冷磨合的发动机要加足机油，通常用20号机油作为发动机机油，机油要保持正常的机油压力，以便有利于散热和冲洗摩擦面。

2）冷磨合时，一般不装火花塞(汽油机)或喷油器(柴油机)，燃油供给系统也应停止供油，以减轻发动机运动部件的负荷，有利于发动机运动部件初始阶段的磨合。

3）冷磨合的发动机，不接通水冷却循环系统，靠外界水循环冷却，冷却液温度控制在70℃左右。

4）冷磨合起始转速一般为400~600r/min，然后以200~400r/min的级差逐级增加转速，冷磨合终了转速一般为1000~1200r/min。冷磨合的总时间一般为1.5~2h，具体磨合时间应根据零件加工质量和装配情况确定。

5）发动机在冷磨合过程中，应进行以下检验：

① 顶置气门式发动机，应打开摇臂室罩盖，检查摇臂的润滑飞溅情况和有无金属摩擦声。如听到“叽叽”的干摩擦声，则说明摇臂衬套润滑不良，应查明原因并排除。

② 检查有无漏水、漏油现象。

③ 检查发动机各运转磨合部位，发现异响应查明原因，予以调整和排除。

④ 检查活塞环有无泵油、喷油现象(火花塞孔不应有喷油现象)，将白纸放至火花塞的上面片刻，查看纸面上有无油渍。

⑤ 观察发动机运转是否平稳，如有严重抖动，应检查发动机运动件的平衡状况、旋转件的同轴度等。

⑥ 发动机冷磨合完成后，应放出全部机油，加入清洗油(90%的柴油加10%的车用机油,质量比)，再运转5min，放出清洗油，并清洗各油道，必要时将各主要零件解体清洗检查。

2. 发动机的热磨合

热磨合是在冷磨合的基础上，以发动机自身的动力进行运转磨合试验的过程，通常称为热试。热磨合的目的是为了检查发动机是否达到了应有的装配性能，同时为发动机作汽车行驶前的走合，以保证发动机的正常使用。

热磨合分为无负荷热磨合和有负荷热磨合两种。

（1）无负荷热磨合 无负荷热磨合的目的除进一步磨合外，还要对发动机的油、电路进行必要的检查和调整，排除故障。其磨合规范和注意事项如下：

1）采用该发动机冬季用机油。

2）按规定程序起动发动机，在空载情况下，以规定转速800～1000r/min运转1h。

3）调整润滑系统、燃油供给系统、冷却系统和点火正时等，使其符合标准并达到最佳状态。

4）检查机油压力是否正常，否则应立即停机排除故障。

5）检查发动机的冷却液温度和机油温度是否正常，否则应检查排除。

6）若发现异响，特别是当发动机运转阻力增大时，应立即停机检查，及时排除故障。

7）发动机热磨合时，各部位应无漏水、漏油、漏气和漏电等现象，否则应查找原因并排除。

（2）有负荷热磨合 有负荷热磨合是用试验台的加载装置对发动机加载增速进行磨合。一般增加的载荷约为发动机额定载荷的10%～15%。有负荷热磨合的目的是进一步改善摩擦副工作表面的微观不平度，检验新修的发动机功率恢复情况。进行有负荷热磨合时，应注意以下问题：

1）观察冷却液温度、机油压力和机油温度，应符合原厂规定。

2）发动机在各种工况下应运转平稳、无异响。发现故障及时排除。

3）及时调整点火提前角至最佳值。

发动机热磨合结束后，还必须拆检主要机件。检查气缸压力（或真空度）应符合大修规定；抽出活塞连杆组，检查气缸有无拉伤和偏磨；检查活塞裙部的接触面是否磨合正常，活塞环的外表面与气缸的磨合痕迹应不小于外表面积的90%，环的开口间隙不大于装配间隙的25%；检查主轴承和连杆轴承的磨合情况；拆除凸轮轴，检查轴承、凸轮及挺柱等各摩擦副的配合情况。若发现不正常现象，应予以排除，必要时重新磨合。

9.2.2 发动机的验收

发动机大修后，经过冷磨合和热磨合，试验检测合格，即可进行竣工验收。发动机验收必须按汽车修理技术标准中的有关规定进行。

1. 一般技术要求

1）装备齐全，按规定完成了发动机磨合，无漏油、漏水、漏气、漏电现象。

2）加注的润滑油量、牌号以及润滑脂符合原厂规定。

3）无异响，急加速时无爆燃声，消声器无放炮声，工作中无异响。

4）润滑油压力和冷却液温度正常。

5）气缸压力符合原厂规定，各缸压力差，汽油机应不超过各缸平均压力的8%；柴油机不超过10%。

6）四冲程汽油机转速在500～600r/min时，进气歧管真空度应在57.2～70.5kPa范围内。其波动范围为：六缸机不超过3.5kPa，四缸机不超过5kPa。

2. 主要使用性能

1）发动机在正常温度下，5s内能起动。柴油机在5℃，汽油机在－5℃环境下，起动顺利。

2）加速灵敏，过渡圆滑，怠速稳定，各工况工作平稳。

3）最大功率和最大转矩不低于原厂规定的90%。

4）最低燃油消耗率不得高于原厂规定。

5）发动机排放限值符合 GB 18285—2005 或 GB 3847—2005 的规定。

6）电子控制系统的设置应正确无误。自检警告灯应显示系统正常，或通过系统自诊断功能读取的故障码应为正常码。

复习思考题

1. 发动机总装有哪些要求？应注意哪些问题？
2. 曲轴飞轮组如何安装？技术要求有哪些？
3. 活塞连杆组如何安装？技术要求有哪些？
4. 为什么要进行发动机的磨合？磨合的类型有哪些？
5. 发动机冷磨合时要注意哪些问题？
6. 发动机的验收标准有哪些？

参考文献

[1] 杨维和. 汽车构造[M]. 北京：人民交通出版社，2003.

[2] 沈云鹤. 汽车发动机构造与维修[M]. 北京：高等教育出版社，2005.

[3] 陈家瑞. 汽车构造[M]. 北京：人民交通出版社，2002.

[4] 王世震. 汽车构造[M]. 北京：机械工业出版社，2004.

[5] 董震，席金波. 奥迪 A6 轿车维修手册[M]. 北京：机械工业出版社，2003.

[6] 阎连新，蒙金法. 汽车维修技术[M]. 北京：北京理工大学出版社，2005.

[7] 舒华，姚国平. 汽车电子控制技术[M]. 北京：人民交通出版社，2002.

[8] 王遂双. 汽车电子控制系统的原理与检修：电喷发动机部分[M]. 3 版. 北京：北京理工大学出版社，2007.

[9] 李东江. 现代汽车电子控制技术[M]. 北京：科学技术文献出版社，1999.

[10] 孙凤英. 宝来轿车维修手册[M]. 北京：机械工业出版社，2004.

[11] 全国汽车维修工等级考试配套教材编写组. 汽车维修中级工培训教材[M]. 北京：机械工业出版社，2005.

[12] 仇雅丽，钱锦武. 汽车发动机构造与维修[M]. 北京：机械工业出版社，2008.

[13] 祁翠琴. 汽车电控技术[M]. 北京：北京大学出版社，2008.

[14] 尹广德. 汽车发动机总成的拆装[M]. 上海：上海科学技术出版社，2007.